吉水先贤研究丛书

杨万里研究文集

中共吉水县委
吉水县人民政府 编

杨巴金 著

江西人民出版社
Jiangxi People's Publishing House
全国百佳出版社

图书在版编目（CIP）数据

杨万里研究文集 / 杨巴金著. -- 南昌 : 江西人民出版社, 2025. 3. --（吉水先贤研究丛书）. -- ISBN 978-7-210-16177-6

Ⅰ. K825.6-53

中国国家版本馆 CIP 数据核字第 20255FH632 号

杨万里研究文集
YANG WANLI YANJIU WENJI

杨巴金 著

责任编辑：李鉴和
书籍设计：大 尉

江西人民出版社 Jiangxi People's Publishing House 全国百佳出版社 出版发行

地 址：江西省南昌市三经路 47 号附 1 号（邮编：330006）
网 址：www.jxpph.com
电子邮箱：jxpph@tom.com
编辑部电话：0791-86892125
发行部电话：0791-86898815
承 印 厂：南昌市红星印刷有限公司
经 销：各地新华书店

开 本：720 毫米×1000 毫米 1/16
印 张：30.75
字 数：500 千字
版 次：2025 年 3 月第 1 版
印 次：2025 年 3 月第 1 次印刷
书 号：ISBN 978-7-210-16177-6
定 价：105.00 元
赣版权登字-01-2025-36

为文化强国做实事

——杨巴金《杨万里研究文集》序

江西吉水杨巴金同志新著《杨万里研究文集》将由江西人民出版社出版，作者寄来书稿清样，邀我作序。粗略浏览之间，即顿生欣喜，序者既为杨万里研究再添学术新成果而高兴，又为巴金同志扎实勤恳与坚毅执着的文化精神所感动。

一

中华文化历经数千年发展演进，造极于两宋之世，正如复旦大学终身教授王水照所说“中国传统文化发展到宋代，已达到一个全面繁荣和高度成熟的新的质变点”（《宋代文学通论·绪论》）。宋人在文化的各个领域和不同层面，几乎都有辉前烛后的新创获，呈现出名家如林、佳作似海的繁荣景观。而具有上万年人类文化积淀的江西大地，在宋代更是焕发出光耀千秋的勃勃生机而巨擘迭出：从“太平宰相”晏殊与“文章宗帅”欧阳修，到“卓然自成一家”的曾巩与“一世之伟人”王安石，从“江西诗派”开山祖师黄庭坚，到“诗坛盟主”杨万里，乃至“集诸儒之大成”而“垂名万世”的朱熹、“浩然正气”而“留取丹心照汗青”的文天祥……这些流芳千古的思想家、政治家和文学家，真可谓群星灿烂，不胜枚举。

南宋文化巨擘杨万里，这位出生于江西吉州湴塘村的人文精英，不仅是诗文兼擅、政学皆通的全才大家，而且创造了独特的文化风格与系统的诗歌理论。以往的文学史家常常将其与陆游、尤袤、范成大并称为南宋“中兴四大家”，虽然符合历史实际，但仅仅是着眼于诗歌而立论，所以既不全面又不精准，更不到位，就杨万里文化创造的总体成就与深广影响而言，难避以偏概全之嫌。时人项安世（1153—1208）《题刘都干所藏杨秘监诗卷》以“雄吞诗界前无古，新创文机独有今”来称评杨万里“诗”“文”创作达到的艺术境界，甚有见地。当然，杨万里在当时文坛上的影响和地位，首先是“诗坛盟主”的光环，这也是公认的历史事实。姜特立（1125—约1204）《谢杨诚斋惠长句》以“今日诗坛谁是主，诚斋诗律正施行”之句，称颂杨万里“诗坛盟主”的地位与影响；陆游（1125—1210）《赠谢正之秀才》不仅直言“诚斋老子主诗盟，片言许可天下服”，而且在《谢王子林判院惠诗编》中谦称“我不如诚斋，此评天下同”；这些都是可资见证的文字记载。

杨万里以南宋中兴时期的“诗坛盟主”著称于世，固然与他“雄吞诗界”、独具一格而备受赞誉的“诚斋体”和“活法诗”密切相关，其“文机独有”的散文创作成就，也引起世人的高度注目与称扬。诸如为人称道的政论文系列《千虑策》30篇，从君道、国势、治原、人才、论相、论将、论兵、驭吏、选法、刑法、冗官、民政等12个方面，全方位、多层次、系统化地提出治国理政的具体建议，不但有很强的针对性和现实性，而且思考深刻、观点鲜明、见解独到，实为体大思精、逻辑严谨、自成体系的治国方略。他的《庸言》20篇，也是具有浓厚学术性的系统著作，《四库全书总目提要》说“颇极修饰之力，较其诗文又自为一体”。至于《心学论》20篇，则是整体谋划宗旨内容、精心设计布局结构、系统思考研究儒家经典和代表人物的学术专著。杨万里对前代传统文化的精研深知，既是他深厚学养、人格养成和思想创造的重要根基，又是他文学创新和文化创造的坚实底蕴，更是杨万里成为思想家、理学家和文学家的基础柱石。

尽管如此，诗歌创作、文学成就只是杨万里文化实践的重要方面，而且也只是世人能够看得到的文化现象，这既不能全面反映杨万里为中国文化发展做出的历史贡献，也不能充分体现杨万里文化成就内在的深厚底蕴与人文内涵。正如北宋“苏门四学士”之一的秦观在评论学界研究苏轼只重其文，而疏于其人的状况时所指出的那样，人们大都流于文学创作文本表象而忽略了更为重要的作者本人胸怀格局与深层底蕴。秦观认为“苏氏之道，最深于性命自得”，苏轼“‘器’足以任重，‘识’足以致远。至于议论文章，乃其与世周旋，至粗者也”，

“论苏氏而其说止于文章，意欲尊苏氏，适卑之耳”（《答傅彬老简》）。秦观着眼于思想境界与综合气质，揭示苏轼文章现象背后潜在的深层人文底蕴，从“器”“识”两方面，评估苏轼可“任重”“致远”的智慧能力，认为相比于苏轼其人，“文章”不过是“至粗”者，从而强调了苏轼更为可贵的思想境界与内在气质。这既是对苏轼智慧潜力与综合素质的充分肯定，又是对苏轼研究必须全面和深入的有力提醒。我感觉，目前学界对于杨万里的研究，总体上也是处于同样境地，在文献整理与文本认识诸方面虽然取得了十分丰富的成果，但是也存在着必须向全面、系统和深入挺进的问题，不仅着眼于文本，更要着眼于其人，深刻认识杨万里的历史贡献与文化成就。

进入21世纪以来，伴随文化强国战略与中华优秀传统文化传承发展工程的实施，杨万里研究有了新进展，开始出现多角度、多层面、全方位、立体式研究的新苗头，并收获一批又一批的新成果。然而，对于杨万里文化贡献与当代启示的认识，依然存在很大空间。党的二十大报告明确提出“坚持和发展马克思主义，必须同中华优秀传统文化相结合”，“其中蕴含的天下为公、民为邦本、为政以德、革故鼎新、任人唯贤、天人合一、自强不息、厚德载物、讲信修睦、亲仁善邻等”，“同科学社会主义价值观主张具有高度契合性”。这为进一步深入研究并深刻认识杨万里创造了优越的文化环境，也提供了强劲的思想动力。研究杨万里，自然需要考察其生平经历、文学创作与文化实践，而杨万里的文化观念、文化精神和文化态度更值得深入思考、深入研究。杨万里在传承前代优秀文化和创造时代文化方面的理性思考与创新实践，给当今建设中国特色社会主义新文化提供着多方面的深刻启迪。仅从相关杨万里的传世文献看，他的思想境界、文化观念、文学主张、人格修养和社会实践等等，都有很多创新与建树。应当说，杨万里首先是一位思想家、政治家、学问家，然后才是文学家和诗人。我们应当从中华民族发展的历史长河中去把握，在宋代文化发展的时代环境中来考察，依据丰富的文献典籍深挖掘，着眼现实的文化创新细思考。特别是应深入研究杨万里著述的思想性、学术性、系统性、创新性和实践性，为当代新文化建设提供经验与借鉴。

二

2024 年 10 月 28 日,中共中央政治局就建设文化强国进行集体学习。习近平总书记强调,要锚定 2035 年建成文化强国的战略目标,坚持马克思主义这一根本指导思想,植根博大精深的中华文明,顺应信息技术发展潮流,不断发展具有强大思想引领力、精神凝聚力、价值感召力、国际影响力的新时代中国特色社会主义文化,不断增强人民精神力量,筑牢强国建设、民族复兴的文化根基。我个人认为,“文化强国”战略目标的锚定和实施本身,就是弘扬中华优秀传统文化的具体表现,尤其是对宋代“以文治国”“人文化成”方略的创造性转化和创新性发展。实现建成文化强国的战略目标,需要全党全国人民的共同努力,每一位有文化能力的人都应理所当然地做点实事,国家公务员更应该在自己的工作岗位上率先垂范。巴金同志新著《杨万里研究文集》的出版面世,将是一个很好的示范案例。

《杨万里研究文集》的著者杨巴金同志,长期工作在吉水意识形态领域和文化宣传管理第一线,担任过吉水县史志档案局局长、县委宣传部副部长、文联主席等职务。正如其本人在《绪言》中所自述:“我本无文人梦,更无充当学者的念想,却不期成为一名庐陵文化研究者。”巴金同志早在 11 年前就出版了第一部学术专著《庐陵史事考述》(江西人民出版社 2014 年 10 月版),七年后又出版了 62 万字的《家刻本〈诚斋诗集〉校注》(江西人民出版社 2021 年 8 月版)。上述两部书都是难度较高的学术著作,研究性与专业性特点突出,不仅需要丰厚扎实的文化积累和缜密细致的理性思考,而且需要规范的学术性表达与技术性呈现,这与记事抒情类的文学创作或随笔札记大异其趣。同时,这两部著作的基本内容,都是紧紧围绕“庐陵”地区的历史文化与当代建设渐次展开,而这一区域既是杨巴金同志生活和工作的家乡,又是宋代文化巨擘杨万里出生和成长的地方。由此可知,著者是怀着热爱家乡、敬仰先贤的深情,怀着对家乡历史文化的崇敬和促进当代文化建设的自觉与热情,持之以恒地展开艰难研究,并将阶段性成果汇编成集,奉献给大家。这无疑是对杨万里深厚家国情怀的弘扬与继承,著者的文化精神和研究成果,令人感佩!

我个人认为,《杨万里研究文集》既有重要的学术文献价值,又有重要的文化教育意义,特色鲜明,功底扎实。著者杨巴金同志为杨万里二十八世裔孙,并生长和工作在吉水,其独特的血缘关系与地域优势,为学界深入认识杨万里,搜集和提供了鲜为人知的新材料。文集分为三编,收录论文36篇,而学术研究色彩最为浓厚的考证、考辨、考议性文章就有26篇,占了80%以上的篇幅。其中6篇杨万里"佚文"考辨以及《宋史·杨万里传》订误、南宋抗金英雄杨再兴考实等等,都征引有据,言之成理。非考证性论文如《试析杨万里诗文中的欧阳修论》《杨万里与王安石咏史诗比较》《杨万里诗中的酒文化》《杨万里自然生态观刍议》等,也都体现着独特的视角与独到的见解。尤其难能可贵的是,巴金同志特别注意从历史文献中发掘具有普遍教育意义的思想资源与正能量。《杨邦乂〈政瑞祠堂记〉探考》结语说:"杨邦乂作记时间是他就义前三年。文中有不少句子表达了作者对国家前途、社会治理、人民生活的关心,这正是他崇尚气节、爱国忧民、恪守清廉的最好诠释,也是他三年后能舍生取义的动力源泉。庐陵有'五忠一节'等著名历史人物,杨邦乂则是承上启下的重要人物之一,正因为有他个体的崭露,背后是该地域丰厚的文化积淀,为庐陵文化核心要义——'文章节义'的形成奠定了坚实的基础。"这充分体现出研究者的思想高度与学术境界。《南宋抗金英雄杨再兴考实》起笔即言"杨再兴是家喻户晓的南宋抗金英雄,无论《说岳全传》等演义小说,还是《宋史·列传》等官方正史,他那艺高胆大、千军难挡、气吞山河的英雄气概总让人叹服不已"。弘扬民族正气和鼓舞人心的宏大力量溢于言表。

学术研究是人类文化实践活动的最高形态,中国古代的传世经典也大都是学术研究的智慧结晶。而倡导学术研究则是中华民族的优秀文化传统,中华文化的思想精髓与核心理念如"以人为本""天人合一""尊道贵德""以文化人""人文化成"之类,都是既源于学术研究又引导学术研究。学术研究的能力与水平,一直是中国古代培养人才、评价人才、选拔人才和使用人才的重要标准,宋代更是登峰造极。欧阳修《荐司马光札子》称"司马光德性淳正,学术通明";王安石《祭欧阳文忠公文》谓"公器质之深厚,智识之高远,而辅以学术之精微,故充于文章,见于议论,豪健俊伟,怪巧瑰奇";都是将"学术"水平的"通明""精微"作为评价对象的重要亮点来赞颂。王安石在《除翰林学士谢表》中甚至认为“人臣之事主，患在不知学术”，他在《取材》篇中详细解释了“经术”取士的重要性和必要性：“所谓‘文吏’者，不徒苟尚文辞而已，必也通古今、习礼法，天文人事，政教更张，然后施之职事，则以详平政体，有大议论，使以古今参之是也。所谓‘诸生’者，不独取训习句读而已，必也习典礼，明制度，臣主威仪，时政沿袭，然后施之职事，则以缘饰治道，有大议论，则以经术断之是也。”由此强调了“经术”之于“时政”“职事”的紧密联系与理论支撑。《宋史》载，苏轼门生晁补之“举进士，试开封府及礼部别院，皆第一。神宗阅其文曰：‘深于经术者，可革浮薄’”；《宋史·路振传》说，“太宗以词场之弊，多事轻浅，不能赅贯古道，因试《卮言日出赋》，观其学术”；这些都是将“经术”“学术”作为取士用人重要标准的具体案例。至于以“学术精淳”“学术赅博”“学术精明”之类评价他人的现象，则随处可见。

国家于 2024 年 8 月 26 日颁布的《关于弘扬教育家精神，加强新时代高素质专业化教师队伍建设的意见》，其核心精神就是“项目赋能”，这里的“项目”就是“学术”，这无疑是对宋代倡导学术的当代转化和创造性传承。推而广之，当代高素质公务员队伍建设借鉴宋代策论取士的丰富经验，引导青年人关注现实、关切民生、思考未来，浓厚家国情怀和提升发现问题、分析问题并解决问题的综合研究能力，培养大批治国理政的优秀人才，更是有着广阔的空间。《杨万里研究文集》出版，体现着一定的现实示范意义。

三

在阅读《杨万里研究文集》的过程中，序者脑际时常萦绕 30 多年前一位兼具思想家、政治家和文学家素养的高层领导同志讲过的几句话。他说“我觉得行政官员写点东西，对做好本职工作是大有好处的，有些文字可能就是工作的一部分。世界上的许多事情是相通的，是可以互补的。退一步说，就是以写作来锻炼思维也是有益的。因此，我提倡做行政领导的都写点文章”（《巴特尔〈默川杂话集〉序》）。这在当时不但给我留下了永久的深刻记忆，让我明晰了努力工作的途径与方法，引导我积极思考开展工作的新思路，而且在相当长的一段时期内，中宣部机关内部主要业务局室，都一直呈现着围绕落实党和国家工作部署而读书思考、撰写文章与树正气、讲儒雅、浓厚学术氛围的新风气。

那时，我也曾结合工作岗位职责与实际需要，围绕国家哲学社会科学基金工作的宗旨意义、制度建设、科学管理以及如何更好地发挥最佳效益，深入思考，并以理论思考或工作建议的形式写成文字，或上报、或发表，相继出版了《社会科学论稿》（人民出版社 2013 年 9 月版）、《中国文化论稿》（中国社会科学出版社 2015 年 5 月版）与《人文论稿》（中国社会科学出版社 2022 年 10 月版）等著作。而宋代文学是我学术研究的重点，现在读到巴金同志《杨万里研究文集》书稿，不但产生了既熟悉又亲切的感觉，而且再次印证了围绕本职工作发挥个人优势展开学术研究的重要性与必要性。与此同时，也让我明白"文化强国"战略目标的实现，其实每一位具有历史使命感与社会责任心的个体，都可以有所作为。

我与巴金同志不算很熟悉，仅在 2017 年 10 月吉水召开的"杨万里诞辰 890 周年纪念大会暨国际学术研讨会"上见过面，那时笔者有幸应邀做会议主旨演讲，并参加了杨万里研究会成立大会，南昌大学人文学院院长黄志繁教授主编的研讨会论文集《诚斋气节万里风》（江西人民出版社 2018 年 6 月版）保存了这些原始资料。会议期间读了巴金同志编著的《杨万里家族纪略》（江西人民出版社 2017 年 8 月版）。遗憾的是，当时没有与巴金同志单独交流的机会，也没有交换联系方式。那次会议还考察了杨万里的家乡湴塘村，参观了在杨万里故宅基础上修建的"杨氏忠节总祠"，看到了《诚斋诗集》《诚斋文集》家刻本的木刻版片等珍贵文物。六年之后的 2023 年 4 月，由江西省委宣传部、北京大学主办的"江西诗派高端学术论坛"在九江召开，巴金同志知我受邀做大会演讲，由省作协江子先生牵线，主动微信联系，于是有了现在的联络。去年 10 月，复旦大学"第六届中国古代文章学研讨会"召开，在报告会场收到巴金同志发来嘱我作序的微信和材料。之后，经数次电话交流，虽数度感谢信任并表达难以从命祈予理解的意思，但巴金同志至诚恳切、坚定执着，不容推辞。当我大体浏览电子版部分书稿后，既为文集的学术内容所吸引，更被作者的文化精神打动。学术研究的宗旨就是探讨规律、生产理论、指导实践，人文研究是一种充满浩然正气、甘愿吃苦且考验精神毅力与文化实力的事情，往往耗时费力，收效甚微，真正"甘坐冷板凳"且能持之以恒者并不常见。而巴金同志数十年如一日，立足于本职工作，把大部分心思、时间和精力都用在发掘、研究和开发家乡历史文化资源与当代文化建设上，并取得显著成绩，这种务事、务实、务效的工作精神，令人钦佩。于是乎下定决心不辜负巴金同志的信任与嘱托，暂且放下手边的事情，草拟成小文！

是为序。

杨庆存，书于上海奉贤

2025 年 3 月 10 日

（作者为上海交通大学讲席教授，原人文学院院长）

目　录

绪　言

著名历史学家陈寅恪先生说:“华夏民族之文化,历数千载之演进,造极于赵宋之世。后渐衰微,终必复振。”他对两宋有如此高的评价,绝非仅是指那时经济、科技、人口的繁荣发展,更是指文化的空前兴盛。犹如诗词,后世常称作唐诗宋词;犹如学术,则谓汉学和宋学;犹如绘画、书法、瓷器以及名士辈出、言论开放等,亦称盛于两宋。关于两宋文化的兴盛,学界早有定论,人所共知,然而,文化兴盛的最直接体现是人才辈出。在灿若繁星的宋代人才地图中,江西庐陵绝对是一个绕不开的地域,这里孕育了欧阳修、杨邦乂、胡铨、周必大、杨万里、文天祥等一大批彪炳史册的名士,他们的才学、思想和精神至今仍熠熠生辉,成为一代又一代庐陵人的精神坐标。

诚斋气节万里风,光照古今意不同。在诗意中国的历史回望中,如何在中华民族伟大复兴视野下传承发展庐陵文化,如何进一步擦亮杨万里文化品牌,值得我们思考、探索和实践。

一

杨万里(1127—1206),字廷秀,号诚斋,江西吉水县湴塘村人。绍兴二十四年(1154)中进士,历官知常州、提点广东刑狱、吏部郎中、秘书监及江东转运副使等,终至宝谟阁学士,封庐陵郡开国侯,谥号文节。作为南宋文学家、理学家、政治家和主战派人物,不仅留下大量脍炙人口的诗歌,被誉为一代诗宗,而且拥有刚正清廉的道德修为,《诚斋集》133 卷也蕴含巨大的文学价值和深邃的政治思想。“只有三更月,知予万古心”,他的思想早已融入中华传统文化的精神谱系;“尘中悔一来,事外怀孤征”,他的人生早已被视为浊世中的一股清流;“携瓶自汲江心水,要试煎茶第一功”,他的诗句早已成为爱国主义的绝唱。

俗话说,倘若要真正了解一个人,最好的方式就是走进他的故乡。从杨万里的家世、求学、科考、仕宦、归隐等历程看,可谓生活历经磨难,人生曲折坎坷。他五岁启蒙,七岁习经,八岁遭丧母之痛,十岁从父宦学四方,十四岁赴外地求学,由此结识很多师友,于“流离”中拓宽了眼界,增长了见识。当今学界对杨万里青少年时代“流离”之说颇有新意,不少学者认为,他虽出身贫穷,却仍有可保障的生活条件,曾随父宦学四方,又赴阜田、安福县、庐陵县求学,如此“流离式”的生活经历,有利于他个人的成长。因为如此丰富的人生经历,对常年困居于乡间的其他普通读书人来说是难以企及的。更关键的是,父亲杨芾虽是一位穷秀才,却是饱读诗书之人,不仅精通《易经》,而且颇有眼光。支撑贫寒之家的本钱,就是他忍饥挨饿才买回来的一千多卷藏书。杨芾常指着藏书对儿子说:“圣贤之心具焉,汝盍懋之!”俗话说:“读万卷书,不如行万里路。”于游历中修习人生,自古有之。作为“穷小子”的杨万里,在实现人生逆袭成功的背后,必定有“苦行僧”般的自律与坚韧,这与他勤奋好学、向上向善、自强不息分不开。不奋斗就没有未来,唯有刻苦勤奋,才有日后的各种可能,这对当今广大学子也有很强的现实意义。

然而,杨万里又常被后世人所误读,说他是一位过着闲云野鹤生活、充满天真童趣的“陶渊明式”诗人。殊不知,他一直有着强烈的爱国忧民情怀,看似清新隽永文笔的背后,其实更有正心诚意、坚韧勇毅的人生态度。他三次入朝为官,兼任太子侍读,多次在地方州县任职;曾求学于王庭珪、刘安世、刘廷直、刘才卲、张浚、胡铨等名师门下,与周必大、张栻、虞允文、朱熹、陆游等名士多有交游;又曾受洪迈、留正、赵汝愚、韩侂胄等权臣掣肘,仕途之路并不平坦,政治上也多有起伏。但是,生活的辛酸、仕宦的无奈,正是他吟诗撰文的最好素材,不仅没有向命运低头,反而造就了诗文的巨大成功。

我作为诚斋先生的后人,感觉他的第一大魅力是寒门逆袭。杨万里出身寒微,父亲却生性至孝且品行高洁,极重视对儿子的教育,这正是传统中国社会中耕读传家、正心固本的最佳例证。少年杨万里读书勤奋,拜会名师,其中以16岁拜王庭珪为师、21岁拜刘才卲为师最为重要。他的第二大魅力是家国情怀。

杨万里对社会底层、百姓疾苦有真实的了解，对国家兴衰、朝廷惠政等时刻记挂于心，儒家“修齐治平”的济世情怀早已融入血液，“民胞物与”的仁爱精神更是渗入骨髓。即使在丁父忧时，还就君道、国势、人才、论相、驭吏、刑法、民政等问题深入思考，写成千古宏文《千虑策》，共有30篇，堪称南宋王朝全面强国富民的鸿篇巨制。他的第三大魅力是脊梁如铁。“拚得忍饥七十年，脊梁如铁心如石”，这是南宋诗人葛天民对他的评价。权相韩侂胄修筑南园，嘱咐他撰《南园记》，并许以高官相酬，杨万里却说：“官可弃，记不可作。”当得知韩侂胄贸然出兵北伐后，竟失声痛哭：“韩侂胄奸臣，专权无上，动兵残民，谋危社稷，吾头颅如许，报国无路，惟有孤愤！”之后笔落而逝。诸多可敬事迹，足以印证他既有臣子的忠心与坚贞，更有文人的傲骨与才华，总是心系国事，不屈权势，铁骨铮铮，风雨如磐。他的第四大魅力是守正创新，即开创“诚斋体”新诗派。南宋诗学评论家严羽《沧浪诗话》中说，那时并没有陆放翁体，也没有范石湖体，只有独一无二的杨诚斋体，标志着南宋诗坛在诚斋先生身上实现了华丽转身。

二

说到杨万里的“诚斋体”，应当说，“中兴四大诗人”虽诗风各异，但对扭转“江西诗派”之弊病都有一定的贡献，其中以诚斋先生贡献最大。他初学“江西诗派”，又学王安石和晚唐诗人的绝句，直到36岁时才不肯傍人篱下，将1000多首旧作付之一炬，之后另辟蹊径，推陈出新，最终走上师法自然的创作道路。

平时生活中常有人问我：“什么是‘诚斋体’？能否用一二个字或者一句话来概括它的特点。”我想，假若只能用一个字来概括，那就是“活”字，即所谓的活法作诗；假若只能用四个字来概括，那就是“师法自然”，表现为后世人解读其诗文时所推崇的“新”“奇”“快”“趣”“捉”等特点；假若用一句话来概括其特点，那就是“诗风清新自然，笔调幽默谐趣，诗意充满生活气息”，表现为作者极善于发现日常琐事中的诗味，再以活泼多样的表现手法，将自己的主观情感最大程度地投射于客观事物，从而实现日常生活的诗化目标。

正因如此，杨万里走出了一条由广学博取、转益多师，最终走向师法自然、自出机杼、不断创新的道路，成为南宋“执诗坛之牛耳”者。著名历史学者许倬云说:“我最喜欢杨万里的诗,因为他具有苏东坡的格局,又比苏东坡更接近于人间。他的诗写的就是小河、小水里边走船,岸上跑路,万山里边转圈,这是非常民间的事情,我很喜欢这东西。”犹如最具“诚斋体”特色之一的《小池》,诗中所言及的蜻蜓、荷花、泉水等,现实中每个地方都有,生活中人人可瞧见,但当它们映入杨万里眼中,落在一代诗宗的笔下,于是“奇迹”般地被称誉八百多年,今后还将称誉一千年、一万年,成为他独步南宋诗坛的成功所在。

值得一提的是,杨万里作为南宋理学家中的一员,极善于捕捉生活中细微的情趣,糅合禅宗、道家等思想,结合自己的主观感悟,在诗中注入富有理学思维的语言,成为南宋哲理诗名家,这也是“诚斋体”的鲜明特色之一。品读他的哲理诗,尤其是《桂源铺》《过松源晨炊漆公店》《宿灵鹫禅寺》等名诗,既浸透着作者崇高的理学品格,又表现出正心诚意的处世准则,这是他无愧于君、无愧于民,于浊世中守住本心,活得正直通透的真实表现。

三

吉安物华天宝,人杰地灵,北宋以来,便是士子科举成名,学者成林,作家成派,仕宦成群,著述成山,志士成仁,成为江右文化的重心所在。其中,又以“五忠一节”作为杰出代表,且孕育出以“文章节义”为精髓的庐陵文化。吉水籍“鲁迅文学奖”获得者、省作协主席江子说:“我越来越感到,所谓的欧阳修、胡铨、杨邦乂、诚斋先生、文天祥、解缙,其实是同一个人,具有同样的刚烈、血性、决绝、诚心正意,同样的文采沛然又胸怀家国。这是这块土地特有的人文性格,是我的故乡特殊的人文密码。”如是说,我深为认同。比如杨万里 28 岁中进士之前、66 岁归隐家乡之后,都生活于庐陵大地,中间的 38 年曾两次丁忧、多次待次,在家乡的时间远多于在外仕宦的时间,是典型的生于斯、长于斯、终老于斯的庐陵名士。他书写庐陵的诗文不胜枚举,亦是吉安之大幸,并成为庐陵文化中的厚重部分。

这里有必要插叙一下。对杨万里的解读,学界有少数人将他视为山水田园派诗人,甚至贬为不爱国。其实在南宋时,他的诗名盖过陆游,但后世名气确实有逊于陆氏。主要缘由是,陆游的爱国诗与辛弃疾一样,表现为直抒胸臆、壮怀激烈，而杨氏的爱国诗总是以冷嘲热讽的态度、拟人暗喻的写作手法、含蓄委婉的表现形式来体现，注重“意在言外”“必知味外之味”，由此可知，杨氏与陆氏的性格是一柔一刚，一内敛一外露，一深沉一直白。周汝昌老先生说，杨万里是“以表面壮阔超旷之笔，而暗写其忧国虑敌之夙怀，婉而多讽，微而愈显，感慨实深”。犹如他临终前夕题作的《落花》诗云：“红紫成泥泥作尘，颠风不管惜花人。落花辞树虽无语，别倩黄鹂告诉春。”该诗算是杨氏爱国情怀的绝笔之作，深刻表达对国家前途的担忧却又无可奈何的心境。

既然杨万里是庐陵的，是中国的，又是世界的，那么我们该如何用好地方特有的文化符号，进一步做好杨万里文化的传承发展呢？

第一，传承地方文脉。着眼于庐陵文化“文章节义”内涵的挖掘，积极探寻它的当世价值，这是实现“两个结合”尤其是“第二个结合”的重要路径。地方文脉是地方文化生命的基因，是物化了的地方精神，表现形式或隐或显，且多种多样。就庐陵地域而言，应确保文脉长盛不衰，根脉守护不断，地脉包容不减，商脉承古焕新。就杨万里文化而言，既要重视他诗歌的独特魅力，更要认知他人格的不朽精神，通过读其诗来感受他生命在庐陵大地的广度、深度和温度。这些年，吉水县以其诞辰为契机，多次举办全国性的学术研讨会，出版《风行水上自成文》《诚斋气节万里风》《家刻本〈诚斋诗集〉校注》等系列书籍，都是守护地方文脉的成功实践。

第二，人人可为薪火。说到杨万里文化的薪火相传、代代相守，关键是要解决“可传，能传，可守，能守”的问题。他诗文中的家国情怀、恤民思想、清正廉洁等，能够实现“君子之道”与“日用之常”相结合，即所谓的“人伦日用化”，绝不是高不可攀、遥不可及的象牙塔式存在。应采取“以德润心，以文化人”等多种途径，使它成为庐陵文化中“取之无禁，用之不竭”的有机构成。近年，吉水县常态化举办杨万里系列文化活动或赛事即是成功范例，如 2017 年举办 890 周年诞辰纪念活动，2020 年举办全市“中涵吉水香——杨万里诗艺研讨会暨重阳诗会”，2022 年举办“第二届杨万里诗歌奖全国大赛”，2024 年举办杨万里诗歌文化生态旅游节等，促使大家成为努力奔跑的文化追梦人。

第三，点亮精神灯塔。深入挖掘杨万里文化与现实生活中息息相关的当代价值，如爱国忧民、勤俭廉政、守正创新等，与当今的红色文化、共产党人的精神谱系相结合，在中华民族伟大复兴的征程中砥砺前行。他的家乡湴塘村，以诚斋诗词相融于现实场景的营造，已打造成为家风教育、廉政教育、传统文化教育、爱国主义教育基地，杨万里诗画小镇已创建国家4A级景区。要在这些成功探索的基础上，进一步开掘杨万里文化的力量源泉，让游人在参观中沉思，在沉思中感悟，犹如精神灯塔，时刻照亮人们前行的路。

四

我本无文人梦，更无充当学者的念想，却不期成为一名庐陵文化研究者。说到自己涉足于地方文史研究，似乎是世事偶然的凑巧，却又如宿命的必然。的确，我在师专读书时做学生会干部，学生时代入党。参加工作第二年成为学校中层领导，通过考试调入县委组织部，参加公开选拔成为副科级干部。可以说，2003年2月之前的我，也热衷于世俗眼光中的“官位升迁”，无奈自己情商不高，那年仕途“受挫”，甚至“遍体鳞伤”。处于人生“低谷”时期的我，被转任相对轻闲的副科级职位，于是常会阅读《井冈山报》等报刊的文史类文章，读完后总觉得自己也能写出这类文章，于是开始试着写稿。一次次写稿，一篇篇被刊用，在学习、钻研和提升的过程中慢慢找到了人生方向的转型路径。尤其是2014年10月，第一部拙著《庐陵史事考述》由江西人民出版社出版，这份执着悄然已变成一种兴趣爱好。

斗转星移，寒来暑往，总是在不经意间，才发现岁月早已溜走。如今算来，自己从事庐陵文化研究已是第23个年头，在此期间，我似乎更热爱钻研先祖杨万里，总是试图透过历史的尘烟，穿过厚厚的历史典籍，虔诚地走进800多年前的南宋，走进诚斋先生“一花一世界，一笑一尘缘”的生命历程。2016年下半年，我转任县史志档案局局长后，个人著述方面撰有《杨万里家族纪略》书稿，公务方面则是主抓光绪版《吉水县志》的整理、点校和出版筹备等工作，该书共有66卷、79万字。2017年12月，又转任县委宣传部副部长、文联主席，骨子里对庐陵文化的传承弘扬意识上升，甘愿于坐冷板凳，热衷于研究小问题，在学术研究、诗联题咏、著作出版等方面加快了步伐，甚至是沉浸其中，乐不知疲。

按任职惯例，近一二年自己就要退居二线了，回首往事，颇有感慨。我常想,从 1994 年 6 月调入县委组织部起,如今已是第 32 个年头;因多有一份文人的疏狂,不善也不肯左右逢源,必然是以不精于官场而屡屡碰壁;回想已度过的大半人生,内心始终恪守"做人正心诚意,做事求真求实"的准则,仕途上虽无大的作为,却是"不愧苍天不负民"。平时我又想,自己虽是农民的儿子,却早已离开土地;自己师专毕业,曾充当中学教师,却早已离开讲台。让我念念不忘的,唯独乡土情深。虽然,自己已无农民、教师的外在身份,却只是披了一层知识外衣、拥有一丝光环而已。"落寞心情只自知,南溪招我笑归迟。"我始终认为,家乡湴塘一定是自己灵魂安放的地方,不论精神的还是躯体的;自己并没有走出故乡,没有丢失本来的身份,平时也极乐意于将家族文化、家乡风物、名士先祖予以宣传和推介,现在每年走上讲台也有 30 ~ 50 堂次。又如,家乡的光绪版《忠节杨氏总谱》,我从四个杨姓村庄才收集齐全,并将八大本族谱全部拍成相片,分门别类地编辑于文件夹内,只要学界有学者需要,就会毫不犹豫地将电子版拷给别人。再如,乾隆版《杨氏人文纪略》四卷本早已散佚,我从湴塘村的光绪版《忠节杨氏总谱》、峡江何君杨家的乾隆版《文水南华杨氏族谱》、盘谷镇的民国版《忠节南岭杨氏族谱》、乌江镇的民国版《栋头杨氏族谱》中"艺文"部分,以及历代名士文集中搜集相关资料,编辑出版了《杨万里家族纪略》一书,以期为学者撰文提供参考资料,同时又宣传自己的家乡。

透过杨万里、杨邦乂等先祖事迹,我深刻感受到古代士大夫的向上向善、风骨气节的可贵。"欲销今日世尘事,偏爱旧朝文字堆。"我认为,湴塘村既是传统中国社会中耕读传家的活化石,又是一部家风家训的生动教科书,如杨万里《读书》诗云:"读书不厌勤,勤甚倦且昏。"我学历并不高,仅在吉安师专学习历史两年,投身史苑研究的时间也不长,于是常以该诗句作为提升自己文化修为的座右铭。应当说,读书是家族文化、家风传承中永不枯竭的力量源泉,而读书从"不厌勤"到"忽开卷",再到"会心处",它必定是波浪式前进、螺旋式上升的过程,通过不同阶段的渐学渐入,最终才会有柳暗花明的一次次顿悟。结合诚斋先生《官箴》中对长子杨长孺的训诫之语、"吉水"县名由来的典故,我为自己的书房拟了一副八字联:

字水为箴,始终尚学;

书田是福,夙夜惟勤!

回首往昔,办公室灯下的无声、现实生活中的独处,有时不觉潸然泪下;凝眸现在,虽白霜早已侵染双鬓,却是无怨无悔。

五

本书是以杨万里其人其事为主线,紧扣诗文、生平、亲友三个切入点,深入挖掘他清新自然的诗风、爱国忧民的担当、身前身后的亲友关系等话题而撰文。全书由四部分组成,前三部分为正文,收录文稿 36 篇,即以学术探讨为经,史料挖掘为纬,深入浅出地考证诚斋先生丰富多彩、跌宕起伏的人生,并通过他的诗歌、生平、仕履、交游以及个人生活状况等,进一步解读这位爱国诗人的精神特质。第四部分为附录,共选拙诗、拙联 130 首(副)。试想,每个人都有俗与不俗的一面,我也常有心语欲诉,于是仿效诚斋先生,开辟属于自己的精神乐园,将梦想与破灭、欢乐与痛苦、歌颂与针砭,以诗联的形式付诸文字。具体来说,这四部分内容是:

第一辑是诗文研究,收录文稿 16 篇。杨万里的诗文之美,诚如陆游所说,"诚斋老子主诗盟,片言许可天下服"。钱锺书先生也说:"诚斋则如摄影之快镜,兔起鹘落,鸢飞鱼跃,稍纵即逝而及其未逝,转瞬即改而当其未改。眼明手捷,踪矢蹑风,此诚斋之所独也。"本辑主要针对诚斋先生的诗文而撰稿,如选择他的 12 首经典诗予以考议,又如他对欧阳修、王安石的追崇言论予以考析,还包括作者署名"杨万里"9 篇佚文的真假探究,并判定其中至少 5 篇是伪托文。

第二辑是生平研究,收录文稿 9 篇。杨万里的生平,虽有于北山教授的《杨万里年谱》、萧东海教授的《杨万里年谱》,也有王琦珍、辛更儒、张瑞君等先生的部分撰文,但对其《宋史》本传的订误、先祖家世的考证、科举观和自然生态观的刍议,以及其归隐思想、画像诗文等话题的研究仍有空白之处。又如,杨万里交游诗有一千余首,交游对象有五百多人,如何从交游诗文中探寻其思想人格、生活态度、文学创作和文化情怀，如何看待他与吉水士大夫家族之间的文化关联等。本辑就这些问题做浅显探索，有些文章可纠补前人的阙失。

第三辑是亲友研究，收录文稿 11 篇。传统的血缘、亲缘和地缘关系是地方社会极重要的组成部分，并由此衍生出宗族制度、亲属制度以及民间信仰制度等，这些都是理解中国社会结构的关键性文化概念。杨万里家族，文风鼎盛，名士辈出，并形成独具特色的家族文化，以致人们谈忠义，必谈杨邦乂；谈诗文，必谈杨万里；谈清廉，必谈杨长孺；谈隐逸，必谈杨允孚；谈出仕，必谈杨士奇。本辑就杨万里身前身后的亲友关系做延伸考察，借以探寻庐陵文化的优秀基因代码。

第四辑则是附录，选录自己拙诗 100 首、拙联 30 副。大家都知道，《诚斋诗集》是作者 36 岁时才开始存诗的，不才的我却是从 2017 年开始写诗拟联，当时已 47 岁。其中缘由是，自己筹备出版《江西地方珍稀文献丛刊 · 吉水卷》《家刻本〈诚斋诗集〉校注》等书，文稿编辑中需要对古诗文予以整理，在标点、校注、解读和订误的过程中似乎“无师自通”地学会了。说实话，我作为诚斋先生的后人，确实有不顾“东施效颦”之嫌，大胆地题诗拟联，或融情于景，或标以家风，或感时咏物，皆为诗艺与史学相融、思想与意境相衬，不失为自己人生的一种感悟。

“物有甘苦，尝之者识；道有夷险，履之者知。”回首本书的撰写过程，笔者怀着对先祖杨万里、杨邦乂的仰望，对庐陵文化传承发展的虔诚，每每着笔时，总是力求用有根有据的史实、简洁准确的语言、深入浅出的方法来揭示文章的观点。首先从理论价值的角度看，本书有不少资料是学界首次发布，如杨万里、杨邦乂的多篇佚文，又如考证两位名士的家世以及名、字、号等，为拓展和深化南宋名士研究提供了第一手资料，对探析南宋吉州的世家大族、科举入仕、乡间社会等均有重要参考价值。其次从社会价值的角度看，该书以翔实的史料，多角度诠释杨万里的诗文、生平、政治、亲友和交游等，能帮助读者更好地认知诚斋先生，了解庐陵文化。再次从文稿质量的角度看，该书的大部分文章已被《中文学刊》《教育与考试》《江西文史》等刊物，以及“宋史研究资讯”“科举学与考试研究”等公众号刊用，系笔者 10 余年所写学术论文的结集，期待为学界研究杨万里起抛砖引玉的作用。书名拟为“杨万里研究文集”，实际字数约 35

万字。

今年是先祖杨万里诞辰 898 年，距 900 周年诞辰还有两年。如今出版此书，我作为其二十八世孙，亦是对先祖缅怀的一份献礼！令我感动的是，有幸请到上海交通大学讲席教授、人文学院老院长杨庆存拨冗作序。庆存宗兄是山东平邑人，师从宋代文学研究名家王水照老先生，现为曲阜师范大学孔子研究院特聘教授，亦尊杨万里为先祖，曾来湴塘村拜谒先人，参加杨万里诞辰 890 周年学术研讨会等。又有幸请到浙江农林大学写作中心主任彭庭松作跋。庭松教授是庐陵富滩人，在吉水读高中，浙江大学文学博士，几次来吉参加杨万里学术研讨会，是一位睿智、高产的学者。在此一并感谢所有关心、支持和帮助本人的所有同仁！

因自己学识有限，书中难免会有缺漏、错讹和谬误，祈请各位读者及仁人志士批评指正。最后，以拙诗《读〈诚斋诗集〉》作为结束语：

眼前不见小荷池，却有蜻蜓妙立姿。
在读遗编翻欲烂，忽来好句说嫌迟。
一门活法新开派，四海诚斋独霸诗。
百味人生皆可悟，此书伴我度闲时！

杨巴金
2025 年 3 月 1 日

第一辑　诗文研究

“万首七言千绝句，九州四海一诚斋。”杨万里曾将自己的一千余首诗作付之一炬，之后师法自然，开创“诚斋体”，最终自成一家，成为中国诗歌史上一位有关键意义的大诗人。

相传杨万里一生作诗两万多首，现存诗近 4300 首，《诚斋集》也有 133 卷之多，还有不少佚诗佚文。品其诗文，悟其性情，识其人格，可深刻感受诚斋先生所承载的痛苦与欢乐、失望与梦想、磨难与挫折，借此转化为逆境中的一束光，永远照亮着后世人的路！

天下人人读之　学者人人师之

——试析杨万里诗文中的欧阳修论

欧阳修是杨万里最崇敬的人之一，杨万里又被周必大誉为“今之欧阳公也”①，三位都是庐陵人。学界对杨万里笔下所体现的欧阳修论极少，目前仅见《杨万里：欧阳修的“超级崇拜者”》杂谈1篇，由欧阳慧玲、陈元撰，篇幅不长，挖掘杨万里论欧阳修较为浅显。欧氏被誉为“一代文宗”，杨氏被誉为“一代诗宗”，探析杨万里诗文中的欧阳修论，是当今优秀传统文化传承发展的应有之义。笔者以杨万里对欧阳修所有文字表述为基础，探析他得出的“天下人人读之，学者人人师之”结论，借以成为庐陵文化走出去的一面鲜艳旗帜。

一、诗文取向：天下人人读之

杨氏评论欧氏的文学成就，既有文学眼光，又有理学视野，始终是持崇敬与追慕的态度。

（一）杨万里论欧阳修的文学贡献

欧氏历来主张文章明道致用，批判形式主义文风，且引领了一场影响深远的诗文革新运动，赢得“欧阳子，今之韩愈也”②的赞誉。杨万里以诗闻名，主张师法自然，总是以清新自然、幽默谐趣的笔调描摹日常平凡事物，尤其善于捕捉景物稍纵即逝的变化，充满着浓厚的生活气息。从文法的角度看，他俩是一脉相承的。

---

① （南宋）周必大：《文忠集》卷19《跋（六）》之《跋南丰黄世成铭文》，文渊阁《四库全书》本。

② （北宋）苏轼：《东坡全集》卷34《叙二十五首》之《六一居士集叙》，文渊阁《四库全书》本。

1. 文与道并重，文风平易

欧阳修倡导平易文风，善于从源头学习《春秋》《史记》这类简雅平实内容的书籍，如散文名篇《醉翁亭记》即是采取移步换景的常用手法，由远及近，层层递进，平实地描写滁州山间的朝暮变幻与四时景色，然后以“乐”为情感线索，先写禽鸟之乐，再写游人之乐，最后写太守之乐，情感逐步升华，文章寓意深远。杨万里深为认同欧氏平易简约的文风，强调文与道合一，其《问本朝欧苏二公文章》云：

> 传斯文之正脉，得斯文之骨气，上以窥孔孟之堂奥，下以蹑诸公之轨辙，非吾宋欧阳六一、眉山东坡，谁足以当其任哉！六一先生之文，今天下人人读之，学者人人师之。①

杨氏认为，文章既要看重“文脉正道”，又要看重“文之骨气”，儒家之道与现实生活密切联系，写作就是要从生活实际出发，理解社会生活的本质，能给人力量。自北宋中期以来，欧阳修的道德文章评价甚高，都认为他以六经之文鸣于世，是当之无愧的文坛领袖。杨氏《问本朝欧苏二公文章》又云：

> 此言天下之事，虚华而不如实用也。嗟乎！为文章而无益于实用，是特轻浮小儿贩名一技耳，何贵于文章哉？（同上）

杨氏非常肯定欧氏文章的实用性，对其“文道”“文风”均持赞扬态度，与人讨论、自己创作常以欧氏之文作为衡量标准。淳熙十五年（1188），杨氏为恩师王庭珪文集作序云：“庐陵自六一之后，惟先生可继闻者。”②认为家乡吉州只有王庭珪才算是继承了欧阳修的文学道统。嘉泰三年（1203），杨氏为老师刘才邵文集作序又云：“在仁宗时，则有若六一先生主斯文之夏盟；在神宗时，则有若

---

① 《豫章丛书》集部（六）之《诚斋策问》，江西教育出版社2004年版。

② （南宋）杨万里：《诚斋集》卷81《序》之《卢溪先生文集序》，文渊阁《四库全书》本。以下所引杨万里《诚斋集》，均见此本。

东坡先生传六一之大宗。”[1]认为北宋因有欧阳修、苏轼和黄庭坚先后主盟文坛,从而造就宋代文学的繁荣与辉煌。

2. 开一代新风,文高于诗

从文学创作的角度看,欧阳修是文诗并驾齐驱;若从创作效果的角度看,则是文高于诗。其实,欧氏之诗也富有特色,在宋诗发展史上可谓开一代新风,对《诗经》研究拥有不凡成就,代表作是《诗本义》。又如《食糟民》《边户》等现实主义诗作,一扫“西昆体”“太学体”之积弊,影响较大。欧阳修现存诗900余首,杨万里存诗近4300首,将欧氏诗与杨氏诗相比较,前者的诗风是温丽深稳,后者的诗风是清新自然,《诚斋诗话》录有苏轼省试后的一则典故云:

> 欧阳公作省试知举,得东坡之文,惊喜,欲取为第一人,又疑其是门人曾子固之文,恐招物议,抑为第二。坡来谢,欧阳问坡:“所作《刑赏忠厚之至论》,有‘皋陶曰杀之三,尧曰宥之三’,此见何书?”坡曰:“事在《三国志·孔融传》注。”欧退而阅之,无有。他日再问坡,坡云……欧退而大惊曰:“此人可谓善读书,善用书,他日文章必独步天下。”[2]

这则史料既表达苏轼的不凡才能,又印证欧阳修的识才爱才,更是歌颂欧氏虚心请教、不耻下问的务实学风。杨氏将它收录于《诚斋诗话》,表明对欧氏的诗歌创作经历较为关注。

欧氏作为宋诗中一大家,杨氏当然会注意学习其诗法。隆兴二年(1164)冬,杨氏题作《雪》诗3首,诗题中标注:“用欧阳公白战律,仍禁用‘映雪’‘访戴’等故事,赋三首示同社。”欧阳公白战律,系欧阳修提出的白战体,苏轼解读为“白战不许持寸铁”,意思是说,不能使用前人用得俗滥的形容词和代字来题诗,可见杨氏对欧氏诗学研究有较深程度,诗歌创作方面曾受欧氏诗法的引导。诚然,杨氏诗法并非主学欧氏风格,其诗风转变则是南宋诗坛个性最鲜明的一家,说:

---

① (南宋)杨万里:《诚斋集》卷84《序》之《楙溪集后序》。

② 《诚斋集》卷115之《诗话》。

> 予之诗，始学江西诸君子，既又学后山五字律，既又学半山老人七字绝句，晚乃学绝句于唐人。学之愈力，作之愈寡……自此，每过午，吏散庭空，即携一便面，步后园，登古城，采撷杞菊，攀翻花竹，万象毕来，献予诗材。①

正因为杨氏选择传统的多位诗家基础上，勇于创新，敢走新路，最终开创自己的诗派，即别具一格的“诚斋体”。

3. 以散文尤佳，文兼众体

欧阳修文史兼通，诗文俱工，众体兼擅，对《诗》《春秋》《论语》等六经均有较深的研究，与新余人刘敞开疑古惑经之先河，成为著名金石学家；史学则是参与编纂《新唐书》、独著《新五代史》，二十四史中一人独占两部正史，但欧阳修以散文成就尤为突出，创造出自己的独有风格，有“六一风神”之誉。杨万里赞同欧氏的散文写法，认为文章是文气、文体和文法的有机统一，却各有一定分量的侧重。其《问司马迁〈史记〉、班固〈汉书〉、欧宋〈唐书〉得失》云：

> 太史公主于气，而体与法为之卿佐；孟坚根于体，而气与法为之条枚；欧宋源于法，而气与体为之流波。②

在他看来，司马迁是以气为主，班固是以体为主，欧阳修是以法为主，虽各有侧重，却不因某方面所爱而否定其他，撰文总是在有主有次的交汇中达到通化与圆成的境界。

（二）杨万里对欧阳修的生平研究

欧氏与杨氏的童年略有相似，均出身贫困，曾为单亲家庭。欧氏4岁丧父，所幸母亲郑夫人立誓守节，以获教子。杨氏8岁丧母，庆幸老父重视对其教育，后来继母视为己出。晚年，两人又有深厚的庐陵情结，但杨氏得以回乡且葬于乡，欧氏则逝于颍州，葬于新郑。

1. 以荐贤举能闻名

欧阳修一生总是不遗余力地鼓励和提携后学，以识才、惜才与荐才闻名。

---

① 《诚斋集》卷81《〈荆溪集〉自序》。

② 《豫章丛书》集部（六）之《诚斋策问》，江西教育出版社2004年版。

凡被他赏识之人,大多数闻达于世,如政友范仲淹、文友尹洙、金石友刘敞、诗友梅尧臣与苏舜钦等。更可贵的是,他敢于革除科场积弊,奖掖人才,录用苏轼、苏辙、曾巩等一大批具有真才实学之人,也团结一大批优秀人才在身边,借此成为北宋著名政治家、史学家和大学者。杨万里一直以欧氏为榜样,亦以荐才闻名。淳熙十二年(1185),他出任吏部郎中,宰相王淮问当以何事为重,答以人才,并作《淳熙荐士录》呈上,一口气推荐朱熹、袁枢等60人,成为天下美谈。

2. 君子间的“交”与“争”

欧阳修生平事迹中,应邀为范仲淹撰作神道碑铭事件曾引起较大争议,成为众说纷纭的一桩公案。皇祐四年(1052)范仲淹去世,其子范纯仁向欧氏索求墓碑铭。欧阳修因母亲郑夫人刚去世,拖延两年才写出初稿。为求稳妥,他又请范氏生前挚友韩琦加以审定,且按韩氏所提意见进行修改。不料范纯仁兄弟对文中“范吕解仇”之事不予认同,“即自刊去二十余字,乃入石”,引发欧氏恼怒。对于这场争议,宋人笔记中多有记载,且有多种看法。如朱熹与周必大的看法就有较大分歧,周氏认为,吕夷简度量浑涵,心术精深,因期于成务,其用人才德兼取,甚至认为欧阳修和范仲淹仍不够真正理解吕氏。

从当今学界大众化观点看,范氏、吕氏确实曾为国事而释怨解仇,欧阳修所持观点是正确的。杨万里对此问题不仅有较深研究,内心较为认同欧氏的观点,而且无巧不成书的是,他晚年也有一次类似经历。嘉泰元年(1201),杨万里应虞祖禹兄弟之邀,为宰相虞允文撰写神道碑。虞氏对杨氏曾有知遇之恩,固然不能拒绝,出于稳妥起见,杨氏参照欧氏做法,碑文初稿写好后,先送给曾经同朝执政的周必大审阅,之后按周氏所提意见修改,且回信说:

> 某宿昔奏记,且以虞公铭诗呈似,一寸丹心端欲求指画之益,非以徼浮实之誉也……示教当改为神道碑,即以登时剔改书丹矣……再作得一书答虞氏兄弟,今纳一本,不宁唯发仲尼之一莞,犹未绝望于窜走之诲。①

令杨万里没想到的是,虞祖禹兄弟对碑文并不满意,且提出一些莫名其妙的要

① 《诚斋集》卷110《书》之《与周丞相》。

求,于是杨氏作《答虞祖禹兄弟书》云:

> 某与二亲蒙更生之恩,某又蒙拔之州县宾之朝列之恩,此恩之轻重大小,何如也……王文正公(王安石)非六一先生铭之,司马温公(司马光)非东坡先生铭之,亦安能与天地相永,与日月争光乎哉……似简而实详,似疏而实密,无遗善,无溢美,惟先师相私于某,故某不私于先师相,所以报也,惟孝子仁人加察焉。①

在杨氏看来,墓志的生命力在于真实准确,于是参照欧阳修的做法来处理此事,之后在《答王监簿》信中又说:

> 昔六一先生作范文正铭,其间书文正与吕申公事,极有典则,务从忠厚。而范氏子弟不知六一之深旨,往往不怿。此意已托介弟口传于足下矣。②

杨氏认为,范氏兄弟并不理解欧阳修深层次的思想认识,于是引发双方不快。侧面印证杨氏与欧氏一样,不仅尊重历史事件的真实性,体现他俩内心仁义忠厚的品德,而且此举有利于后世锻造和提升民族精神,有着更深远的历史意义。

3. 殊途同归谈“党争”

庆历四年(1044),欧阳修向朝廷呈奏千古奇文《朋党论》,其实有它深刻的历史背景。那时以夏竦为首的保守派为反对改革,正猛力攻击范仲淹、欧阳修等人,说他们在朝廷拉帮结派搞朋党,且有不少人被罢职贬官,于是欧氏愤然写下这篇雄文,干脆将朝廷正直大臣自称为“朋党”,以此驳斥保守派的栽赃诬陷。

淳熙十六年(1189)十月,杨氏向光宗皇帝所上的第一个札子,就是重申欧阳修所痛陈的“朋党”之害。

---

① 《诚斋集》卷67《书》之《答虞祖禹兄弟书》。

② 《诚斋集》卷110《尺牍》之《答王监簿》。

> 本朝仁宗之世，始于宰臣吕夷简与谏官范仲淹交论上前，遂出仲淹。而谏官高若讷尽指欧阳修、尹洙之徒为仲淹之党，一切贬逐。未几，仁宗感悟，大用仲淹，而召用修与洙，不惟党祸遂息而与，仁宗同致庆历之治者，乃前日所谓党人者也……臣窃观近日以来，朋党之论何其纷如也。有所谓甲宰相之党，有所谓乙宰相之党；有所谓甲州之党，有所谓乙州之党；有所谓道学之党，有所谓非道学之党。是何朋党之多欤？[①]

杨万里告诫宋光宗要擦亮眼睛，不能被外部景象所迷惑。试想宋仁宗时，因宰相吕夷简与谏官范仲淹有矛盾，导致范仲淹被罢黜，欧阳修因支持范氏改革，于是谏官高若讷诬陷欧氏是范氏之党，全部遭贬逐。不久后，宋仁宗幡然醒悟，重新起用范仲淹、欧阳修等人。

杨氏之语，并非危言耸听。南宋时，道学党与反道学党之争，早在孝宗淳熙年间就已开始，直至庆元三年（1197）党禁事件成为高潮，史称“庆元党禁”。名列党籍者都受到不同程度的惩罚，于国家于百姓带来巨大灾难。

二、思想道义：学者人人师之

从思想道义的角度看，杨氏常以欧氏言行作为典范，倡儒家仁义之道，弘儒家修身方式，养儒家君子之德，共同为庐陵文化“文章节义”核心要义的形成指明了方向。

1. 有道而能文

欧阳修《读李翱文》中提出“有道而能文”的观点，赞同“学所以为道，文所以为理也”之说，崇尚以六经为代表的儒家之文，认为古文写作者的人格修养与文章高下有紧密的关联。欧氏经学研究成果颇丰，对《易》《诗》《礼》《春秋》《史记》等都有独到见解。杨万里承继欧氏自然为文、走近百姓、贴近生活等特点，服膺欧氏对诗歌、散文、史学、书法等精辟论述，奉守文章实用论原则，其《问古今文章》云：

---

① 《诚斋集》卷69之《己酉自筠州赴行在奏事，十月初三日上殿第一札子》，文渊阁《四库全书》本。

我国家崇儒重道，右文阐化，垂三百年，上之所以教育人材，下之所以涵养术业，洗异世鄙陋之气而一空之。是故元祐之文，究极乎天人事物之归，熙、丰之文，根本乎性命道德之理。虽三代之全盛，不过是也。六一《本论》，断断乎生民之谷粟；眉山衡书，凿凿乎治国之药石。①

在杨氏看来，欧氏和苏氏之文，既宣扬仁义道德，又温柔敦厚实在，这才是好文章。

2. 著文先“养气”

儒家的“养气”，是强调个人的道德修养，充实内在的品德之美。欧阳修主张养道以成文，此观点比韩愈提出的“气盛言宜”观点有进一步创新，如《答祖择之书》就反复强调“师经、尊道、严师”等行为，倡导儒家礼教传统，重视文艺的教化作用。在他看来，一个人读什么书，就会说什么样的话，写出什么样的文章，最终就会成为什么样的人，如散文名篇《秋声赋》中“百忧感其心，万事劳其形”之句就有很强的现实意义。杨万里认为，欧氏赓续了汉代司马迁、班固和唐代韩愈、柳宗元等名士衣钵，将“养气”之旨寓于文中，其《问古今文章》云：

是故文章不关于所学，而关于所养。人君欲成一代之文，必先教养其文气；君子欲自为一家之文，必先涵养其文气。切譬天地之于万物，风以嘘之，日以烜之，雨之所润，露之所滋，生育长养，各极其至，然后万物林林以生矣。②

杨氏认为，文章的好坏主要由文气决定，若一味追求文饰，辞藻艳丽，不利于文章蓄气；假如气不同，文章之味就不同，所形成的风格就大不相同。其《问本朝欧苏二公文章》又云：

且如《本论》之文，序其所以麾异端之道，必推原其病之所自来，欲先

① 《豫章丛书》集部（六）之《诚斋策问》，江西教育出版社 2004 年版。
② 《豫章丛书》集部（六）之《诚斋策问》。

以礼义堤障人心，雍容闲雅，不迫不怒，使释氏之教可不劳寸兵尽铁而囚声永遁。①

“养气”需要配以义与道，只有长期修养锻炼，才能达到“不迫不怒”的境界。读书要厚植儒家的仁义道德，写文章应关心现实，提出治国富民方略，而不是那种刻意为文的作风，还说欧阳修即是“倡于前”，苏轼为“踵于后”之人物。事实也是如此，杨氏毕生注重“文气”的涵养，并运用于写作实践。他去世后，考功郎官李道传拟写的《谥文节公告议》中说：

他人之文以词胜，公之文以气胜。惟其有是节，故能有是气。惟其有是气，故能有是文也。此公所以特立于近岁以来，而无愧于江西先贤之盛也。②

3. 考《易》之异同

宋代易学研究盛行，出现许多易学著作，且有不少名士借易学建立了自己的理学体，欧阳修和杨万里即是如此，分别撰有《易童子问》和《诚斋易传》专著。

欧阳修非常尊崇《周易》，晚年兴趣尤浓，“饮酒横琴销永日，焚香读《易》过残春”，即是他读《易》度日的真实写照。欧氏研究《易》，是以“象”和“理”为视角，从而避免象数派和义理派的偏狭，且新论颇多。

杨万里认同欧氏所反对的空谈心性观点，认为六经都是关于现实生活认识的记载，与玄虚、空洞、无用的心性无关。“物极必反，数穷则变”是欧氏易学研究贯彻始终的思想，认为它既可指导实践，又借以革故创新。杨万里易学思想有两大特点，一是从易学角度，对其“活法诗”的思想根源作出新的诠释，二是采取“引史证易”之法，注重义理学的构建，心性论上主张“性体心用”，工夫论上要求落实于日常实际之中，其最终目的则是希望能梳理盛衰治乱之理，将注

① 《豫章丛书》集部（六）之《诚斋策问》。
② （元）脱脱等：《宋史》卷433《儒林（三）》之《杨万里传》，文渊阁《四库全书》本。

解《周易》与拯救国运紧密地联系在一起。全祖望《跋杨诚斋易传》说：

《易》至南宋，康节之学盛行，鲜有不眩惑其说。其卓然不惑者，则诚斋之《易传》乎！其于《图》《书》九十之妄，方位南北之讹，未尝有一语及者……中以史事证经学，尤为洞邃。予尝谓明辅嗣之传当以伊川为正脉，诚斋为小宗。胡安定、苏眉山诸家不如也。①

再将欧氏与杨氏的易学研究相比较，发现他俩都有文学家和经学家的双重身份，都有解易的专门著作，都倡导经世致用之心；两人作为宋代"文人析经"群体的突出代表，其优势在于"文"，劣势则在于"理"；他俩的解易专著也有一些共性特点，如方法上都有"以文解易"的特点，态度上都重视"革故鼎新"的创新，思想上都强调"自下而上"的途径，内容上都带有文学创作的浓厚色彩。

4. 诗穷而后工

欧阳修说："盖愈穷则愈工。然则非诗之能穷人，殆穷者而后工也。"②由此提出"诗穷而后工"之说，意思是，假如文人处境困顿贫穷，其痛苦生活经历则会让创作才华得到更充分的发挥，撰文中所表达的思想感情，更能让人引发共鸣，此观点被后世文人广泛接受，成为文学史上带有普遍性的文学现象。

杨万里对欧氏"诗穷而后工"理论深为认同，其好友、永和人欧阳铁不仅贫穷，还多次落第，之后笃意于诗，以教习子弟为生。两人第一次见面，杨氏即说："伯威之气，凛凛焉不减于昔，独其贫增焉耳。不以增于贫而减于气，如伯威者，鲜乎哉。"③认为他颇有穷且益坚、不坠青云之志的骨气，之后不仅为其《脞辞集》作序，还为他作挽诗，将自己与欧阳铁的关系类比为相互推重的韩愈与孟郊。

庆元四年(1198)，杨万里为吉水八都人曾三异作《和曾无疑赠诗，语及欧阳公事》，诗中有"醉翁若是真个醉，皂白何须镜样明"之诗句。晚年时，他又为

① (清)黄宗羲等：《宋元学案》卷44《赵张诸儒学案》引全祖望《跋杨诚斋易传》，中华书局1986年版，第1433页

② (南宋)祝穆等：《古今事文类聚·别集》卷10之《梅圣俞诗集序》。

③ 《诚斋集》卷78《序》之《欧阳伯威〈脞辞集〉序》。

北宋名士、吉水县孝子毛子仁作《有宋死孝毛子仁哀辞》，说“其文集亦有诗寄欧阳公”，称赞毛氏“欧阳伯仲，轲与雄些”。这些诗文都可印证杨氏认同欧氏“诗穷而后工”的观点，甚至将笔下基主与欧阳修相类比，说他们的才能不相上下。

三、杨廷秀者：今之欧阳公也

应当说，杨万里以欧阳修为榜样，两人在为人、为官、为文等方面都有不少相似之处，故周必大称赞说：“杨廷秀，今之欧阳公也。”

（一）四次为欧公祠堂题诗撰文

第一次是淳熙八年(1181)九月，杨万里任广东提刑，好友谢固在四川绵州任推官，此地即是欧阳修出生地，于是谢氏建六一堂纪念。文友李卿月为之题诗后，杨氏随李氏和诗云：

> 一代今文伯，三巴昔产贤。白珩光宇宙，蓝水暗风烟。有客曾高枕，升堂见老仙。梦中五色笔，犹为写鸣蝉。①

“六一堂”本是欧阳修在颍州所筑私家宅院的东堂，是其颍州“三堂”之一，系致仕后终老之所。欧氏去世40年后，谢固在绵州官衙东侧建“六一堂”纪念，杨万里虽未触景却已生情，于是题诗追慕。

第二次是绍熙元年(1190)，永丰籍士人陈养廉在沙溪重建文忠公祠堂，杨氏门生、永丰人罗椿写信索记，于是撰《沙溪六一先生祠堂记》说：

> 吾邑之沙溪，六一先生之故乡也。有先生祠堂，旧矣……三百年之唐，而所师尊者，惟退之一人。本朝二百年矣，而所师尊者，惟先生一人……若先生者，天下后世之师也，岂宁惟庐陵之乡先生也？天下师之，而庐陵不祠之，可乎？今吾州自郡庠乡校皆有先生祠堂矣。②

---

① (南宋)杨万里：《杨文节公诗集》卷19之《南海集》卷4之《拟题绵州推官厅六一堂》诗，清刻本。

② 《诚斋集》卷73《记》之《沙溪六一先生祠堂记》。

杨氏认为，欧阳修继韩愈之后，重新扛起文学复兴大旗，是两百年后宋代当之无愧的文学复兴者，在家乡建祠堂纪念极为必要。他感叹，自苏轼、黄庭坚去世后，已无足够分量的徒弟来接续欧氏，“不记不可也”，表明杨氏对欧阳修文化的传承有忧虑意识。

第三次是绍熙二年（1191）五月，吉州知州方崧卿出于郡城无欧阳修祭祀场所的考虑，于是在郡衙旁侧新建“六一堂”，绘制欧氏画像悬挂于内，四处搜集其遗墨，安排人摹刻于堂内。杨万里应邀作《吉州新建六一堂记》云：

> 然则乡里之敬先生，后世之敬先生，人也，非天也。盖人者，可必者也。然问六一之堂，其在永丰乎？曰：“否。”不在永丰，其在郡治乎？曰：“否。”然则敬先生者，乡里反薄而后世反短欤？人又不可必也……斯堂自颍而归庐陵，何其神也！非人也，天也。虽然，使吾邦不逢今侯，斯堂其能归乎？然则天也，亦人也。①

杨氏认为，吉州文人官员众多，名士为江西之最，出于崇文尊贤的责任，极有必要兴建六一堂。最初始建于颍州的“六一堂”早已湮没于荒烟蔓草之中，现在新建的“六一堂”终于回归吉州，此举既为天意，亦是人愿。他还告诫家乡后人，要把它作为一个重要文化符号传承好。

第四次是嘉泰三年（1203），胡元衡出任吉州知州，感于此地是欧公故里，于是在郡城倡建六一先生祠。一般而言，祠的规模要比堂大，胡知州将原“六一堂”对面一处旧亭撤去，扩大规模，大手笔建设。出于祭祀需要，又立欧阳修塑像于祠内。杨万里作《六一先生祠堂碑》云：

> 今居六一之故国，抚乔木之苍然，诵《秋声》《鸣蝉》之赋，览《唐书》《五代史》之稿，峨如之冠，睟如之容，忽乎瞻之在前也。伊欲折白鹭之芰荷，酌青原之石泉，社而稷之，乃无一精舍以妥屏摄，以为邦人考德问业之地，不曰室迩而人远乎……朴虚无斋戒之郁攸兮，前一韩而后一欧阳。微

---

① 《诚斋集》卷74《记》之《吉州新建六一堂记》。

一圣一贤之泽兮，人伦何怙而不忘？①

杨氏先是叙述建祠的起因与经过，接着赞扬欧氏自韩愈退没，斯文绝而不续，鼎力文化革新之功德，最后提出一些传承思考。试想，作为"庐陵二大老"之一的杨万里，仍如此推崇和感怀欧阳修，既有欧氏魅力因素，又是自己的表率行为。

（二）五次为欧公墨宝吟诗作跋

第一次是乾道三年(1167)下半年，胡英彦访得欧公两份诗帖，于是杨万里作《胡英彦得欧阳公二帖，盖训其子仲纯、叔弼之语，其一公自书之，其一东坡书之。英彦刻石以遗朋友，吾叔父春卿得一本，有诗谢，英彦和焉。万里用其韵，以简英彦》长诗。胡英彦是胡铨侄子，依据诗题可知，此二帖是欧阳修对次子欧阳奕、三子欧阳棐的家教诗，一份由欧公亲书，一份由苏轼所书。胡氏又将此二帖刻石，弄成不少拓印本赠给好友。作者亲叔杨蔼获得书帖后，还题有赠谢诗，杨万里则是以叔父之韵和诗。儒家向来有着强烈的进取精神，诗中"向来孟韩息，不有欧苏继""我有香一瓣，恨不生并世"等句，表明作者希望与欧氏一样，拥有士大夫的良好德行。

第二次是淳熙十四年(1187)十一月，因段昌世收藏欧阳修、王安石、苏东坡之墨宝，杨万里欣赏之余题跋曰：

六一先生、半山老人、东坡居士，间何阔也！因段季承为介绍，乃一日并得望履幕下，快哉！淳熙丁未至后三日，庐陵杨万里敬书。②

段氏因藏有欧阳修等三名士的墨宝，且一致认定是原件，如此稀世珍藏，杨氏自然是羡慕不已。

第三次是淳熙十五年(1188)二月，杨万里时任秘书少监，同僚王厚之藏有欧阳修《集古录序》真迹，欣赏后题《跋王顺伯所藏欧公〈集古录序〉真迹》。该诗还附有后序说，尤袤、沈揆和王厚之三人都喜欢收集碑刻，平时还将碑文弄成

① 《诚斋集》卷121《碑》之《六一先生祠堂碑》。
② 《诚斋集》卷101《杂著》之《跋段季承所藏三先生墨迹》。

拓印件，且是“各自夸尚”，于是常有“真赝争到底，未说妍与媸”的局面。“不知临川何许得尤物？《集古》序篇出真笔。遂初心妒口不言，君看跋语犹怅然”，读此诗，更印证“诚斋体”幽默谐趣之本色。

第四次是绍熙五年（1194）冬，吉州画师刘讷画有一幅《八君子图》，即是为“半部《论语》治天下”的赵普以及韩琦、文彦博、司马光、王安石、欧阳修、苏轼和黄庭坚等众名士作画。杨万里欣赏这幅小像手轴后，题《跋写真刘敏叔〈八君子图〉》诗云：

> 一代一两人，国已九鼎重。如何八君子，一日集吾宋？古人三不朽，诸老一一中。久别忽相逢，相对恍如梦。①

古人常将立德、立功、立言称为人生“三不朽”，作者由衷赞叹欧阳修等人是“诸老一一中”，评价如此之高，表明他内心有向欧氏看齐的意识。

第五次是庆元五年（1199），欧阳修之孙、官提举者回老家永丰探亲，特意拐道溢塘村，杨氏才有机会亲睹欧阳修《秋声赋》与《试笔》二帖，之后题跋云：

> 六一先生墨妙，每见石刻，未见真迹也。今乃得见《秋声赋》《试笔》帖，先生之孙提干不来归故乡，安得此奇睹？提干云：“尚有《集古录跋》及家书四百余纸。”某闻之虽喜，然未敢尽求观也。某山林之日月方永，欲一日尽此四百纸，何以卒岁？②

欧阳修当今存世书法均为楷书和行书，此二帖中《秋声赋》却是小草，苏轼还曾为之题跋。杨万里见得此名赋真迹，联想到欧氏正直为官，却屡遭诋毁和贬谪，怎不引发对人生的深沉感慨！

（三）多次在自撰文中表示追慕

杨万里应邀为友人题诗拟文，经常以欧氏为范，借机表达对他的敬仰。隆

① 《杨文节公诗集》卷37之《退休集》卷1之《跋写真刘敏叔〈八君子图〉》诗，清刻本。

② 《诚斋集》卷99《杂著·题跋》之《跋欧阳文忠公〈秋声赋〉及〈试笔〉帖》。

兴元年(1163),他在杭州拜会乡贤长辈胡铨时题诗说:“澹翁家近醉翁家,二老风流莫等差。”[①]把胡铨与欧阳修相提并论,认为他俩在忠贞报国和文采风流方面相差无几。众所周知,杨万里于绍熙三年(1192)九月弃官,直至去世的15年都是在家乡度过,其间至少有8次撰文对欧阳修表达追慕之情。

第一次是绍熙五年(1194),好友谢谔去世,杨万里撰神道碑称:“公之文,祖欧阳公与曾南丰。予尝谓公曰:‘近世古文绝弦矣。’昌国之文,如《送陈独秀序》甚似欧,而《南华藏》甚似曾,皆我所弗如也。”[②]认为谢谔为文甚似欧阳修和曾巩,并表示自愧不如。

第二次是庆元三年(1197),周必大之子周纶出任临川通判,杨氏给周纶回信:“朝发六一其郊其里之乡,暮登半山若蟠若距之阁……忠孝兼美,家国俱荣。”[③]认为周纶与欧公籍贯同乡,任职却是王安石故里,受庐陵文化和临川文化的双重熏陶,将来定有大出息。

第三次是庆元五年(1199),周必大在吉州郡城建成一栋新楼,杨万里曾入城贺新楼落成。待周氏迁入新府第,他又作贺启云:“岩壑迎六一之思颍,水石绕卫公之平泉。”[④]他以唐宰相李德裕的平泉山庄与欧阳修的“思颍”典故做类比,抒发对友人乔迁的恭贺,对周氏友情的珍惜,口吻极其洒脱自然。

第四次是庆元六年(1200),因某黄姓司法官员妻子欧阳氏去世,杨氏题作《黄司法妻欧阳氏孺人挽诗》,诗中有“夫人六一孙”之赞语。试想,欧阳修作为北宋前中期重要历史人物,其学术成果、史书修撰、政治建树等,哪样不是以历史丰碑展现于世人眼前,俗话说“爱屋及乌”,他对欧公后世裔孙亦常是心生敬意。

第五次是嘉泰元年(1201),他给福州知州张子仪回信说:“新除家,便颇似永叔觅蔡以近颍,然上意有在,当如君实赴陈而过阙,芳贾后贺而任安先书,已重知不敏之怍矣。”[⑤]杨氏以欧氏晚年因思乡,多次向朝廷申请回乡担任洪州知

① 《诚斋集》卷2《见澹庵胡先生舍人》诗。
② 《诚斋集》卷121《碑》之《故工部尚书章焕阁直学士朝议大夫赠通议大夫谢公神道碑》。
③ 《诚斋集》卷56《启》之《答抚州周通判》。
④ 《诚斋集》卷55《启》之《贺周丞相迁入府第启》。
⑤ 《诚斋集》卷110《尺牍》之《答福帅张尚书》。

州为例，言及南宋朝廷也曾考虑其思乡因素，下旨安排出任赣州知州之职，可见他面对宦海升沉、仕途得失，始终是超然物外，志气自若。

第六次是嘉泰二年（1202），安福县好友欧阳似得建有“醉乐堂”，杨氏应邀作记说：“一支为永丰之欧，六一先生是也……揭以‘醉乐’，师我醉翁。堂成，与客落之。客曰：‘醉翁之乐，不在酒而在山水之间。子之乐何如！’”[①]文章最后引用《醉翁亭记》中的名句，点明醉乐堂取名缘由，与开篇叙述欧氏渊流与支派相呼应，可见作者把欧公生平事迹常记挂在心。

第七次是嘉泰三年（1203）三月，吉州知州梁京即将离任，特意来湴塘村话别，杨氏题诗赠谢。《古风敬饯吉州梁使君》诗中“丰湖夜献坡老门，螺浦晚酌六一泉，露冕期月惠化传”之句，“丰湖”是指惠州丰湖，亦称西湖，有苏公堤，附近白鹤峰下，苏东坡曾卜居于此；“六一泉”则在杭州西湖畔孤山南麓，是诗僧惠勤的修行地，他曾拜欧阳修为师，苏轼任杭州知州时，因感慨往事而命名。杨氏借用几则典故，既追怀欧公，又怀念旧友。

第八次是嘉泰三年（1203）秋，朝廷封赠杨万里宝谟阁直学士后，周必正写信祝贺，杨氏回信说：“学诣三五之源，文传六一之统。金口木舌，驾所说以无前；玉珮金据，著厥词而愈伟。”[②]周必正是周必大的堂兄，官舒州和赣州知州、江东提举等职，“三五”是指三才和五行的数术变化规律。杨氏认为，周必正不仅学识好，而且有欧阳修的文学道统。

（四）一代代传承的庐陵事业

第一，关注崇公墓茔及祖屋的修葺。

欧阳修生于绵州，其父欧阳观时任推官，后于泰州去世。据《欧阳修年谱》载：“大中祥符四年（1011）辛亥，是岁，葬崇公丁吉州吉水县泷冈。”[③]因那时尚未设立永丰县，故称“吉水县泷冈”。皇祐五年（1053），欧阳修又扶母亲郑夫人灵柩南下回乡，实现父母合葬之夙愿，附葬的还有他早年亡故的胥氏、杨氏二夫人。绍熙元年（1190），永丰籍士人陈懋简出于对欧公的敬仰，在筹资修复六一祠堂的同时，对沙溪西阳宫、祖屋、父母妻子墓茔等也予以修葺。杨氏《沙溪六

---

① 《诚斋集》卷77《记》之《醉乐堂记》。

② 《诚斋集》卷61《启》之《答周监丞贺除宝谟阁直学士启》。

③ （北宋）欧阳修：《文忠集》附录1之《欧阳修年谱》。

一先生祠堂记》中说:“其前,崇公之墓也。屋圮于潦,里之士陈懋简撤而新之。”第二年十二月,陈懋简去世,杨氏又为他撰作墓志铭,说:“六一皇皇,仁义其相,金玉其章,与韩相望。”①对陈懋简的修墓行为大加赞赏。

这次修墓行动中,永丰县尉陈元勋积极参与并提供帮助,杨氏称赞说:“道出六一先生之父崇公之墓次,慨想先贤,进拜设奠,退而周视其阡,门墙坏隤,悯而葺之。”陈元勋当时作《思贤录》记之。更巧的是,陈元勋后来不仅调任四川绵州,而且也是任推官之职,“继崇公所居之官,宅崇公所宅之馆”,于是请人画成欧阳观像悬挂于馆内,待任满调回宜春后,又续作《思贤录》。嘉泰元年(1201)四月,陈氏请杨氏为《思贤录》作序,说:“元勋官二郡,皆故有崇公之遗迹。尊其德,怀其人,窃有慕用之志焉。二书所以见元勋之志也。愿从先生乞一言,以发扬元勋之志。”②

第二,推崇族祖杨纯师与欧公的交游。

杨纯师是杨万里族曾祖父,吉水杨氏8世,黄桥镇杨家庄人,于皇祐元年(1049)中进士,人称“著作郎”。光绪版《忠节杨氏总谱》载:

> 纯师,行十六,字慎之,皇祐元年己丑登进士第,官著作郎、永康太守。与欧阳文忠相友善,有《送之任永康》及《赐第还家》诗,载邑乘。③

欧阳修的岳父叫杨大雅,系东汉“四知先生”杨震之后,而杨纯师的辈分比欧阳修妻子杨氏高,于是欧氏称呼比他年轻的杨纯师为先辈,且作《送杨先辈登第还家》诗云:

> 解榻方欣待隽英,挂帆千里忽南征。锦衣白日还家乐,鹤发高堂献寿荣。残雪楚天寒料峭,春风淮水浪峥嵘。知君归意先飞鸟,莫惜停舟酒

---

① 《诚斋集》卷131《墓志铭》之《陈养廉墓志铭》。

② 《诚斋集》卷84《序》之《陈签判〈思贤录〉序》。

③ 江西省吉水县黄桥镇湴塘村《忠节杨氏总谱》之《杨庄延规公派次子克用支图》,光绪二十五年(1899)编修。

屡倾。①

杨纯师入仕途后,曾与欧阳修同朝为官,又属庐陵老乡,两人均擅长诗文,于是有不少交游和赠诗,如《送杨君之任永康》《送杨员外》等。庆元五年(1199)六月,杨万里主导吉水杨氏续修族谱,安排族人将此雅事收录于谱内,得以传世。

第三,带动儿子们对欧公的尊崇。

杨万里一生都学习欧阳修,敬慕其道德文章,其《问本朝欧苏二公文章》云:

> 执事先生以二公之学,提训承学之士,使之言其所得。愚有以见执事之意,欲追踪二公,以振斯文之统绪。如愚不肖,愿抠衣以从先生后尘,庶几古之文章之苗裔有所传付,幸孰事以二公之心为心也。②

他对欧公的崇敬和追慕情怀,还深深影响到自己的子女,据南宋文人罗大经回忆说:

> 杨东山尝为余言……某尝陋三公之对。昔某帅五羊时,漕仓市舶三使者,皆闽浙人,酒边各盛言其乡里果核鱼虾之美。复问某乡里何所产,某笑曰:"他无所产,但产一欧阳子耳。"三公笑且惭。③

杨长孺对欧阳修极为敬仰,称赞他是"一代文章冠冕者",并直言南宋馆阁诸臣如汪藻、孙觌、洪迈和周必大等人的文章远不及欧阳修,尤其杨长孺所说的"他无所产,但产一欧阳子耳"之语,足以凸显他对家乡庐陵的一份荣耀与自豪。

结语

欧阳修作为北宋一位承前启后的人物,其文统兼道统也是承前启后的。朱

---

① 《文忠集》卷11《律诗五十七首》,文渊阁《四库全书》本。
② 《豫章丛书》集部(六)。
③ (南宋)罗大经:《鹤林玉露》卷11,文渊阁《四库全书》本。

熹论欧阳修，对其文学、经学、科考和生平等，既有肯定之处也有否定之处。杨万里论欧阳修，则与周必大论欧氏一样，始终是持褒扬和追慕态度。应当说，欧阳修一生影响力巨大，杨万里则是紧追欧公步伐，以诗坛巨擘身份享誉南宋，他俩的言行品德都是历代士大夫效仿的典范。

众所周知，吉安古称“庐陵”，其名字被后世所熟知，实始于《醉翁亭记》中仅短短一句“太守谓谁？庐陵欧阳修也”，由此名句才使庐陵闻名天下。自北宋至明清，欧阳修的道德文章影响极大，如明代前期吉安文风鼎盛，人才辈出，其中一个重要原因就是文坛兴起台阁体，开始是以解缙为领袖，后来以胡广、杨士奇为领袖，而吉安人金幼孜、曾棨、陈循、王直和曾鹤龄等都是重要成员，王世贞曾解释说：“杨（士奇）尚法，源出欧阳氏，以简淡和易为主，而乏充拓之功，至今贵之曰‘台阁体’。”[①]应当说，南宋杨万里、周必大以及明代解缙、杨士奇等一大批庐陵后学又将欧公之学发扬光大，“诸公，皆庐陵之羽翼也”，他们一代接一代擦亮家乡庐陵名片，成为庐陵文化走出去的一面鲜艳旗帜。

庐陵文化作为中华优秀传统文化的一个分支，千百年来生生不息，就在于其深厚的思想理念、爱国精神和浩然正气，其厚重的文化底蕴一直影响到现代，使得井冈山的星星之火燎原于全中国。作为当今新时代的吉安人，更有责任和义务讲好“吉安故事”，走好学古融今、文旅融合的新路子。

① （明）王世贞：《弇州四部稿》卷148《艺苑卮言（五）》，文渊阁《四库全书》本。

半山绝句当朝餐
——杨万里与王安石的咏史诗比较

咏史诗是指以历史人物或历史事件作为吟咏对象，采用讽古喻今、夹叙夹议等写作手法来表达作者思想感情的诗歌作品。北宋王安石和南宋杨万里都是咏史大家，且杨氏曾师法于王氏，他俩的咏史诗既有相似之处，也存有明显差异。当今学界就王氏咏史诗的研究多有撰文，但尚未有人就杨氏咏史诗撰文，更没有人就他俩的咏史特色做异同比较。于是笔者不揣浅陋，试从王、杨二人的咏史异同、差异原因等做初步探考，以见教于大方。

一、王、杨二人诗法分析

（一）杨氏曾诗法于王氏

杨万里因诗成名，自为一家。他初学江西诗派，后学陈师道五律，又学王安石七绝，再学晚唐诗，最终开创独具特色的“诚斋体”。他为自己第一部诗集《江湖集》撰序说：“予少作有诗千余篇，至绍兴壬午七月皆焚之，大概江西体也。今所存曰《江湖集》者，盖学后山及半山及唐人者也。”①为第二部诗集《荆溪集》撰序又说：“予之诗，始学江西诸君子，既又学后山五字律，既又学半山老人七字绝句，晚乃学绝句于唐人。”均提到他曾师法于王氏，直到后来任常州知州时，才跳出前人窠臼，转向师法自然。翻检《诚斋诗集》，杨氏言及王氏的诗共有 7 首，其中 5 首是对诗艺的评价，另两首是对变法的评价，足以看出他对王氏诗法的推崇。如杨氏《读诗》云：

---

① 四库本《诚斋集》卷 81《诚斋江湖集序》。

船中活计只诗编，读了唐诗读半山。不是老夫朝不食，半山绝句当朝餐。①

王安石的诗擅长说理，精于修辞，反映社会现实深刻，但其前期与后期诗的风格略有不同。前期诗多是出于政治改革需要而针砭时事，后期诗多是怀古悼今，意境闲淡。陆游曾写到这样一则故事云：

杨廷秀在高安，有小诗云："近红暮看失燕支，远白宵明雪色奇。花不见桃惟见李，一生不晓退之诗。"予语之曰：此意古人已道，但不如公之详耳。廷秀愕然，问古人谁曾道。予曰：荆公所谓"积李兮缟夜，崇桃兮炫昼"是也。廷秀大喜曰：便当增入小序中。②

杨氏在题诗中竟然与王氏不谋而合，诗句颇为相似，印证他俩有着共同的艺术旨趣，且杨氏诗法已融入王氏诗法的精髓。尤其是王氏晚年七绝中那种清新隽永、流丽风韵之风格，杨氏与他实现殊途同归，源流则来自江西诗派之祖杜甫。杨氏也直言不讳地表达对王氏诗的喜爱，如《答徐子材谈绝句》云：

受业初参王半山，终须投换晚唐间。《国风》此去无多子，关捩挑来只等闲。③

（二）半山体与诚斋体的比较

王安石和杨万里作为各自时代的诗歌先行者，分别引领北宋和南宋诗歌审美趣味的嬗变与创新，最终都开创了新的诗体。半山体是指王氏晚年罢相后，隐居于南京半山寺时所形成的诗风，体裁多是四句28字的七绝形式，内容多是描写大自然山水，风格是一改其前期诗作中饱满的政治热情，极为注重炼字炼意，读起来颇有新颖别致，雅丽精绝，富有情韵，又称王荆公体。如《泊船瓜洲》

---

① 四库本《诚斋集》卷31《江东集》。
② （南宋）陆游：《老学庵笔记》卷1。
③ 四库本《诚斋集》卷35《江东集》，版本下同。

诗云：

京口瓜洲一水间，钟山只隔数重山。春风又绿江南岸，明月何时照我还？①

叶梦得曾评价说："王荆公少以意气自许，故诗语惟其所向，不复更为涵蓄……后为群牧判官，从宋次道尽假唐人诗集，博观而约取，晚年始尽深婉不破之趣。"（《石林诗话》）这段话印证了王安石晚年诗风的转变。

诚斋体的形成与杨氏提倡的"活法"密切相关，突出特点是巧妙地摄取自然景物的特征和动态，立足于师法自然，即善于捕捉稍纵即逝、转瞬即改的自然情趣，并以生动活泼而又富有变化的语言表现出来。如《宿新市徐公店》诗云：

篱落疏疏一径深，树头花落未成阴。儿童急走追黄蝶，飞入菜花无处寻。②

刘克庄曾评价说："诚斋出，真得所谓活法，所谓流转圜美如弹丸者，恨紫微公不及见耳。"从体裁上讲，杨万里以绝句的成就为最高，因为短小轻灵的绝句是最易体现其活法的。又如《探梅》诗云：

山间幽步不胜奇，政是深寒浅暮时。一树梅花开一朵，恼人偏在最高枝。③

清代赵翼也评价说："其争新也在意而不在此，当其意有所得，虽村夫牧竖之俚言雅语一切阑入，初不以为嫌，及其既成，则俚者转觉其雅，稚者转觉其老。"（《杨诚斋集序》）充分体现诚斋先生在语言运用方面的驾驭能力。

下面，我们再来做具体分析。

---

① 四库本《临川文集》卷29《律诗》。
② 《诚斋集》卷34《江东集》。
③ 《诚斋集》卷7《江湖集》。

第一，将半山体与诚斋体相比较，发现王、杨二人题诗手法的相类似。如从诗歌内容角度分析，王氏《江上》诗云：

江北秋阴一半开，晚云含雨却低徊。青山缭绕疑无路，忽见千帆隐映来。①

此诗是写江上秋景，诗中“疑”字颇具活力，读后清新自然之感扑面而来。再读杨氏《晚归遇雨》诗云：

略略烟痕草许低，初初雨影伞先知。溪回谷转愁无路，忽有梅花一两枝。②

王、杨这两首诗的第三、四句，可谓有异曲同工之效，印证他俩的创作心态、思想感情、诗歌内容有着惊人的相似。

第二，从半山体和诚斋体的艺术特色角度分析，两位诗家的语言特色和诗歌韵味有着共通之处，都主张以大自然和日常生活入诗，由感悟而起兴，注重思想感情的自然迸发。如王氏咏《梅花》诗云：

墙角数枝梅，凌寒独自开。遥知不是雪，为有暗香来。③

杨氏的咏梅诗是所有花卉类中居首位者，比咏荷诗还多。其《送客归，至郡圃，残雪销尽》诗云：

三日东风入万家，草间残雪不留些。儿童道是雪犹在，笑指梅花作雪花。④

---

① 《临川文集》卷30《律诗》。
② 《诚斋集》卷7《江湖集》。
③ 《临川文集》卷26《律诗》。
④ 《诚斋集》卷12《荆溪集》。

他俩均借花论道，透过梅花的品质来传递人的精神，可谓都是传神之笔。就王氏而言，他罢相后能释怀放下，绽放淡远；就杨氏而言，他五次提出弃官归隐，甘于淡泊；但他俩略显一份失意文人的深味，均沦为咏梅同调中人。

第三，王、杨二人的诗艺风格也存在和而不同。表现为审美趣味、修辞手法、文字雕琢方面各有个性。王氏在诗艺上走着杜甫“老去渐于诗律细”的路子，特别注重在对仗、典故、格律方面下苦功夫，且将其政治讽谏功能发挥到极致，增强了诗文的艺术美。所以叶梦得说：“王荆公晚年诗律尤精严，造语用字，间不容发。然意与言会，言随意遣，浑然天成，殆不见有牵率排比处。”（《石林诗话》卷上）杨氏在诗艺上并未搬抄王氏雅丽精绝的诗风，而是吸收其委婉曲折的表达技巧以及平淡自然的语言风格，但不刻意于文字锤炼，而是侧重于诗意的含蓄委婉表达。如杨氏的爱国诗，总是将国土沦陷表现为悲歌漫吟，如“只愿边头长无事，把耒耕耘且吾志”的感叹，“却是归鸿不能语，一年一度到江南”的遗憾，“老农背脊晒欲裂，君王犹道深宫热”的怜惜，“只有三更月，知予万古心”的忧患等。正因为杨氏能另辟蹊径，使得他从江西派“点铁成金”的作诗窠臼中解脱出来，借鉴王氏半山体和晚唐体，最后开创一种新鲜活泼的写法。杨氏感叹自己学诗漫长经历时，题写《读唐人及半山诗》云：

> 不分唐人与半山，无端横乱对诗坛。半山便遣能参透，犹有唐人是一关。①

二、王、杨咏史诗的相似之处

王安石、杨万里生活于北宋中期和南宋中期，两人诗中涉及咏史者均有100多首，其中较有名者各30余首。这些诗存在的相似之处表现为：

（一）推陈出新，擅长“翻案”

以历史人物或故事为题材而翻写出新的诗意，从不同角度来启迪人们进行新思考，此写法于唐诗人杜牧、刘禹锡、李商隐等早有运用。王、杨二人都能熟

---

① 《诚斋集》卷8《荆溪集》。

练地使用“翻案法”，借以褒贬旧事，议论功过，寄寓自己鲜明的人生态度。如王氏《乌江亭》诗云：

> 百战疲劳壮士哀，中原一败势难回。江东子弟今虽在，肯为君王卷土来？①

关于项羽兵败乌江亭事件，后世多是从其人生悲剧角度题诗并寄予同情。王氏诗明显是针对杜牧《题乌江亭》而改写，作者从理性思考的角度出发，依据客观事实来分析，认为项氏失败缘于其刚愎自用，残暴成性，已经失去民心，江东子弟不会违背历史潮流而再为他卖命，此观点足以体现王氏独特的历史眼光。诚然，明代都穆说：“荆公反樊川之意，似为正论，然终不若樊川之死中求活。”②但王氏能在杜牧诗的基础上再次“翻案”，此写作手法是值得称道的。再看杨氏《读〈严子陵传〉》诗云：

> 客星何补汉中兴？空有清风冷似冰。早遣阿瞒移九鼎，人间何处有严陵？③

严子陵即严光，东汉隐士，年少时曾与光武帝刘秀同学，后积极帮助刘氏起兵，功成后却归隐著述，设馆授徒，以高风亮节而闻名天下。该诗首句即以设问形式，大胆提出自己的质疑。接着以“空有”一词表明观点，说大名鼎鼎的严光对汉朝中兴并没有什么突出贡献。第三、四句则是对首句的升华。正因为有刘秀这样的明君，才能成就严光的名节，否则，那时假若有“阿瞒”（曹操）这样的反臣，严光还能有这样的声名吗？足以体现作者对历史问题的深入思考。

又如对王昭君出塞事件，以往的咏史诗多是将画师毛延寿当作罪魁祸首来看待，对王昭君多是惋惜红颜薄命。但是，王安石题写的《明妃曲》二首可谓别出心裁。他认为，王昭君的美不是靠毛延寿画出来的，主要过错应在于汉元帝，

① 《临川文集》卷33《律诗》。

② （明）都穆：《南濠诗话》之《杜樊川》。

③ 四库本《诚斋集》卷8之《荆溪集》。

即“归来却怪丹青手”，“当时枉杀毛延寿”；作者还以汉武帝时陈阿娇做类比：“君不见，咫尺长门闭阿娇”，认为王昭君假若仍留在汉宫，即使承恩，也终不免遭受同样的命运，由此批判无情无义的君王。之后作者引发议论，表达“人生失意无南北”①之叹。其实，他是暗喻天下许多怀才不遇的知识分子，从而使该诗的主题得到升华。杨万里为姜特立和诗中时也咏叹到王昭君，其《和姜邦杰春坊〈续丽人行〉》诗说：“君不见，汉宫碌碌多少人？画图枉却王昭君”②，该诗句表明作者将此事件的主要责任也归结于汉元帝，以王昭君不出塞仍会产生悲悯结局，来开脱毛延寿的部分责任。

（二）借古讽今，针砭时政

王安石作为站在时代前列的政治家，常以改革者的责任感来评说历史人物，目的是以古讽今，针砭时弊。如其《宰嚭》诗云：

谋臣本自系安危，贱妾何能作祸基。但愿君王诛宰嚭，不愁宫里有西施。③

在王氏看来，宰嚭作为吴国的谋臣，因善逢迎，深得吴王夫差的宠信。吴国攻破越国后，他接受越国贿赂，允许越国媾和，还屡进谗言，最后谮杀伍子胥。吴国的灭亡，宰嚭才是罪魁祸首，由此作者提出，“红颜祸水”之说并不成立。尤其第三、四句是说，即使宫中没有西施这样的女子，不诛杀宰嚭之类的奸臣，吴国仍然会灭亡。王氏借吴国亡国这一史实而讽今，为其推行变法而营造社会氛围。

杨万里评说历史，也常使用暗喻之手法，且不囿于前人之说，以独特眼光来借古讽今。如其《寒食雨中同舍人约游天竺，得十六绝句，呈陆务观》第15首云：

---

① 《临川文集》卷4之《古诗》。

② 四库本《诚斋集》卷23之《朝天集》。

③ 《临川文集》卷34之《律诗》。

万顷湖光一片春，何须割破损天真！却将葑草分疆界，葑外垂杨属别人！①

该诗是杨氏与好友陆游于寒食节游天竺寺时所写。作者先是赞美西湖美景，接着说苏轼治理西湖时所筑的“苏堤”，破坏了“万顷湖光”美景而造成遗憾。其实，杨氏是将“万顷湖光”比喻为大宋的完美河山，由此联想到北方不远处的淮河作为宋、金两国的分界线，致使大宋国土沦丧和南北分治，这怎么不让人忧愁呢！于是作者假借“葑外垂杨属别人”的游览遗憾，讥讽南宋朝廷将半壁河山拱手送给金国。

王、杨二人的咏史诗还伴有深切的忧患意识，体现宋代知识分子“以天下为己任”的使命感。如王氏《读蜀志》诗云：

千载纷争共一毛，可怜身世两徒劳。无人语与刘玄德，问舍求田意最高。②

“问舍求田”是刘备对许汜的批评之语，他俩曾在一起共议天下名士。但王安石对刘备之语再作否定，认为刘氏去争天下，实际上是“一毛”之小事，其结局必定是“两徒劳”。因为看问题的角度不同，所得出的结论也必然不同，该诗足以体现王氏救弊变通的前瞻眼光。又如杨氏《纪闻》诗云：

人道真虚席，心知必数公。宾王欺钓筑，君实误儿童。天在升平外，春归小雪中。何曾忘诸老？渠自爱松风。③

该诗语言质朴平淡，是一首政治讽刺诗。虚席，是指空着官位而等候贤能的到来，以此招揽人才，但前面加入“人道”一词就表达了作者的怀疑，甚至是否定。那时朝廷一直有“主战”与“主和”之争，作者引用唐初马周和北宋司马光的典

---

① 四库本《诚斋集》卷20之《朝天集》。

② 《临川文集》卷32之《律诗》。

③ 四库本《诚斋集》卷4之《江湖集》。

故来做对比分析，认定其最后结果必然是“哄骗儿童”般的结果。之后他再以反语说，因为割地称臣而谋得暂时“升平”的局面，表面上是春天之景象，其实早已压榨在小雪严寒中，自己何不效仿遭受排挤和贬官的胡铨、张浚等诸老一样而自爱松风呢！

（三）议论入诗，即兴抒怀

王安石和杨万里的咏史诗均是以精辟议论、夹叙夹议见长，蕴含着君子修身立德的思考，读后回味无穷。如王氏《贾生》诗云：

> 一时谋议略施行，谁道君王薄贾生。爵位自高言尽废，古来何啻万公卿。①

历代文人对贾谊多有评论，如王勃有“屈贾谊于长沙，非无圣主”之名句，可谓定论。王氏则从不同于世人常识的角度立论，认为“薄”与“不薄”，不在于朝廷对大臣是否给予高官厚禄，而是在于其提出的谋略是否被采用。贾谊提出的不少建议已被皇帝采用，其人生价值是值得的。作者以夹叙夹议的手法，借贾谊而抒怀，表达自己力图救世的理想。王氏另外一首《贾生》诗中说，宋代的社会危机要比汉文帝时严重得多，“所论多感概，自信肯依违”，假如贾谊还活在当世，那他就不仅仅是“涕沾衣”，而简直是要“蹈东海”，可看出作者是借贾谊而表达对国家前途的担忧。

杨氏诗曾师法于王氏，也经常使用夹叙夹议的写作手法。如其《跋蜀人魏致尧抚干万言书》诗云：

> 雨里短檠头似雪，客间长铗食无鱼。上书恸哭君何苦？政是时人重《子虚》。②

诗中作者运用多则历史典故表达其思想情怀。先是以“短檠”“食无鱼”来表达

---

① 《临川文集》卷32之《律诗》。
② 四库本《诚斋集》卷4之《江湖集》。

四川人、官抚干的魏致尧的艰难生活,又以"头似雪"形容他读书的刻苦,"上书恸哭"则是借贾谊而喻指魏氏对国家和君主的忠诚。"政是时人重《子虚》",表面看这是一句简单的事实陈述,其实它是作者内心的呐喊,表达对朝廷颓靡腐败风气的不满。

此外,王、杨二人写作手法上常是借议论而抒怀,将自身思想感情融入精练的语言,增添了诗文的内在魅力。如王氏《范增》诗云:

> 中原秦鹿待新羁,力战纷纷此一时。有道吊民天即助,不知何用牧羊儿。①

后世曾有人说,项羽失败的重要原因之一,是他没有听从范增提出的"重用牧羊儿"的建议,即以楚怀王芈心来重新号召百姓,否则结局难料。王氏却认为,这一策略未必高明,因为民心向背决定战争的胜负。只有实现政治上的"得道多助",老百姓才会主动归附。其实作者是借"牧羊儿"而抒怀,暗喻自己所践行的变法有利于国强民富,必定会得到百姓的拥护,呼吁朝廷和民众支持变法。

光绪版《湖南通志·永州府祁阳县》卷18录有杨万里一首佚诗,题目是《题浯溪摩崖怀古》,200余字,七言长排,系作者游览浯溪、观赏元颜石刻而抒发内心所思所感。"大唐家国天为昌",作者先是感叹于大唐的繁荣,然后笔锋一转,"明皇父子紊大纲,从此晏朝耽色荒",借以批评唐明皇父子沉迷女色,荒废朝政。"前杨后李真匪良",表明皇帝放任权臣作乱,"胡为南内成凄凉",其结果导致百姓遭受战祸。最后作者发表感怀:"修身齐家肇明皇",谴责唐明皇父子没有为天下和后人做出表率,引发社会动荡,"至今人说马嵬坡下尘土香",认为悲剧不能怪罪于杨玉环,而在于统治者的昏庸无能,读后让人有无限感慨。

三、王、杨咏史诗的差异

尽管王安石和杨万里的咏史诗有一些相似之处,但诗歌毕竟是文学作品,因作者生活经历、政治观点以及思想情感不同,致使他俩咏史诗也存在差异。

① 《临川文集》卷32之《律诗》。

（一）角色意识不同

王安石仕途顺利，官至宰相，且一直致力变法革新，其诗不仅是以咏古喻今，而且常把它作为促进自己实现政治理想的最佳表现形式。如《韩信》诗云：

韩信寄食常歉然，邂逅漂母能哀怜。当时哙等何由伍，但有淮阴恶少年。谁道萧曹刀笔吏，从容一语知人意。坛上平明大将旗，举军尽惊王不疑。救兵半楚潍半沙，从初龙且闻信怯。鸿沟天下已横分，谈笑重来卷楚氛。但以怯名终得羽，谁为孔费两将军。①

韩信是西汉的开国功臣和军事家，其悲惨结局又令人唏嘘不已。王氏题写韩信主要是从正面来写，如写他少年时的贫苦，能忍受胯下之辱的胸襟，以及后来受到萧何赏识，才得以在战场施展才华，屡建奇功。在诸多叙述的基础上，作者将自己的思想感情贯穿其中并引发议论，借以表达对韩氏功业的赞许，其实这是他为变法所作的一种铺垫，为未来功业表达一份期许。

杨万里长期仕于州县，官场作为与王氏有明显差异，故常是以一般文人官员的视角来评说历史人物，所表达的看法更接近于老百姓的内心认同。如《过淮阴县，题韩信庙》其二诗云：

鸿沟只道万夫雄，云梦何销武士功？九死不分天下鼎，一生还负室前钟。古来犬毙愁无盖，此后禽空悔作弓。兵火荒余非旧庙，三间破屋两株松。②

该诗是作者路过韩信家乡淮阴县瞻仰韩庙后所写，与王氏《韩信》诗略有不同。作者既肯定韩氏功绩，又为他辩冤，且深表惋惜。如颔联说项氏内心从没打算要背叛刘邦，当他即将被加害于长乐宫钟室时，才发出悔恨之声。颈联则是深化主题，以“狡兔死，走狗烹；飞鸟尽，良弓藏”③典故来感叹古代像韩信这样的

① 《临川文集》卷 9 之《古诗》。
② 四库本《诚斋集》卷 27 之《朝天续集》。
③ （宋）林之奇：《尚书全解》卷 21。

人有很多,今后也有不少人会步其后尘。作者有如此宽广深远的眼光,这是值得称许的。

(二)立意表现不同

王安石首先是一位政治家,其次才是一位诗人。他看待历史,总表现为不肯附和前人之说,常以一种独特眼光提出新的见解。如《读史》诗云:

自古功名亦苦辛,行藏终欲付何人。当时黮暗犹承误,末俗纷纭更乱真。糟粕所传非粹美,丹表难写是精神。区区岂尽高贤意,独守千秋纸上尘。①

该诗是以夹叙夹议手法来谈读史的感受。作者提出要敢于怀疑历史的观点,说功名固然难得,但是记载出于谁手不得而知,由此就很难保证资料的真实性。"丹青难写是精神"之叹,颇含哲理。于是他提出,对古籍中一些文字记载不必盲信,应以批判的眼光、辩证的思维做区别对待。联系后来他的变法遇到极大反对时,仍以内心的笃定来阐明变法的必要,如此咏史,立意就更显精警深辟。

杨万里诗名远胜于官名,其咏史多是以史实为基础,写作手法表现得较为婉曲,且追求立意上的叠加效应。如果不做仔细揣摩,则体会不出所隐含的内在意韵。如《读〈贞观政要〉》诗云:

拔士新丰逆旅中,怀贤鸭绿水波东。酒倾一斗鸢肩客,醋设三杯羊鼻公。②

《贞观政要》是唐代史学家吴兢编写的一部政论史书,收录唐太宗在位23年与大臣们治政时对一些问题的看法,蕴含着"君依于国,国依于民"的思想。杨氏某日出差至新丰,那晚挑灯读《贞观政要》,且是亦饮亦读。读到书中精彩之处,居然要向怀才不遇、贫困交加的"鸢肩客"叔鱼生敬酒一斗,还要以陈醋三

① 《临川文集》卷25之《律诗》。

② 四库本《诚斋集》卷40之《退休集》。

杯祭奠才识超卓、敢于犯颜直谏的“羊鼻公”魏征。作者用如此纪实手法，将历史典故与自己思想融于一体，立意就更为感性实在。

（三）感情色彩不同

随着北宋社会阶级矛盾的加深，王安石实行变法的意愿愈为强烈，咏史情感就表现得更为激昂。如其《桃源行》诗云：

> 望夷宫中鹿为马，秦人半死长城下。避时不独商山翁，亦有桃源种桃者。此来种桃经几春，采花食实枝为薪。儿孙生长与世隔，虽有父子无君臣。渔郎漾舟迷远近，花间相见因相问。世上那知古有秦，山中岂料今为晋。闻道长安吹战尘，春风回首一沾巾。重华一去宁复得，天下纷纷经几秦。①

该诗是作者对陶渊明《桃花源诗并记》的改写。作者先是控诉秦王朝的残暴统治，认为秦之后百姓仍然是灾难深重，于是才有陶渊明的“桃源”理想。其实王氏是以咏史怀古为手段，以谋今思远为目的，假借这一虚构理想来表达自己的政治抱负，冀望“天下纷纷经几秦”的历史悲剧不再重演。

杨万里也曾题诗咏陶渊明，如《过彭泽县，望渊明祠堂》诗云：

> 梦里邯郸熟，谈间栗里亲。不闻担板汉，曾羡采薇人。停待容来日，商量尚小贫。只欺五斗米，典没万金身。②

邯郸即是“黄粱一梦”典故的发生地，“栗里”为地名，是陶渊明在九江的居住地，担板汉是指不灵活的汉子，五斗米代指官职。本诗以陶氏“不为五斗米折腰”之典故，暗喻荣华富贵犹如梦幻一般，转眼成空。由此可见杨氏的写作手法表现得婉曲含蓄，爱国忧民情怀表现为悲歌漫吟。

四、产生差异的原因分析

王安石与杨万里的咏史诗为何会存在角色意识、立意表现及感情色彩等方

---

① 《临川文集》卷4之《古诗》。

② 家刻本《诚斋诗集》卷36之《江东集（卷四）》，四库本中未录。

面差异呢？主要原因有：

（一）生活经历不同

王安石仕途顺利，官居高位，且一生致力于社会改革，对历史事件或人物的思考相对更为理性，角度更为奇特，能透过事物表象提出不同于世人的见解。如其《商鞅》诗云：

> 自古驱民在信诚，一言为重百金轻。今人未可非商鞅，商鞅能令政必行。①

商鞅是战国时政治家和改革家，最后受诬，还被车裂而死，以前对其评价多是持否定态度。王氏却从商鞅讲究诚信、有令必行的角度来表达称许，由此提出对商鞅变法不宜全盘否定的看法。由此可看出，作者是借商鞅而自喻，表达内心要将变法进行到底的决心。

杨万里仕途曲折，官职级别不算高，那种官场主导者的意识要弱一些，对历史人物或事件侧重于谈感性看法，表现得更接地气。如其《读〈陈蕃传〉》诗云：

> 仲举高谈亦壮哉！白头狼狈只堪哀。枉教一室尘如积，天下何曾扫得来！②

陈蕃是“一屋不扫，何以扫天下”典故的主人公。在杨氏看来，那时东汉宦官乱政现象已经很严重了，陈蕃无论如何抗争，也很难改变汉王朝灭亡的命运，这与政治家王安石“明知不可为，而仍然为之”的思想情绪有明显差异。

（二）咏史目的不同

王氏生活于北宋中期，社会矛盾日趋尖锐，于是他常将思想感情寄论于诗，借以宣扬“勤政兴国、逸乐误邦”的内心信念，主动参与变法、积极推行革新的思想意识也表现较为强烈，如《金陵咏怀》其一诗云：

---

① 《临川文集》卷32之《律诗》。

② 四库本《诚斋集》卷14之《西归集》。

霸祖孤身取二江，子孙多以百城降。豪华尽出成功后，逸乐安知与祸双。东府旧基留佛刹，后庭余唱落船窗。黍离麦秀从来事，且置兴亡近酒缸。①

金陵曾是六朝古都，各王朝灭亡原因不尽相同，但有一个共同点，那就是王朝建立者的子孙贪图享乐，不思百姓疾苦。王安石作为政治家和改革家，“历览前贤国与家，成由勤俭败由奢”，其咏史诗有较强的主动作为的色彩。

杨氏生活于南宋中期，自己官阶不高，很难有个人的大作为，而君主和权臣们偏安一隅，不思北进，主战派反遭贬官与排挤，于是其爱国忧民情绪表现得不是那么直接、奔放，而是压抑胸中狂澜，将笔触表现得深沉愤郁，最后还主动弃官，回乡归隐。如其《望谢家青山太白墓》诗云：

阿眺青山自一村，州民岁岁与招魂。六朝陵墓今安在？只有诗仙月下坟。②

谢家青山在安徽当涂县，有李白墓等遗迹，自古就是屯兵之所，有重要的战略地位。诗中作者将六朝典故信手拈来，借史实而评说社会兴亡的更替，把心底的千层熔岩转换为含蓄凝练之文字。

（三）变法态度不同

杨氏对王氏的文学家身份始终是交口称赞，但对其政治家身份并不认同。杨氏的政治实践和理论建树主要体现于《千虑策》和《诚斋易传》。《千虑策》共有30篇，是从人才、民本、法制等方面提出一整套强国富民的策略，具有朴素唯物主义色彩。《诚斋易传》则蕴含着他的经邦济世思想，周汝昌曾评价：“见地警辟，说理周彻，文笔条达，感情痛切。”杨万里并不认同王氏的变法革新观点，说：“王安石相神宗，有‘祖宗不足法’之论，创为法度，谓之新法，天下大扰，幸而得司马光相哲宗，首罢新法。”③他坚决反对尽弃祖宗之法，“天下之坏，有

① 《临川文集》卷23之《律诗》。
② 四库本《诚斋集》卷33之《江东集》。
③ 四库本《诚斋集》卷113《东宫劝读录》之《初读三朝宝训》。

大坏之坏，有补而未全之坏。大坏，革之可也；补而未全，徐之可也。”[①]他认为，应该针对现实已有弊病，将“大坏”之毒去掉，对“补而未全”之坏要逐步修复，策略上要讲究纡徐改革，社会管理的缺陷不宜简单操切，一蹴而就。

有鉴于此，杨氏曾两次咏诗表达对王氏变法的不认同。他出任江东转运副使时，曾游览王氏旧居，题有《游定林寺，即荆公读书处》2 首，其二诗云：

一个青童一蹇驴，九年来往定林居。经纶枉被周公误，相罢归来始读书。[②]

定林寺在南京东方山，南宋乾道间始建，系王安石读书处。该诗第三四句即是作者对王氏变法所表达的怀疑。后来，杨氏弃官家居，应泰和知县赵嘉言之邀题有《寄题太和宰赵嘉言勤民二图》，其二诗中说：“半山辱国卖丛祠，钟步诸坊卷酒旗。”[③]该诗句可谓作者对王氏变法的直接否定。庆幸的是，杨氏只是主张纠正王氏变法中的差欠和弊端，与王安石后来的遭遇相比，杨氏并未上升到人身攻击的偏激程度。

（四）创作方法不同

王氏咏史重“气”，而杨氏咏史重“味”，如两人均曾对西汉名臣张良题写过颂诗，王氏《张良》诗云：

留侯美好如妇人，五世相韩韩入秦。倾家为主合壮士，博浪沙中击秦帝。脱身下邳世不知，举国大索何能为。素书一卷天与之，谷城黄石非吾师。固陵解鞍聊出口，捕取项羽如婴儿。从来四皓招不得，为我立弃商山芝。洛阳贾谊才能薄，扰扰空令绛灌疑。[④]

诗中作者对张良事迹有详细叙述，对其才能大加赞赏，说他擒拿项羽似比捕一

---

① 《诚斋易传》卷 5 之《蛊：艮上、巽下》，九州出版社 2019 年版，第 70 页。

② 四库本《诚斋集》卷 31 之《江东集》。

③ 家刻本《诚斋集》卷 41 之《退休集》（卷 5），句中“卖”字，四库本中为“贾”，通“买”或“卖”。

④ 《临川文集》卷4《古诗》。

个婴儿，说商山四皓从不轻易出山，却肯为张良而入世，结尾处还将他与贾谊相比，凸显张良的才能和魅力。从王氏对张良等历史名臣的赞颂中，可映衬他对自己功业的期许。而杨氏写诗与读书一样，更注重味外之味，说："读书必知味外之味。不知味外之味，而曰我读书者，否也。《国风》诗曰：'谁谓荼苦，其甘如荠。'吾取以为读书之法焉。"[①]如其《读〈子房传〉》诗云：

笑睹乾坤看两龙，淮阴目动即雌雄。兴王大计无寻处，却在先生一蹑中。[②]

该诗末句作者运用"张良蹑足"之典故，盛赞张良这一踩脚行为背后的积极意义，对传主张良的认识有明显升华。

此外，杨氏咏史多侧重于以现实主义手法来表现，而王氏咏史多侧重于以浪漫主义与现实主义相结合的手法。如王氏《杂咏》其二诗云：

先生善鼓瑟，齐国好吹竽。操瑟入齐人，雅郑亦复殊。岂不得禄赐，归卧自郗歔。寥寥朱丝弦，老矣谁与娱。[③]

在世人观念中，"滥竽充数"主人公南郭先生即是尸位素餐的代言人，但王氏一反常态，从南郭先生自身角度出发，叙说他只善于鼓瑟，但权势者只爱听竽，由此才造成"楚王好细腰，宫中多饿死"的悲剧，最后造成南郭先生失去容身之所，引发老来寂寞之叹。作者从寓言事实入手，结合浪漫主义的宏想，提出与前人相异的观点，可谓视角独特，立意新奇，值得称许。

---

① 四库本《诚斋集》卷78《习斋论语讲义序》。

② 四库本《诚斋集》卷21《朝天集》。

③ 《临川文集》卷6《古诗》。

杨万里佚文《故富川居士罗子高行状》考辨

——兼与杭州师范大学方爱龙教授商榷

2017年10月,南昌大学人文学院黄志繁院长牵头编纂《江西地方珍稀文献丛刊》,邀请我参加编纂小组,具体负责《吉水卷》。该书已于2018年6月由江西高校出版社出版,其中第三章"石碑铭文"第1篇即是收录《故富川居士罗子高行状》碑文(第125页,以下均简称"子高行状")。近日,笔者浏览"中国知网"发现,杭州师范大学2021年学报曾刊发《杨万里撰并行楷书〈故富川居士罗子高行状〉》①,作者是该校美术学院方爱龙教授,全文约1360字。因他是从事文学研究兼书法教学,于是撰文中分为5段,第一段介绍石碑的基本情况,第二段介绍罗子高简况,第三段谈石碑的来源以及一处缺字的推想,第四段介绍杨万里简况,第五段介绍杨万里的传世书迹等。因方教授未附录该碑文,笔者现将它抄录并标点如下:

本贯吉州吉水县同水乡归宗里。曾祖仕伦,不仕。祖处厚,不仕。父知成,不仕。

富川之罗,其本系豫章西山出也。国初,有自西山来学于庐陵者,乐富川之山水秀,遂家焉,故居士以富川自号云。居士讳崇,字子高,年十四而孤,从其祖德舆薄游长沙。德舆少以《易》学名家,晚喜阴阳家者流,相宅卜葬,妙极象外。子高从之,尽得其学。德舆客死,子高行冰雪之中,舆之以归,夜则同床同衾,既至其家,家人皆贺曰:"阿翁归矣。"负戴下车,而后

① 《杭州师范大学学报(社会科学版)》2021年第43期。

大惊哭失声，盖德舆暝之九日而后盖棺也。德舆，讳处厚，是时子高年十五，于是一□□□孝者达吾州矣。至今，乡里长老每谈子高此事，闻者犹泣下叹息。子高母刘，其族父杉溪先生、尚书公也，训子有外家之法。既寡居，子高与弟子茂皆未冠，三女皆幼。子高奉其母与弟妹，崎岖兵乱，剽掠强宗，□□□间，田宅荡然尽矣。子高勠耳锁吭，夜行昼伏，诉之官二十年而后复其生业，于是以富甲一乡。绍兴庚□年，朝廷经界。法既行，有同县异乡曰仁寿乡者，欲嫁其田租之重者于同水。子高倡众争之于官。得直一乡免加赋者，子高之力也。子高之乡有陂曰杭者，其源出宜春，行三百里。陂广一千尺，深居其二十之一，酾为八十四渠，溉田二千顷。陂废二十年，至是吉水丞龚尹谓陂当复，然役与费不赀，行乡来观，慨然而返。子高谒之途曰："崇请办此。"乃倾橐捐帑，费皆己出，诛山窾阜为木为土，犯星触热，僝功不日，于是，户口之流者止，田水之止者流矣。五年，子高卜筑泉口之山，因其故居，撤而新之。一日蚤作巡功，倚一藤杖，立而逝，得年七十有四。配刘氏，亦尚书公族子也。生二子，长曰合，次曰谥，今补官承信郎、德寿宫主管进奉。刘夫人及长子皆先子高卒。女四人，长适李栖远，次适郭弥年，次适李叔豹，季女未嫁而卒。子高居富川时，方兵乱，尝有一恶少欲杀二甿，逐之急，突入子高室，子高匿二甿，而身当恶少于户，以无人告，恶少乃去，竟活二甿，其好义如此。

其孤谥将以七年八月庚申葬子高于中鹄乡长春洞口之原，来请万里状子高之行，将以乞铭于当世之老于文者。万里于子高世姻，于书为宜。谨状。

乾道七年（1171）六月，表侄、左奉议郎、新太常博士杨万里状。

欧阳广刊。

笔者翻检各大版本《诚斋集》以及《全宋文》发现，子高行状和墓志铭均未被收录。下面，笔者通过挖掘地方文献资料，从发现经过、背景分析、真伪考辨等方面对子高行状予以考论，兼与杭州师范大学方爱龙教授商榷。

一、佚文考实

(一)石碑概况

1. 发现经过

2002年春季某个星期六,吉水县博物馆李希朗馆长等人在赣江以西一带做田野调查,中午安排在黄桥镇云庄村党支部书记肖裕太家里吃饭。因为喝了点乡下冬酒,饭后众人便在村庄四周走走。众所周知,云庄村原名叫杨家庄,是南宋抗金名臣杨邦乂故里,于是路上便向群众打听,问村内有否文化遗存之类。有一位村民说,村庄西南方向100米处有两块搭作田埂桥的石碑,下面还有很多文字。出于职业的敏感性和责任心,李馆长连忙前去查看,发现这两块碑均是背面供村民行走,正面向下,泥土遮掩了大部分文字。

李馆长忙问它们的来源,据肖裕太支书介绍,这两块碑是村民1996年前后在村庄西面500米处樟树林旁边坟墓里挖出来的。云庄村东面临山,西面为农田,视野较开阔,所以村庄房屋大门均朝西。村前400米处有一条小溪,小溪西北旁有一片树林,以樟树居多,于是部分村民选择树林周边开荒,将低洼处辟为菜园,地势稍高处辟为旱地。平整土地的过程中,有村民挖到一座坟墓,并发掘出这两块石碑。当时村民碍于是坟墓出土之物,于是将这两块石碑丢弃于大樟树下的荆棘丛中。公元2000年,村民因搭田埂桥的需要,用板车将这两块石碑拖运过来作桥。又因为它们是坟墓里的石碑,为图吉利,村民将有文字这一面向下,无文字这一面向上,无意之举,才使得这两块石碑的文字基本没损坏。

众人连忙将这两块石碑翻转过来,用水简单冲洗后,发现其中一块碑的作者署名竟然是"杨万里"。李馆长如获至宝,立即与村支书沟通,支付300元后将这两块石碑购入县博物馆。经文物专家鉴定,均为国家级珍贵文物。

2. 石碑外形

第一块碑为青石材质,四条边均不平整,上方未刻额题。左边第一列有前题,文曰"故富川居士罗子高行状"。就高度而言,最长处120.5厘米,最短处117.5厘米;就宽度而言,上方略窄,57厘米,中间略宽,59厘米,下方为58厘米;整块石碑厚度不均,最厚处3.2厘米,最薄处2.5厘米。

第二块碑为花岗岩材质,四周平整光滑,其上方呈半圆形,以篆书刻有额题,文曰"宋故罗子高墓志铭",下方三条边与顶部半圆的平底线略呈正方形。

石碑高 116 厘米，宽 78 厘米，厚度为 7.0～7.5 厘米。正文左边第一列为前题，文曰："宋故罗子高墓铭"，没有额题中那个"志"字。石碑上所有文字都清晰明了，没有任何缺字。

再看罗子高行状碑，文字也是竖列，阴刻，字体是行楷，颇有黄庭坚书法之风骨。碑文共有 20 列，左边标题占 1 列，中间正文 18 列，右边撰文者和刻石者的署名合为 1 列。全文共 732 字，其中缺失字 10 个，另有 3 个字部分笔画已脱落，但依据上下文语意及现存部分笔画均已做推定。竖列满字者为 41 字，每字不足方寸大小，字体清晰，笔势顺畅，笔法遒劲，彰显出整体美感。

3. 墓铭碑文

为更好地对子高行状的真伪问题进行考论，现将《宋故罗子高墓志铭》抄录并标点如下：

左从政郎、新差充兴国军军学教授李盛撰

左宣教郎、新知袁州分宜县事主管学事、劝农公事谢谔书

左承议郎、新权通判常德军府事主管学事、赐绯鱼袋郭份篆

富川罗氏，占数吉州之吉水，而系别豫章之西山，距今盖二百有余年。子高曾祖曰仕伦，实生处厚，处厚生知成。处厚、知成皆以儒学发身，遁迹弗耀。子高讳崇，早孤，颀然有立，年十五从其祖游湖外。祖客死长沙，子高舆轿奉之如生，穷冬跣行，疾驱数百舍。不旬浃至家，而后发丧，识者皆奇其权智而称其孝。母刘氏，族父杉溪先生、尚书公也，闺训得门法，方嫠居时，子高与弟子茂皆未冠，三女尚幼。丁时兵乱，剽敚相仍，田庐湮废。子高理诉有司，间关二十年尽复旧业。奉母拊弟，择所宜归以婿诸妹。自富川徙泉口，力本积居，畴橐滋裕，已而析家訾之半与其弟，迄以富甲一乡。子高颇以节概自喜，理所宜为夷险一志，而知急人之急。所居乡曰同水，绍兴间经界法行，有欲以邻乡之税附益于同水者。子高倡众争之官，迄从土断。乡有杭陂，溉田二千顷，废二十年，田涸赋逋，官民俱病。邑丞行视议兴复，子高谒丞请自任其役，斥费庀徒，躬董力作，畚筑揵菑。既坚既壮，到今赖之。居富川时，有恶少迫二甿将杀之，投匿其室，子高屏甿而拒恶少，甿获免死，莫知其为谁？后数年出郊，有迎拜马首，乃所活甿也。子高善谈

论，商榷世事，矗然可听。酒酣击节啸歌，杂以诙笑刺讥，风味倾一座而与物无忤。乾道己丑(1169)，子高年七十有四，康强如平时，旦兴，方督工新庐舍，手藜杖，立而逝，实八月二十五日也。配刘氏，亦尚书公族子。生二子：长曰合，次曰谧。合与刘夫人先卒。谧今补官承信郎、德寿宫主管进奉。女四人，婿曰李栖远、郭弥年、李叔豹，季女未嫁卒。

子高喜地理书，考景植槷，治窾筑屋，间与人剋休祥，多奇中，自卜兆域于县中鹄乡长春洞口之原。谧奉治命，七年八月庚申即窆焉，以左奉议郎、太常博士杨万里庭秀之善状来请铭。盛旧与子高游从，庭秀于子高有三世舅甥之契，而盛姻且友也。文典而传著，是宜为铭。铭曰：

才充其力，智周其识，侠焉而不忮，富焉而不刻。外振厉而中旷适，怡庆有奕，是为子高之得耶！

欧阳广刊。①

依据碑文可知，撰文者是李盛，书丹者为谢谔，篆盖者是郭份，刊刻者仍是欧阳广。

(二)背景分析

1. 罗子高与富川

依据碑文可知，罗子高(1096—1169)，名崇，字子高，吉水县同水乡富川人，后以"富川"为号。乾道五年(1169)八月二十五日，巡视泉口新居时去世，安葬于两年后的八月庚申日。那么，子高行状中"本贯吉州吉水县同水乡归宗里"和"乐富川之山水秀"句中的"归宗里"和"富川"是当今哪里呢？

据光绪版《吉水县志》载："新嘉里：内有二百七十二社，属中鹄乡。归宗里：内有一百二十四社，属同水乡。"②由此可知，归宗里和富川均是在清代吉水县同水乡境内。关于富川，历版《吉水县志》均未载，于是笔者多次走访今盘谷、阜田镇老人才得知，富川乃是老同江河的一条支流。同江河发源于安福县赤谷村，经吉安县油田、吉水县花桥、阜田中学南侧和黄金湖村。富川则是一条

① 《江西地方珍稀文献丛刊·吉水卷》，第127页，第三章"石碑铭文"第2篇。
② 光绪《吉水县志》卷4之《地理志》之《里社》。

小溪，于盘谷镇上石濑村汇入老同江河。新嘉里是指当今吉水县金滩镇洞源、黄桥镇溢塘、尚贤乡牢株一带，共有 272 社，属于中鹄乡地域；归宗里则是今枫江圩镇、盘谷上石濑、阜田黄金湖一带，共有 124 社。

再依据子高行状中“五年(1169)，子高卜筑泉口之山，因其故居”之句可知，罗子高所择新居之名叫泉口，这个地名至今仍在使用，属盘谷镇管辖地域，位于上曾家村南面。光绪《吉水县志》载：“同水乡，管七都……第六十一都……黄橙溪(罗文恭先生故里)、泉口、谌陂。”①黄橙溪是明代状元罗洪先故里，与泉口村、谌陂村呈三角形之状。泉口是因泉溪之出水口而得名，如盘谷镇泥田村周氏大德谱主修于宋末元初时，也曾卜筑泉口，开泉口、谌溪两个支派，上曾家村是元末时从泰和迁至泉溪之南开基，故又称泉南。从子高行状看，富川距泉口应不远，且明代同水乡人的墓志文中曾多次言及此地名。但是，南宋时归宗里的秀川是当今哪个村，或者说其遗址位于当今何处，此问题仍有待今后再做考证。

2. 同江河与杭陂

说到同江河，必须了解它的三个不同概念。当今同南河是 2013 年因为修建峡江水利枢纽，作为同江防护区而新开挖的一条河流，全长 16.4 公里，地段走向是枫江镇阳汾村—栋下—扁担垇—东熊—西沙埠，之后注入赣江。但是，在同南河开挖之前，同江河的走向是枫江镇李家—圩镇—濠石—盘谷镇菜园村，之后注入赣江。这条河是 1975 年因为要增加耕地而拉直，组织数万人开挖而成。但是，早在 1975 年以前，老同江河的走向是阜田镇罗家村—盘谷镇上石濑—谷村—同江村，之后注入赣江。

光绪《吉水县志》卷 5《地理志・山川》又载：“按，(江西)通志、(吉安)府志俱云：‘同江，源出分宜县界，受枫子江、柿陂、荷湖口水，入赣江。’”②分宜县古时隶属于宜春府管辖，此水经吉水县万华山流至阜田圩镇，再经洲桥村至枫江镇，再至盘谷镇，符合子高行状中“其源出宜春，行三百里”的记载。

那么，子高行状中的“杭陂”又在哪里呢？历版《吉水县志》亦无记载。

---

① 光绪《吉水县志》卷 3《地理志》。

② 光绪《吉水县志》卷 5 之《地理志》之《山川》。

"杭"字古时同"航",即渡河之意,表明那条江并非小溪。行状文中还有"陂广一千尺,深居其二十之一,酾为八十四渠,溉田二千顷"之句,可见"杭陂"无论是水量,还是灌溉面积都不小,甚至可以说该陂很雄伟。于是笔者推想,"杭陂"毕竟是南宋时旧名,而清末时的"杮陂"是否就是700多年间由此地名演变而来的呢,且它较为符合当今枫江、盘谷一带的地理现状,具体位置是在老同江河临上石濑、枫江圩镇附近,这一带地势平坦,假如修建一座大水陂,确实可以灌溉三四千亩农田。

这里也说说中鹄乡。古代时它有上、下中鹄之分,即以赣江为界,今葛山、富滩、天玉一带称为上中鹄,而金滩洞源、黄桥西沙、尚贤牢株一带称为下中鹄。杨万里长子杨长孺撰作《诚斋杨公墓志》说:"先君讳万里,字廷秀,姓'杨'氏,吉州吉水县中鹄乡新嘉里人也,居于湴塘。"①该村即是下中鹄乡所管辖的地域。再依据子高行状中"其孤谧将以七年八月庚申葬子高于中鹄乡长春洞口之原"的记载,黄桥镇古时属于中鹄乡,而此碑又是从黄桥镇云庄村西500米墓地里挖出的,由此可知"长春洞口之原"即是指此地,碑文所载与当地实情相符。

3. 刘才卲和李盛

子高行状中有"子高母刘,其族父杉溪先生、尚书[公也],[训]子有外家之法"句,方框内三个字即是笔者依据子高墓志铭文、现存的部分笔画推想所确定。杉溪先生是指杨万里的老师刘才卲(1086—1158),字美中,自号杉溪居士,吉安县延福人(今万福油田一带),大观三年(1109)中进士,宣和二年(1120)中博学宏词科。因高宗曾夸赞他"文不加点",被权相秦桧所忌,借故贬为漳州知州,官至工部侍郎、权吏部尚书。

查考杨万里求学经历可知,绍兴二十三年(1153),进士考试失利后的他曾师事于刘才卲,第二年才高中进士。后来,他为刘才卲文集作后序说:

> 予生十有七年,始得进拜泸溪而师焉,而问焉,其所以告予者太学犯禁之说也。后十年,又得进拜杉溪而师焉,而问焉。其所以告予者,亦太学犯禁之说也……杉溪,讳才卲,字美中……杉溪再中宏词科,终官工部侍郎兼

---

① 清乾隆家刻本《杨文节公集·卷末》,又见于光绪版《忠节杨氏总谱·艺文》。

权吏部尚书，赠显谟阁学士。[①]

罗子高墓志铭撰文者李盛，庐陵县人，绍兴二十七年（1157）中进士。光绪《吉安府志·选举志》卷21《进士》载："绍兴二十七年丁丑王十朋榜：曾大鼎、李盛、刘汝谐、刘清之（有传），以上庐陵。"

这里也介绍一下谢谔和郭份。谢谔（1121—1194），字昌国，号艮斋，新喻县人，绍兴二十七年（1157）中进士，官至工部尚书，与杨万里多有交游。《诚斋集》中作者第一次言及谢谔是《江湖集》卷5中《题谢昌国〈金牛烟雨图〉》诗，因谢谔为吉安白鹭洲对面的金牛寺作了一幅图画而题诗，由此可推断谢谔任吉州录事参军是在乾道五年（1169）前后，与罗子高墓志铭中所说的时间相契合。郭份（1126—1182），字仲质，吉水县人，后徙居新淦县。他20岁就高中进士，如雍正《江西通志》卷50载："绍兴十四年（1144）甲子解试……郭份，吉水人。""绍兴十五年乙丑刘章榜……郭份，吉水人。"历官辰州、道州、南雄州学教授，迁常德通判，擢兴国知州，终岳州知州，还乡时卒于道途中。杨万里的老师王庭珪曾为郭份母亲、新淦县人孔氏撰作墓志铭。[②] 郭份去世后，朱熹曾应邀撰作墓碣铭[③]，可见他也是当地一位名士。刻工欧阳广因为只是吉水县内一位民间艺人，所以地方文献中没找到他的相关记载。

（三）真伪考辨

1. 作记可能

关于杨万里与罗氏的世姻关系，笔者曾撰《〈诚斋集〉所载岳父罗天文家族人物考》[④]，就他与庐陵秀川罗氏、盘谷桃林罗氏、黄桥山原罗氏的渊源和交往均已做详细考述，这里不再赘述。此外，杨万里八岁丧母，继母罗氏一生未育，视他为己出，以致继母去世时，他还从广东任上辞官回乡丁忧。杨长孺《诚斋杨公墓志》中说："事继母尽孝，禄养三十年，人不知罗之为继母也。"[⑤]再次，《诚

① （南宋）杨万里：《诚斋集》卷83《杉溪集后序》。

② （南宋）王庭珪：《卢溪文集》卷45之《故孔氏夫人墓志铭》。

③ （南宋）朱熹：《晦庵集》卷92之《岳州史君郭公墓碣铭》。

④ 浙江大学"科举学与考试研究"公众号，2022年7月20日推文。

⑤ 光绪《忠节杨氏总谱·艺文》，原篇名为《宝谟阁学士通奉大夫少师庐陵郡开国侯食邑一千户赠光禄大夫诚斋杨公墓志》。

斋集》卷 53 有《定罗氏亲启》和《答罗氏定亲启》，卷 61 有《罗氏定亲启》，这 3 篇启文所议定之亲分别是他第四子杨幼舆娶罗氏、长孙女嫁与罗如春为妻、长孙杨泰伯娶罗氏这三门亲事，侧面印证杨万里与罗氏有数代姻亲关系。

更关键的是，吉安罗氏的族源一直存有多种说法。子高行状中说：“富川之罗，其本系豫章西山出也。”这与《诚斋集》中的说法相同，如杨万里撰《罗氏万卷楼记》说：

> 罗氏，皆豫章别也。其在于晋，君章以文鸣，降及五季，则有江东公。今庐陵之罗，其后也。出（吉州）凝归门北东四十里而近，为完塘之罗。自武冈公（罗棐恭）以泓澄演迤之学、崭刻卓诡之词第建炎进士，其族遂鼎盛。由完塘西北五十里而遥，为印冈之罗。①

在杨万里看来，庐陵郡罗氏都是从南昌迁徙过来的，这与子高行状中“万里于子高世姻，于书为宜”，子高墓志铭中“庭秀于子高有三世舅甥之契”之句相对应。此外，罗子高的母亲刘氏和妻子刘氏，均是杨万里老师刘才卲的族侄后辈，他赴庐陵县求学时就有可能见过面，后来罗谧邀请杨氏撰作行状似乎更有可能性。

2. 文风分析

《诚斋集》中行状共有 2 卷，其中卷 118 有 3 篇，卷 119 有 5 篇。这 8 篇行状，作者均是以纪实手法和平易文风，善于运用多种艺术表达方式，以简洁文字勾勒出行状人的性情特质。其篇幅虽然比记文要长得多，但注重还原行状人的本来面貌，并不追求字句的华藻。子高行状不仅具有以上诸多特点，而且写作手法与《诚斋集》中 8 篇行状有很多相类似之处。

第一，开篇介绍行状人世系时，杨万里为老师刘安世撰行状说：“本贯吉州安福县丛桂坊。曾祖故，不仕。祖贽，不仕。父思，赠右承事郎。”②为好友、进士刘德礼撰行状说：“本贯吉州安福县。曾祖贯，故，不仕。祖京，故，不仕。父

---

① 《诚斋集》卷 75《罗氏万卷楼记》。
② 《诚斋集》卷 118 之《行状》之《朝奉刘先生行状》。

遇,赠承事郎。”①而子高行状中说:“本贯吉州吉水县同水乡归宗里。曾祖仕伦,不仕。祖处厚,不仕。父知成,不仕。”

第二,介绍行状人的族源时,杨万里为吉安名宦彭汉老撰行状说:“其先金陵人,五世祖避地庐陵,因家焉。”②为爱国名臣、老师胡铨撰行状说:“其先金陵人,五季避地庐陵。”③而子高行状中说:“富川之罗,其本系豫章西山出也。国初,有自西山来学于庐陵者,遂家焉。”又如介绍行状人的葬地时,杨万里为宋宗室子、好友赵像之撰行状说:“诸孤得卜以是岁十一月八日葬公于高安县来贤乡云居山中主冈之原。”④而子高行状中说:“其孤谧将以七年八月庚申葬子高于中鹄乡长春洞口之原。”写作手法和口吻较为接近。但笔者也认为,部分行状文刻碑时,死者后人常存在偷偷加字或添句的做法,如江西人历来注重风水堪舆之说,而子高行状中“乐富川之山水秀,遂家焉”之句,应是罗谧等人擅自添加进去的。

第三,介绍行状人孝义事迹时,杨万里常以举例子之法来歌颂行状人至诚至孝的品德,且特别注重细节描写,以此来折射行状人的美好品德,表达其值得后世人悼念的内心认同。如他为族叔祖杨邦乂撰行状说:“(父杨同)未终更而卒,后五月公(邦乂)始生,未冠妣陈氏即世,兄弟三人自相为命。公天性孝友,视兄犹父,尝揭其所居之堂曰‘华鄂’。仲氏殁,公时宾贡入京,闻讣恸绝……还家,拜伯氏,感其训己,更‘华鄂’曰‘韡韡’。”⑤而子高行状中说:“德舆客死,子高行冰雪之中,舆之以归,夜则同床同衾,既至其家,家人皆贺曰:‘阿翁归矣。’负戴下车,而后大惊哭失声,盖德舆瞑之九日而后盖棺也……至今,乡里长老每谈子高此事,闻者犹泣下叹息。”这两则材料的文字均简洁平实,感情却真挚深沉。

第四,杨万里文学作品中,很少有女性形象出现,但其8篇行状和72篇墓志铭中有大量女性形象出现,重点是赞美女性善于持家的优良品质,体现作者

① 《诚斋集》卷119之《行状》之《奉义郎临川知县刘君行状》。

② 《诚斋集》卷119之《行状》之《中散大夫广西转运判官赠直秘阁彭公行状》。

③ 《诚斋集》卷118之《行状》之《宋故资政殿学士朝议大夫致仕庐陵郡开国侯食邑一千五百户食实封一百户赐紫金鱼袋赠通议大夫胡公行状》。

④ 《诚斋集》卷119之《行状》之《朝请大夫将作少监赵公行状》。

⑤ 《诚斋集》卷118之《行状》之《宋故赠中大夫徽猷阁待制谥忠襄杨公行状》。

在南宋理学时代背景下的女性观。如他为清廉宰相叶颙撰行状说："少保(其曾祖父)卒,夫人年二十四,守义不夺,至倾家创斋,聘明师教子读书。"[①]而子高行状中说："子高母刘……有外家之法。既寡居,子高与弟子茂皆未冠,三女皆幼。"

第五,在行状文结束前,杨万里常会表明撰文意愿,如为老师刘安世撰行状说："三辞不获命,乃叙次于篇。谨状。"而子高行状中说："万里于子高世姻,于书为宜。谨状。"[②]都是先谦虚一番,然后表明撰文态度。其他类似之处,不一一列举。

3. 假想推测

首先,从死者家属的角度看,因为墓志铭的分量比行状更重要,杨万里曾应邀撰作72篇墓志铭即是例证。假如罗子高行状和墓志铭均是伪托之文,那么假托者应是将杨万里安排为墓志铭撰文者,李盛则会安排为行状撰文者;另一方面,从罗子高墓志铭中三人署名角度看,李盛比郭份年龄小,官位低,名气比谢谔要小得多,假如是伪托之文,应会将谢谔或郭份安排为撰文者。

其次,将这两块石碑的外形、厚薄以及硬度、美观度相比较,发现行状碑仅是青石板,其纹理是一层叠加一层的,相对而言其表层容易脱落,且四条边也不平整,厚度才3厘米左右,上方碑额也没有。墓志铭碑则是花岗岩,厚度是行状碑的2倍多,上方是半圆形,几条边也很平整,表明当时刻碑时确实是按世俗的标准来对待,侧面印证子高行状和墓志铭二文更具有真实性。试想,那时杨万里名气要比李盛大得多,假如这篇行状碑文是后世人伪作,刻碑时必然也会找一块硕大、厚重、名贵的石板来镌刻。

再次,细读《诚斋集》中8篇行状会发现,这八位死者均是当时拥有重要政治身份,或者与作者有深厚的社会关系。众所周知,古代名士并不情愿撰作行状和墓志铭,究其原因,一是求文者都会提供死者的相关素材或底稿,撰文格式相对固定,叙说口吻较为呆板,不能很好地发挥自己的水平。一是行文中经常要使用一些谀美之词,有时会违背作者的初衷。如唐代李翱曾为韩愈撰过行

① 《诚斋集》卷119之《行状》之《宋故尚书左仆射赠少保叶公行状》。

② 《诚斋集》卷118之《行状》之《朝奉刘先生行状》。

状,但在《百官行状奏》中说:"务于华而忘其实,溺于辞而弃其理……由是事失其本,文害于理,而行状不足以取信。"①试想,杨万里活了 80 岁,在南宋文坛和官坛都有较大名气,终生怎么可能才写 8 篇行状呢?由此可推断,他应邀撰写行状,多是碍于情面因素而作,未将此类文章作为收集重点。

4. 文末落款

子高行状落款是:"乾道七年(1171)六月,表侄、左奉议郎、新太常博士杨万里状。"这里"表侄"称呼无误,因为杨万里的继母、妻子均姓罗,职务介绍也没错,只是时间标示有误。据《诚斋集》卷 133 中《太常博士告词》载:

> 敕:左奉议郎、国子博士杨万里,六经之道同归,礼乐之用为急。故学官有博士员,而奉常亦设焉,皆所以访论稽古而佐兴人文也。尔湛思典籍,风操甚厉。由儒林徙礼寺,职名不殊,柬擢之意则厚。高议显相,以大厥官。可依前件。②

该告词所标注时间和拟文人是:"乾道七年(1171)七月二十八日,中书舍人范成大行。"此文献的可信度很高,表明该年六月杨万里仍任国子博士。

为何会有此错误呢?查考杨万里仕履经历即可得到答案。罗子高去世于乾道五年(1169)八月,那时杨万里尚在老家湴塘村待次,年底时才获得将出任奉新知县的消息。第二年三月,他携家眷赴奉新县任职,但该年底又获任国子博士,如《国子博士告词》中说:"乾道六年(1170)十月六日,中书舍人范成大行。"③那次赴京任职,他并未回吉水老家,而是从奉新县转入赣江而赴京的。直到淳熙元年(1174)初开始回乡,到达严州时,因为第五女杨季菽即将出生又待了 2 个月,仲夏时节才回到家乡湴塘。

试想,罗子高安葬之前,其子罗谧赴京索要行状的可能性较小,所以说杨万里撰作行状的时间极有可能是在老家待次期间,当然也不排除他在奉新县任职时所撰,毕竟两地相距不是很远。而在安葬罗子高时,杨万里已经任太常博士,

---

① (唐)李翱:《李文公集》卷 10 之《百官行状奏》。

② 《诚斋集》卷 133 之《附录·历官告词》之《太常博士告词》。

③ 《诚斋集》卷 133 之《附录·历官告词》之《国子博士告词》。

对罗谧等人而言，虽然已知他的新任职消息，但毕竟未见朝廷敕文，也无法知晓具体时间，于是刻碑时才有此时间之误。

二、四处商榷

笔者认为，杭州师范大学美术学院方爱龙教授撰《杨万里撰并行楷书〈故富川居士罗子高行状〉》中有4处说法不正确，在此不揣浅陋，与之商榷。

1. 杨万里的字是"廷秀"，还是"庭秀"

因李盛《宋故罗子高墓志铭》中有"（罗谧）以左奉议郎、太常博士杨万里庭秀之善状来请铭。（李）盛旧与子高游从，庭秀于子高有三世舅甥之契"句，于是方教授撰文中第四段介绍杨万里时，说："字庭秀（一作廷秀）。"

关于"廷秀"与"庭秀"之辨，至少可从4方面找到证据：第一，从各种版本《诚斋集》角度看，如日藏宋刻本《诚斋集》即是首刻本，锓木时间距杨万里去世才几十年，该版本每卷第二行即是署作"庐陵杨万里廷秀"。又如，清乾隆年间家刻本《诚斋集》每卷第二行即是："宋吉水杨万里廷秀甫撰。"此外，清文渊阁《四库全书》本、清《四库荟要》本、民国《四部丛刊》本《诚斋集》均是写作"廷秀"，从未发现有"庭秀"的写法。第二，从官方所修正史角度看，元代编修的《宋史》本传载："杨万里，字廷秀，吉州吉水人。"①这是官修正史，颇有说服力。第三，从其家乡族谱角度看，湴塘村光绪版《忠节杨氏总谱》载："万里，芾公子，行五五，字廷秀，号诚斋。"②族谱中"行五五"，表明杨万里是始祖杨辂11世孙中第55位出生的男孩。该族谱虽是清末版本，但其编修体例、文字书写等是一脉相承，作为最有名望的先祖，杨万里名和字出错的概率微乎其微。第四，从杨万里名与字的关系角度看，"万里"是一个长度单位，形容很长的距离或者路途遥远的地方，它出自《庄子・逍遥游》："鹏之徙于南冥也，水击三千里，抟扶摇而上者九万里。"引申义是比喻前程远大。"廷"是形声字，从廴，建之旁；壬（tíng）声，有引长之义，本义是指朝廷。"庭"也是形声字，从广，指山岩架成的屋，本义则是指厅堂。"廷秀"一词，犹言朝廷的优秀人才，蕴含其父杨芾期望儿子科考高中，有鹏程万里之寓意。

---

① 《宋史》卷433之《儒林（三）》。

② 清光绪二十五年（1899）编修的《忠节杨氏总谱》之《湴塘延宗公派总图》。

再翻检古代文献，古人也确实存在“庭秀”的笔误问题。如文渊阁《四库全书》本朱熹《晦庵集》中，仅有1处是写作“庭秀”，即卷9《戏答杨庭秀问讯〈离骚〉之句》诗；四库本周必大《文忠集》中，仅卷4和卷186中有两处误写；四库本陆游《剑南诗稿》中，仅卷17、卷19、卷43中有3处误写。反之，四库本《诚斋集》中，没有任何一个地方写作“庭秀”。

2. 杨万里“新除”太常博士一职事在六月，当可补正《年谱》

方教授这样说的理由是：

> 《行状》末署杨万里结衔。检《宋史》本传和《杨万里年谱》(于北山著、于蕴生整理)：乾道七年(1171)中，杨万里由国子博士除调太常博士。惟于氏《年谱》定为“七月，除调太常博士”，而《行状》自署六月“新太常博士”云，可知杨万里“新除”太常博士一职事在六月，当可补正《年谱》。①

关于杨万里新任太常博士的时间，上文已引录原文且有具体分析，这里不再赘述。原淮阴师专已故教授于北山所著《杨万里年谱》中如是说，并不是他主观臆断的结论，而是依据于朝廷敕文和《宋史》本传，此表述是可信的。另外，井冈山大学已故教授萧东海所著《杨万里年谱》(上海三联书店，2007年5月出版)第113页也载：“〔乾道七年辛卯(1171)，45岁〕七月二十八日，迁左奉议郎、太常博士。”

按照南宋时官制，太常寺是官署名，卿、少卿、丞之职位，各设一人。后来复设博士、主簿、协律郎、太祝等官，其中博士的职责是，“掌讲定五礼仪式。有改革则据经审议。凡于法应谥者，考其行状，撰定谥文。有祠事则监视仪物，掌凡赞导之事”。② 这里包含两层意思：第一，虽说杨万里是京官，但仍是低级官员，因为太常博士的秩级仅是正八品。第二，他由国子博士转任太常博士，虽是平级转任，但与前职相比，更接近于朝班的行列，更容易被提拔，所以告词中有“由儒林徙礼寺，职名不殊，柬擢之意则厚”之句，由此可知，已故的于北山教

① 《杨万里撰并行楷书〈故富川居士罗子高行状〉》第1段，《杭州师范大学学报(社会科学版)》2021年第43期。

② 《宋史》卷164之《职官志》第117节《职官(四)》。

授、萧东海教授所著《杨万里年谱》中的说法均无误。

3. 罗子高“因祖寓庐陵(今江西吉安县)富川”之说,既无依据,也不正确

方教授会如此说,是因为历版《吉水县志》中均无“富川”溪名的记载,且把它误认为当今青原区境内的富水河。关于庐陵县富川,雍正《江西通志》载:“富川,在府城南,水自赣州兴国而下,曰富川。宋《文文山集》中有《富川酹魁星》文。”①

关于吉水“富川”小溪,本文前面已做介绍,它只是老同江河的一条支流,于盘谷镇上石濑村汇入老同江河。正因为该小溪在清代时就有一定的淤塞,流水量不大,致使其名没有收录于县志。

4. 将罗子高行状碑的文字说是“杨万里传世书迹”,明显有误

方教授撰文中三处说到子高行状碑文是杨万里的传世书迹,即倒数第二段中“据《行状》出自杨万里撰并书的性质”之句,最后一段首句“杨万里传世书迹,另见两种”,以及该段中“其出杨万里之手当无疑议”之句。笔者则认为,此说法明显不妥,理由有五:

第一,《故富川居士罗子高行状》碑与《宋故罗子高墓志铭》碑的字迹一模一样,由此可得出结论,这两块碑的字迹是出自同一人之手。再依据罗子高墓志铭所载,该碑由李盛撰文,谢谔书,郭份篆额,仍由欧阳广刊刻,而子高行状中并无这方面的表述。第二,乾道六年(1170)十月至淳熙元年(1174)夏,杨万里一直在京任职(含回家途中),并非待在家乡吉水。这段时间他应罗谧之邀撰作行状的可能性本来就小,为罗子高书写行状和墓志铭的可能性就更小。第三,子高行状即使是杨万里亲笔书,那时罗谧未必已请李盛撰作墓志铭。更为关键的是,李盛的名气比杨万里小得多,罗谧不可能请李盛撰作墓志铭,再请杨万里书写李盛的撰文。反之,是否存在这样一种可能,杨万里入京之前,罗谧就已请他撰作行状,而罗谧安葬父亲时,杨氏并不在家乡,于是请名气小一些、自己的好友李盛来撰作墓志铭。第四,杨万里的传世墨宝极为稀罕,笔者至今仅见于《杨万里范成大资料汇编》②书首插图第 1 页的影印件,而此书插图中的笔

① 雍正《江西通志》卷 9 之《山川》之《吉安府》。

② 《杨万里范成大资料汇编》,中华书局 1964 年版。

法与子高行状碑上的刻字相差很大。第五，按照方教授的说法，“杨万里传世书迹，另见两种”，他列举的是台北故宫博物院收藏的《致达孝宫使判府中大劄子》、江苏盱眙第一山《杨万里等题名》摩崖石刻。但笔者认为，方教授所列举二例与子高行状碑的刻字也是相差甚远。

三、两则推想

1. 子高行状中“绍兴庚□年，朝廷经界”句中的缺失字是什么

“绍兴”是宋高宗赵构的年号，即1131—1162年。那年他被金兵所逼而逃至越州，立志于“绍祚中兴”，于是改元绍兴，改越州为绍兴城。但是，绍兴年间有绍兴庚申，即绍兴十年（1140）；绍兴庚午，即绍兴二十年（1150）；绍兴庚辰，即绍兴三十年（1160），那么到底是哪一年呢？

笔者认为，依据文中“朝廷经界”4字便可找到答案。经界，是指土地或疆域的分界或设立界线。南宋“朝廷经界”始于绍兴十二年（1142）底，先是在两浙路平江府实施，那时尚是试点先行阶段。实施经界的目的是明晰产权，确定产权拥有者应缴纳的土地税金额，从而确保朝廷的赋税收入。直到第二年六月才加大推行力度，并推广至南宋大部分统治区域。绍兴年间实施经界法后，确实已取得一定的成效，不少地方逐步建立砧基簿制度以及较为完善的土地管理制度。直到绍兴十九年（1149），土地经界的整体推进工作在全国大范围内基本完成。

但是，由于经界本身不能平衡各方利益，或者某些富家大族因为利益受损，又千方百计地想转移负担，致使中下阶层农户也是怨声载道的。最突出的表现是各阶层为了追逐自身利益的需要，一再推迟和拖延产权簿的制造、登记和颁发，且部分官吏相互勾结，赋役不均之弊仍然如故。于是，绍兴经界后不到30年的时间里，就有“诸道经界图籍多散佚，吏缘为奸”①的结局。南宋朝廷也深知土地经界不正的巨大危害性，于是自绍兴经界实施以来，各级官员一直没有停止对它的清理或纠偏。直到绍兴二十八年（1158），南宋经界核实工作全部结束。② 再结合子高行状中“法既行，有同县异乡曰仁寿乡者，欲嫁其田租之重

---

① 《两朝纲目备要》卷1之《光宗》。

② 郭丽冰：《南宋绍兴以后的土地经界》，《宜春学院学报》2008年2月。

者于同水。子高倡众争之于官。得直一乡免加赋者,子高之力也”之句,由此可推断,其时间应是“绍兴庚午(1150)”,缺失字应当是“午”字。

2. 杨万里名字中的“万”是写简体字,还是繁体字“萬”

子高行状结尾处,作者曾3次言及自己,碑文中都是写成简体字“万”。子高墓志铭中,李盛也说到杨万里,仍是写成简体字“万”。为此,方爱龙教授说:

> 对于杨万里的名字,当作“万里”而非“萬里”是两条实证材料。下文所及的杨万里书迹之署名,亦是明证。关于诚斋之名的问题,虽然于氏《年谱》在开篇即有阐论,但重提此事,对于古籍校订整理仍有意义。①

对于方教授所提到的“于氏《年谱》”之句,翻阅于北山教授编著《杨万里年谱》,其正文部分第1页载:

> [按] 考诚斋之名,应书作万里。《南宋馆阁续录》卷七叙列诚斋为秘书监、少监,均作“万”,不作“萬”。卢文弨跋云:“游佀、杨万里之名,自是本来如此,他人则有作‘似’、作‘萬’者;而此二人独不尔,可据之以正《宋史》也。”先儒勘核古籍,一字不肯轻过,可为吾辈法。愚谓此正如“村”之作“邨”,“麟”之作“麐”,虽本相同,对人名则应重其习用。今存诚斋手迹(《致胡达孝劄子》),知自书确作“万”。宋钞本《诚斋集》亦作“万”,偶作“萬”,钞胥之笔误。故本谱从其真,均书作万里。引用它书作“萬”者,一律不改。②

关于杨万里名字中的“万”是写简体字,还是繁体字“萬”的问题,笔者则赞同《杨万里诗文集》③的编著者、江西师大王琦珍老教授,以及《杨万里集笺

---

① 《杨万里撰并行楷书〈故富川居士罗子高行状〉》第4段,《杭州师范大学学报(社会科学版)》2021年第43期。

② 于北山编著:《杨万里年谱》,上海古籍出版社,正文部分第1页。

③ 《杨万里诗文集》,江西人民出版社2006年版。

校》[①]的编著者、黑龙江大学辛更儒老教授的看法，即不必过于纠结“万”与“萬”字的对错问题，这两种写法均可行。理由是：

一方面，就“万”与“萬”字的渊源角度看，第一，“万”字并不是近代现代推行简化字才出现的，“万”也不是“萬”字的草写。自先秦至南北朝的碑刻里，就会偶尔出现简体字“万”。早在唐代之前，“万”与“萬”字多是独立使用，且有不同的意思表达，即“万”字侧重于做数词用，而“萬”字侧重于做量词用。第二，从唐代开始，此二字就存在混用的现象。如唐太宗李世民《晋祠铭》中即是以“万”字代替“萬”字，书法家欧阳询《九成宫醴泉铭碑》中也写有简体字“万”，《怀仁集王羲之书圣教序》碑文中还存在“万”与“萬”字同时出现的现象，更多例子不胜枚举，可见那时“万”与“萬”字既共存又分用。第三，到了宋代，人们似乎更习惯于用简单易写的“万”字，而“萬”字慢慢地失去其本意。到近代现代推行简化字后，则完全被“万”字所取代。

另一方面，就杨万里本人及其传世文献角度看，第一，杨万里在世时，其署名大多数情况下确实是写作简体字“万”。如上文所提到的日藏宋刻本《诚斋集》首刻本，集内每卷的署名，即是简体字“万”。又如，于北山教授所说的至今仍存世的《致胡达孝劄子》书迹，署名也是简体字“万”。第二，诚如于北山教授所言，《宋史》本传中是写作“楊萬里”，而清乾隆家刻本《诚斋集》中也是写作“楊萬里”，再结合两宋时此二字常混用的时代背景，争论只能写作简体字“万”的实际意义并不大。第三，从当代人的认知角度看，中华书局 1964 年出版的湛之教授所编著的《杨万里范成大资料汇编》，全书均是写作“楊萬里”。

于是笔者认为，我们当代人整理《诚斋集》或者为之撰文，假如是采用简体字行文，则理所当然地应写成简体字“万”；假如是采用繁体字行文，其所依据的底本是“萬”字，那么理所当然地应写成繁体字“萬”；其所依据的底本是“万”字（如日藏《诚斋集》宋刻本），那么理所当然地应写成简体字“万”。

当然，杨万里名字中的“里”字，则不能写成“裹”或者“裡”字，这是一种基本常识。因为“万里”作为长度或者距离单位，只能写作简体字“里”。“裹”字虽是“里”的繁体字，但是它有特指对象，如《说文解字》载：“裹，衣内也。从衣，

① 《杨万里集笺校》，中华书局 2007 年版。

里声。”其本义犹言衣物的内层，如“被子里”。“裡”则同于“裏”字，实为“里”的异体字，此二字可引申为事物的内部，与“外”字相对，如里外、箧里、心里等。

结语

《故富川居士罗子高行状》《宋故罗子高墓志铭》二碑出土于 1996 年前后，因当时没有及时发现它们重要的历史、艺术和科研价值，以致于被丢弃于荒野荆棘丛中长达 4 年，用于搭作田埂桥近两年，这既说明田野历史调查的任重道远，亦表明庐陵地域文化的厚重。

罗子高行状和墓志铭二碑发现后，笔者早在 2018 年 6 月就将这两篇碑文收录于《江西地方珍稀文献丛刊·吉水卷》，以致于不被湮没。杭州师范大学方爱龙教授于 2021 年 3 月刊发《杨万里撰并行楷书〈故富川居士罗子高行状〉》，认为它是杨万里一篇珍贵佚文，此观点笔者是认同的。但是方教授论证较为简单，且未将碑文附录，还有 4 处错误说法，笔者在考论该佚文真假的同时亦为之订误。这两块石碑的发掘，为研究庐陵地区的文学、书法、墓葬等提供了实物证据，为研究南宋绍兴年间的社会状况（如经界政策的实施等）提供了原始材料，对研究杨万里一生交游有很好的参考作用，文物价值和文献价值尤为凸显。

杨万里佚文《霜节堂记》考辨

2021年3月，笔者浏览“中国知网”发现，由江苏省社科院主办的《江海学刊》2020年第3期曾刊发《新见杨万里佚文〈霜节堂记〉考证》一文，作者是江苏省社科院文学所李由、南京大学文学院陈怡慧老师，他俩是从台北“故宫博物院”收藏的《新编诸儒批点古今文章正印》中找得《霜节堂记》。该记文共有295字，其中含1个缺失字，文曰：

淦江之胡，俗尚真素，故其绪愿以悫，业尚勤肄；故其室亨以盈，襟带图史；故其子孙文而秀，尸祝师友；故其宾客英且□，如清江二严、艮斋一谢皆与之还往，予虽耳剽而未面识也。予方造朝庀职，友生萧森追送予于白沙，固请曰：“胡君邦仲经始一堂，旁罗六斋，前陈万竹，将使其子弟耕于是，猎于是，以获享百圣之皋壤。愿因森以假宠于门，请名斯堂而记之。”

予曰：“子不观夫堂下之竹乎？石老而瘦，土悍且坚，若无物也。春雷夜兴，土膏并裂，朝起视之，牙者、角者、长者、短者、彪者、炳者、洪者、纤者，如锥出囊，如瓻触藩，人固玩而怡之。雨一濯焉，风一揠焉，漂然凤跄，踠然龙升，拔起平地，荡靡昭回。君子之孳，出乎士，极乎圣，发乎身，加乎天下国家，固不当尔乎？”

不知其人，视其友；不知胡氏，视其竹。退之云：“缥节储霜。”尝试以“霜节”名之其可。斋曰存、曰率、曰敏、曰养、曰求、曰悱云。①

《新编诸儒批点古今文章正印》是由南宋名儒刘震孙所编，该书前面录有

① 《江海学刊》2020年第3期。

刘氏于度宗咸淳九年(1273)所作之序,后面则录有廖起山所作之跋,是宋刻孤本,具有很珍贵的版本价值,以致于那个特殊年代被移至台湾。该书共选录杨万里文章35篇,《霜节堂记》收录于前集卷14。因该记文确实未被各大版本《诚斋集》所收录,且李由、陈怡慧老师所撰写的考析文章仅500余字,相对而言较为简单,当时笔者就有为之再考的想法。

近半年来,笔者多次翻阅清康熙十二年(1673)、康熙五十四年(1715)、同治十二年(1873)编修的《新淦县志》,期望能找到关于霜节堂及其主人胡邦仲的片言只语记载,可惜一无所获。2022年七八月间,笔者两次冒着酷暑,专程赴新干县金川镇瓦桥村、界埠镇胡家脑村,以及峡江县砚溪镇砚溪村查阅胡氏族谱,也未获得任何信息。我又委托他人查阅新干县沂江乡胡家村、神政桥乡胡头村、大洋洲镇洋湖庄胡氏族谱,仍是无果而终。此外,我还多次打电话向新干县史志档案馆老馆长郑剑平、县作协主席杨璐、县人大内务司法工委主任张树涛,以及峡江县史志档案馆老馆长胡自卫等地方文化人士了解,均未获得霜节堂及其主人的任何有效信息。尽管如此,笔者现依据杨万里《诚斋集》、周必大《文忠集》,以及《新淦县志》《清江县志》等地方文献,就《霜节堂记》一文再做如下考辨。

一、真假辨析

《霜节堂记》未被各大版本《诚斋集》所收录,那么它是不是杨万里的佚文呢?关于此问题,相对而言较为容易判定。庆元三年(1197),周必大曾撰作《跋杨廷秀所作胡氏〈霜节堂记〉》,文曰:

> 清风严霜本不相为谋,兼二美者,竹也。友人杨公廷秀平居温厚慈仁,真可解愠,临事则劲节凛然,凌大寒而不改。名堂作记,曲尽竹之情状,盖身之非假之也。今胡氏既知不可一日无此君,其可三日不读此记乎?庆元丁巳(1197)。[①]

上述跋文中“温厚”一词,文渊阁四库全书本《文忠集·题跋》卷48中则是写作

① (南宋)周必大:《平园续稿》卷8,又见于清康熙版《西江志》卷196。

“薰兮”。相传由舜所创作的《南风歌》中有“南风之薰兮”之句，意思是指温和的南风，由此可知“温厚”与“薰兮”意思相近。试想，庆元三年时杨万里尚在人世，距他去世还有10年之久，那时世人怎么可能会去弄一篇杨万里的伪托之文呢！其次，假如周必大没有读过杨氏《霜节堂记》文稿，怎么可能去为它作跋呢！再次，宋咸淳九年(1273)刘震孙编成的《新编诸儒批点古今文章正印·霜节堂记》侧面也有较好的印证作用。所以说，该记文的真实性不辩自明。

庆元五年(1199)，周必大又撰有《题杨廷秀新淦胡氏〈义方堂记〉后》，文曰：

> 诚斋作《义方堂记》，理胜而文雄，殊无老人谵悖衰弱气象，吾党所共矜式，岂特贲胡氏家塾而已！庆元己未十月辛未。①

四库本周必大《文忠集·题跋》卷48亦录有此跋，但标题中并无那个“堂”字，只是写作“义方记”，这并不影响整体意思的表达。但时间落款写成“庆元己巳十月辛未”，因为庆元年号并无“己巳”年，嘉定己巳即是嘉定二年(1209)，那时周必大和杨万里均已去世，由此可知，这只是后世编者笔误。“庆元己未”之落款，表明周必大题作此跋要比《霜节堂记》之跋晚两年。“义方”，指行事应该遵守的规范和道理，如西汉礼学大家戴德说：“省其居处，观其义方。”②后世多是指教子的正道或者说家教之好。

依据周必大这两篇跋文和刘震孙所录之文，可知杨万里确实应邀为胡邦仲撰作《霜节堂记》和《义方堂记》。令人感叹的是，《霜节堂记》有幸得以保存，而《义方堂记》应是永远地散佚了。

二、记文解读

(一)撰文于何时

尽管作者在该记文结尾处没有标明撰作时间，但通过文中“予方造朝庀职，友生萧森追送予于白沙”之句，可以推算出其具体时间。“造朝”，犹言进

---

① 《平园续稿》卷8，又见于《益公题跋》卷3。

② (汉)戴德：《大戴礼记》卷10《文王官人》第71节。

谒、朝觐,如《新唐书·苏弁传》:"弁造朝,辄就旧著,有司疑诘,给曰:'我已白宰相,复旧班。'"①表明杨万里那时正在赴杭州入职京官的路途中。"庀职",犹言履职,如宋代喻良能有"庀职偶相临"、陈造有"庀职今几时"诗句等。

再查考杨万里仕履经历可知,他一生先后4次入京任职。第一次是在隆兴元年(1163),时年37岁。杨氏因任零陵县丞秩满,于是先回到家乡湴塘村"待次"数月,八月底才赴调临安府学教授。那次,杨氏确实是从吉水县白沙渡出发再入京,如家刻本《江湖集》卷2有《赴调宿白沙渡,族叔文远携酒追送,走笔取别》诗。但在第二年正月,因父亲杨芾生病而回乡探望,之后他便是在家丁父忧。第二次是在乾道六年(1170),时年44岁。杨氏任奉新知县半年余,于该年十月获任国子博士,年底时赴临安任职。读家刻本《江湖集》卷6中《诏追供职学省,晓发鸣山驿》《望见灵山》等诗,可以推断,他应是携家眷直接从奉新县出发,拐入赣江至南昌,然后入京任职的。也就是说,他并未回家乡湴塘,也无须从吉水县白沙渡乘船。第三次是在淳熙十一年(1184),时年58岁。杨氏因丁继母忧期满,于该年十月底获任尚书吏部员外郎,于是离开家乡赴京任职。翻开《朝天集》卷1第一首诗即是《淳熙甲辰十月一日,拟省试"万民观治象"》,表明作者丁继母忧期满后开始题诗。第二首即是《仲冬,诏追造朝供尚书郎职,舟行阻风清泥》诗,表明朝廷于该年十月二十八日诏任杨氏为尚书吏部员外郎,于是他离乡赴京。那次,作者也是从吉水白沙渡乘船出发,至南昌南后再转道抚州,途经上饶再赴杭州。第四次是在淳熙十六年(1189),时年63岁。因《江西道院集》卷2有《中元日晓登碧落堂,望南北山》诗,表明作者该年七月十五日还在高安知州任上。该年八月中旬,作者题有《祗召还京,题江西道院》诗。"祗召"犹言奉召,表明他于该年八月下旬离开筠州,之后题有《明发道经生米市,随喜西林寺留题》,可知他已经到达今南昌市生米镇,于是可以得出结论,那次杨氏并未回乡,携家眷从高安出发,拐入赣江后赴京城临安。

下面,我们再来做具体分析。第一,因《霜节堂记》文中有"予方造朝庀职,友生萧森追送予于白沙"之句,表明杨氏是因需入京任职,于是在吉水县白沙渡乘船。在渡口等船时,恰巧遇到年轻学子萧森,之后才有萧氏为新淦人胡邦

---

① 《新唐书》卷103《列传》第28节《苏韦孙张》。

仲代索记文之事。第二，读《霜节堂记》文中“愿因森以假宠于门，请名斯堂而记之”之句，“假宠”即是指凭藉威望地位，典出《左传·昭公四年》，可知杨万里那时在诗文、官场均已有一定的地位。结合杨万里仕履经历来看，隆兴元年（1163）八月他赴调临安府学教授的时间并不长，因父病很快就已回乡，此前仅是担任赣州司户参军、零陵县丞，包括去赴任的临安府学教授，只能算是低级官员，他所开创的“诚斋诗体”成熟于常州知州任上，那时在文坛和官坛还谈不上有“假宠”地位。第三，从周必大晚年所撰的《题杨廷秀新淦胡氏〈义方堂记〉后》来看，“理胜而文雄，殊无老人谵悖衰弱气象”，周氏是从杨万里的撰文风格角度做此表述，侧面印证杨氏题文时既不年轻亦不年老，正值人生壮年时期。

综合以上分析，可推论《霜节堂记》撰作时间应是淳熙十一年（1184）仲冬季节，写作地点是在吉水县金滩镇白沙渡。也许杨氏因进京行程较紧迫，友生萧森只是代为一位普通人士索记，且作者与霜节堂主人胡邦仲也不认识等原因，致使他并未留下记文底稿，为它的散佚埋下伏笔。

（二）霜节堂取名

因该记文中有“请名斯堂而记之”之句，可知胡邦仲虽然已“经始一堂，旁罗六斋”，但都没有为它们取名字。记文中的“悫”字，读 què，诚实之意；“尸祝”犹言崇拜，而“霜节”之堂名，则是由杨万里所取。记文中“缥节储霜”一词，出自韩愈《新竹》长诗：

> 笋添南阶竹，日日成清闷。缥节已储霜，黄苞犹掩翠。出栏抽五七，当户罗三四。高标陵秋严，贞色夺春媚。稀生巧补林，迸出疑争地。纵横乍依行，烂熳忽无次。风枝未飘吹，露粉先涵泪。何人可携玩，清景空瞪视。

关于诗中“缥节已储霜”之句，南宋官员、福建建阳人魏仲举曾为之标注说：“缥，青黄色。祝曰：选名溢于缥囊。”[①]而“囊”字是指有底的袋子，可以用来装书。杨万里在该记文后面则说，“退之云：‘缥节储霜。’尝试以‘霜节’名之其可”，于是杨氏为它取名为“霜节堂”。堂旁所建的 6 间斋房，杨氏也分别为之

---

① （南宋）魏仲举：《五百家注音辨昌黎先生文集》卷 4，庆元六年（1200）自编自刻，共 40 卷。

取名为:存斋、率斋、敏斋、养斋、求斋和悱斋。

关于胡邦仲的霜节堂,南宋官员、抚州乐安人曾丰也题有长诗:

> 此君胸固有虚室,六气薰酣无不适,所禀宁非道之质。此君貌固能圆机,四季变更无不宜,所立宁非圣之时。其表无方里无物,妙与大道相出入。清节凌霜特其一,秋风夜雨君曰噫。名我字我敢问谁?无乃未为大相知。守节虽贤一于正,圣人达节百其应。君亦能贤亦能圣,姑于节论犹失订。标致孤高所持劲,伯夷独立君制行。主人加爱又加敬,根器浑涵所成迥。颜子屡空君尽性,客子三叹更三咏。①

曾丰(1142—1224),字幼度,号樽斋,乾道五年(1169)中进士,历官永州教授、赣县县丞、义宁和浦城知县、德庆知府、湖南参帅等,于嘉泰四年(1204)罢职回乡,一生好学,博览群书,以文章名噪一时,著有《缘督集》40卷。曾丰的家乡是当今抚州市乐安县牛田镇流坑村,距新干县城约80公里,相距并不算远,胡邦仲请他题写赠诗具有可能性。

但是,笔者一直存有疑虑的是,既然"霜节堂"之名是由大诗人杨万里所取,由此可推断,曾丰题诗的时间应比杨氏撰文要晚一些。此外,曾丰比杨万里年龄要轻,名气要小,为何曾氏题诗中竟然没有一丝一毫的提及?于是,笔者在此可作如下大胆推测:杨万里那时名气较大,索记之人萧森是一位年轻后学,他求得《霜节堂记》文后,考虑到该文稿的珍贵,去新淦县仅水路就有70多公里,赴胡邦仲家的山路不便,自己尚有要事等,于是没有将文稿送给胡邦仲,只是写信或托人寄口信,告知胡氏关于"霜节堂"取名之事。此疑尚待今后再做考实。

(三)索记人萧森

依据《霜节堂记》中"友生萧森追送予于白沙,固请曰"之句,可知索记人叫萧森,字希韩,官会昌县主簿,调桂阳郡录事参军等。《诚斋集》卷126中录有《萧希韩母彭氏墓志铭》,系杨氏为萧森之母彭氏所撰墓志铭。

另据雍正《江西通志》卷50载:"乾道四年(1168)戊子解试……萧森,吉水

---

① 《缘督集·七言古诗》卷3《题胡邦仲霜节堂》。

人。”表明萧森于该年已获得解额，但是该卷后面又载：“嘉定三年（1210）庚午解试……萧森，泰和人。”这两个“萧森”是否同名不同人呢？的确不能排除这种可能。但是吉水萧森少年时父亡家贫，曾投靠舅舅多年，甚至以泰和籍参加解试，进士试却是吉水籍。该卷后面又载：“嘉定四年（1211）辛未赵建大榜……萧森，吉水人。”表明吉水人萧森曾经中进士。此外，光绪《吉水县志》卷28《选举志·进士》载：“嘉定四年辛未赵建大榜，是科二人：周一之、萧森。”县志卷29《选举志·举人》载：“乾道四年戊子解试，是科六人……萧森。”该卷后面又载：“乾道七年辛卯解试，是科七人……萧森。”

再将省志与县志相比对，可知萧森第二次获得解额的时间存在不同，当然不排除他曾经3次获得解额的可能。至于他中进士的时间，历版《江西通志》《吉安府志》《吉水县志》中的记载却是相同。

《诚斋集》卷126《萧希韩母彭氏墓志铭》又载：“予友萧希韩久不见，忽衰绖谒予，请曰：‘森不夭，幼无父，今又无母……’予曰：‘诺。’夫人彭氏，庐陵人。乡先生伯庄之女，潜溪先生萧叔展之孙妇，进士彦绩之妻也。彦绩讳唐卿，其宗贵而文，即所谓两御史之家者也。”萧森（1145—1220），字希韩。据黄桥镇螺陂村收藏的《螺陂萧氏族谱》中《巽湖世系·九世》本传及附朝请大夫曾丰撰墓志铭，森七岁随母依于舅氏彭伯庄家，早游邑庠，刻意励学，文赋有声，学者不惮远而师之，赖于成才者甚众。嘉定四年辛未登进士第，授台州文学，初调赣州会昌簿。居官廉介有守，同僚送归赠诗有云：“满船空载明月归。”再调桂阳郡录事参军。秩满，用会昌赏循修职郎，监南岳庙。逾一考，上事告老，未下而卒。卒于嘉定庚辰十一月，享年七十六。有集号《定斋省诗》，又《泛应集》《浪吟集》各十卷。

再据螺陂萧氏族谱载，杨万里的族叔杨辅世撰《萧唐卿墓志铭》云：“庐陵萧君彦稷卒二十年矣，其子森以其状来告于南溪杨辅世曰：‘先人讳唐卿，字彦稷，工部员外郎良辅之元孙，孝廉汝为之曾孙，丹阳丞公厂之孙，而隐君庆祖之子也。我先人少力学，长蹭蹬，知命，不肯随举子售文，甘隐于山林。享年四十，殁于绍圣（应作“绍兴”）己巳之冬……我先人殁时，森甫七（疑当作五）岁……’辅世因思少时及拜隐君先生求，观待制毛公友龙所赠《松菊醉吟》诗，隐君命彦稷、吾坐且故观焉。未几许时，隐君先生既不可留，而彦稷亦不克寿。噫嘻！悲夫!"可知杨万里《彭氏墓志铭》所称"进士彦绩"当为"彦稷"之误。又据谱，知杨万里之云"潜溪先生萧叔展"亦即杨辅世之云"孝廉汝为"，汝为其名、叔展其字、潜溪其号也。定基其伯、化基其父，彦稷其曾孙也。则萧希韩之母彭氏，实乃萧叔展之曾孙妇，杨万里《彭氏墓志铭》曰"孙妇"，或脱离于原文，或是宽泛之称罢。

这里需提示的是，历版《泰和县志》均将萧森写作泰和县柳溪人，那么他的籍贯到底是吉水还是泰和？为何会有此争议？通过上述分析，相信读者已有明确答案。

宋代时，考生参加解试和进士试并无最低年龄限制，如宋太宗于淳化三年(992)三月二十一日颁发诏书规定："如工商杂类人内有奇才异行、卓然不群者，亦许解送。"①但一般来说，参加童子科考试的年龄要求在 14 岁以下，中解试者则是 15 岁及其以上即可，如朱熹就是 16 岁通过解试的。再依据《江西通志》卷 50 这三段文字记载，以及《霜节堂记》中"友生萧森"4 字做综合分析，可以推断萧森索要记文时不足 40 岁，否则 58 岁的杨万里不会称呼他为"友生"。

关于霜节堂的主人胡邦仲，因为没有获得功名，也未曾入仕为官，符合记文中"不知其人，视其友"之表述，这也许是后世历版《新淦县志》以及各村胡氏族谱均未找到胡邦仲、霜节堂、义方堂记载的重要原因。笔者翻检《新淦县志》，其中说到杨万里与新淦人交游者只有两人，文载："万里与萧氏兄弟善，称其'白头孝友'，吟样清癯，'和乐堂'赋诗，饮酒往来为欢。又与曾三异为诗友，其退休也，有和三异作，云：'与子两人长对酌，笑渠万古浪垂名。'蓑笠寻盟，亦诗坛之韵事。"②县志中这段话实际上是指杨氏《江湖集》卷 5 中《题萧端虚和乐堂》诗，以及《退休集》卷 3 中《和曾无疑赠诗，语及欧阳公事》诗，即是说杨氏与萧端虚、曾三异之间的交往。其实，杨万里第四女杨季苹的丈夫陈经(字履常)即是新淦县人，于绍熙元年(1190)中进士，历官新荆门州司法参军、吉水县主簿、泰州县丞等，家刻本《退休集》卷 4 有《至后，与陈婿履常探梅东园》《夏至雨

① 《宋会要辑稿·选举》。
② 同治《新淦县志》卷 8 之《寓贤》。

霁，与陈履常暮行溪上》《送陈婿履常县丞之官泰州》等诗，但《新淦县志》中并未言及他俩间的亲缘和交游。

三、背景分析

（一）淦江与新干县

《霜节堂记》开篇句“淦江之胡”中的淦江是指淦水，为该记文交待了具体地点，即新淦县赣江以东、支流淦水之畔某村。宋代乐史编撰的《太平寰宇记》中说：“淦水，在县北一百里，西流达于赣水。子淦山有水流出，其下如金色，因以为名，在于淦县北六十里。”①雍正《江西通志·山川·临江府》卷9也载：“紫淦山，在府城东四十里。《太平寰宇记》作紫金，以石色紫翠，淦水经其下作金色，故名。”②

以“新淦”之名设县，始于秦始皇二十六年（前221），那时县城治所地是选择在淦阳（今樟树市）。因为是淦水畔的新设县，所以取名为“新淦县”，那时的淦水是从紫淦山发源，流至当今樟树市区，再注入赣江的一条较大支流。《元和郡县志》中说：“新淦县，上南至（吉）州二百七十里。本汉旧县豫章南部都尉所居县，有淦水，因以为名。陈割属巴山郡，隋开皇中废郡，县属吉州。”③

再读1989年出版的《新干县志》可知，淦水发源于新干县赣江东面地域内的紫淦山，发源地附近10余里都称作为淦水。待流到新干县城后，当今老百姓多称作“龙溪”河，此外也有“中埈”河之别名。待流到大洋洲镇三叉口村后，老百姓又称作“狗颈”河。又因“淦”字属于生僻字，1957年才改名为新干县。

（二）清江与樟树市

清江，本是江名，即赣江樟树市区那一段，犹如赣江吉水县城段就有“文江”“文水”之别名。宋代乐史《太平寰宇记·江南西道》卷106载：“清江县，东南一百二十里，三乡本吉州萧滩镇，伪唐升元年中以其地当要冲升为清江县，以大江清流为名，仍析高安之建安、修德两乡，吉州新淦之弋阳以实焉。”④《明一

---

① （北宋）乐史：《太平寰宇记》卷109之《江南西道（七）·袁州》。
② 雍正《江西通志》卷9之《山川（三）》之《临江府》。
③ （唐）李吉甫：《元和郡县志》卷29之《江南道》之《吉州（上）》。
④ 《太平寰宇记》卷106《江南西道（四）》之《筠州》。

统志》中说："宋淳化间，以清江县置临江军，隶江南西路，元改置临江路，本朝改临江府。领县三：清江县、新喻县、峡江县。"又说："淦水，在府南三十里，源发茂林乡，流经紫淦山，至清江镇，入于清江。"①

清江县即是当今的樟树市，历史上曾是望郡，即临江府治地和清江县治地均曾设在今樟树市临江镇。1949 年在樟树镇建立清江县政府，隶属于南昌管辖，1959 年改隶于宜春，1988 年撤县而设立县级樟树市。历史上的樟树镇曾是江西四大古镇之一，以其特有的药材生产、加工和经营而闻名，誉称为南国药都。

再据 1988 年出版的《清江县志》载，淦水这条小河在樟树市境内共有 20.6 公里。在明代成化年之前，它在清江县城南郊与蛇溪水汇流后，再注入赣江。成化二十一年（1485），赣江夺蛇溪水道，此后一直与赣江通。民国二十六年（1937），清江县在入江处建成龙溪闸，却于民国三十五年六月堤闸同时崩塌，后又多次修建。又因淦水上游支流多有淤塞，部分支流已改道，此小河流入樟树市境内的水量一直较少，如今只是一条小溪而已。

（三）"艮斋一谢"是谁

"艮斋一谢"是指谢谔（1121—1194），字昌国，号艮斋，一说定斋，于绍兴二十七年（1157）中进士，人称艮斋先生，晚号桂山老人，今新余人，历官乐安县尉、吉州录事参军、分宜知县、监察御史、御史中丞、工部尚书等，皆有惠政。

读家刻本《诚斋诗集》可知，杨万里首次说及谢谔，是其《江湖集》卷 5 中《题谢昌国〈金牛烟雨图〉》，是为谢谔的一幅图画题诗，曰：

金牛烟雨最相关，老子方将老是间。
不分艮斋来貌取，更于句里占江山。

诗中"金牛"即是今吉州区沿江路而对白鹭洲的金牛寺，古代时是一个重要渡口，曾有很多美丽的传说，也是郡城风景观赏佳地。因为该诗其前有《寒食前三日，行脚遇雨》，其后是《春日六绝句》，由此可知作者题写于乾道五年（1169）

① 明代《明一统志》卷 50 和卷 55 之《临江府》。

农历三月，由此可推断，谢氏应是任吉州录事参军时与杨万里相识。又如，《江湖集》卷 8 录有《挽谢母安人胡氏》，系谢谔母亲胡氏去世后，请杨氏题作挽诗，时间是淳熙三年(1176)春季。

诚然，杨氏与谢谔多有交游，两人之间唱和诗达几十首之多。如绍熙三年(1192)，杨氏正式辞官回乡途中还题有《题谢昌国桂山堂》诗："艮斋引袖出明光，归卧江西一草堂。"《江西通志》中也说："竹坡，《舆图备考》：在新喻县。南宋尚书谢谔居此，有桂山堂。"[①]再如，《诚斋集》卷 121 中录有《故工部尚书章焕阁直学士朝议大夫赠通议大夫谢公神道碑》，系杨氏为谢氏去世后所作神道碑文。

四、两则推想

(一)缺失字的推想

《霜节堂记》第一段"故其宾客英且□"句中所缺失字是什么？因为古人用"英且□"者并不多，于是笔者在此予以推想。

"英"是形声字，做名词用时，本义是指花，代指才能杰出的人。但是，它在本记文中是做形容词用，犹言才智杰出，如《资治通鉴》："况刘豫州王室之胄，英才盖世，众士慕仰。"[②]由此可推测，所缺失字应是能做形容词用。

笔者特意翻检古代文献，"英且□"之用法范例主要有 4 种。第一种是"英且毅"。见于《明一统志・南京》卷 6 和《江南通志・舆地志》卷 19，文载："俗英且毅，士清以迈，地大而才杰。"且均附有标注，说是引用杨万里之语。第二种是"英且仁"。仅见于宋代王畴《送同年蒲叔范察院杭州监酒》长诗："炎灵属我后，天资英且仁。"[③]第三种是"英且明"。如袁桷《送牟景阳教授天台》诗："天台古儒林，秀士英且明。"[④]又如胡直《谈言》说"不可谓不英且明也"[⑤]之句。第四种是"英且贤"。如侯克中《题刘同知宪明竹林归隐图》长诗："燕山刘君英

---

① 雍正《江西通志》卷 39《古迹(二)》之《袁州府》。
② (北宋)司马光：《资治通鉴》卷 65《汉纪》。
③ (南宋)祝穆：《古今事文类聚・续集》卷 14。
④ (元)袁桷：《清容居士集》卷 3《古诗》。
⑤ (明)胡直：《衡庐精舍藏稿》卷 30 之《杂著》之《谈言(上)》。

且贤，知几识变能方圆。"[①]又如《皇清文颖》诗中有"靖王后裔英且贤，慨然奋义振中原"[②]之句。

下面再做具体分析。第一，就"英且毅"而言，尽管《明一统志》卷 6 和《江南通志》卷 19 中均说是录自杨万里之语，但是，笔者翻检《诚斋集》卷 75《建康府新建贡院记》，其文载："金陵，六朝之故国也。有孙仲谋、宋武文之遗烈，故其俗毅且英。有王茂洪、谢安石之余风，故其士清以迈。"由此可知，该词是形容南京的民俗风气，并非形容当地士人的性格特质。第二，就"英且仁"而言，尽管北宋名士王畴已经用过，时间也早于杨万里生活的年代，但是，胡邦仲仅是一位普通的民间人士，既无功名，也无官职，用"仁"字来形容他的所有宾客朋友明显存有不妥。第三，就"英且明"而言，一般多是作者用于对士人、官员的一种评判。胡邦仲作为一位民间人士，其宾客朋友不可能都是士人官员，应是普通的读书人居多。第四，就"英且贤"而言，它符合同辈人之间的评判口吻，被评价者的身份既可是士人官员，也可是普通人中有德望者，甚至还包含作者对同辈、晚辈的一份期望。如《霜节堂记》文中，即使是"艮斋一谢""清江二严"，那时杨万里在文坛、官坛的声望也不比他们差，所以笔者认为，该记文中的缺失字应是"英且贤"的可能性较大。

（二）"清江二严"之疑

笔者认为，记文中"清江二严"之句有可能是后世传抄错误。清江即是当今的樟树市。笔者曾多次翻阅清同治九年（1870）编修的《清江县志》，发现从北宋初至南宋中期，《清江县志》卷 7《选举志》中均无"严"姓中解试和进士者，卷 8《人物志》中也无"严"姓的官员或名士，卷 9《艺文志》中无"严"姓人氏所撰的诗文。此外，《诚斋集》中也没有清江县"严"姓人氏的记载。试想，杨万里在该记文中将"清江二严"与"艮斋一谢"相并列，按理说，"二严"不可能是普通之人，《诚斋集》《清江县志》等文献不可能无任何记载。此外，根据行文的对仗角度看，应是"一谢"与"二严"相对的可能性较大，为此笔者大胆作如下 4 种推想。

① （元）侯克中：《艮斋诗集》卷 11 之《题刘同知宪明竹林归隐图》。

② 清代《皇清文颖·御制诗》卷首 21 之《七言古诗》之《铜鼓歌》。

第一，是否应作"清江子严"。笔者认为，"二严"有可能并非指"严"姓人氏，而是他们名、字、号中有"严"字。如任诏（？—1193），字子严，绍兴年间官进贤知县、梧州知州，后迁转运使，致仕时退居清江，算是当地一位名士。任氏的出生时间与杨氏相当，周必大于绍熙元年（1190）为他撰有《跋临江军任诏盘园高风堂记》，绍熙四年为他撰有《任漕子严诏挽词》。又如《清江县志》载："任诏，字子严，蜀人，自为令，历部使所至有政绩，后退居清江，筑圃山冈，匾曰'盘园'，建堂曰'高风'，有《盘园集》《高风录》。"[①]假如此说法成立，那么清江县应还有一个字"□严"之人；又或者说，那人是任诏的亲（堂）兄弟，那时也是小有名气之人，后来却因名气不大，所以县志中无传。

第二，是否应作"清江二胡"。笔者翻检《诚斋诗集》，发现其题诗中共涉及二位清江县胡姓人氏。第一位是胡民瞻，因他修建"忍堂"，并请杨氏为之题诗，如《江湖集》卷4有《题清江胡民瞻忍堂》诗。另一位是胡达孝，《荆溪集》卷3中录有《胡达孝水墨妙绝一世，为余作枯松孙枝、石间老柏，谢以长句》长诗，另据《江西通志》载："胡思诚，字达孝，澶州人，寓居清江。知安丰军，时群盗剽掠无禁，思诚悉擒之。淮西诸司上其事，除知濠州，自号溶溪居士，著有《溶溪集》。"[②]且这两首诗的写作时间较早，杨万里撰作《霜节堂记》时，自然而然会想到清江县这两位胡姓人士。

第三，是否应作"新喻二严"。即新喻县人严嘉谋、严嘉宾两兄弟。严嘉谋，字造远，严九龄之子，宋临江军新喻人，世业儒，教授里中，两预计偕，郡守尝以其经术孝廉荐于朝，三邑士大夫又列其行谊，乞加旌表，诏令州县常加礼恤。严嘉宾，字造道，严嘉谋之弟，于乾道二年（1166）中进士，强学工文，为后进师，出其门而登科者相望，笃于孝友，父子兄弟，以文行闻于时，为士林所推。就南宋临江军而言，除此二"严"姓人氏外，找不到符合文中条件的人物。那时，清江是临江军治所，而新喻县亦为临江军所辖管，纵杨万里记忆有误，亦差不了多少，且谢谔也是新喻人，原记文中也无须改作"新喻二严"。

第四，是否应作"清湘二严"。严粲，字坦叔，号华谷，又号二严，福建邵武

---

① 同治《清江县志》卷8之《寓贤》。

② 雍正《江西通志》卷95之《寓贤》之《临江府》。

人,大约于南宋后期才中进士,具体生卒年不详,曾任全州清湘县令。南宋诗人陈起《江湖小集》卷 78 录有《祝二严》长诗,诗中有“前年得严粲,今年得严羽。我自得二严,牛铎谐钟吕……二严我所敬,二严亦我与……再拜祝二严,为我收拾取”之句[①]。但是,严粲等三人的生年比胡邦仲要晚一点,且依据杨万里所列人物的所在地来看,应是清江县人,与新淦县相邻,外省人或本省其他较远地方人的可能性较小。

诚然,这只是笔者的推想而已,“清江二严”之疑,仍有待今后再做深入探考。

---

① 关于此诗的作者,一说戴复古。

杨万里佚文《复斋记》考辨

2020年7月,笔者赴吉水县盘谷镇岭背村李淦生老先生家,翻阅清宣统元年(1909)李氏族人编修的《仰承集》,发现卷9有一篇作者署名为"诚斋杨万里"的《复斋记》。笔者翻检四库本、四库荟要本、四部丛刊本和乾隆家刻本《诚斋集》,发现均未收录该文。再翻检四川大学古籍研究所2006年出版的《全宋文》,也未收录该文。当今学界无人为之专门撰文,于是笔者通过挖掘地方文献资料,就《复斋记》的真伪予以考辨。

现将谷村《仰承集》卷9《复斋记》抄录并标点如下:

复　斋　记

诚斋杨万里

乡先生李直卿,讳次鱼,为酒正于长沙之明年,遗余书:

"吾得一官老矣,林壑之弃而尘嚣之归,忽忽乎未知为官之乐也。吾即公馆之左右为斋房焉,旦则诣太府宪曹,公事已则独骑一瘦马,从三四老兵以归。归则休于斋,扫地,焚香,盥手,取架上《周易》《论语》《中庸》《大学》、濂溪、伊川等书,纵观之,欣然若有得焉。渺渺乎吾未知古人之远,因取《易》之'不远,复',与夫子所以告颜子之说,铭吾斋曰'复'焉。子盍为吾记之,吾将持子记以见帅府张公,求赋诗焉,子其勿迟。"

余曰:心无放焉有复,复无说焉有记,抑吾尝观物有感矣。

客有吴于家而蜀于游者,盖其所见天下之奇观,未尝有也。见天下未曾有,亦足乐矣。而有不乐焉,羁离焉,愁思焉,身在蜀也,心未始不吴也。何也?居者思行,行者思居也。思故归,归故乐,士之于学,有如吴之家者乎？士之言曰："人不可以孔颜也。"且夫见儒子之入井，则恻然强之为穿窬，则艴然士独无此心乎？士无此心，则信不可以孔颜矣！此心，吾之家也，家焉而不家其家，客焉而不归其归，又从而尤之，曰：家不可归，惑矣哉！归之，近者心必觉，其中充然，其外愉然。先生之学，以复为主，先生其初不知为官之乐，今乃不知古人之远。先生之复，其近乎？其远乎？吾将候其愉然，以贺其充然也。①

四个月后，由盘谷镇泥田村周绍常老师牵线，笔者又寻得清乾隆年初谷村李氏编修的《谷村记》，该书《艺文记》卷3《诸记并铭》中也录有《复斋记》。将这两种不同版本相比对，发现共有7处不同，具体：一是乾隆版"复斋记"标题下方录有编者标注："乾道戊子二月望日，长房"，乾道戊子即是乾道四年(1168)。此时间记载是否正确，待笔者下文再做考辨。二是宣统版第一段"讳次鱼"句中，乾隆版少了一个"鱼"字。笔者认为，这应是乾隆版编修者的笔误，李直卿原名即是李次鱼。三是宣统版"吾即公馆之左右为斋房焉"句中的"右"字，乾隆版则是"方"字。笔者认为，假若此处用"方"字，其位置则是交待得很具体；假若此处用"右"字，则是一种虚指，并不影响其文意的表达。四是宣统版"与夫子所以告颜子之说"句中"之说"二字的前面，乾隆版另有"克己"二字。"克己"是指克制和约束自己，这只是对"颜子之说"内容的具体化。五是宣统版"子其勿迟"句中，乾隆版少了一个"子"字。这里的"子"字是对人的尊称，相当于"您"字。六是宣统版"盖其所见天下之奇观未尝有也"句中的"尝"字，乾隆版则是"曾"字。笔者认为，这只是遣字用词的不同，并不影响其意思的表达。七是宣统版"且夫见儒子之入井则恻然"句中的"儒"字，乾隆版中则是"孺"字。"孺子"是古代对小孩子的称谓，应是宣统版编修者之笔误。

依据该记文，可知求记人叫李次鱼，字直卿，吉水县盘谷镇谷村人，是作者杨万里第二个儿媳李氏的爷爷。尽管这两种版本存有七处不同，但整体内容是一致的，并不影响对《复斋记》真伪问题的考辨。

---

① 又见于《江西旅游文献》之《名迹卷(下)》，江西人民出版社2018年版，第387页。

一、相关背景

（一）谷村李氏

谷村位于老同江河盘谷段回水湾的西北侧，全村纵深四五里，左右宽六七里，现又开辟出数个新村，有近4000户，1.5万人。就一姓同宗聚居而言，自然是江西第一大村。谷村有上街和下街之分，辖老屋、翰阳、太园、文园、大池、池东、池南、桂园、元度、榨下、东街和西街等20多个村（组），段段相连，中无间断。

纵览江西任何一古村的族谱，都有“先祖卜居”“村阳基图”等方面的内容，且多附有风水堪舆之说。关于谷村肇基和得名的由来，宣统《仰承集·居徙考》卷3载：

> 黄巢陷长安，国师杨筠松避乱过江南，舟至桐江，登陆，行至洋稠坳，见鸡笼山神龙踊跃奔驰，问其山名，人以实对。松曰：“笼破鸡飞，见谷即止。”祖龙自袁州分宜斗鸡岭而起，地仙亦有“鸡逢谷”之谶。至是吴杨溥乾贞元年(927)丁亥三月，祖尧祖挟堪舆龙鸡载酒，审视山水。忽鸡自笼出，堪舆者鼓掌贺曰：“此正笼破鸡飞，逢谷即止，为公万年基业之庆。”因不惜重价，得村之旧宅里，遂自高村徙焉，时后唐明宗天成二年(927)也。

桐江即同江，谷村正是在古同江河畔。细读上述文字可知，谷村肇基于五代十国时期，始迁祖叫李唐，字祖尧，因外出寻找新居址，走到谷村地段时于此休憩，并以盘盛谷喂堪舆龙鸡，鸡食饱后即入笼，李唐等人认为这里是风水宝地，于是择此开基，此后共衍生为三派十六房，形成庞大的谷村李氏宗族的基本框架。明嘉靖年间状元、吉水盘谷人罗洪先曾说：“吉水同水贵族，以螺陂之萧、湴塘之杨、谷村之李、泥田之周为最盛。”①

（二）《仰承集》

说到谷村的文化传承，自然离不开《仰承集》这部村志。“仰承”之名，出自

① 《念庵文集》卷11《螺陂萧氏文献集序》。

谷村开基祖的祠堂名,本义是冀望后裔“仰承先德,世守而勿替耳”①。早在元代至正七年(1347),该村李尚文就开始着手编纂《谷村文献纪略》,至清宣统元年(1909)历经7次重修。乾隆年初时,该书更名为《谷村记》。嘉庆九年(1804),更名为《谷村文献》。道光年间,李氏族人认为普通士庶人家,不应该称“文献”,于是以开基祖祠堂名代替,更名为《仰承集》。宣统元年(1909),李荣钧、李淦、李浥涛等人又重新编修,并改名为《谷村仰承集》。该书分为世德源流、地舆地貌、家约家规、人物列传、艺文记诗、墓表墓志等12部分,共有30余万字,是江西省迄今发现的内容最全面、保存最完整的古村文献之一。

(三)李次鱼

光绪版《吉水县志》本传载:

> 李次鱼,字直卿。绍兴庚申举于乡,癸未授为长沙酒正。博学力行,味乎古先圣贤意旨。名其馆曰“复斋”,政余,斋中焚香漱盥,取《周易》《论语》《大学》《中庸》读之,充然有得,愉愉如也。杨万里取“《易》不远复”之义记之。朱子赠以诗曰:“请看屏上初爻旨,更识名斋用意深。”张栻诗曰:“请君细看复斋记,直到羲爻未画前。”观二诗,其人概可知矣。②

宣统《仰承集》卷6也录有《复斋公传》,内容是大同小异。依据这两篇传文可知,李次鱼,字直卿,于南宋绍兴十年(1140)中解试,隆兴元年(1163)入仕,官长沙酒正,即掌管相关酒政令之长官;他是谷村元潭长房文园的支派祖,因杨万里为其长沙寓馆作《复斋记》;他任长沙酒正秩满后,先是任湖南桃源县丞,后转任抚州金溪县丞,之后致仕还乡。

(四)复斋

关于“复斋”之名,古代很多文人曾用过,如北宋胡宏,两宋之交的胡寅,南宋周必大、陆游和欧阳守道等均应邀为他人作《复斋记》,朱熹的老师刘子翚也有《复斋铭》。其义则是来自《易经》64卦中第24卦,即复卦。按照《易经》的

---

① 宣统《仰承集·序》(道光二十年李文澜李观敬序)。

② 光绪《吉水县志》卷36之《李次鱼传》。

说法，复卦外卦为坤，坤为阴为顺，内卦为震，震为阳为动，而内阳外阴，循序运动，往返无穷，所以称为“复”。李次鱼任长沙酒正后，将其公馆的书室取名“复斋”，表明他注重心性修养，闲暇时好读《周易》《论语》等经书，推崇博学力行。诚如《复斋记》中所说“思故归，归故乐”，因内心笃定“温故”，进而追求“知新”，这才是《易》“不远，复”①所要达到的目的。

宣统《仰承集·别业》载：“复斋，文园直卿公作，朱晦庵有诗，杨诚斋有记。”如朱熹《复斋诗》云：“出入无时是此心，岂如鸡犬易追寻。请看屏上初爻旨，便识名斋用意深。”李次鱼致仕回乡后，亦将书斋取名“复斋”，并以它作为自己的号。

（五）佚文《五一堂记》

吉水县《螺陂萧氏族谱》录有杨万里另一篇佚文《五一堂记》。文曰：

乡先生萧岳英，三举于礼部不就，以特奏名官。三迁常德府武陵县丞，官期至，不肯之官。余在朝，亟白吏部遄其行。符下，又不果往。未几，余补外，还家，见岳英。问故，则笑曰：“吾老矣，堪伈伈折腰乎！”余方叹且高之。未几，岳英竟请老于朝。丞相止之，不可，乃言于上，以通直郎致其仕。宠命播敷，名流诸公争以书贺之。龙图阁学士胡公则曰“勇退绝人”，兵部侍郎周公则曰“林下见一”，中书舍人萧公则曰“急流勇退”。余闻，亦往贺之。见其所居之西偏新榜曰“五一堂”，问其名之之意。岳英曰：“此吾曾大父君美五福之故基也。吾肤于学而凉于德，且贫病，于谋五之一，吾窃庶几于吾祖也；二而五，岂吾所敢庶几于吾祖哉！愿子记之。”

余尝燕居深念，天下不难治，独患为者不能、能者不为，二者每工于相违而憎于相遭。天下不难治，不在此其将焉在？如岳英之才，易事不足以见之，愈难当愈见耳。今虽老，其精神材力则尚少也，而又去其位。余方以为岳英贺，又以为国家惜也。

岳英之居，梁柱榱桷皆宝元、庆历以前物也，而左右前后环以数百年之老木寿藤。其上有鹤，夜寒露下，则嘎然而唳，声闻数里，又不知何代物也。

---

① 《周易注》卷3。

岳英葛巾藜杖相羊其间，年七十四而见如五十许人，鬓须黝然，无一茎白，其将与老木寿藤相永乎！亦又驭风骑鹤，餐朝露，酌天浆，以往乎山间也。余愿从之游焉。

淳熙二年十月二十七日，诚斋野客杨万里。[①]

这篇佚文共 450 字，字迹清晰，首尾完整，撰作时间是淳熙二年乙未(1175)。该文亦是《诚斋集》所不载，据井冈山大学已故的萧东海教授考证，确为杨万里佚文，也为《复斋记》真伪考实提供了参考。

二、真伪考辨

(一)作记时间

尽管该文结尾处未标明撰作时间，但通过开篇句“乡先生李直卿，讳次鱼，为酒正于长沙之明年，遗余书”，即为读者交待了撰文时间、地点、人物和事情起由。那么，乾隆版《复斋记》标题下方“乾道戊子(1168)二月望日”之标注，为何宣统版《复斋记》中没有呢？缘由是谷村李氏族谱中录有李次鱼任长沙酒正的时间。据宣统《仰承集·衣冠表》卷 5 载，李次鱼是“癸未特奏，任长沙酒正”。癸未即是隆兴元年(1163)，“于长沙之明年”，由此可推算该文撰作时间应是 1164 年。

考察杨万里的仕履经历可知，绍兴二十九年(1159)除夕前夕，他携家眷启程赴零陵任县丞。任职第一年，曾三次拜会谪居永州的主战派领袖张浚，并被勉以“正心诚意”之学，于是他自名书室为“诚斋”。《复斋记》第二段末句“吾将持子记以见帅府张公，求赋诗焉”，笔者认为，文中的张公应是指张浚(1097—1164)，并非说其长子张栻。此前，张浚因北伐失利被罢相，出判福州；而张栻年仅 32 岁，仅是幕僚之职，任严州知州是乾道五年(1169)时之事。因张浚于该年八月去世，后来李次鱼才改请张栻题写赠诗。第二年，杨万里曾请乡贤胡铨为他作《诚斋记》，并说“一日得二师”。第三年，他在零陵县自焚诗稿，焚废“江西诗体”诗 1000 余首。第四年初，他因零陵县丞秩满而回到家乡吉水，该年八月又赴任临安府学教授。隆兴二年(1164)正月，杨万里因父亲杨

① 吉水县黄桥镇螺陂村《螺陂萧氏族谱》之《二主簿世基之裔·山头世系》之“萧岳英传”后。

芾患病而回家，八月父亲去世后在家丁忧。可见李次鱼写信给杨氏索记时，极有可能正在家乡照顾生病的父亲。因为按照惯例，官员开始丁忧后，不宜写诗撰文。

清宣统年间，谷村李氏编修《仰承集》时，考虑到李次鱼任长沙酒正有具体的时间记载，而张浚已于1164年八月去世，张栻是1169年才出任知州等实际情况，与乾隆版《复斋记》标题下方标注的撰文时间相矛盾，所以特意将这句标注删除。

（二）姻亲关系

李次鱼有两个儿子，长子叫李概（1133—1200），字仲承，绍兴三十二年（1162）中解试，乾道四年（1168）再中解试魁首，淳熙十四年（1187）为特奏名进士，官武冈县簿、赣县主簿等。杨万里为李概作墓志铭说："予中男次公之妇翁李仲承主簿，窀穸有日，其子仁羸然衰服来谒予，再拜，哭而请曰……女三人，长适承务郎、监衡州安仁县税杨次公。"①该墓志详细介绍了李概的生平、仕履、德绩和子孙后人的情况，可见李概的长女即是杨万里第二个儿媳。李次鱼的次子叫李渠，字仲石，也是绍兴三十二年中解试，系谷村元潭长房书院下的支派祖。依据李次鱼中解试的时间以及长子李概的出生年份，可推算他的年龄应比杨万里大15岁左右。

杨万里次子叫杨次公，乳名叫寿俊。湴塘村《忠节杨氏总谱》载："次公，行八三，字仲甫，号梅皋，官终宣教郎、潭州湘阴县宰。葬伍家塘福寿院上，配李氏，系出谷平通直郎次鱼公孙女，赣州主簿仲承公女，慈孝温柔，翁姑称为佳妇。"②这里有必要做一点分析：杨万里共有4个儿子和5个女儿。胡铨为杨芾撰作的墓志铭中说："孙男三人，曰：寿仁、寿俊、寿佺。孙女二人，皆幼。"③此外，杨氏族谱又载："寿佺，旧谱失载。按诚斋《与朱晦庵书》云：'昔某有第三男，年十九，喜读书，方能作举子文，一夕不疾而殒。'集中有悼亡诗。"④因杨氏《病中感秋，时初丧寿佺子》诗题写于淳熙六年（1179）秋，可见杨寿佺是出生于

① 《诚斋集》卷132《赣县主簿李仲承墓志铭》。

② 光绪《忠节杨氏总谱》之《湴塘延宗公派总图》。

③ 光绪《忠节杨氏总谱·艺文》之《杨君文卿墓志铭》。

④ 光绪《忠节杨氏总谱》之《与朱晦庵书》。

1161 年,长女杨季繁排行第四。又因杨长孺出生于绍兴二十七年(1157),由此可推算杨万里撰作《复斋记》时,杨次公仅有 5 岁,而娶谷村李氏应是淳熙六年(1179)之后的事。

(三)作记可能

笔者通过梳理《诚斋集》和谷村《仰承集》等文献资料得知,李次鱼虽然比杨万里年长 15 岁左右,但两人一直有较好的私人友谊。湴塘村距谷村仅 20 余里,是作者赴新喻县并转道宜春、湖南的两条主选路径之一。不排除作者赴永州、奉新或去新喻县好友谢谔家的路途中,特意拐入李次鱼家做客或小坐。李次鱼喜爱读书,尤喜读《易经》,而杨万里也极喜爱《易经》,后来还用 17 年时间写成《诚斋易传》[①]。可见他俩既有共同的爱好,又有老乡之情;既有好友间的诗文唱和,后来又结成儿孙辈亲家。书斋名又称斋号,是书斋主人为其所起的名字,不少人是恭请名家题赠。李次鱼仅中解试,入仕年龄偏大,官职不高,想必是极仰慕杨万里的才华,所以写信请杨氏为其书斋作记,这也是情理中的常事。杨万里应邀为这位老乡加兄长题写一篇记文,势必无法推脱,而且杨万里应邀作记在《诚斋集》中极为普遍。

也许会有人说,《复斋记》篇幅并不长,仅有 426 字,符合杨万里作记习惯吗?纵览《诚斋集》中的记文,篇幅普遍不长,且作者前期记文的篇幅更短,如《竹所记》仅有 284 字,《霁月楼记》仅为 286 字,500 字以下的记文近 50 篇。于是笔者在此揣测:《复斋记》中李次鱼索记缘由的介绍部分有 178 字,杨万里撰文表达自己的意思仅有 248 字。也许杨氏当时并不是作为一篇记文来对待,只是对李氏索记信件作一点文字回复,简要地谈一下对"复卦"的理解以及命名"复斋"的意义,故未收录自己的《诚斋集》;而李次鱼十分仰慕杨氏的才华和名气,于是他略加整理后作为一篇记文传给子孙,既作为自己的一份荣耀,又是对后人的一种勉励。

(四)署名之疑

关于记文标题下"诚斋杨万里"之署名,相信每位读者略加思考后都会想到,这应是谷村李氏后人自行添加上去的。

---

① 《诚斋易传》卷首之《〈诚斋易传〉进书状》,经苑本。

《诚斋集》共收录杨万里记文66篇，分为6卷，每卷各11篇，如四库荟要本收录于卷71—76，四库全书本收录于卷72—77。这里需要补叙一下，乾隆家刻本《诚斋集》总共才42卷，记文部分收录于卷25—27，才3卷，客观上造成部分记文未予收录，最后两篇《螺陂五一堂记》和《带经轩记》却是其他版本未收录之文。其中《螺陂五一堂记》录自黄桥镇《螺陂萧氏族谱》，当时编者标注了"补遗"2字，井冈山大学已故的萧东海教授曾于1990年撰写了《新发现杨万里佚文〈五一堂记〉述考》[①]一文发表。《带经轩记》当时编者标注"从《合璧事类》采补"，被江西师大王琦珍老教授收录于《杨万里诗文集》卷133《补遗》部分[②]。下面，我们再来做详细分析。

杨万里第一篇记文是《龙伯高祠堂记》，其文章结尾处既未标明作记时间，也未注明作者姓名或身份，依据记文内容，可知求记人是零陵县龙尧卿，由此可推论撰文时间应是绍兴三十二年(1162)，类似如此无时间、无署名标注的记文共有两篇。作者第二篇记文是《玉立斋记》，文末处署名为"庐陵杨某记"，撰作时间已做明确交待，即隆兴元年(1163)，类似如此署名的记文共有四篇。其第三篇记文是《景延楼记》，文末处也未交待撰作时间，但文中第二段有"隆兴甲申"4字，表明是1164年所发生的事，文末处署名仅有"杨某记"3字，类似如此署名的记文共有两篇。其第七篇记文是《水月亭记》，文末处仅标明"癸巳(1173)月日记"，未提及作者姓氏或身份，类似如此署名的记文共有两篇。其第八篇记文《严州聚山堂记》之后，多是标注"年月日记"或"是岁十月三日，某记"，类似如此署名的记文共有10篇。卷73第四篇《通州重修学记》文末处，则是署名为"年月日具位某记"，类似如此署名的记文共有7篇。但是，从《诚斋集》卷74第二篇《泉石膏肓记》开始，文末处都明确标明"……杨万里记"，类似如此署名的文章共有21篇，约占三分之一。

通过以上分析可知，杨万里前期的记文，不仅数量少，而且署名极为谦虚谨慎，基本上是不署名；但从绍熙三年(1192)九月作者辞官回乡后，时年已66岁的他才会直接署上"杨万里记"；此外，他晚年时撰文的署名，除给那些地位显

① 《文献》1990年第3期。

② 《杨万里诗文集》卷133《补遗》，江西人民出版社2006年版，第2209页。

赫、声望极高的高官显宦撰写墓志铭、神道碑铭、行状,或要上呈朝廷的重要奏件,会非常郑重地按官衔、姓名、里籍来署名外,其他文章的署名大都比较随意,不会那么刻板。在此,笔者不妨大胆揣测:《复斋记》撰作于隆兴二年(1164),记文末处极有可能与第一篇记文《龙伯高祠堂记》一样,作者并未做任何署名;或者是参照他第三篇记文《景延楼记》的署名方式,只写上"杨某记"3 字;但对谷村李氏而言,在《仰承集》中如此署名没有任何实质意义,不如删除,于是将"诚斋杨万里"5 字标识于记文题目之下。

(五)记文文风

杨万里因诗成名,致使诗掩文名。其实,他作记时艺术想象宏大,表现手法灵活巧妙,语言风格鲜活多变。他尤其擅长思辨和议论,对世道和人心常会做一些精辟分析,归纳提炼的观点会让人觉得有"味外之味"①,这对读者而言是极有裨益的。《复斋记》不仅具有以上诸多特点,而且写作手法与其他记文有很多类似之处。

第一,在交待友人求记缘由时,杨万里《浩斋记》开篇说:"某所亲安福刘彦与以书来,曰……"《沙溪六一先生祠堂记》开篇说:"予门人永丰罗椿,移书抵予曰……"《复斋记》开篇则说:"乡先生李直卿,讳次鱼,为酒正,于长沙之明年,遗余书……"都是开门见山,直接以故人来信索记作为开篇语。

第二,在记文中融入哲理观点时,杨万里作《水月亭记》说:"自以为吾二人之乐,举天下之乐何以易此乐也!虽有语之以今昔离索之悲,肯信不肯信也?"《复斋记》中则说:"居者思行,行者思居也。思故归,归故乐,士之于学有如吴之家者乎?"字里行间常会流露出作者的一些哲学思考。

第三,在谈到矛盾的协调处理时,杨万里《景延楼记》说:"山居水宅者厌高寒而病寂寞,欲脱去而不得也。彼贪,而此之廉也;彼与,而此之夺也,宜也。宜而否,何也?"《复斋记》中则说:"先生之学以复为主,先生其初不知为官之乐,今乃不知古人之远。先生之复其近乎?其远乎?"写作手法可谓很接近。

第四,在论述对《易经·复卦》的理解时,杨万里《诚斋易传》卷 7 载:"动而即复,不远而复也。动生于心,复亦生于心,复心一生,动心自寂,君子以此修

---

① 《诚斋集》卷 78 之《习斋论语讲义序》。

身，吉之大也，何悔之有？”《复斋记》中则说：“心无放焉有复，复无说焉有记，抑吾尝观物有感矣……士无此心，则信不可以孔颜矣！此心，吾之家也。”

第五，说到杨万里记文的美中不足，笔者认为，《复斋记》与其他记文一样，议论性文字相对较多，略显烦琐冗长，说教口吻颇浓，略欠艺术渲染力。此外，因该记文是应李次鱼之请而作，有着较为固定的行文格式，通篇读下来，觉得作者心静如水，无法产生欧阳修《醉翁亭记》中那种感情碰撞。其他类似之处，就不再一一列举。

（六）假想推考

雍正版《江西通志·李次鱼传》的传文后编纂者还写有一段按语，全文云：

> 李次鱼，字直卿，吉水人。绍兴乡举，为长沙酒正，博学力行，名其公馆曰“复斋”。退食则读书，其中朱晦庵赠以诗曰：“请看屏上初爻旨，便识名斋用意深。”张南轩诗曰：“请君细看复斋记，直到羲爻未画前。”观二公诗，其人可知矣。
>
> 按，朱子《复斋》绝句一首，初不言为李直卿作，张南轩诗中所云《复斋记》，亦不详为何人作，姑仍旧志存之。①

朱熹的《复斋偶题》诗收录于《晦庵集》卷2，作者确实没有标明为谁所作。但是朱氏另有《题复斋》诗三首，其前序云：“庐陵李直卿以复名其斋，求余诗久，未暇也。今日雪霁登楼，偶得此，遂书以赠。顾惟圣门，精微纲领，岂浅陋所能发？只增三叹。”其一曰：“李侯索我复斋诗，此理难明信者稀。要识圣人端的意，须于动处见天机。”其二曰：“万物根源天地心，几人于此费追寻。端倪不远君看取，妙用何曾间古今？”其三曰：“今古茫茫浪著鞭，谁知圣学有真传？请君细看复斋记，直到羲爻未画前。”另值得注意的是，其文集中也有一篇《复斋记》，结尾处载“淳熙丙申（1176）冬十月戊寅，新安朱熹记”②，仍未标注此记文为谁所作。而谷村《仰承集》中只说朱熹为李次鱼有赠诗，并未说他曾经撰作

① 四库本雍正版《江西通志》卷76之《李次鱼传》。

② 《晦庵集》卷78。

记文相赠,这样反而增加了《仰承集》关于此记载的可信性。

张栻的“直到羲爻未画前”诗,却是以《题马氏草堂复斋听雪》为诗题,收录于《南轩集》卷6。《南轩集》卷5中又有《庐陵李直卿以复名其斋,求予诗,久未暇也。今日雪霁登楼,偶得此,遂书以赠。顾惟圣门,精微纲领,岂浅陋所能发,只增三叹》作为诗题,此诗题仅有两首,并非“三叹”。更可疑的是,元代诗人王沂《伊滨集》卷12也录有《复斋诗,为李彦方作》3首,其诗前序则与张栻《南轩集》卷5所录诗题完全相同,其中第一首诗又与张栻《题马氏草堂复斋听雪》诗的文字完全不同。

鉴于以上这些可疑情况,雍正《江西通志》编纂者也无法确定这几首到底是为谁所作,只好暂时同意是为李次鱼所作,并附上一段按语加以说明。但笔者认为,既然李次鱼能请到杨万里为其作《复斋记》,而朱熹、张栻与杨万里的私交深厚,不排除杨万里曾将此二人引见给李次鱼;后来李氏出任金溪县丞,而张栻曾被诏任抚州知州,尚未上任又改为严州知州,于是他赴浙江任职以及朱熹去福建武夷山等,必须路经抚州,在抚河中乘船又要过金溪县,请他俩为自己的书斋题写赠诗那就不足为怪;至于“直到羲爻未画前”等两首诗,作者应是南宋张栻,元代王沂《伊滨集》中已收录该诗,应是其门生或后人的编辑之误。

结语

对广大农村留存下来的古文献进行研究,既要肯定它的积极作用,又要切实把握它的局限性。笔者从作记时间、姻亲关系、作记可能、署名之疑、记文文风、假想推考等6个方面,就《复斋记》的真伪做了初步考辨。尽管它仍存在一些无法解释的疑问,但记文中很多内容与地方文献材料的记载是能相互印证的,因此它应是杨万里撰写的一篇珍贵佚文,弥足珍贵。这篇佚文的发现,可增补杨万里文集、吉安地方志之缺漏。今天我们所看到的《诚斋集》,尽管有133卷之多,但散失亡佚在所难免。谷村《仰承集》虽是一部村庄艺文志,但其文献价值和学术价值得再做深入的挖掘。笔者将《复斋记》的真伪予以考辨,不仅有助于考察杨万里与李次鱼的交游,而且对“中国进士文化第一村——谷村”的研究也是很有裨益的。

杨万里佚文《泥田周氏族谱序》考辨

2015年清明节前，笔者陪友人去吉水县盘谷镇做社会调查，闻得下枥陂村收藏的《泥田周氏族谱》中录有一篇作者署名“杨万里”的谱序。那时我对地方文献的收集尚是起步阶段，又碍于没带相机、行程已确定等因素，所以未去该村看谱和拍照。2020年元宵之后，我开始注意收集先祖诚斋先生的佚诗佚文，特意翻检四库本、四库荟要本、四部丛刊本和乾隆家刻本《诚斋集》，以及四川大学古籍研究所出版的《全宋文》，发现均未收录《泥田周氏族谱序》，于是有专程去下枥陂村看谱和拍照的想法。遗憾的是，泥田周氏出于族谱保护等原因，已将该谱存放的木箱贴上封条，平时不得打开，每年只在晒谱时才打开一次。此事一直成为我一大憾事。

庆幸的是，2021年暑假，我从泥田村人、在抚州乐安县某高中任教的周绍常老师处讨得此谱序两种不同版本的相片。第一种是泥田周氏于清嘉庆十一年（1806）编修的族谱残本。该族谱缺页严重，内容不全，但谱首收录的杨万里《原序》保存基本完好，仅有四五个字看不清。第二种是黄桥镇周原村于民国十七年（1928）编修的《周原周氏重修族谱》。该村系泥田村周氏长房迁徙而来，其文字与湖南湘潭《周氏五修族谱》中杨氏谱序文基本相同。此外，衡阳师范学院周远成教授以湘潭光绪版之谱序为基础，撰作了《〈周氏五修族谱〉泥田旧序——宋杨万里佚文一篇》，刊载于2016年第4期《衡阳师范学院学报》，因作者收集资料不多，分析不深入，篇幅也不长，得出的结论尚难令人信服。于是，笔者通过挖掘地方文献资料，就杨万里《泥田周氏族谱序》（以下均简称“泥田杨序”）的真伪问题予以考实。现将嘉庆版“泥田杨序”抄录并标点如下：

原序

《诗》云“绵绵瓜瓞”，言周之所自也。周自后稷受封于邰，千有余年。中间叠生圣贤，积功累仁至文王昌，而圣德尤著，始授天命，开八百年之丕基。有道灵长泽流沛远，不斩于五世，莫京于八世，非周家之忠厚曷克臻此哉！后世源流而派益分，莫可殚纪。子姓繁昌，有居吉水泥田，按其图系为三国时周瑜之少子、都乡侯胤，谪官庐陵而卒，子孙遂家焉。

干硕枝荣，历晋唐而至我朝元符、崇宁间，有曰致道，生谔，字鲠臣，游太学，与杉溪先生刘尚书才卲为同舍，世称为浩斋。及其卒也，尚书公为之作哀辞、撰墓志。浩斋生尚忠，受学于予，以予谢事之暇，将谱序为请。予窃谓：“忠厚之德莫若周，孙子之绵远者亦莫若周，孰谓大德之报天不可必乎？”或曰：“圣贤之泽有时而斩，圣贤之后有时而不振，天何独私于周乎？”盖先世之种泽也远，故后世之流芳也长。若盛衰之不齐，则又顾其子孙贤不肖何如耳。苟能服膺以诗书，培植以仁义，防检以家范，敦彝伦之要，明尊卑之秩，内雍睦而外和敬，承承继继，贤其贤而亲其亲，上视祖宗，罔敢失坠，俾诗书之训与德泽同流，虽子孙千万世而弗替也。

矧今尚忠宗姓与余同仕于朝者，有若丞相必大，从容廊庙，黼黻皇猷，其文章德业焕然当时，一人而已。且予所居与泥田不远，伊迩于周，有通家好，为母党姻。而尚忠复从予游，骎骎问学，崇德象贤。周之子孙将匹休于李栖筠、王晋公，食报而兴，其有穷乎？余虽老，将复见亢宗者焉。

——嘉泰（原文为“定”字，现订误）四年甲子春正月上浣日，宝谟阁直学士、通议大夫致仕、吉水开国、食邑七百户杨万里撰。

将黄桥镇周原村民国版“泥田杨序”与上文相比对，发现有部分文字不同。主要是：“莫京于八世”句的前面，周原村谱序另有“不独”2 字；“按其图系为三国时”之句，周原村谱序改为“相传为吴”；“干硕枝荣”之句，周原村谱序改为“遥遥华胄”；署款“嘉泰四年甲子”句的前面，周原村谱序另有“时维宋”3 字；此外，部分文字表达存在不同，如“予”与“余”字的换用，“授”与“受”字的通假，以及其他 30 余字不同等。由此可知，周原村光绪版谱序之异，明显是后世谱匠做出的部分臆改。尽管这两种版本文字略有不同，但整体内容一致，并不影响对该谱序真伪问题的考实。

一、相关背景

（一）泥田村周氏概况

这里有必要先对“乌东周氏”做简要介绍。吉安县油田、吉水县泥田、安福县枫田等地周氏均尊三国东吴大都督周瑜的次子周胤为始祖。周胤因言忤吴主孙权，被贬谪至庐陵郡。后因诸葛瑾、步骘等人联名上疏说情，孙权准其复官。周胤收到圣旨后非常高兴，携家人立即从郡治（今泰和县城）出发，不久后却病倒了，且在庐陵县乌东（今油田镇内）去世，于是其子孙在庐陵开基立业。明初吉水人、内阁首辅解缙应邀撰作《吉水泥田周氏族谱序》说：“庐陵乌东周氏，自吴都乡侯胤始。胤，瑜之少子，谪官而卒，因葬焉，子孙留居甚盛，千余年于此矣。”[①]唐长庆元年（821），乌东人周墀（号沂滨，与唐相周墀仅是同名）因长期在吉水县盘谷镇一带教书，于是卜居泥田村开基立业，至今有1200余年历史。

自宋以降，泥田村名人辈出。南宋时如周应龙，字泽之，号磻洲，绍定年间曾中博学宏词科，刚正敢谏，入仕后曾以言忤宰。元代如周闻孙（1307—1360），字以立，参与编修宋辽金三史，因主张以宋为正统而不合众意，弃官而归，后荐为白鹭洲书院山长，升调袁州府学教授，未赴。明代前期周鸣（1363—1432），字岐凤，周以立之孙，历官桐城县学训导、墨县主簿、国子监博士、南京兵部职方员外郎等。其子周叙（1392—1452），字功叙，11岁能作诗，永乐十六年（1418）中进士，历官庶吉士、翰林编修、南京翰林院侍讲学士等，曾重修《宋史》，未完工而逝。周延（1499—1566），字南乔，号崦山，《湖广通志》中列为名宦，官至广东布政使、南京兵部尚书。此外还有周京孙、周从龙、周宽、周椝、周启、周道、周迪、周蒙、周源、周同伯、周巽、周子恭、周汝员、周瑞豹等一大批文人官员。明初内阁首辅、福建人杨荣应周叙之邀撰作诗序说：“距吉水邑西几二舍许，当同江之涯，有地曰‘泥田’，周氏世居之，而‘栎阳’又其别名也。周氏自唐长庆间，由庐陵徙家于此，迨今六百余年。其间以文学科第显者，代有其人，

① （明）解缙：《解学士文集》卷5，文集存日本内阁文库昌平坂学问所。下同。

蔚然为望族。”①

(二)泥田村历次修谱

据《泥田周氏族谱》载,盘谷周氏先后九次修谱,八次付梓,且历经一大批文人名士寓目。主要有:第一次是南宋嘉泰二年(1202)。按族谱载,两年后邀大诗人杨万里作序,族谱中标注为“原序”。那时尚是抄本,于淳祐八年(1248)才第一次付梓,以致后世有人以此来评说族谱书写有误。第二次是元代大德七年(1303)。延祐三年(1316)又邀名儒、抚州南城人程钜夫作序。程钜夫(1249—1318),原名程文海,因避皇帝名讳,以字代名,号雪楼,元代名臣、文学家,曾参与编修《成宗实录》《武宗实录》等,谥号文宪。此外,亳州人、翰林学士李仲渊也曾为该谱作序。第三次是明洪武七年(1374)续修,周原村周观国作序。第四次是明永乐十五年(1417)。倡修于永乐七年,且邀请家乡人解缙作序。此后历邀泰和人梁潜、永丰人曾棨、吉水人邹缉、南昌人胡俨、峡江人金幼孜、福建人杨荣等作序(跋)。第五次是宣德七年(1432)续修,泰和人王直、泥田人周鸣、文峰人熊概作序。永乐和宣德年间所修之谱,因首事人水平较高、作序名人众多,故称为“大成谱”。第六次是嘉靖四十二年(1563)续修,盘谷人、状元罗洪先作序。第七次是清雍正十三年(1735)续修,高安人朱轼作序。第八次是嘉庆十一年(1806)续修,无新序。第九次是光绪四年(1878),此次规模较大,且曾付梓。此外,泥田周氏四房曾10余次续修支房谱等。

必须说明的是,光绪版《泥田周氏族谱》中没有艺文部分,由此笔者推想,泥田周氏的家族文献应是参照谷村李氏编纂《仰承集》之做法,另外编有专门书籍,只是该书已经遗失。

(三)杨万里谱序佚文

到目前为止,学界共发现作者署名“杨万里”的谱序有5篇,除《泥田周氏族谱序》,另4篇亦做简要介绍,具体情况是:

其一,杨氏为自己家乡湴塘村撰作的《重修杨氏族谱序》。文曰:

杨氏之先,盖周姬姓之序也。霍杨韩魏及杨食我父子,载于《左氏春

① (明)杨荣:《文敏集》卷14《周氏栎阳八咏诗序》。

秋》;伯侨载于扬雄自序;尚父与章、至震、至承休,载于《唐相世系表》,喜至覃,载于《前汉书·高惠功臣表》;震子奉,载于《后汉书》本传。今族谱所书是已。惟硕之八子,《唐表》七人,有名而无字,今乃有其字。奉之后八世孙结,其间六世失其名,今乃有其名者五,盖本之吕夏卿《大同谱》也。

然古之书传,"杨"姓偏旁皆从"木",而或者见子云传之无它"扬",遂以子云之姓为抑扬之"扬"。初亦信之。及观德祖《答曹子建书》曰"修家子云,老不晓事",则雄与修果异其姓乎?

本朝欧阳文忠公志杨大雅之墓曰:"九世祖隐朝生燕客,燕客生堪,堪生承休。"而公作世系表则曰:"隐朝生燕客,燕客生宁,宁生虞卿,虞卿生堪。"何其自相异也?及考之宋文景公作《虞卿传》云:"虞卿之父曰宁,子曰堪。"乃与表合,盖志误也。今从表与传。

旧谱云:"岩之曾孙辂,仕江南李氏,为虞部侍郎。"按唐《百官志》无此官,或者偏方创为此官名乎?不然,则传者误也。

辂之二子锐、鋋,居庐陵城中。其居杨家庄,自锐徙也,今延安、延规之子孙,其后也。居湴塘者,自鋋徙也,今延宗、延邦之子孙,其后也。二族自国朝以来至于今,第进士者十有三人,杨家庄居其九:曰丕、曰纯师、曰安平、曰求、曰同、曰邦乂、曰迈、曰炎正、曰梦信;湴塘居其四:曰存、曰杞、曰辅世、曰万里。盖杨氏从太尉伯起以来,大抵以忠孝文学递递相传,而近世卓然冠吾族者,忠襄公也。公之死节,予既为之行状,上之史官,已有传矣。而十三人者,公父子及其二孙,凡一家而四人焉。谓天不报施善人,可乎?公之名岂待族谱而后传?而族谱得公则为光荣也。其余或以节行,或以文名,或以吏能,皆不辱汉太尉者。顾万里之愚不肖,亦徼福一人之数,独无愧于诸老乎?杨氏子孙其懋之哉!

谱中顾之第三子名彪,字仲龙;第四子名儵,字叔彪:疑当互易。"儵"疑当作"儵","鹍"疑当作"鵾",然不敢易者,疑以传疑也。今既考订其误,重为一书,析作七卷,盖庐陵之杨,其远者出于震季子奉八世孙结,而近者分自宁,虞卿、堪、承休云。其《唐表·序》、吕夏卿《大同谱·序》、中奉府君族系图序,今列于篇首,俾来者有稽焉。

庆元己未六月一日，孙、通奉大夫、宝谟阁待制致仕万里谨序。[①]

该文录自乾隆版《文水南华杨氏族谱》，作序时间是庆元五年(1199)六月初一，官职署款为“孙、通奉大夫、宝谟阁待制致仕万里谨序”。因为杨万里是湴塘村人，后世一直认为此序是真作，故学界常有人引用。

其二，杨氏为吉水盘谷镇白竹坑村撰作的《桃林罗氏族谱》。文曰：

吾郡多著姓，而印冈之罗，其一也。由印冈而之竹溪者，率称士族。竹溪有隐君子曰季温氏，余忘年友也，世有姻连之好，常相往复。见其族人心术皆良善，伦纪皆笃厚，习尚皆文雅，无流漓诡谲粗鄙之俗，其有以服季温之化德也与。尝以谱牒之未修，质言于余。谓以族之显晦，不专系乎富贵贫贱。苟位极乎公卿，财雄乎乡邑，一时号称显族，数代之后而消歇，则昔之赫赫以显者，能保其不昧昧以晦耶？晋之王谢，唐之崔卢是也。然何为使之常显而不晦？曰鲁叔孙穆子有云：立德、立功、立言。立而已。夫言也者，表在天地间，久而不偾、不躜也。

世之谱其族者不知其几，而称欧谱、苏谱者，何与以？永叔明允之言立，故也。季温曰谨受教，余不家食者十数年。季温益潜心于理学，著有《丛竹稿》若干卷，取正于余与丞相周公必大。观之所撰《畏说》，胥叹其有不可及处，此其言之立也。若夫德之立，足以尊族人，化乡里，贻后世，俾用于世功之立，不难矣。余谢事之暇，乃以所编之谱，嘱引其端。于乎！先世之种德也，深后世之流芳也。远季温所造就有如是。是以赞其族之蕃衍昌大，常显而不晦矣，虽世守之可也，余复何言！诗曰：子子孙孙勿替。引之为其后者，能如季温氏之树立，斯谱为不朽矣。斯谱为不朽矣。

嘉泰三年癸亥秋，宝谟阁直学士，通议大夫致仕、吉水开国食邑七百户杨万里廷秀撰。[②]

---

① 《杨万里家族纪略》，江西人民出版社 2017 年版，第 5—6 页。

② 《诚斋气节万里风——南宋视野下的杨万里暨纪念杨万里诞辰 890 周年国际学术研讨会论文集》，江西人民出版社 2018 年版，第 197 页。

该文原名为“罗氏族谱序”，族谱是由其门生、《诚斋集》校对者罗茂良倡编，主纂工作是由《鹤林玉露》作者罗大经的兄长、宁波府教授罗大章完成。作序时间是嘉泰三年(1203)秋，官职署款为“宝谟阁直学士，通议大夫致仕、吉水开国伯、食邑七百户杨万里廷秀撰”。2010年浙江长征职业技术学院杨瑞副教授为之撰《杨万里佚文〈桃林罗氏族谱序〉考》，2019年日本学习院大学东洋文化研究所王瑞来研究员为之撰《地方士人与宋元变革管窥——杨万里集外佚文〈桃林罗氏族谱〉考实》，他俩均认为该谱序是杨万里的真作，具有较高的文献价值。

其三，杨氏为奉新县赤田镇罗塘村撰作的《罗塘许氏族谱序》(本书另附)。该谱是由时任宜春县令的许叔达主持编修，于是邀请那时奉新县令杨万里作序，时间是乾道六年(1170)秋，官职署款为“赐进士第、宣德郎、中大夫、焕章阁待制、宝谟阁学士、太子少保、吉水杨万里诚斋甫顿首拜撰”。2006年4月，时在北师大读博士的吉水乡贤胡建升先生撰有《杨万里佚文考》，认为此文是杨万里一篇久佚之作。2007年，安徽池州学院纪永贵教授却撰《杨万里佚文〈罗塘许氏族谱序〉辨伪》，认为它是一篇伪作，系谱匠挖改而成。

其四，杨氏为吉水水南镇义富村撰作的《义富萧氏族谱序》。该序文并未交待是应谁邀请而撰，作序时间是嘉泰辛酉(1201)九月十二日，官职署款为“诚斋野客杨万里书”。笔者在百度网上发现，有一位网名“萧史弄玉”的博主撰文说它是一篇伪作，且应是明成化十六年(1480)萧宽静修谱时擅自添加进去的。

因杨万里于绍熙三年(1192)辞官回乡，在家乡闲居15年后才去世，这5篇谱序中有4篇标注撰文于那段时间内。

二、真伪考辨

诚然，对民间族谱中古代名士之谱序，的确应该认真甄别，决不可轻信。学界为之考证，也常会得出截然相反的结论。那么，“泥田杨序”是否真作呢？笔者在此做简要考实。

(一)周杨的渊源

杨万里与吉水周氏的渊源，首先是有多重姻亲关系。家刻本《诚斋诗集·江湖集》卷7录有《表弟周明道工于传神，而山水亦佳。久别来访，赠以绝句》2

首，仅读诗题，可知他有一位表弟叫周明道，其一诗中还有“外弟周郎两不难”之句。而“泥田杨序”中有“为母党姻”之句，母党即是指母族之人，出自《尔雅·释亲》：“先宗族，次母党，次妻党。”由此可推测，周明道应是杨万里亲生母亲毛氏或者继母罗氏娘家那边的表弟。

其次是他与泥田周氏多有酬唱诗文。如《江湖集》卷2有《和周仲觉三首》，《江湖集》卷5有《送周仲觉来访又别》和《访周仲觉，夜宿南岭，月色灿然，晓起路湿，闻有夜雨》等。从诗题看，周仲觉应是吉水南岭人。这里要说明的是，当今“南岭”是指枫江镇花园、周家村一带，盘谷镇泥田一带隶属于“北岭”范畴。但是，周家村开基祖叫周源，是周道之子、周启之孙，官常州知府等，系泥田村长房外迁裔孙，时间却是明代中期，时间上不相吻合。另一方面，《诚斋集》中曾多次出现“南岭”一词，却从未出现与之相对的“北岭”，由此可推测，南宋时“南岭”应包含泥田村在内。此外，杨氏与周仲容也有交游，如《江湖集》卷3录有《和周仲容〈春日〉二绝句》《和周仲容〈春日〉二律》诗4首。

再次是他常勉励周氏后学。《朝天续集》卷4有《赠周敬伯》，诗前序说：“乡里亲党周敬伯补入太学，散遣僮仆，岁晚不归，咿唔丙夜，嘉其有志，赠以长句。”另《诚斋集》卷60有《贺周敬伯以幸学恩免省启》，载：“恭惟新恩省元学士，以凡蒋邢茅之胄……即复吾州戊辰之典，再魁圣时乙丑(1205)之科。”由此可知该启文撰写于嘉泰四年(1204)，“乡里亲党”即是同乡且有远亲之人，而“戊辰之典”是指绍兴十八年(1148)永丰县流坑村(后划归乐安县)人、时年53岁的董德元殿试第一，因有官降为第二，且特赐状元之典故。可见周、杨二姓历来有通家之好，杨万里与吉水周氏也确实有渊源，且湴塘与泥田村相距十余公里，故泥田周氏请他作序合乎情理。

(二)求序者其人

“泥田杨序”的求序者叫周尚忠，字遂良，号了了老人，系泥田周氏11世。其父叫周谔，字鲠臣，曾入太学读书，与庐陵县人、后来官至尚书的刘才邵为好友。大家都知道，杨万里于绍兴二十一年(1151)参加进士试落榜后，便拜刘才邵为老师，潜心钻研理学，三年后高中进士。关于刘才邵与周谔的交游，刘氏撰有《周鲠臣哀辞》，曰：

> 吾友周鲠臣，天资端重，雅有趣尚，不肯汩汩自弃。绍圣初，钱塘薛公分教郡学，以经术开警多士，因就质疑义，不曾少厌，公亦嘉其有志。逾年，公入为太学……鲠臣，讳谔，世为吉州吉水人。曾大父仕胜，大父茂□，父兴祖，皆晦迹丘园，娶李氏，生子四人：尚友、尚宾、尚志、尚忠，俱游庠序，文学为士人所交称。尚宾蚤卒，尚志以行艺优选登名贤，书未试礼部，而鲠臣往矣，二亲年逾八十而无他子，此尤可哀者。①

此外，四库本和四部丛刊本《诚斋集·江湖集》卷 3 均录有《题周鲠臣浩斋》，但是家刻本中诗题是“题刘鲠臣浩斋”。笔者为之校注时，也倾向于是“周鲠臣”，应是清初编辑者之误。② 由此可知杨万里与周谔也有交游。关于周尚忠与杨万里的交游，解缙应邀撰作《吉水泥田周氏族谱序》说：

> 致道生谔，字鲠臣，元符崇宁中，在国学与安城刘云龙为同舍友，晚称浩斋，其卒也，刘公为哀辞墓志。今见才卲集中，杨文节公有《浩斋》诗。予总裁《永乐大典》，反复诵之，而知其后嗣福泽之未涯也。浩斋生尚文，举于乡，尚宾、尚志皆以三舍法升仕，其季尚忠，号了了老人，从游文节公之门。③

关于对周尚忠的介绍，解缙所撰谱序、刘才卲的撰文均与“泥田杨序”内容相一致，可直接印证谱序中的“予所居与泥田不远，伊迩于周，有通家好，为母党姻”所言属实，杨氏应邀作序合乎情理。

（三）谱序之文风

杨氏《诚斋集》共有 74 篇序文，收录于卷 77—82，前 6 卷每卷各 10 篇，卷 83 有 14 篇。将“泥田杨序”与这 74 篇序文相比对，发现写作手法上有诸多相似之处。例如，“泥田杨序”开篇即是引用《诗经》中“绵绵瓜瓞”句来开局布篇，而《诚斋集》卷 77《习斋〈论语讲义〉序》开篇时也引用了《国风》中“谁谓荼

---

① （南宋）刘才卲：《檆溪居士集》卷 12 之《周鲠臣哀辞（并序）》。

② 《家刻本〈诚斋诗集〉校注》卷 3 第 36 页，江西人民出版社 2021 年版。

③ 《解学士全集》卷 5 第 12 页，哈佛大学汉和图书馆藏本。

苦，其甘如荠”诗句。“泥田杨序”第一段有不少篇幅是介绍泥田周氏的渊源历史，而《诚斋集》卷82《定斋居士孙正之文集序》第一段也是以较长篇幅介绍庐陵3巨姓的历史和科第之盛。“泥田杨序”第二段是叙说求序者与作者的渊源以及作序的缘由，此写作手法在《诚斋集》卷77—83中则是随处可见，即普遍采取先叙说求序人的道德文章、品性爱好，再交待与其的交游或世谊等，由此应邀作序。“泥田杨序”中勉励后学的“骎骎问学”“余虽老，将复见亢宗者焉”诸句，如《诚斋集》卷83《〈槲溪集〉后序》中有“今两先生远矣，予亦老而归休矣”“予尚何言哉！独书两先生所以告予者于篇末，俾后学有闻焉”句等，作者晚年时常以此写法来教育和引导年轻后辈。诸多相似之处，不一一列举。

(四)跋文的反证

朱熹是南宋名儒，与杨万里也是好友，其《晦庵集》中录有一篇《跋吉水周君家藏诉牒》，曰：

> 吉水乡贡周君，诉牒七通其家，宝藏阅八世余，二百年矣。览者不暇寻其端原。一旦丞相益国公表而出之，为之稽考岁年，推校事实，上及正朔名讳至纤至悉。于是周君之事，得以备见其本末……噫！若余之言，固亦无所用者，然使生因是而有发焉，则犹足为有用也夫！庆元己未(1199)三月甲子，新安朱熹。[①]

很巧的是，周必大《文忠集》中也录有《题周洽所藏南唐牒诉》，撰文时间比朱熹还早一年多，文曰：

> 右南唐吉水县乡贡进士周洪谊牒诉七幅，考之史氏，五代僭伪诸国，独江南文物为盛，然每岁科举取人甚少，多用上书言事拜官，惟广顺二年始命江文蔚知贡举，放进士……洽，字季宏，不陨世业，岂但遗迹是藏，固将起家以大其门，老夫虽髦，尚或见之。庆元丁巳(1197)冬至日。[②]

---

① (南宋)朱熹:《晦庵集》卷84之《跋》。

② (南宋)周必大:《文忠集》卷47之《题跋》。

因为民国版《泥田周氏仕籍录》抄本中录有“周洽”之名，由此可知周洽是盘谷镇泥田村人，或者外迁于县内其他村的泥田裔孙。“诉牒”即诉状，指当事人为表达或者实现自身权益，向官方提出的某种诉讼请求，并陈述有关事实和理由。求跋人叫周洽，其祖父叫周洪谊，还是乡贡进士。南宋尚无“举人”称号，通过省一级解试后仍称“秀才”，后世多称“乡贡进士”。因为这两篇跋文是真作，表明泥田周氏一直重视本家族文献资料的征集。由此笔者认为，假如“泥田杨序”是伪作，那么此文应该署名为“朱熹”或“周必大”更合情理，毕竟他俩均有真作，可减少世人对“泥田杨序”真假的怀疑。

那么，“泥田杨序”是何时收录于该村族谱呢？光绪版《泥田周氏族谱》中录有明初内阁宰辅胡俨撰作的谱序：“翰林庶吉士、吉水周功叙持其族谱求题，余观旧谱，宋有杨文节公之序，元有程文宪公之叙，文献足征矣。”泥田村外迁于永新县的《厚田周氏重修族谱序》中录有周延于嘉靖三十九年（1560）撰作的谱序：“我周之谱叠（牒），修于宋淳祐戊申（注：该年是首次付梓，此前为抄本），则有杨文节公之序。继修于元大德癸卯（1303），则有程文宪公之序。”①所以说，“泥田杨序”早在明初时就已收录于族谱之中，距杨万里去世约 200 年，从侧面印证此序文是真作的可能。

（五）文末之署款

首先要说的是，嘉庆版“泥田杨序”中的时间署款，泥田周氏修谱者出现了笔误，竟然刻成“嘉定四年甲子”。嘉定四年，其岁次并非“甲子”，而是“辛未”（1211），那时杨万里已去世 5 年；岁次“甲子”，应是嘉泰四年（1204），光绪版“泥田杨序”中即是写作“嘉泰四年甲子”。

其次要说的是，文末作者官职之署款，其表述内容并无任何差错，但“吉水开国”句的后面漏写了一个“伯”字。具体是：杨万里于庆元五年（1199）三月以通议大夫、宝文阁待制之职致仕。第二年十二月，进封为吉水县开国伯，食邑 700 户。嘉泰三年（1203）六月，朝廷为他颁赠宝谟阁直学士省札，八月加授宝谟阁直学士致仕。第二年正月二十六日，朝廷进封他为庐陵郡开国侯，食邑

① （明）周延：《周简肃公遗稿》，文集存井冈山大学图书馆。

1000户。[1] 但是，古代因交通和信息不发达，杨氏获得消息和收到诏书却是半个月之后，且向朝廷呈奏《谢郊祀大礼进封庐陵郡侯加食邑表》。他获封“宝谟阁学士”之旨是开禧二年（1206）正月。所以说“泥田杨序”中官职之署款符合历史真实。

再次，笔者认为，文末时间和官职的署款应是泥田周氏后人自行添加进去的。理由是：关于杨万里题序作记的署名习惯，学界有多位学者为之撰文，且做过详细分析。如纪永贵教授说，杨万里序文署款一般是“或写皇帝年号 + 年数 + 诚斋野客 + 杨万里（或杨某）”，或直接署为“诚斋野客”，或是只署“杨万里”等[2]。诚然，杨万里晚年撰文之署款，有时也会加入一长串官衔，如他为老师王庭珪撰《卢溪先生文集序》，署款为“淳熙戊午申九月晦日，门人、朝奉大夫、新知筠州军州事杨万里序”；为南丰县曾纮撰《〈江西续派二曾居士诗集〉序》，署款为“嘉泰癸亥四月丙辰，通议大夫、宝文阁待制致仕、庐陵杨万里序”，仅有数篇。然而，“泥田杨序”中署款职务如此之多，表述得那么具体，这不符合晚年杨万里的署款习惯。它应是与标题“原序”一样，是泥田周氏修谱时自行添加进去的，毕竟此做法在古时修族谱和编人文纪略时是常见的。

笔者在这里还不妨做大胆揣测，当时杨万里极有可能是参照朱熹、周必大的做法，也是以普通跋文的形式、以平白之语撰成一篇短文，后世泥田周氏出于褒扬先祖之目的，改为“谱序”形式出现，并添加一些溢美先祖之词。嘉庆版“泥田杨序”与光绪版周原、湘潭杨序之异，即是谱匠擅自臆改的例证。

（六）周必大籍贯分析

周必大4岁丧父，14岁回到永和镇，以庐陵县籍身份参加解试和省试，去世后也安葬于吉州，其籍贯固然是庐陵县。其祖籍则是河南管城，因祖父周诜于宣和七年（1125）任吉州通判而肇基永和，此观点在学界应无任何异议。但是，道光版和光绪版《吉水县志》中均录有《周必大传》，其缘由应是采信于家乡名士解缙《吉水泥田周氏族谱序》中的说法：“按，益国周文忠公之祖正始迁郴，其孙诜仕为吉州判官，复与泥田通谱，而取孚先之子寿耈为孙。公之文集可考，

① 详见《诚斋集》卷133，如《庐陵郡侯告词》标题后标注：“嘉泰四年正月二十六日，中书舍人李大异行。”

② 纪永贵：《杨万里佚文〈罗塘许氏族谱序〉辨伪》，《文献》2007年第1期。

皆出于乌东者也。”这段话意思是说，周必大五世祖叫周正，从庐陵徙居郴州，周正的孙子周诜因出任吉州通判，那时又迁回庐陵，且复与泥田周氏通谱。后来，永和周氏曾以泥田人周孚先的儿子周寿耇过继为后嗣，由此得出结论说周必大为乌东周氏裔孙。

至于解缙说这段话的依据是什么？序文中并未阐明，只是笼统地说，“公（周必大）之文集可考”。诚然，周氏在世时，确实曾与泥田周氏讨论过通谱联宗事宜，如他撰作的《敬斋记》中说：

> 绍兴庚午秋，予与永新周正宽平一同预贡籍，知其素慕王文正公之贤，植三槐于庭，筑堂临之，厥后终于迪功郎、监衡岳庙，蓄德积善敷遗嗣人。其子尤，字才卿，即堂之阴架屋十楹，广二十尺，榜曰“敬斋”……嘉泰辛酉，仲子圭复以妙龄举于乡。父子过予，叙宗盟，陈世契，且求一言。予告之曰：“六经辞虽多，而指甚要。故《中庸》‘礼仪三百、威仪三千’。而汉儒所记：以《曲礼》为首篇，以‘毋不敬’为首句，此所谓‘礼之本’也。本立，则礼无不行，亦犹诗三百，而夫子蔽以‘思无邪’之三语也，尚何隐显高下之别哉！”请归，刻之石，腊月庚寅。①

该记文撰作于嘉泰四年（1204）农历十二月，索记人叫周正宽，字平一，其祖因避靖康之乱，迁徙于永新县胜业乡，系泥田村外迁裔孙，其子孙曾参与淳祐八年（1248）泥田族谱第一次刻板事宜。早在绍兴二十年（1150），周正宽与周必大、杨万里一起参加解试且获得解额，想必那时三人便曾相识。

关于周必大的籍贯问题，笔者曾撰写《周必大祖籍探考》，并得出结论：他的籍贯是吉安县永和镇，祖籍则是河南郑州。明初翰林侍读、泰和人梁潜作《泥田周氏族谱序》中也说：“此谱之作，详于沂滨以下者，以其居泥田之始也……益国文忠公必大居，尝与通谱者也。”②正因为周必大与杨万里交游长达50多年，两人极为熟络，杨氏必然知道周必大不是泥田村人。后来，尽管解缙谱序

① （南宋）周必大：《文忠集》卷59《记（二）》。

② 《庐陵悦读》，《井冈山报》2017年12月1日第8版。

中“按语”曾隐晦言及周必大与泥田周氏“皆出乌东”，致使有少数人误判为“周必大是泥田人”，但是“泥田杨序”中并未言及，这也从侧面印证杨氏撰文是真作的可能。

结语

明前期内阁首辅、泰和人王直说：“夫作谱之法，谱其所可知，而阙其不可知，欲以传信也。”[1]但是，古代民间修谱均是在家族内部进行，缺乏官方或社会力量的有效监督，修成后也常是秘不示人，这就为部分家族“假借名人以自重”提供了可能。因此，当今世人对族谱中名士谱序的认定，不宜轻信，必须严加考证。

吉水县盘谷镇《泥田周氏族谱》中作者署名“杨万里”之谱序，尽管它未收录《诚斋集》，也存在文笔一般，未达到世人对杨万里散文作品的期望等问题，但是，笔者从“周杨的渊源、求序者其人、谱序之文风、文末之署款、跋文的反证、周必大籍贯分析”等6方面予以考辨后，认为文中很多内容与泥田周氏、朱熹跋文、周必大籍贯等实际情况是能相互印证的，因此它应是杨万里撰写的一篇珍贵佚文。这篇佚文的发现，可增补杨万里文集、吉安地方志之缺漏，弥足珍贵。

① （明）王直：《抑庵文集·后集》卷22《乐安谢氏宗谱序》。

杨万里佚文
《唐南平忠武王高公重修墓碣铭》辨伪

2023年3月，笔者受九江市庐山文化研究者陈再阳先生之托，寻找明初大学士解缙外祖父高若凤家族的世系记载。因瞢桥镇灞溪村高氏没有族谱流传下来，于是前往该村的始迁地双村镇高家村。在翻阅该村收藏的《皈仙高氏八修族谱》时，意外发现《后集碑铭·皈仙文翰》中录有一篇作者署名"杨万里"的《唐南平忠武王高公重修墓碣铭》。这篇墓碣铭未见于当今各大版本杨万里诗文集，那么它是不是杨氏佚文呢？学界未见有人为之撰文。笔者认为，该文应是一篇伪托之作，现予以简要辨析，以资同行研究参考。先将该文抄录并标点如下：

唐南平忠武王高公重修墓碣铭

宋通奉大夫、宝谟阁学士、开国庐陵侯、后学诚斋杨万里撰文

十三世孙、皈仙里、驸马都尉大成命镌

余谢白鹿洞南归日，与朱元晦、曾三聘、高伯振寻揽玉笥、青螺之胜，经游皈仙、南华之乡。一日，伯振与其从祖驸马都尉大成君、与余同年允谐君辈，重修其始祖南平王之庙。墓成，奉家乘于铭于余，以余尝执经于高守道先生，有通家谊也，命铭。何辞！

按，王讳崇文，古齐渤海之卫州人，姓高氏，为圣门子羔子之裔。曾祖仲舒，开元贤相。祖节度使达夫，博学工诗，与李杜齐名，称三才子。父平章事郢，有宿望。嫡母萧氏，相国嵩之女，无子。母皇甫氏，生王于唐德宗兴元元年(784)甲子四月十一子时，是夜光烛天地，郢梦汉文帝拜姚崇为

相，因名“崇文”。明年，郢拜相。相者卜其相，业必盛于父，人由是呼“小相公”。三岁，母殁，鞠于祖母花氏，至于成童。贞元十三年（797）丁丑娶蔡氏，有贤行。十六年庚辰正月初四，生长子承简，王始有取青紫志，适居祖母忧。二十年（804）甲申八月，生次子承业。顺宗永贞元年（805），叔父彬掌教庐陵，归丧，子以王为嗣。自是德望日隆，台阁交荐，而七世不异居。

宪宗元和元年（806）丙戌，诏再旌表门闾，擢为神策军使，与宰相杜黄裳语，奇之。时刘辟据西川，抗命公卿，惮险固而难其人，独黄裳以王可任。戊子（808）正月，诏为都知兵马使，将步骑五千讨刘辟。王卯受诏，辰即就道。二月拔阆州，三月拔梓州，副将兵马使李元奕、山南西道节度使严砺献策曰：“军既盛矣，所向无敌，今为将军计，莫若分兵挠之。彼出我归，妨其农事。彼谷不收，民有饥色，可不战而自降矣。”王笑曰：“昔舜征，有苗不服，退而修德三旬，而苗格晋羊祜保疆界，以怀吴人。今虽彼民，他日则吾民也，安有视吾民之死而不恤欤？”蜀人闻之，皆怀惠。九月，战鹿头关，蜀将皆倒戈自御，辟走吐蕃，辛卯（811）克成都。王侄霞寓追捕之，辟就缚。既至，王诘之曰：“汝本朱泚降卒，天子以汝容貌魁崖，故委汝方面之任，推奉之恩、褒锡之宠，何负汝？汝反耶？”曰：“辟实不敢负朝廷。负朝廷者，赵琼华也。”琼华为副使，赵光海女。先是辟杀光海，挟琼华而未就。至是辟诬之，王知其无罪。休息士卒，屯于通卫，市不易肆，子女玉白，秋毫无犯。槛辟，诣长安，斩其大将邢泚，余置不问。从容指挥，一境皆平，刻石纪事于鹿头而还。韦皋参佐咸素服请罪，皆礼荐之。辟有二妾，殊色，监军请以献王。曰：“天子命我平凶竖安，百姓献妇求媚，岂上意邪？以配将吏之无妻者。”辟至长安，并族党诛之。帝遣学士裴垍、翰林承旨李容，奉册封王为南平王，食实邑三百户。夫人蔡封国君，侄霞寓封感义王。又诏女神童赵琼华为王长子妇，封夫人。王受封谢曰：“今天下事方可悬知矣，陛下诚能端拱垂化于内臣，敢不尽力辅于外。天下之险者，蜀也。藩镇之跋扈者，皆视之为高下。今辟就捕，众皆愓息，或请入朝，或请削地者，不知朝廷法何如也？莫若以震蜀之威，号令诸镇。归我者听，逆我者伐，臣愚以雪宗社之耻，可计日而待矣。”宰相黄裳等皆善其策，帝甚嘉纳。

元和四年（809）冬，加王为中军都统，讨王承宗。王以继母郭内艰弗果，已而赦承宗。十年（815）乙未，生孙骈。明年，加王为太尉同平章事、西南道节度使，招讨吴元济。六月，感义王霞寓战铁城不利，李斯道致书皇甫镈，其略曰：“欲满其欲，急去其毒，今诸镇连衡抗朝廷之命，祸自崇文始也。曹操治许，桓温治姑，熟无以异也，发奸补不足者，士之良心哉！”遂罢王同平章事，充荆南节度使。王在江陵八年，劝课农桑，训练士卒，荆人怀之。

穆宗长庆元年（821），幽州成德军作乱，诏征王。有嬖人王播讽乌重孕，曰：“崇文在军十八年，备尝艰苦，军士辑睦，人愿效死。将军名重，夷夏使功归他人可乎？”于是，重孕密奏曰：“崇文宜留镇荆南，以备不虞。”王屡出沮，愿不得志。敬宗宝历二年（826）丙午，承简及第，擢刑州刺史。文宗太和元年（827），子妇赵氏夫人殁。又明年戊申，承简继配李氏，沛国公愬之女，仍封夫人。四年庚戌，承简卒于官，悲不自胜。五年辛亥，次子承业领东沧经略宣抚使，配崔氏，封郡夫人。六年壬子，骈释服配郭氏，已而继陈氏。九年乙卯，生曾孙昂。十年丙辰，父郢与国夫人蔡氏相继殁。

时朝政日紊，王欲去官，柳仲开止之。武宗会昌二年（842），叔父彬殁。明年癸亥，王表乞自讨刘祯，李德裕悯其老，辞之。又明年甲子（844），王自引兵来。德裕以王不受其命，遂以王同平章事，充江西诸道宣抚使。会卒，寿六十一。女二人，长适垓准，次适颖王晖，皆高才硕行。承业时为兵部尚书，弃官谓德裕曰：“昔文宗御延英殿，先王切讥牛僧儒粉饰太平，悉恒谋之死。又谓僧儒不知边计，先王何有于人哉？”德裕曰：“我之过矣。”遣中官陈义为建大茔，立祠祀。谥忠武王。

王与孙南平王武昭王骈，世留惠政于吉、袁，吉、袁故多庙祀。广明间，王曾孙亿霞判吉州，避杨行密乱，因家属地吉阳镇之皈仙里双村腾溪。高相公庙壮且丽。霞于庙之田畔，壬亥向。重立高、曾祖坟如故处，效招魂之葬，志孝思也。中立高祖壙，为王左，曾祖壙为密国公承简，右祖壙为南平武昭王骈。此特志忠武王神通而并及之也。

呜呼！王世称文武备具之将，故史书曰：郭汾阳之后，一人而已。余兹因附马大成之请也，故乐为之铭。铭曰：

盘之有铭，铭在日新。墓之有铭，铭在善人。

猗欤南平，中兴元勋，持危扶颠，杀身成仁。

腾溪之石，磨而不磷，亿千万古，斯文其征。[①]

这篇作者署名“杨万里”的墓碣铭(以下简称“杨氏墓铭”)共1763字，字迹清晰，无缺损字。双村镇高家村共收藏两种版本的老谱，其中第七修族谱仅存部分残本，编纂时间是清同治七年(1868)十月，且邀得永丰籍状元刘绎作序。第八修族谱较为齐全，故本文是采用第八修族谱版本，又因其骑缝页中间处刻有“民国廿一年壬申”字样，可知编纂时间是公元1932年。

一、墓碣铭解读

(一)墓主高崇文简介

墓碣铭与墓志铭大致相似，其细微区别在于，石碑顶端是方形的叫“志”，石碑顶端是圆形的叫“碣”。一般而言，墓铭石碑都是竖立于坟墓外面的地上，又因时间久远，或后人疏于管理，部分石碑会慢慢倒塌而被埋入地下。

关于唐代名将高崇文，史书中有不少记载，如《旧唐书》卷151录有《高崇文传》，约1290字，《新唐书》卷170也录有《高崇文传》，约930字。

依据其本传可知，高崇文(746—809)，字崇文，幽州(今北京一带)人，祖籍渤海蓨县(今河北景县)。早年曾在平卢军从军。唐德宗时，随韩全义镇守长武城，累官至金吾将军。贞元五年(789)，于佛堂原大破进犯的吐蕃军，封为渤海郡王。贞元十四年(798)，平定军士哗变，获任长武城都知兵马使，后更代掌夏、绥、银、宥四州行营节度留务。元和元年(806)，经宰相杜黄裳推荐，“武成节度使高崇文，皆刚毅忠勇可用”[②]。于是他奉命入蜀，讨伐叛乱的西川节度副使刘辟。经数月激战，于同年八月收复成都，擒获刘辟。入成都后，他对百姓秋毫无犯，市肆不惊，军府事务均遵韦皋时旧例，以功拜检校司空、剑南西川节度使等职，改封南平郡王。又因高崇文不通文书，且厌烦蜀中政务繁忙，屡求效力边塞，遂于元和二年(807)以使相职出镇邠州。他在邠州三年，广修战备，于元和四年(809)去世。后追赠司徒，谥号“威武”。会昌六年(846)，配享唐宪宗庭

---

① 民国《皈仙高氏八修族谱》，1932年编修，今收藏在双村镇高家村(北边)。

② (北宋)王谠：四库本《唐语林》卷1《德行》。

庙。当今有《雪席口占》一诗存世。

（二）高崇文后裔为何会肇基吉水

依据“杨氏墓铭”第7段可知，高崇文和孙子高骈因“世留惠政于吉、袁”，于是吉安、宜春一带多有庙宇祭祀。唐僖宗广明年间（880—881），高骈的孙子高亿霞出任吉州判官，因避杨行密乱，于是选择吉阳镇皈仙里开基。出于尊祖敬宗的祭祀需要，高亿霞重新修筑高祖高崇文、曾祖高承简、祖父高骈等人之衣冠冢，且举行招魂仪式。

关于“吉阳镇”之名，光绪版《吉水县志》中并无此叫法，但据该县志卷2《地理志·沿革表》中“三国·吴”栏载：“石阳县，郡治。吴后主二年（265），立吉阳，故城在今县治东一百二十里。”吴后主是孙皓，三国时东吴末代皇帝；吉阳县治即在今永丰县古县乡境内，与吉水县螺田镇、冠山乡相邻。该表又载：“隋……吉阳县：县废。吉阳入庐陵。”①

关于“皈仙里”之名，高氏外孙、明初名士解缙于明洪武二十八年（1395）春撰作《高氏大宗祠记》中说：“皈仙，旧里名。在邑东白覆山下，山有南平府大小通判基址者，人皆能诵说，不诬也。”②到清光绪年间共有274社。而“白覆山”之名的来由，光绪《吉水县志》引用解缙所撰的《清潭集虚观记》说：“白覆之峰，常有白云覆之，瀑布垂虹，亦传有白云仙者于此得道。”③综合以上分析，可知吉阳镇皈仙里即是当今吉水县双村镇高家村一带，包括北边高家、马田高家等地。

（三）杨万里与吉水高氏的渊源

“杨氏墓铭”第一段中说：“墓成，奉家乘于铭于余，以余尝执经于高守道先生，有通家谊也，命铭。何辞！”表明双村高氏于南宋时再次修葺高崇文等先祖衣冠冢，而杨万里年少时曾求学于高守道老先生，于是高伯振、高大成、高允谐三人前来向他索求墓铭文。关于杨氏与高守道的师生情谊，如《夜雨》诗中说：

忆年十四五，读书松下斋。寒夜耿难晓，孤吟悄无侪。虫语一灯寂，鬼

① 光绪《吉水县志》卷2《地理志·沿革表》。

② 民国《皈仙高氏八修族谱》，1932年编修。

③ 光绪《吉水县志·地理志》卷8之《古迹》。

啼万山哀。雨声正如此,壮心滴不灰。①

时淳熙五年(1178)九月中旬,杨万里远在常州任知州,因秋雨来袭,辗转而难以入睡,于是"万感集老怀"。诗中回忆自己十四五岁时,在阜田镇高家村深夜苦读的情景,表达那时虽生活困顿,自己却穷且益坚,不坠青云之志的思想感情。此外,他晚年时题诗说:

> 儿时同客水中蟹,鸭脚林间索诗债。只今白发共青灯,一尊浊酒话平生。我才不及君才美,毛颖负君真差事。见说君家千里驹,看渠高大君门闾。

该诗附有诗前序:"予年十有四,拜乡先生高公守道为师,与其子德顺为友,同居解怀德之斋房。予谢病免归,德顺杖藜蹑屩,访予于南溪之上,留之三日,告归,赠以长句。"②由此可知杨万里与高守道之子高德顺年少时曾同窗共读,晚上住宿地点是邻居解怀德家的斋房。

(四)杨万里应邀撰文的可能性分析

关于"杨氏墓铭"的写作背景,开篇之句便有交待:"余谢白鹿洞南归日,与朱元晦、曾三聘、高伯振寻览玉笥、青螺之胜,经游皈仙、南华之乡。"这句话即已交待事件缘由和大致时间。

曾三聘(1144—1220),字无逸,今八都镇兰溪村人,后迁居南华村,是湴塘村进士、麻阳知县杨辅世的女婿,与杨万里多有交游,且题有《得省榜,见罗仲谋、曾无逸并策名,夜归喜甚,通夕不寐,得二绝句》《送曾无逸入为掌故》《戏用禅语,答曾无逸问山谷语》等诗③,还为其父曾敏行文集撰作《〈独醒杂志〉序》等。④

朱熹(1130—1200),字元晦,号晦庵,南宋著名理学家、教育家。家刻本《朝天续集》中录有《寄题朱元晦武夷精舍十二咏》诗,时绍熙元年(1190)初;

---

① 家刻本《杨文节公诗集》卷11之《荆溪集》卷3《夜雨》诗。
② 家刻本《杨文节公诗集》卷40之《退休集》卷4《赠高德顺》诗。
③ 家刻本《江湖集》卷3、《江西道院集》卷1、《江东集》卷1。
④ 四库本《诚斋集》卷80之《序》。

《江东集》有《晓过新安江，望紫阳山，怀朱元晦》诗，时绍熙三年（1192）闰二月下旬；《退休集》还有《寄朱元晦长句，以牛尾狸、黄雀、冬猫笋伴书》诗，①时绍熙四年（1193）十二月，这些赠诗均充分印证杨万里与朱熹有不少交游。

关于索要墓铭文之人高伯振，民国版高氏族谱载："永丰华田派，至三十二世文明公分徙会昌陂头派。"其父叫高克成，"始创迁莺华田，以皈仙高邱居施王小仁居之"，迁莺乡于北宋至和二年（1055）由吉水改隶永丰，即今永丰县八江乡华田村人。高允谐即高景山，"行七三，讳允谐。宋绍兴廿年（1150）庚午寓怀州，举与本贯吉州杨公万里、周公必大辈举同年。丙子（1156），又试吉州第一等，称七三解元。二十九年（1159）己卯第三试，与龙泉宗弟国翰、安福光同举。以未第不乐仕，惟适情山水，建祠修废而已"②。表明高允谐与杨万里是吉州解试时的同年，曾多次获得解额，最终却未中进士。

通过以上分析，似乎印证杨万里有应邀撰墓碣铭的可能性，撰文时间似是在绍熙元年（1190）初至绍熙四年（1193）年底之间。那么，该墓碣铭真的是杨万里佚文吗？我们只能试着从其他角度来考证。

二、墓碣铭证伪

（一）该墓碣铭文字传抄之误

笔者认为，"杨氏墓铭"在历代高氏族人传抄过程中至少有 4 处文字错误，具体是：

第一，文中"以余尝执经于高守道先生"句中的人名，原文写作"高宇道"。将"守"写作"宇"字，这是不正确的。更关键的是，该族谱《皈仙总系·珪公位下》载："宇道。朱晦翁讲学于皈仙及南华曾氏，于公善比时。杨诚斋公、曾叔方、叔文昆季出公门，详《后贻训序》。"细读这段文字，此人似乎是生活在今赣江以东的双村、八都镇一带，而依据《诚斋集》和皇田高氏族谱，高守道生活在今赣江以西、今皇田镇石莲洞附近，因父亲杨芾教书于皇田、安福一带，才拜高氏为师。皇田高家与双村高家相距有百余里之远，中间还隔着赣江。第二，这段文字里既无其字和号，也无生卒时间、墓葬地址、子嗣介绍等，不符合古代族

① 家刻本《诚斋诗集》卷 30、卷 36、卷 37。

② 民国《皈仙高氏八修族谱》之《皈仙总系》。

谱的编修体例。第三,文中“王于唐德宗兴元元年(784)甲子”句中的年号,原文写作“贞元元年”。虽是一字之差,时间却相差1年,贞元元年即是乙丑年(785),天干地支也对不上。第四,文中“贞元十三年(797)丁丑娶蔡氏”句中的年号,原文写作“贞观十三年”(639)。虽为一字之差,时间却相隔150余年。第五,“诏为都知兵马使”句中的官职,原文写作“都督兵马使”。此为官名,唐和五代时方镇使府军将,掌军府兵权,肃宗至德(756—758)以后实为藩镇储帅,掌军府兵。因这几处错误较明显,笔者现已据实订正。

“杨氏墓铭”文中还有一处较为可疑,即介绍皈仙里13世、永丰县迁莺乡高大成时,其官职是驸马都尉。此职位始设于汉武帝时,但“驸”字通“副”字,系掌管副车之马。意思是说,皇帝出行时乘坐的车驾为正车,而其他随行人员的马车均为副车,到宋代时仅是从五品之职。但是,民国版《皈仙高氏八修族谱》载:

> 大成,字广道,行二十七,幼颖拔。宋南渡,濮安懿府安康王赵士悦奇之,妻以女。暨懿王嗣偦位,实阶升驸马,浸困金戎无宁。殁之日,归葬本里四都。①

这段文字的主人翁应是濮安懿王赵士(1084—1153),宋宗室,字立之,赵仲御第四子,曾承孟太后之旨,诣南京奉赵构即位,后被秦桧夺官,谪居建州。按常理说,亲王的女婿并不能称作驸马,族谱中这一称呼明显有违于古代礼制,而驸马都尉只是一个职位而已,官阶也不高。

(二)高崇文祖上名字的差异

首先说高崇文的曾祖父,“杨氏墓铭”中说叫高仲舒,且是开元年间贤相。但是,历史上的高仲舒只是唐初著名学者,累官至太子右庶子。“唐高仲舒,博通典籍,与崔琳同为中书舍人。宋璟为相,‘以古事问仲舒,今事问琳’。姚崇亦尝‘欲知古事问仲舒,今事问齐澣。’”②唐代的中书舍人仅是在中书省掌管制

① 民国《皈仙高氏八修族谱》,1932年编修。
② (明)彭大翼:《山堂肆考》卷125,四库本。

诰之事务,并非宰相之职。其次说高崇文的祖父,"杨氏墓铭"中说叫高适(约704—约765),字达夫,是唐代著名的边塞诗人。但是,依据《旧唐书·高适》本传说:"高适者,渤海蓨人也。父从文,位终韶州长史。"[①]意思是说其父名字是叫高从文。当然,又有后世学者通过考证提出了新的看法,说:"岑仲勉、周勋初皆援据出土墓志加以订补,考得高适祖父为高宗时名将高偘,父名崇文(本传'从文',误),并从墓志及传世文献中辑得其曾祖至侄孙,共计13位亲属的生平大概。"[②]仇鹿鸣、唐雯学术论文中的"父名崇文"与"杨氏墓铭"中的"崇文"仅是同名,还是同一个人?结论不得而知,但他俩的生卒年明显不同。再次说高崇文的父亲,"杨氏墓铭"中说叫高郢,官至平章事,即宰相之职。但是,史实中高郢的父亲是叫高伯祥,"高郢,字公楚,其先渤海蓨人……父伯祥先为好畤尉,抵贼禁,将加极刑"。[③]

依据以上史料分析可得出结论,"杨氏墓铭"中所列高崇文的曾祖、祖父、父亲等,他们的名字、世系均与史实有偏差,且有攀附名人之嫌疑。其实早在唐代后期,就已有名士韦贯之于元和五年(810)撰作《南平郡王高崇文神道碑》,文载:

> 曾祖艺,朝散大夫试汴州长史。祖夔,试梁州司马,赠梁州都督。考行晖,正议大夫试怀州别驾,赠户部尚书。[④]

韦贯之(760—821),本名韦纯,字贯之,今陕西西安人,吏部侍郎韦肇之子,官终至宰相。依据韦氏之文,可知高崇文的曾祖父叫高艺,官至朝散大夫,试汴州长史。祖父叫高夔,官至试梁州司马,后赠梁州都督。父亲叫高行晖,官至正议大夫、试怀州别驾,后赠户部尚书。再将"杨氏墓铭"与韦贯之所撰神道碑相比对,可知高崇文的祖上世系竟然相差这么大。哪种说法更有可信性呢?笔者认为,自然是韦氏所撰神道碑文更有说服力。

---

① 四库本《旧唐书》卷111,后晋司空同中书门下平章事刘昫撰。

② 仇鹿鸣、唐雯:《高适家世及其早年经历释证》,《社会科学》2010年第4期。

③ 四库本《旧唐书·高郢传》卷147之《列传》第97节。

④ (北宋)李昉等编:四库本《文苑英华》卷892之《南平郡王高崇文神道碑》。

(三)高崇文的生卒年、妻和子名字的差异

关于高崇文的出生,“杨氏墓铭”中说,“生王于唐德宗兴元元年(784)甲子四月十一子时,是夜光烛天地,郢梦汉文帝拜姚崇为相,因名崇文”,这句话不仅出生时间说得很具体,而且交待取名“崇文”的缘由。其卒年是“又明年甲子(844),王自引兵来。德裕以王不受其命,遂以王同平章事,充江西诸道宣抚使。会卒,寿六十一”。但是,韦贯之所撰神道碑说,“以元和四年(809)九月二十有五日,薨于官,享龄六十有四”。[①] 由其卒年和享年则可推算出,高崇文出生于唐天宝五年(746)。

值得注意的是,韦氏所撰神道碑的说法与《旧唐书》本传中“元和四年卒,年六十四,废朝三日,赠司徒”[②]的说法相一致。然而,韦氏所撰神道碑与“杨氏墓铭”所载的出生时间相差38年,享年相差3岁。哪种说法更为可信呢?笔者认为,也应该是韦氏所撰神道碑的说法更有说服力。

关于高崇文之妻,“杨氏墓铭”第二段说,高崇文于贞元十三年(797)娶妻蔡氏,有贤行。但是,韦贯之所撰神道碑说,“夫人董姓,汝州长史同珍之女,正位中阃,佐佑仁贤,翟茀未荣,鹊巢空在,春秋三十有一,以大历十有四年五月一日终”,[③]妻子的姓氏有较大差异。

关于高崇文之子,“杨氏墓铭”又载,贞元十六年(800)正月,高崇文生长子高承简。贞元二十年八月,生次子高承业。第二年(805),因叔父高彬主管庐陵教职,始有后嗣在庐陵地域定居。但是,依据《旧唐书·高崇文传》《新唐书·高崇文传》和《旧唐书·高骈传》的记载,高崇文生有二子,长子叫高承简,官至邠宁庆等州节度观察处置等使,卒赠司空,谥号“敬”;次子叫高承明,“高骈,字千里,幽州人,祖崇文,元和初功臣,封南平王,自有传。父承明,神策虞候”。[④] 此处次子名字不相同,且说高骈是次子高承明之子,并非高承简之子。

依据民国版《皈仙高氏八修族谱》记载,高骈的父亲是高承简,且交待他的出生时间是“乙未(815)生骈”。再依据韦贯之所撰神道碑说,高崇子长子叫高

① (北宋)李昉等编:四库本《文苑英华》卷892之《南平郡王高崇文神道碑》。

② 四库本《旧唐书》卷151之《高崇文传》。

③ (北宋)李昉等编:四库本《文苑英华》卷892之《南平郡王高崇文神道碑》。

④ (五代)刘昫:四库本《旧唐书》卷182之《高骈传》。

士政，系嗣子，官至金紫光禄大夫、行思王傅上柱国、上谷郡开国公、食邑二千户；次子叫高士荣，官至检校秘书监兼御史中丞；此外他还有第三子，即季子高士明，官至左卫率府胄曹参军，生子人数和所取名字均不相同。诸多差异的存在，更加印证“杨氏墓铭”是伪托文的可能。

（四）毕节市高氏族谱中“程氏墓碣铭”的反证

笔者通过网络搜索发现，有位名叫高致贤的网友多次推发一篇作者署名为“河南进士程颐正叔撰”的《唐南平忠武王高君崇文墓碣铭》。“程氏墓碣铭”开篇之句说，他“罢侍讲之明年，驸马都尉高君大成与宰相刘公垫，持唐中与大将南平王传及家乘来于铭”。程颐（1033—1107），字正叔，洛阳伊川县人，北宋著名理学家和教育家。该墓碣铭的刻碑者仍署名为“驸马都尉、嗣孙大成广道立”。但是，“程氏墓碣铭”文中关于高崇文的事迹介绍，竟然与民国版“杨氏墓铭”绝大部分内容相同。

经笔者多方打听，且找到高致贤手机号后，得知他是贵州省毕节市人，其先祖是随“江西填湖广，湖广填四川”迁徙浪潮过去的，他们家乡的族谱所载该墓碣铭的作者是北宋名士程颐。遗憾的是，高致贤先生已80多岁，现居住在深圳市，无法提供毕节市高氏族谱中所录的“程氏墓碣铭”相片。

更令人生疑的是，毕节市高氏族谱中还有“又明年甲子（844），崇文自引兵来会德裕，以崇文不听己命，遂以崇文同平章事充江西诸道宣抚使，引平虔寇虔人，使刺客刺之于吉阳镇之双村桥，堕马而没，就葬双村腾溪田畔，时会昌四年（844）甲子九月初二日也，寿六十一”之记载。意思是说，高崇文受刺于今吉水县双村镇，堕马而死。笔者查阅光绪版《吉水县志》得知，“双村”之名于清末时仅是吉水县仁寿乡的一个村名，又名“大屋”，属于吉水县第4都，而“腾溪”之名并未收录，表明它仅是某村庄一条小溪而已。[1] 内容如此高度相同的一篇墓碣铭，毕节市高氏族谱署名为北宋程颐，吉水县高氏族谱则署名为南宋杨万里，间接印证它是一篇伪托文。

此外，笔者翻检《诚斋集》，发现杨万里从来没有应友人之邀而为唐、五代时的先人撰作墓文，包括没有为自己的开基祖、唐末吉州刺史杨辂作传、撰铭或

① 光绪《吉水县志》卷3《地理志》之《坊乡》。

写哀词等。他应邀撰作的行状收录于卷 118—119,有两卷;撰作的神道碑收录于卷 120—121,有两卷;撰作的墓表收录于卷 122,只有一卷;撰作的墓志铭收录于卷 123—132,有 10 卷。其中为北宋名士撰作的墓文仅有两篇,其一是为乡贤大儒欧阳修撰作《六一先生祠堂碑》,其原因是嘉泰三年(1203)四月,吉州知州胡元衡在郡城修建欧阳文忠祠而撰文。① 其二是庆元六年(1200),应族人之邀且以虔州知州刘师旦所撰铭文为基础,补撰族曾祖父杨存的墓表。② 由此可推想,杨万里应皈仙里高氏之邀为唐代名将高崇文撰文的可能性不大,毕竟受年代久远、事迹不甚知晓、关联度不大等因素的制约。

(五)"杨氏墓铭"文字干涩生硬,叙述拖沓冗长

《诚斋集》共收录杨万里撰作的行状 8 篇、神道碑 5 篇、墓表 5 篇、墓志铭 67 篇,这 85 篇文章中有墓主大量的生平事迹介绍,反映了宋代名士、庶民包括 22 位女性在政治社会以及家庭日常的方方面面。墓碣铭作为一种应用文体,主要功能是叙说墓主的世系、生平和个人功德,文字确实存在过于溢美的现象。透过杨万里这 85 篇文章的创作活动,发现他在内容上极其注重凸显墓主的个性气质,极力宣扬墓主的道德修养,尤其是对墓主的可贵品质表达由衷的赞美,可以说社会生活气息甚浓,且与南宋的政治、经济、思想和文化息息相关。

再将"杨氏墓铭"与这 85 篇行状、碑文和墓铭相比对,发现两者在质量上可谓有天壤之别。"杨氏墓铭"的篇幅虽不短,但墓主的生平事迹基本上是套用《旧唐书·高崇文》本传的内容。对高崇文先人的世系、功德以及科举的介绍等,又明显过于繁杂啰唆;对其子孙繁衍、生卒时间的记载等,显得太烦琐甚至多余,明显不符合古代名士撰写墓铭的习惯。

倘若从写作风格角度分析,杨万里总是能巧妙地将墓主相关事件的主观因素与客观条件进行巧妙结合,且以多种写作手法来表现,这也与他所处的社会生活环境以及是理学思想家的身份分不开,最终形成自己的散文创作特色。由此可推想,杨万里作为南宋中前期拥有崇高威望的一代名士,对唐代名将高崇文的生平和历史事件并不熟悉,即使再盛情难却,也势必不会写得如此冗长,更

① 《诚斋集》卷 121 之《碑》。

② 四库本《诚斋集》卷 122《墓表》之《中奉大夫通判洪州杨公墓表》。

不会照搬套用《旧唐书·高崇文传》的内容，侧面印证"杨氏墓铭"历经高氏族人多次扩充，包括地名的多次篡改。

此外，"杨氏墓铭"中"宋通奉大夫、宝谟阁学士、开国庐陵侯、后学诚斋杨万里撰文"的作者署名也不规范。朱熹去世于庆元六年（1200）四月，他与杨氏、曾三聘一起游览峡江县玉笥山以及附近青螺山的时间，势必在此年份之前。翻检《诚斋集·附录》可知，杨万里被朝廷封赠为通议大夫是庆元五年（1199）三月，且是伴以宝文阁待制、正式致仕之旨一并下达；被封赠为庐陵郡侯是嘉泰四年（1204）正月，其规范称呼是"庐陵郡开国侯"，并非"开国庐陵侯"；被封赠为宝谟阁学士则是开禧二年（1206）二月，即杨氏去世前3个月，那时他已生病两年，不可能与人外出交游。[①] 也许有人会说，此署名应是后世高氏族人编修族谱所添改，但是，"十三世孙、皈仙里、驸马都尉大成命镌"之署名，又符合当时镌刻碑铭的习惯。

结语

墓碣铭常是用于叙述墓主的生平事迹，且兼顾后人的悼念颂赞之情，可谓是墓主的一篇传略。杨万里作为南宋中前期名士，自然会有不少好友前来索要墓文，也不排除盛情难却情况下会有应景之作。民国版《皈仙高氏八修族谱》所录的《唐南平忠武王高公重修墓碣铭》之文，尽管从杨氏与吉水高氏的渊源、与请托人的交游等角度来推测，他有为之撰文的可能。但是，经过上文分析后可知，该墓碣铭文字传抄错误不少，高崇文先祖的名字、生卒年的记载，其妻和子名字的差异，以及毕节市高氏族谱中"程氏墓碣铭"伪托文的反证，包括文字干涩生硬、叙述拖沓等弊端，均可论证该文是一篇伪托之作，并非杨万里佚文。

对民间族谱的研究和利用，后世人要以平常心来正确对待。它最大弊端就是选择性记载，甚至在编修过程中不惜捏造，如片面夸大先人的丰功伟绩，回避或不写负面信息等，所以说，对民间族谱的记载不能一味盲信，更不能与真实历史等同起来。

---

① 四库本《诚斋集》卷133之《附录》。

杨万里佚文《倚富萧氏族谱序》辨伪

2020年夏日，笔者从吉水县水南镇义富村收藏的光绪版萧氏族谱中发现一篇署名“杨万里”的《倚富萧氏族谱序》，这篇序文未见于当今各大版本杨万里诗文集。那么它的真实性如何？学界未见有人为之撰文。笔者认为，该谱序应是一篇“强附贤达”的伪托之作，不能当作杨万里撰文来看待，现辨伪如下，以求教于方家。

先将该文抄录并标点如下：

倚富萧氏族谱序

余考吉之诸萧，皆酂侯之子孙也。岑之后，有仕于潭之长沙，因家焉，盖族亦大矣。唐末五代，湖南因马楚之乱，有十四尚书文元先生，兄弟五人，同筮所止，得《易》之坎，乃露香祝天曰：“欲避此乱，莫若避地。”筮之云“遇水则止”，于是徙之吉，同止泸源，家焉。年余，兄弟散徙他所。而十四尚书复徙于大塘下，结庐塘滨，筑亭于塘上，而扁曰“星潭亭”，示不忘潭之星沙祖派也。

尚书二子，叔济、叔澄。叔济子讳球，名晟，实吾祖侍郎公之婿。生子二，长曰霁，字月卿，仕吴为武宁令；次曰霖，字处仁，官至朝议大夫，守吉州，因家永新焉。叔澄四子，曰佺，曰保，曰仪，曰仁，散居吉之属邑。有滨水而居者，如江、如溪、如源、如陂，子孙昌盛，视今犹昔，皆叶于筮坎之卜也。今观倚富之谱，尤徵于卜者，始于处仁子俨，字茂辉，为南唐御史大夫。诏归，治兵庐陵。官下，寓居螺陂。徙泷江之富源。未几，复迁倚富，是为倚富之初祖也。俨五子：元羽、元谔、元觉、元霁、元静。元羽为蕲州推官，元谔为都衙指挥使。其子孙风承响接，殆未艾也。霁之子文焕，字晦叔，封大理评事，有子五人，其第二子封工部员外郎，名良辅，生三子，长曰定基，次曰世基，三曰化基。定基，仁宗称为真御史，世家螺陂，子孙尤盛。

余历观诸族之谱，各详其本派之祖而止，其本祖而上，皆阙而不书，盖因世远源长，久则忘之矣。独倚富一派，自广陵而兰陵，自兰陵而金陵，自金陵而庐陵，其移徙世系，益远益明，盖徵于丞相益国周公所书《源流记》，备且详矣。自俨而下，享富贵者，代不乏人，是皆祖宗积善之报。故史官所赞萧氏之盛事，他族莫得比焉。

嘉泰辛酉(1201)九月十二，诚斋野客杨万里书。[①]

这篇谱序共551字，字迹清晰，无缺字。义富村余庆堂是庐陵萧氏的一个支派，该谱是义富村第四修房谱，时间是清光绪二十年(1894)十月，由30世萧礼桢、31世萧惠孝和萧思孝等人牵头编修。

一、谱序解读

(一)“义富”村名的演变

义富村位于吉水县水南镇东北面，距圩镇约3公里，至今仍保存较多“天门式”传统民居，2014年被住建部评为第三批中国传统村落。该村开基于五代十国时期，泷江从村庄东部绕过北面然后往南流，形成一个巨大的“几”字形，而义富村似乎掩藏于“几”字形的弯内，从地理方位看，村庄似乎处于一个湖中，于是村名古称“倚湖”。又因风水堪舆学中有“临水则聚财聚宝”之说，后来衍生地名为“倚富”，明初吉水乡贤解缙应邀作序时称“倚傅”。清道光年间，萧氏族人感于孔子“不义而富且贵，于我如浮云”[②]之训，于是改称“义富”。

(二)谱序的主要内容

这篇谱序可分为4段。第一段是介绍义富村萧氏的族源、迁徙历程和肇基缘由，说该村是西汉名臣萧何的后裔，“酂侯”即是汉高祖刘邦赐给萧何的诸侯封号。萧岑是隋朝大臣，江苏武进人。唐末时，官至尚书的萧文元因避乱，由长

① 义富村《萧余庆堂初修房谱》，清光绪二十年(1894)十月编纂。

② 《论语注疏》卷7，魏何晏集解、唐陆德明音义、宋邢昺疏。

沙迁徙至庐陵，占卜泸源。泸源又称庐源，光绪《吉水县志》载："庐源山，在文昌乡。"①即当今水南镇地域内。第二段是交待义富萧氏先祖世系，认为萧晟是庐陵杨氏开基祖杨辂的女婿，其长子萧霁是黄桥镇螺陂开基祖，次子萧霖曾任吉州刺史，且肇基于永新县。接着介绍萧霖之子、义富村开基祖萧俨，说他是南唐名臣，三朝元老，官至大理寺卿，为人方正，刚直不阿，断事明允，清廉如水，对朝廷忠心耿耿。之后是插叙"江西三瑞"之一、黄桥镇螺陂村萧定基等名臣。第三段先是叙说吉安萧氏经历了"广陵—兰陵—金陵—庐陵"的繁衍迁播历程，接着叙述义富萧氏的枝繁叶茂，丞相周必大曾应邀撰作《源流记》等，认为萧氏作为积善之家必将繁衍昌盛，其盛事非他族能比。第四段则是落款时间和作者署名。

（三）落款时间和署名分析

假如从这篇谱序落款时间看，嘉泰辛酉即嘉泰元年（1201），那时杨万里归隐家乡已是第10个年头。那年秋末，杨氏还题有《秋日早起》《晚饮》《送陈婿履常县丞之官泰州》等3首诗。②

假如从作者署名角度看，"诚斋野客杨万里书"也符合晚年杨万里的署名习惯。例如：

《诚斋集》卷75《五美堂记》落款是："诚斋野客杨万里记。"

《诚斋集》卷77《送刘景明游长沙序》落款是："诚斋野客杨万里序。"

《诚斋集》卷79《似剡老人〈正论〉序》落款是："诚斋野客杨万里序。"

《诚斋集》卷79《〈独醒杂志〉序》落款是："诚斋野客杨万里序。"

另，吉水县螺陂村民国版萧氏族谱收录的杨万里佚文《五一堂记》落款也是："诚斋野客杨万里。"

此外，萧氏作为南宋时庐陵世家大族，与杨姓有着深厚的历史渊源，义富与湴塘村相距约55公里，似乎完全有可能延请杨万里这位乡贤大儒来撰作谱序。那么，这篇《倚富萧氏族谱序》真的是杨万里所撰吗？我们只能试着从其他角度来质疑和辨析。

---

① 光绪《吉水县志·地理志》卷5之《山川》。

② 《家刻本〈诚斋诗集〉校注》卷40之《退休集》卷4，江西人民出版社2021年版，第549—550页。

二、谱序证伪

尽管该谱序从历史渊源、落款时间和作者署名等角度无法判别真伪，但是它的可疑之处仍有不少，笔者试从5个方面来辨伪。

（一）杨万里撰作的谱序甚少，且《诚斋集》从未收录

翻检《诚斋集》，杨万里所作序文共有74篇，收录于卷77至卷83，现列表如下：

类　别	卷77	卷78	卷79	卷80	卷81	卷82	卷83
为诗文集作序	3	7	8	10	10	9	12
为送友人作序	7	2	0	0	0	1	1
为记事而作序	0	1	2	0	0	0	1
小计（篇）	10	10	10	10	10	10	14

从上表可看出，《诚斋集》未收录作者任何一篇谱序，客观表明他撰作的谱序极少，对署名“杨万里”的谱序自然应当慎重对待、认真辨析。

但是，自从北宋欧阳修、苏洵倡导新编谱法以来，南宋时新修族谱数量已有较大改观，文人名士确实撰有不少谱序。如峡江县水边镇何君杨家收藏的清乾隆十七年（1752）编修的《文水南华杨氏族谱·谱首》就录有作者署名“杨万里”的《重修杨氏族谱序》，且学界多认为是由他本人所作。此外，吉水县盘谷镇白竹坑村罗茂良后人所修族谱中也有一篇署名“杨万里”的《桃林罗氏族谱序》，经浙江杨瑞副教授、日本王瑞来研究员分别撰文考证，均认为是杨万里一篇珍贵佚文。①

然而，族谱的先天不足是借名人以自重，导致明清时流传下来的族谱确实不可轻信。究其原因，古人编修族谱是在家族内部进行，缺少公权力的参与和监督。2006年，时在北师大读博士的吉水籍学子胡建升曾撰作《杨万里佚文考》，因为他从宜春市奉新县《罗塘许氏图谱》中发现有一篇署名“杨万里”的

---

① 杨瑞之文，见《文教资料》2010年第21期；王瑞来之文，见《河北大学学报（哲学社会科学版）》2019年第3期。

《罗塘许氏族谱序》，于是从“杨万里作序的时间和地点”“杨万里与许叔达交往考”“佚文文本内容与杨万里思想关系考”等3个方面撰文，并推断该谱序是杨万里一篇久佚之作。[①] 第二年，安徽池州学院纪永贵教授则撰有《杨万里佚文〈罗塘许氏族谱序〉辨伪》，认为这是一篇冒署“杨万里”之名的伪作，序文中矛盾之处不在少数，且该文思想浅显，内容空洞，文笔乏采。[②] 纪教授的撰文，在学界得到普遍认同。正因为杨万里撰作谱序极少，且《诚斋集》从未收录，所以更该认真辨析、谨慎对待。

（二）假如杨万里要为萧氏撰作谱序，应是为螺陂萧氏的可能性更大

关于杨万里与黄桥螺陂萧氏的交游以及历史渊源，不仅《诚斋集》中多有言及，而且螺陂萧氏族谱中也有很多记载。民国版《螺陂世系总图·萧霁》篇节就录有杨万里一篇跋文，曰：

> 万里闻吾乡萧氏藏其祖、武宁府君仕于吴时诰命，而未之见。今日廷卿姑夫携访于余，墨色如新，不知其为异代二百余年以前物也。自武宁至廷卿，于是九世矣。微子孙仕学相承，能如是传之之久乎！予知萧氏之未艾也！岂惟未艾，其必有兴者。庆元戊午四月十一日。[③]

更关键的是，《诚斋集》卷100也录有这篇跋文，篇名是《跋萧武宁告词》。杨氏跋文中的“廷卿姑夫”是谁呢？我们可从周必大所撰的《跋萧氏祖长官告》找到答案，文曰：

> 右，武宁萧长官所受淮南吴氏告一通。按路振《九国志》，杨行密之子渭，自吴王僭号改文散官，大夫为大卿、御史大夫为御史大宪。明年，渭殂。十一月，弟溥嗣位，改元乾贞，实后唐天成元年也。徐温既死，子知诰起复秉政其岁月，职制皆与此告合。予闻萧氏自武宁起家，至曾孙、讳定基，字守一，本朝天禧三年(1019)登第，尝任侍御史，风节凛然。有孙讳服，字昭

① 胡建升：《杨万里佚文考》，《文献》2006年第2期。

② 纪永贵：《杨万里佚文〈罗塘许氏族谱序〉辨伪》，《文献》2007年第1期。

③ 螺陂村《螺陂萧氏族谱》之《文献集·记》，民国八年(1919)第13次编修。

甫，元丰五年（1082）登第，擢监察御史，时相蔡京憾执政，刘逵背已穷治。逵姻家章氏私铸，狱于平江，久不能决。昭甫奉诏审鞫，不如京旨，遂坐废锢，后起为吏部员外郎，出知蕲州，卒。再世以直谅闻号庐陵名族，禄仕不绝。武宁七世孙、武陵丞讳许，字岳英，才具过人，余尝与之游诸公，方欲荐用，俄谢事去，议者惜之。因其子特起出示祖告，并题于后。庆元戊午上巳。[1]

这两篇跋文的落款是庆元四年（1198）春夏季节，原因是萧岳英独子萧特起因出示南吴国君颁赐给萧霁的一份珍贵制诰，且请周必大、杨万里题跋。由此可知，杨万里笔下的"廷卿姑夫"即是萧特起。因为杨万里不仅与其父萧岳英是好友，而且他自己一位堂姑还嫁给萧特起为妻。

此外，井冈山大学已故的萧东海老教授曾撰有《〈诚斋集〉萧氏人物及杨万里有关佚作考略》[2]、《新发现杨万里佚文〈五一堂记〉述考》[3]等文，笔者也从螺陂村收藏的民国版《螺陂萧氏族谱》寻得杨邦乂记文一篇，撰有《杨邦乂〈政瑞祠堂记〉探考》，均就杨、萧二姓的历史渊源等做过详细分析，足以印证杨万里与螺陂萧氏的渊源关系。

值得注意的是，义富萧氏族谱中收录的"嘉泰辛酉（1201）三月望日，平园老叟周必大书"的《源流记》，署名"杨万里"于嘉泰辛酉（1201）撰作的《倚富萧氏族谱序》，螺陂萧氏族谱中不仅没有收录此二文，而且谱序、凡例和艺文等篇节均未提及这样两篇文章，客观上增加了它们的可疑性。

（三）杨辂是萧霁的舅舅，还是萧霁和萧霖的外公

按照义富萧氏族谱中的说法，"叔济子讳球，名晟，实吾祖侍郎公之婿。生子二，长曰霁，字月卿，仕吴为武宁令；次曰霖，字处仁"，由此可知义富村开基祖叫萧俨，字茂辉，其父叫萧霖，字处仁，其祖父叫萧晟，且萧霖是螺陂村开基祖萧霁的亲弟弟，萧霁和萧霖均称呼杨万里的开基祖杨辂为外公。

但是，笔者查阅民国版《螺陂萧氏族谱》得知，螺陂村萧氏尊萧霁为一世

① （南宋）周必大：《文忠集·题跋》卷48之《跋萧氏祖长官告》，又见于《平园续稿》卷8。

② 《映日荷花别样红——首届全国杨万里学术讨论会论文集》，岳麓书社1993年版。

③ 北京《文献》季刊，1990年第3期。

祖,此表述没有任何问题,但萧霁称呼杨辂为舅舅,并非叫外公。螺陂萧氏族谱中也从未介绍萧霁有一个弟弟叫萧霖,也无萧霖之子萧俨开基义富村的记载。如《螺陂总世系》载:

始祖:霁,字月卿,第三十。先世长沙人,居庐陵青泽乡高塘。累与乡荐,为吉州馆驿巡官。乾贞二年戊子(吴杨溥年号),广陵吴主杨行密之子溥以洪州钟传乱扰方息,武宁邑民未顺,思得勇决有谋之士以镇之。问朝臣"谁可任者",侍郎杨辂奏曰:"臣有外甥萧霁,素有胆略,堪充任使。其人现在阙下。"吴主召见,因献文字十篇,皆经国策也。吴主见其风骨伟岸,大奇之。当日释褐,授洪州武宁令兼知镇事。到任数月,奸宄屏迹,治声赫然。未几,以疾卒于官。吏民怀之,为之立祠,今洪州武宁县有萧长官庙是也。①

那么,螺陂谱与义富谱中哪种说法更为可信?笔者认为,螺陂萧氏族谱的说法更为可信。理由是:

第一,关于螺陂谱中的说法,除周必大《文忠集》所收录的《跋萧氏祖长官告》、杨万里《诚斋集》所收录的《跋萧武宁告词》外,北宋名相王安石曾为"江西三瑞"之一、螺陂人萧定基撰作神道碑,且为萧定基的弟弟、赣县主簿萧化基撰作墓志铭,两篇文章对他俩的曾祖父萧霁均有记载,亦可作为佐证材料。②

第二,明初吉水乡贤解缙撰有《萧将军霁像赞(并叙)》,文载:

萧将军讳霁,唐宰相复之后。有讳俭者,观察湖南,因家长沙。子孙避马殷乱,居庐陵。舅氏杨辂仕杨吴,为门下侍郎,因请献书拜武宁令。时县令兼掌兵权,故称将军。吴私茶禁严,淦人袁八卦贩茶,武宁捕击,当死,将军怜而释之,乃献墨潭、石牛潭为葬地,石狮潭以居。石狮潭,今吉水螺陂是也。子孙奕世显盛,将军没后,遂葬墨潭。③

---

① 螺陂村《螺陂萧氏族谱》之《文献集·记》,民国八年(1919)第13次编修。

② (北宋)王安石:《临川文集》卷89《神道碑》,《临川文集》卷96之《墓志》。

③ (明)解缙:《文毅集·碑》卷14《萧将军霁像赞(并叙)》。

对义富谱的认同，明初吉水乡贤解缙可谓是坚定支持者。永乐三年(1405)五月，他应邀撰作《吉水倚傅萧氏族谱序》中说：

予尝遍历于乡，求诸故家谱牒而参考之，则未有若今吉水倚傅萧氏之家谱之且信也。其《源流记》，在嘉泰中丞相益国周文忠公作，称唐八叶相复之观察湖南也……霁舅杨辂公以工部侍郎守吉州，因从之，以策于杨吴。乾贞二年(928)为洪武之武宁令，死焉，时年尚少，遗言谓子孙必居九江……序者非一人，录者非一手，传讹承谬，不可尽信，惟当取倚傅谱为正者。①

解缙作序的缘由，是因为义富村萧士柔(字时徽)从小与他相友善，洪武二十年(1387)还请他重新誊写一遍署名"周必大"的《源流记》。永乐三年(1405)，萧士柔又特意来京索序，解氏还说义富萧氏"家谱之且信也"。尽管如此叙说，但解缙认定萧霁称呼杨辂为舅舅。

第三，查阅光绪版《吉安府志》卷11《秩官志·府职官》可知，五代十国杨吴时期，曾经担任吉州刺史者仅录两人，一人是徐玠，彭城人，其出处见于马令《南唐书》本传；另一人是杨辂，杨万里家族的开基祖。南唐时期，担任吉州刺史者仅录3人，即贾皓、王崇文、杨守忠，表明杨吴和南唐时期均无萧姓官员。试想，义富萧氏族谱中说萧霖官至朝议大夫，后来转"守吉州，因家永新"，其子萧俨"擢第南唐，累官银青光禄大夫、检校、国子祭酒兼殿中侍御史、上柱国"等。假如他父子俩的任职确实如此显赫，历版《江西通志》《吉安府志》《吉水县志》等地方文献岂有不录之理？

(四)该谱序行文中多有可疑之处

通常而言，古代名士应邀作序，一般都会先交待相关写作背景，即作者受何人之邀(或请托)而作。如作者署名"杨万里"的《桃林罗氏谱序》载：

① 《解学士文集》卷5《吉水倚傅萧氏族谱序》。

竹溪有隐君子曰季温氏，余忘年友也，世有姻连之好，常相往复……季温益潜心于理学，著有《竹谷丛稿》若干卷，取正于余与丞相周公必大……季温所造就有如是，是以赞其族之蕃衍昌大……为其后者，能如季温氏之树立，斯谱为不朽矣，斯谱为不朽矣。①

这篇谱序所述及的主人公，即是作者称为“忘年友”的罗茂良（字季温）。翻阅桃林罗氏族谱可知，该谱是罗大经的父亲罗茂良首倡，主要工作则是由罗大经之兄、宁波府教授罗大章完成。罗茂良，号竹谷，杨万里门生，曾充当杨长孺湖州任职时的幕僚，后来还是《诚斋集》的校核者，罗氏与曾三异、胡梦昱等名士均有唱和诗，《鹤林玉露》和《象台首末》等文献均有记载。② 正因为他与杨万里有多重关系，老年杨万里才会称呼年龄约少30岁的罗茂良为“忘年友”，而他正是应罗茂良“以所编之谱，嘱引其端”之邀，才使得有这篇谱序。

按照谱序的通常写法，《倚富萧氏族谱序》应是先交待修谱者或求序人的为学、做官、待人、交友的优秀品质，义富萧氏修谱的缘起和过程，以及杨万里与该村萧氏的渊源。但是，该谱序对修谱的组织者是谁，这篇谱序的请托人是谁，自己的态度如何等，却无片言只字的介绍，更无求序人的家世状况、道德文章、个性爱好等方面的介绍，也无杨万里辞官归隐家乡后既恬然又矛盾的心态表述，极不符合古代名士应邀作序的表达习惯。相反，该序文以大量篇幅来交待义富萧氏的族源、迁徙过程、世系繁衍以及科举、世宦之盛况，这些恰是怀疑谱匠伪作的最直接证据。

此外，《倚富萧氏族谱序》还有不少不符合宋人表述习惯的地方。如谱序中“唐末五代，湖南因马楚之乱”之句是指历史上唯一以湖南为中心建立的割据政权，自907年马殷受封楚王开始，存世时间50余年，但是，宋代文人似乎无人说过“马楚之乱”，如欧阳修也是写成“唐末五代之乱，江南陷于僭伪”③之类，直到明代中期文人们才会如是说。又如谱序中“名晟，实吾祖侍郎公之婿”之句，也不符合杨万里对始祖杨辂的表述习惯，他为族曾祖父杨存撰作墓表时说：

---

① 盘谷镇白竹坑罗氏《桃林罗氏族谱·谱首》。

② 详见《鹤林玉露》甲编卷2、卷6，乙编卷5；《象台首末》卷3。

③ （北宋）欧阳修：《文忠集》卷71《欧阳氏谱图序》。

“六世辂，仕南唐，徙居庐陵。鋋为海昏令，公之六世祖也。”[①]他请胡铨为父亲杨芾撰作《杨君文卿墓志铭》时所提供的先祖世系素材是：“至辂，仕南唐，徙庐陵焉。子曰鋋，于公为八世祖。”[②]

（五）该谱序思想浅显，语言乏味

纵览《诚斋集》中74篇序文，会发现杨万里写作时总是饱含深情，文字也很灵动自然，社会生活气息甚浓，皆为佳作。将《倚富萧氏族谱序》与这74篇序文相比对，发现会有明显差异。

第一，从内容上看，杨万里既有为自己的诗集和文集自作序文，如《诚斋〈江湖集〉序》《〈易外传〉序》等，也有为他人诗文所作序文，如《卢溪先生文集序》《澹庵先生文集序》等，再是赠序文，如《送罗永年序》《送侯子云序》等，还有题物序文，如《递钟小序》等。这些序文或品评诗文，或追忆往事，或点评人物，或缅怀亲旧，均是叙事简洁，文笔生动。而《倚富萧氏族谱序》一文，既无具体人物形象的鲜活展示，也无作者滚烫心声的有效表达，读起来枯燥无味。

第二，从手法上看，杨万里作序时总是开门见山，文辞简洁，感情真挚，读后能感受到他丰厚的思想内涵、浪漫的文学气息。而《倚富萧氏族谱序》一文，处处充斥着谀美之词，似乎是一种刻意的造作，丝毫看不出作者知人论世的深情表达。

第三，从语言风格看，杨万里不仅吟诗时注重“活法”，独树一帜，而且散文也是清新自然，表现为情趣悠闲脱俗，理趣隐约超远。如篇幅很短的《彭少初字序》云：

吾友安福彭仲庄，少同学，且同志，中间合而离，离而合者三十年。余既归耕南溪，得仲庄为族人子弟师，山林幽独之身不落莫矣。

仲庄间携其子来，风骨秀朗，文辞清润。余问其字，曰：“名湛，字则未也。子盍字诸？”余曰：“士之学，必有为也。穑者为年，贸者为息，士何所为而学也？迄于学以求复其初而已。人之厥初，湛如也。纷如者至，而湛

① 《诚斋集》卷122《中奉大夫通判洪州杨公墓表》。

② （南宋）胡铨：《澹庵先生文集》卷25。

> 如者汩，是岂其初乎哉？子也盍问津于孟，溯洄于颜，涤源于尧舜禹汤、文武周公、孔子，则子之所谓初者庶几复乎尔也。借曰未复，庶几近乎尔也。借曰未近，庶几不远乎尔也。愿字曰‘少初’。”因书以遗之。①

这篇序文很短，但杨万里博学多才的清俊形象、诙谐幽默的语言风格跃然纸上。如第一段仅通过寥寥数语，便将作者与彭仲庄少年时同学、成年后30年间的交游交待得清晰明了，还写出了昔日老同学的沧桑人生，表达自己当前仕与隐的矛盾心态和归耕家乡的志趣，可谓语言生动，文法天然。将《倚富萧氏族谱序》与之相比对，似乎有天壤之别。

三、伪托时间

既然《倚富萧氏族谱序》认定是假借“杨万里”之名的伪作，那么它是何时被躥入义富族谱内呢？笔者认为，应是明成化十六年(1480)修谱时所为。理由是：

第一，义富萧氏曾于明洪武年间修谱，还请四川永川籍举人陈宗舜撰作《吉文倚富萧氏族谱序》，落款即是“洪武庚申(1380)，前乡贡进士、永川陈宗舜村民序”，该序文均未言及曾请周必大作《源流记》和请杨万里作《倚富萧氏族谱序》，表明那时此二文并未收录于族谱内。此外，义富村16世孙萧师文也曾撰作《重修族谱序》，序文中说到曾邀陈宗舜作序，亦无关于请周、杨二人撰记作序的表述。

第二，明永乐三年(1405)五月解缙应邀撰《吉水倚傅萧氏族谱序》说：

> 予尝遍历于乡，求诸故家谱牒而参考之，则未有若今吉水倚傅萧氏之家谱之且信也。其《源流记》，在嘉泰中丞相益国周文忠公作，称唐八叶相复之观察湖南也。②

解缙所撰谱序中说到义富萧氏曾邀“周必大”撰作《源流记》，表明解氏那

① 《诚斋集》卷80《序》。

② 《解学士文集》卷5《吉水倚傅萧氏族谱序》。

时已看到署名周氏的《源流记》。但是,解氏谱序中没有言及杨万里撰作谱序之事。值得注意的是,义富萧氏曾请另一位吉水乡贤、高中状元的胡广撰作《吉文倚富萧氏族谱序》,胡广序文中均未说到周必大、杨万里撰记作序的问题,不排除胡广那时对署名“周必大”的《源流记》持怀疑态度,侧面印证那时署名“杨万里”的谱序尚未编入族谱内。

第三,明代义富村萧氏第三次修谱是成化十六年(1480)八月,由该村19世孙萧宽静等人倡修,且请得景泰元年(1450)江西解元、第二年中进士、安福人张业(字振烈)撰作《重修吉文倚富萧氏族谱序》,之后萧宽静也撰有《重修宗谱序》。尽管此二人序文中均未说到邀周必大、杨万里撰记作序的问题,但是,此后的义富族谱却载有周、杨二人的记和序,表明那次修谱时谱匠已将此二文窜入族谱内。

结语

吉水义富村署名“杨万里”的《倚富萧氏族谱序》一文,尽管从写作时间、乡间情谊以及署名格式的角度来推测,杨万里均有撰作此谱序的可能,但是经过上文分析后可知,该谱序中矛盾之处不少,且全文思想浅显、内容空洞、语言乏味,应是一篇“强附贤达”的伪托之作,不能当作杨万里的撰文来看待。这篇伪作被塞入义富萧氏族谱的时间,应是明成化十六年(1480)修谱时所为,内容则是谱匠糅合螺陂萧氏谱、泰和萧氏谱中的说法假拼而成。

由此及彼,义富萧氏族谱中署名“周必大”的《源流记》也未被《文忠集》收录,且该文篇幅冗长,与周必大记文风格相差甚远。笔者认为,此文也应是一篇伪作。此问题因与本文无关,这里就不做考析。

作者署名“杨万里”的三篇诗文辨伪

整理和研究地方文献资料是当今学界的重要工作之一,但对新发现的署名历史名人的墓志、谱序以及诗词等,又引发人们对这些诗文真伪的辩论。近年,笔者发现作者署名“杨万里”的伪托诗文3篇,即格律诗1首、墓志铭1篇和谱序1篇,应是典型的“强附贤达”之诗文。现简要考述如下。

一、诗:《游龙源》

笔者翻阅江西境内的地方县志,发现清同治版《广丰县志》中录有作者署名“杨万里”七律1首,诗题为“游龙源”。现将该诗抄录如下:

游龙源

龙源深处万峰稠,金铄芙蓉面面秋。
自是游人不肯到,宁知此地尽多幽?
一丝细路缘山腹,百尺飞泉挂石头。
老我好奇欣共赏,携尊数过坐消忧。①

依据诗意可知,龙源是指当今上饶市广丰区境内的某山域。该诗又见于1987年编成的《广丰县志》第六编《艺文》第53章《艺文作品选》第二节《韵文》(第381页)。

这首诗押平水韵的下平十一“尤”韵,前六句均为写景,后两句为结情。作者直接从写景入手,时间却定格于秋季,这正是文人悲秋之时,为全诗定下感物

① 清同治版《广丰县志》卷9第17节《艺文·诗》,成文出版社有限公司影印本,第2067页。

伤景的总基调。如颔联以游人稀少，来映衬“景幽”之实，似乎是要告诉读者，景是幽景，情亦幽情。颈联则以拟人手法写“百尺飞泉”，位置是在幽径细路后的山腹之处。尾联承之，进而写自己的心情，尤其是结句七字点明题旨，以节物的清幽来暗衬“以酒消忧”的心情。全诗语浅意深，章法谨严，耐人寻味。

那么，这首诗真的是杨万里所作吗？笔者翻阅雍正版《江西通志》发现，卷155也录有该诗，但作者署名为刘日杲。再翻阅该通志之《选举志》载：“崇祯十二年（1639）己卯乡试……刘日杲，永丰人。”①这里的“永丰”并非吉州之永丰县，而是广丰县之旧名，因唐武德四年（621）首设永丰镇，且镇北有永丰山而得名，后于唐乾元元年（758）始置永丰县，治所设在永丰镇。清雍正十年（1732），因它与吉安府永丰县同名而改名广丰县。另，《东林列传·马世奇传》载：“……如龚廷祥、堵胤锡、蔡凤、戚勋、萧琦、王汉、万发祥、刘渤、刘日杲等，皆先后死节，不愧师门云。”②由此可知，刘日杲是东林党人，是明亡首位殉节官员马世奇（？—1644）的弟子，亦死于节。此外，刘日杲对佛学研究益精，《无异元来禅师广录》卷35录有他写的《博山和尚传》，说“是时，缙绅先生，云集景附”，“学士大夫、文学布衣礼足求戒者，动至数万”，并称：“明兴二百余年，宗乘寥寥，得和尚而丕振，猗与盛者！”无异元来禅师是明代禅宗曹洞宗的知名高僧，是“博山禅”的创立者，文中刘氏表达了对禅师的推崇。

细读这首《游龙源》诗，其风格的确符合明清时江西诗人的写作风格，与南宋“杨诚斋体”所践行的清新自然、“活法”作诗的风格却差异较大。同治版和1987年版《广丰县志》将作者署名为“杨万里”，应是张冠李戴。

二、墓志：《宋故太孺人段氏墓志铭》

2018年10月，笔者游览吉州区庐陵生态文化园内的文丞相祠，发现祠内碑刻展摆放了一块作者署名“杨万里”的墓志铭碑。该碑为青石材质，长130厘米，宽76厘米，厚5.5厘米。现将该碑文抄录并标点如下：

---

① 四库本雍正版《江西通志》卷55《选举（七）·明》。

② 四库本《东林列传》卷8之《马世奇传》。

宋故太孺人段氏墓志铭

中奉大夫、直龙图阁、新知赣州军州事兼管内劝农营田使、江南西路兵马钤辖杨万里撰

正议大夫、给事中兼侍讲兼实录院同修撰尤袤书

焕章阁直学士、朝奉大夫、提举江州太平兴国宫谢谔题盖

太孺人段其氏，王君正臣其夫也，世家吉之庐陵。曾大父世臣，大父子冲，父贲于。大父府君以文行著，政和间朝廷举遗逸，及八行州家，俱以君应书，有诗文十卷，曰《螺川集》。太守程祁、资政胡公皆为之序。

太孺人生长名门，动中诗礼。及妇王氏淑慈，宣明妯娌，作则王氏家，故饶正臣最喜士，而乃翁南鹏所与交游，皆一世伟人，岁时束修之问，朝夕饩□之供，不匮不儥，甚度甚敬，系太孺之助云。

太孺人少而孤，一弟才数岁，在传时已深以门户为忧。既归正臣，立取其弟使就学，程督术业，如严父兄。既又为之择配，又为之经纪其家。太孺人六男，子扬名、厚、扬祖、□、魏、扬庭。初，太孺人未有已子，而扬名居长。太孺人顾复劝斯，过于已出。正臣疏于生业，而生业经史不疏，宾至对床秉烛，论文申旦。诸子仅胜衣追师求友，不远千里，倒廪垂□曾罔小靳。正臣既没，诸子皆未向立，太孺人日夜训，迪如正臣在时，而其意愈励，不懈夙兴，未盥栉而精合书几所顷已目，存心了了，楱觚罍涤濯必乎，常跋烛独坐，丙衣不寐。诸子诵书有倦，声随即小，诘或相与议论，□□可喜，亦亟称焉，以故诸子皆有文。厚、扬祖、□、魏，厚之子登，相继充乡赋，而登才弱冠，以故蒙光尧。庆□恩对，太孺人又赐冠帔，以绍熙辛亥(1191)十月二十二日卒，享年九十有九。扬名、□、及女适进士胡谦亨，皆前卒。孙，男十二人，登、楠、极、栋、杜、枡、程、木、欐、橚、樾、槐；女二十一人。曾孙，男三人，女五人。诸孤将以壬子(1192)十二月庚申葬太孺人于乾塘高真山。厚□一个以承议郎、知隆兴府分宁县(今江西修水县)陈梦材状来请铭。铭曰：

三秀一门，古郡其芬。今五其英，迈于前闻。

以子以孙，世蔚其文。孰培其根，系段夫人。

猗嗟正臣，不耋于身。不倚于嫔，孰昌尔賁。

有兼斯轩，有龄斯椿。彼答孝旻，姥功曰勋。

庐陵欧阳士宁摹刻。①

该石碑体形是上方下圆，碑阴篆盖，但碑盖已不存。考察《宋故太孺人段氏墓志铭》之文字，全篇共有19竖列，无常见的界栏界格，横行也不对齐，全文是行楷字体。据碑文所载，撰文者署名为杨万里，书丹者署名为尤袤，题盖者署名为谢谔，均是南宋名家，可谓"三名志"。墓主为王妻段氏，系王正臣之妻，出生于北宋元祐八年（1093），去世于南宋绍熙二年（1191），下葬时间是第二年十二月。

据文丞相祠管理人员介绍，该石碑是从吉安县一座坟墓里挖掘出来的，先是被吉州区水沟前一位文化爱好者收购，后因旧城区拆迁，才被文山集团孙建中董事长收购，存放于吉安文山国际大酒店地下室。待庐陵生态园内文丞相祠建成后，才移放并展示于该祠。依据该墓志铭所载，太孺人段氏世家吉州军庐陵县，曾祖父叫段世臣，祖父叫段子冲，父亲叫段贲于。其祖父段子冲"以文行著政和间，朝廷举遗逸八行，州家俱以君应。书有诗文十卷曰《螺川集》，太守程祁、资政胡公皆为之序"，颇有德行。

这里所言及的程祁，字忠彦，浮梁县人，曾中进士。据清顺治《吉安府志》卷3载，他于北宋政和二年（1112）任吉州知州，著有《程氏世谱》30卷，已佚，今世仅存有谱序，其事详见《新安文献志》卷80《程待制节传》。该碑文所言及的资政胡公则是指胡铨（1102—1180），字邦衡，号澹庵，今青原区值夏镇人，南宋名臣、文学家，官至兵部侍郎，以资政殿学士致仕，著有《澹庵集》，谥号忠简，庐陵"五忠一节"之一。

关于《螺川集》的作者是谁，可从周必大《段元恺墓志铭》中得到佐证，作者段子冲，字谦叔，自号潜叟，段元恺即是段子冲第三子②。需要说明的是，部分文献将《螺川集》作者写成为"段冲"，应是后世传抄有误罢。

再读《宋故太孺人段氏墓志铭》一文，可知墓主太孺人段氏是段子冲之孙女，于"绍熙辛亥十月二十二日卒，享年九十有九"，即去世于绍熙二年（1191），

① 碑刻收藏于吉州区庐陵生态文化园内的文丞相祠。
② （南宋）周必大：四库本《省斋文稿》卷35《段元恺墓志铭》。

其高寿之龄亦是值得怀疑的问题。安葬时间则是“壬子十二月庚申”日，即绍熙三年(1192)年底。安葬地点为“葬太孺人于乾塘高真山”，在今吉安县境内。太孺人第二子王厚“以承议郎、知隆兴府分宁县陈梦材”所撰作行状来请铭于杨万里。陈梦材即是吉水县人，于乾道二年(1166)中进士，历官分宁(今修水)知县、荆湖南北路安抚使、柳州知州等，算是杨万里的同乡侄子辈。

该墓志末处，撰文者自署结衔是“中奉大夫、直龙图阁、新知赣州军州事兼管内劝农营田使、江南西路兵马钤辖”。查考杨万里的仕履经历，绍熙三年(1192)七月，他因“铁钱会子”事件而愤然辞官。八月十一日，朝廷任命他为赣州知州，杨氏称疾未赴。九月中旬，他已回到家乡湴塘村，开始归隐生活。而那年六月，尤袤也确实是任给事中兼实录院同修撰。假如仅从这篇墓志铭的落款时间看，已归隐家乡的杨氏具有撰铭的可能。但是，杨万里从该年一直辞官在家，怎么可能会以此职务来署名呢，反衬此文是伪托可能。

此外，我们平时所见的墓志铭石碑常是下方上圆，如笔者所撰的《杨万里佚文〈故富川居士罗子高行状〉考论——兼与杭州师范大学方爱龙教授商榷》所言及的由兴国军教授李盛撰作的《宋故罗子高墓志铭》石碑即是如此，而这块《宋故太孺人段氏墓志铭》石碑是上方下圆，与平时常见石碑的形制似乎相反。为此，笔者反复追问当时情况后才得知，该石碑从坟墓中挖出时，右下角已缺失一个角，但左下角是方形，并未缺角。也许是因为后来的搬运过程中，造成石碑的左下角有所损坏，于是安放于文丞相祠内时，施工人员将石碑左下角做了少许切平。如今看上去，左、右两边的缺角并不规整。

翻检杨万里《诚斋集》，这篇墓志铭未被收录，也未见于《全宋文》和吉安、吉水段氏族谱。又因其行文风格似与杨氏记文风格有较大差异，内容简单，文风平平，且篇幅冗长，所以笔者认为，此碑文应是一篇假借杨万里的伪托文，这里就不再做详细考证。

三、谱序:《罗塘许氏族谱序》

宜春市奉新县罗塘乡收藏的《罗塘许氏图谱》中录有一篇作者署名“杨万里”的谱序。现将该谱序抄录如下:

罗塘许氏族谱序

夫易自乾坤而六子之变化无穷，则有图以统之。乐自律吕而八音之还生不已，则有谱以传之，斯大哉，圣人之用心也。至于族之蕃衍，有图统之，图之简质，以谱著之，斯精哉，苗裔之用心也。何以言之，所谓太极生两仪，两仪生四象，四象生八卦，八卦演而为六十四卦，是非乾坤统于六子之变化无穷乎？黄钟生于九寸，九寸生于五声，五声生于八音，八音发而为六十四音，是非律吕之统于还生不已乎！

世之于肇姓也亦然。始祖生二世，二世生五宗，五宗生九族，九族列而为旁从之类，则莫非族之有图，犹六子之归统于乾坤也。昭穆生左右，左右生斩齐，斩齐生大小，大小降而为缌麻之等，则莫非族之有谱，犹八音之系属于律吕也。况族之有图，匕之有谱，匕光启于前后，图该括其本末，此理本自相通而无容岐视，审是庶可知许年翁修明之旨矣。

年翁，讳叔达，字商叟，其先世不可稽。自汉代肇子广汉之女，宣帝立为后，拜广汉为大司马、大将军，其重侯累将不能殚述。及传于西晋旌阳令逊公以忠孝显于江右，修炼冲举，五世皆仙，独遗季弟述公宏衍鸿基，述子览简仙伯剑井遗迹，因家于年翁之罗塘。迄今世世相承，簪缨弗替。所谓积善之家，必有余庆者，此正其征也。

嗟乎！君子之泽五也而斩。故谱牒虽具，图系既著，苟残废不修，则莫续支派之本源。犹易之不阐，则莫占乾坤之爻象；乐之不作，则莫调律吕之声音矣。今年翁留心谱牒，奋然增修，继往开来，俾世德昭，垂于不朽。《诗》曰：贻厥孙谋，以燕翼子。年翁以之。又曰：无念尔祖，聿修厥德。许氏子孙其懋之哉。

是为序。

——大宋乾道六年，岁次庚寅秋月谷旦，赐进士第、宣德郎、中大夫、焕章阁待制、宝谟阁学士、太子少保、吉水杨万里诚斋甫顿首拜撰。①

《罗塘许氏族谱》共有13卷，系罗塘乡许氏家族于1995年第13次重修本。

① 录自《罗塘许氏图谱》，族谱收藏于宜春市奉新县罗塘乡。

民国以前的旧族谱也载有这篇谱序。依据该谱序所载,宋乾道六年(1170),宜春知县许叔达主持编修许氏族谱,且邀时任奉新知县的杨万里作序。此后,许氏后裔在许叔达所修谱的基础上,曾对图谱进行过10次续修,序文也历经10次重印。

关于这篇谱序的真伪,《文献》杂志2006年第2期曾刊载胡建升先生撰作的《杨万里佚文考》,首次披露他所发现的作者署名杨万里的《罗塘许氏族谱序》。胡先生从"杨万里作序的时间和地点""杨万里与许叔达交往考""佚文文本内容与杨万里思想关系考"三个层面论证和推断,认定此文当是杨万里的久佚之作,并认为此"佚文的发现,对研究杨万里在奉新县任县令时清廉政绩、不扰民,对了解杨万里的思想体系、儒学精神和治易门径都很有价值"。

但是,《罗塘许氏族谱序》一经披露,便有人撰文斥为伪作。《文献》杂志2007年第1期又刊出纪永贵教授所撰的《杨万里佚文〈罗塘许氏族谱序〉辨伪》,说该文被斥为伪作的最直接证据即是文末处的署名,即"大宋乾道六年(1170),岁次庚寅秋月□□谷旦,赐进士第、宣德郎中大夫、焕章阁待制、宝谟阁学士、太子少保、吉水杨万里诚斋甫顿首拜撰"。诚然,此落款的确错误较多。此外,纪先生还指出该谱序其他诸多有误之处,且有较详细深入的分析,最后得出结论说,该文思想浅显,内容空洞,文笔乏采,矛盾之处不在少数,应是一篇冒署"杨万里"的伪作①。

结语

自古以来,中国人既重视族谱编修和谱序撰作,也极看重盖棺而论的人物墓志撰写,还有部分名胜的诗词题作等。但是,少数人出于装点门庭和为逝者既尊且讳等因素的考虑,以"强附贤达"形式出现的伪记、伪序、伪志也有不少。本文所叙的《游龙源》《宋故太孺人段氏墓志铭》《罗塘许氏族谱序》三篇诗文的可疑之处较多。由此可知,对待此类民间文献,当今世人不必盲目追求所谓的"新资料"发现,而应做必要的考证,厘清它们与传世文献之间的关联度,谨慎鉴别真伪,以避免鱼目混珠之乱象。

---

① 《文献》2017年第1期。

《过松源晨炊漆公店》诗考议

大家都知道，习近平总书记非常喜爱中国古诗词，其中就有杨万里的诗。2014 年 6 月 30 日，他在十八届中央政治局第 16 次集体学习讲话中说："实现'两个一百年'奋斗目标，我们不知还要爬多少坡、过多少坎、经历多少风风雨雨、克服多少艰难险阻。我曾经引用过杨万里的一首诗：'莫言下岭便无难，赚得行人错喜欢。正入万山圈子里，一山放出一山拦。'应对和战胜前进道路上的各种风险和挑战，关键在党。"[①]意思是说，只有聚精会神地抓好党的建设，才能在前进的道路上应对各种考验；只有攻破一个个困难堡垒，才能取得最后的胜利。

其实，习近平同志对《过松源晨炊漆公店》其五诗可谓情有独钟。早在 2006 年 3 月 2 日，时任浙江省委书记的他出席人代会讨论时，以《养好"两只鸟"，浙江要再创辉煌》为题发言，说："经济社会的发展，何止一座山一道坎，恰如宋人杨万里诗云：'莫言下岭便无难，赚得行人错喜欢。正入万山圈子里，一山放过一山拦。'现在，浙江面临的任务就是不畏艰难险阻，登上科学发展这座山。这是一座陡峻的山，风光旖旎但又布满荆棘。"[②]25 日，他应中央电视台《中国经济大讲堂》栏目邀请作为访谈主讲嘉宾，说："去年和一些县、市、区的领导同志在一起讨论科学发展观，当时就找出了一首诗，宋朝的杨万里写的一首登山诗：'莫言下岭便无难，赚得行人错喜欢。正入万山圈子里，一山放过一山拦。'我们不要以为下了一个山坡就是一片坦途，一劳永逸，它实际上是进入了一个万山的圈子，一山放过一山拦，前人打下基础，后人不断地翻山越岭，它

① 《中国共产党领导是中国特色社会主义最本质的特征》，《求是》2020 年第 14 期。

② 《人民日报》，2006 年 3 月 3 日 。

是一个不断奋斗的过程。"28 日,他率浙江省党政代表团来井冈山进行革命传统教育,31 日下午在南昌市为江西省领导干部作报告。会议开始时,又以该诗作为开场白,告诫江西干部要常怀忧患之思,在改革攻坚的道路上不能麻痹大意,应积极稳妥地应对各种困难和风险,进一步推动江西工作要"干在实处,走在前列"①。

《过松源晨炊漆公店》其五诗是作者题于江东转运副使任上,是一首富有哲理的纪行诗。下面笔者就该诗做简要考议。

一、版本之异

《过松源晨炊漆公店》组诗共有 6 首,全是作者写春日山行的情景,侧重点各有不同,其五诗则是抒写下山时的深切感受。因为版本出处之异,该诗有几个字略存不同,家刻本《诚斋诗集》所录诗为:

莫言下岭便无难,赚得行人错喜欢。

正入万山围子里,一山放出一山拦。②

翻阅民国版《四部丛刊·诚斋集》,发现仅有一个字不同,即第 3 句首字是写作"政"字。"政"是会意兼形声字,从攴从正,正亦声,故《说文》载:"政,正也。"可知"政"与"正"字,古代是相互通用的,并无实际差异。再翻阅清文渊阁《四库全书·诚斋集》发现,第三句首字除写成"政"字外,"围子里"却是写作"圈子里"。清《四库荟要·诚斋集》所录之诗,与四库本所录诗文字全部相同。此外,因《诚斋集》有 20 多种版本,其他抄(刻)本也存在两个字不同,即第二句中"错"字,有的抄(刻)本写作"空"字;第四句中"出"字,有的抄(刻)本写成"过"字。

笔者则认为,假若从《诚斋集》不同版本的文献价值来看,家刻本要比四部丛刊本好,四部丛刊本要比四库本、四库荟要本好;假若从字意表达的角度看,第三句中的"圈"字似乎比"围"字更直观形象。又因作者是江西人,"围"字更

① 《江西日报》,2006 年 3 月 31 日,第 1 版。

② 《家刻本〈诚斋诗集〉校注》,江西人民出版社 2021 年版,第 473 页。

接近其家乡吉水的方言,符合“诚斋体”俚语入诗的鲜明特点,侧面印证清乾隆朝修纂《四库全书》《四库荟要》时,编纂者已对《诚斋集》做过不少臆改。尽管不同版本个别用字略有不同,但不影响其诗意的表达。

二、诗意解读

《过松源晨炊漆公店》其五诗用词平易,语意直观,意境鲜明,富有生活气息,已被选入人教版初二年级语文课本。说到“诚斋体”,其成功处在于对晚唐诗和江西诗派有所继承、有所扬弃,诗法上作者敢于另辟蹊径,将自己的忧世情怀、刚正个性、生活感悟等入诗,以俗为雅,以故为新,因此杨氏成为中国诗歌史上一位有关键意义的诗人。

这首诗以“赚”字作为诗眼,从自己的亲身体验入笔,第一句就为读者设下一个悬念。如“莫言”二字,似乎是给行人当头棒喝,既警示自己,又告诫旁人,包含作者上岭时艰难攀登的切身体会,又有上山途中对下山容易的错误理解,如此开篇谋局,颇有特色,耐人寻味。

第二句是补足首句。“赚”字既幽默风趣,又给读者留下疑问。接着,作者以“错”字来提醒人们:不能只陶醉于成功攀登的喜悦之中,马上会与下岭时的懊恼情绪形成鲜明落差。如此背景下,对首句所留悬念做出了回答,有点明而不说破的味道。因为,待你知道“错欢喜”的结局后,那时早已陷入新的“万山”包围之中。

第三句是承接“错喜欢”。身在万山丛中,自然是一岭接一岭。刚才感叹下岭之难,马上又面临上岭之艰,这便是作者对第二句的延伸理解。他以先果后因的倒置形式布局,且第一、二句是议论手法,第三、四句改为描摹,似乎将上岭下山之难描绘成一个迷魂阵,自己已落入层层圈套,为最后的主旨句埋下伏笔。

末句则是揭示人生哲理。作者将万山人格化,使它成为有生命有灵性的东西。自己先后经历意外、惊诧、厌烦和期待等不同心情,最终在这一“放”一“拦”中得到顿悟:一个人无论做什么事,都要对前进道路上的困难做好充分估计,决不能被一时一事的成功所陶醉,点明“警惕人生假突围”的诗意主旨。

品读这首诗,首先要把握好主题,作者以春日山行这类最普通的生活情景入诗,采用比喻和拟人两种写作手法,表面是写登山的感受,实是将深邃的人生哲理寄寓于平实的文字叙述之中。

三、写作时间

宋末元初诗论家方回说："杨诚斋诗一官一集，每一集必一变。"[①]正因为杨氏九部诗集均是按任职地或生活地而命名，基本是按创作时间的先后顺序排列，依循此脉络，可以考证出该诗题写的大致时间。查阅杨氏的仕履经历可知，绍熙元年(1190)正月，64 岁的他送金使北返。四月则兼任殿试进士考官，五月改为兼实录院检讨官。十月因《孝宗日历》作序事件而自劾"失职"，后被宋光宗批字慰留，还被授为中奉大夫，体现光宗对他的器重。十一月，杨氏因被宰相留正排挤而外放，授予直龙图阁兼江东转运副使，代理总管淮西和江东军马钱粮，驻扎于建康。绍熙三年四月，又因"铁钱会子"事件而辞官，由此可知，该诗题写于他任江东转运副使期间。[②]

下面，我们再来做详细分析。绍熙三年(1192)寒食节的前一天，作者奉朝廷诏令，开始启程行部，赴上饶决谳死囚，即类似于当今的死刑复核裁定。《过松源晨炊漆公店》组诗之前第 7 个诗题是《过霸山渡》，该诗附有前序说："闰月十九日，过宣城，入宁国、绩溪、新安、休宁、祁门、浮梁至乐平，皆山行。三月四日，出乐平南二十里许，过渡处始得平地，江流甚阔，喜而赋之。"[③]由此可知，该诗题写于农历三月初四之后，他所处的位置是在当今景德镇南面的乐平市境内。

该组诗之后第 40 个诗题是《三月晦日》，可知作者于 27 天内共题诗 79 首。从上饶返回南京的路途中曾因狂风天气，所乘船被阻滞于鄱阳湖 3 天，之后游历庐山等地，虽行程较慢，但题诗颇多。由此可推断，《过松源晨炊漆公店》组诗应是题写于绍熙三年(1192)三月初八前后。

四、松源在哪

读者也许会问："诗题中的'松源'在当今哪里?"关于此问题，当今网络文章有 3 种说法：一说是在皖南某山区，且多数人认同此说法；一说是在浙江某山

---

① (元)方回：四库本《瀛奎律髓汇评》卷 1。

② 《家刻本〈诚斋诗集〉校注》，第 8 页。

③ 《家刻本〈诚斋诗集〉校注》，第 471 页。

区，因为现在浙江庆元县仍有松源镇；一说是在今江西余江与弋阳县间的某山域，其立足点是《过松源晨炊漆公店》之后有《舟过安仁》诗，此处的“安仁”并非当今湖南安仁县，而是1914年因为重名改称为“余江”、宋代隶属于安徽的安仁县。余江今隶属于鹰潭市，弋阳县则隶属于上饶市，两地之间相距90余公里，中间还隔着贵溪、鹰潭两市。

但笔者认为，这三种说法都不正确。杨万里笔下的松源，应是在弋阳县城北面约10里处的山域。理由是：

《过松源晨炊漆公店》组诗收录于家刻本《江东集》卷4第26个诗题，依据其前和其后部分诗题中的地名，可以探寻出杨万里由南京赴上饶途中所经过的地点。《江东集》卷3最后一首诗是《咏绩溪道中牡丹二种》，表明作者那时在安徽绩溪县的路途中。

《江东集》卷4第四个诗题是《晓过新安江，望紫阳山，怀朱元晦》。新安江发源于安徽休宁县，东入浙江西部，而紫阳山在安徽歙县城南，是朱熹年少时的生活地。康熙版《江南通志》载：“紫阳山，在（安庆）府南三里，高百九十仞。（府志）云：宋婺源朱松游而乐之，后寓闽中，常以紫阳书堂刻其印章。其子熹，亦以紫阳名其堂，示不忘也。”①因歙县位于绩溪县西南方向，可推定作者当时是乘船沿新安江逆水前行。《江东集》卷4第8个诗题是《明发祁门悟法寺，溪行险绝》，表明作者那时已改成步行，山路崎岖难行，晚上住宿在祁门县悟法寺。《江南通志》卷47载：“十王寺，在祁门县城南。宋大中祥符中赐额曰‘悟法寺’。”祁门县在歙县的正西面，表明作者当时是往西而行。《江东集》卷4第12个诗题是《入浮梁界》，第16个诗题则是《宿乐平县北十里西塘》，可见作者是从祁门县城南面出发，往西南方向步行，大约走了40里后才进入浮梁县境，然后往南略偏东的方向行进约140里，到达乐平县北面约10里处的西塘村，并在该村住宿了一晚。《过翥山渡》诗前序则说：“闰月十九日过宣城，入宁国、绩溪、新安、休宁、祁门、浮梁至乐平，皆山行。”可见作者有时步行，有时乘船，皆绕山前行。《江东集》卷4第22个诗题是《入弋阳界，道旁两石山。一曰“芦山”，绝妙；一曰“石人峰”，次焉，上有一石，起立如人形云》，表明作者离开乐

① 《江南通志》卷15《舆地志》之《山川（五）·安徽》，下同。

平县西塘村后，沿着正南略偏东的方向行进约80里，才进入弋阳县境内。笔者在这里做如此详述，目的是反证上述网络文章三种说法的不正确。

作者进入弋阳县境后那天早上，先是经过芙蓉渡酒店，而酒店前有数株金沙、芍药花，且正值开花旺盛期，故题有《芙蓉渡酒店前，金沙、芍药盛开》诗。据民国版《弋阳县志》载："芙蓉渡，县北九十五里。"①必须说明的是，古人眼里的一里路要比当今500米长一些，大致相当于现在的1公里。作者行走一段路程后，安排在横塘桥酒家吃早饭，也许这餐早饭需要等待，于是题有《晨炊横塘桥酒家小窗》诗。《弋阳县志》又载："横塘桥，万全乡去县治九十里，其处有八景，路通乐平。"当今弋阳县曹溪镇仍有横桥村，所以笔者认为，芙蓉渡应是在当今大港河曹溪段某处。那天中午，作者安排在马家店吃中饭并午休，于是题有《午憩马家店》。该诗之后即是《过松源晨炊漆公店》，通过诗题中"晨炊"二字，表明作者是进入弋阳县界后的第二天早上才到达松源，并安排在漆姓老者店里吃早餐。

饭后，作者继续向上饶方向前行，中午安排在猎桥午休，因为没有床，只好坐着小睡，于是题有《猎桥午憩坐睡》诗。民国版《弋阳通志》载："猎桥，在归仁乡，去县北四十里，以木为之，通驿路。"下午，杨氏经过弋阳县丫头岩，晚上则是在月岩住宿，故题有《过丫头岩》和《宿月岩》诗。关于丫头岩，古代诗人多有题咏，如宋代诗人王洋有《弋阳道中题丫头岩》，刘弇《丫头岩》诗中有"弋阳之东当古道，有石突兀号丫头"②之句。关于月岩，唐代诗人韦庄题有《经月岩山》诗，首句即是"驱车过闽越，路出饶阳西"，其前序还说："信州西三十里，山名仙人城。下有月岩山，其状秀拔，中有山门，如满月之状。余因行役过其下，聊赋是诗。"对月岩所处的地理方位有详细的交待。北宋杨时《过东林》诗后序说："月岩去上饶十里，山有侧穴，腹背皆洞，如月。"明确交待月岩的地理方位和得名缘由。由此可知，杨万里从弋阳县西北的芙蓉渡到达县东的月岩，正好用了两天时间。《宿月岩》诗之后便是《解舟上饶明晖阁前》，表明作者入弋阳县境后第三天早上才改为乘船，并已到达上饶，时间是三月十一日前后。又因杨万

① 民国十四年(1925)《弋阳县志》卷2之《地理·津梁》，下同。

② 四库本《江西通志》卷150之《艺文》。

里这次赴上饶均是走驿道，未入城食宿，所以笔者认为，松源应是在今江西省弋阳县城北面约10里处的山域。

五、名师品评

杨万里一生力主抗金，反对屈膝投降，故一直不得重用。题作该诗时，他已66岁，经历过人生曲折坎坷，这次又被外放，路途中经过群山环绕的松源地域，于是借上岭、下山时的不同感受来寄寓深刻的人生道理。《过松源晨炊漆公店》其五诗，有不少学者曾做出评析。

已故的中国人民大学朱靖华教授曾说："精巧清新的'诚斋体'诗，确有其独特的内蕴和情趣，可谓既发议论又意在言外，《过松源晨炊漆公店》即是一例。这首诗精妙清新，含意隽永，有如东坡《题西林壁》，完全是从山水描述中阐发其情趣和哲理。诗中的行人和溪水都被层峦迭嶂所戏弄，山岭或者一放一拦，或者向东向西，搅扰得行人恼恨溪水怨怒。此诗从表面上看，似乎是游山玩水时的霎那感受，但实际上却正是人间行路难的亘常写照，可谓从一滴水看到汪洋大海。它的议论是暗含在诗意之中，山水阻勒的意象，是在议论句式中得到显现的，这是典型的宋诗表达方式。这样的议论诗，既避免了寻辞摘句的生硬，也冲决了空泛说教的枯燥，含不尽之意见于言外，给人以美感的享受。"①在他看来，杨氏诗所言及的都是生活中极常见的景象物事，作者却借物抒情，借物说事，把一件件最普通的事情表达得意境深远。尤其诗中"正入万山圈子里，一山放出一山拦"之句，与苏轼《题西林壁》中"不识庐山真面目，只缘身在此山中"句，可谓殊途同归，甚至比苏氏之句更有韵味。

上海师范大学李贵教授则说："杨万里在《过松源晨炊漆公店》一诗中告诉世人：对前进道路上的困难要有充分的估计，不要被一时的成功所陶醉迷惑。该诗内容平常而运思深刻，诗人用活泼的语言如实记录下一时一刻的主观体验和思辨领悟，使之具有与众不同的理趣，创造了新的艺术境界。"在他看来，杨氏《稚子弄冰》《过松源晨炊漆公店》等诗，都是南宋饶有韵味的好诗，是作者淑

① 傅庚生、傅光编：《百家唐宋诗新话》，四川文艺出版社1989年版。

世情怀、日常诗化、哲理思考的最精妙表达。①

也许有人说，杨万里的诗浅显直白，并无多少文学价值，这个观点是极其错误的。其实，杨氏以俚语入诗，都有精心安排，如《过松源晨炊漆公店》其五诗，虽全是大白话，却又是大实话，比那些传统的“文言”诗更有生活气息，富有幽默谐趣的活力，似乎毫无障碍地将自然之景过渡到人间百味。钱锺书先生也说：“看杨万里用俗，就如碰见一个老于世故的交际家，只觉得他豪爽好客，不知道他花钱待人都有分寸，一点儿不含糊。”钱氏这个比喻非常形象，称赞杨氏白话诗法总是不拘一格，勇于变化，能以最直白的话来表达生活中不同的味，以生活中不同的味来传递人生哲学的思考，如此“雅俗兼具”之诗法，在古代诗人中亦是佼佼者。

结语

当今人教版小学至高中的语文课本，共收录古诗二百零几首，其中作者有名有姓的共 187 首。按作者所收录诗的数量来分，可划为三个梯队。第一梯队是李白、杜甫和苏轼，各选诗 10—12 首；第二梯队是王维、白居易、辛弃疾、杨万里和陆游，各选诗 5—8 首，其中杨氏选用诗 6 首；其他几十位诗人均为第三梯队，侧面印证杨万里在中国诗歌史上确实占有重要一席。

《过松源晨炊漆公店》其五诗看似简易，假如不挖掘文字背后的信息，无法理解它的深刻意义。该诗与宋代其他哲理诗相比，作者并未直抒胸臆，而是以极细腻的笔触，借事说理，借景言哲，并给读者留下巨大的想象空间。正因如此，不少人将《过松源晨炊漆公店》其五诗视为宋代哲理诗的压卷之作。

① 《“唐音”之外又创“宋调”，宋诗体现出哪五大魅力》，在“东方讲坛 · 思想点亮未来”讲座上的演讲。

《宿新市徐公店》诗考议

——兼与井冈山大学陈冬根教授商榷

篱落疏疏一径深，树头新绿未成阴。

儿童急走追黄蝶，飞入花来无处寻！①

这是南宋大诗人杨万里《宿新市徐公店》其一诗，它与《小池》一样，被誉为“杨诚斋体”的经典诗作。人民教育出版社2019年12月出版的“义务教育教科书”小学四年级《语文》下册第一单元第一篇《古诗三首》，其中第二首便是《宿新市徐公店》。关于该诗的题写时间和地点，井冈山大学人文学院陈冬根教授针对“古诗文网”“百度百科”“360问答”等网络媒体中的说法提出了不同意见，撰有《杨万里诗中“新市”到底在哪里》一文，刊载于《语文天地》2021年第2期。《语文天地》刊物是由哈尔滨师范大学主办，属于语文教学研究类的辅导性期刊，面向全国广大中小学师生发行，所以被中国知网、万方数据列为全文收录期刊。但是，笔者并不认同陈教授的看法，“古诗文网”等网络媒体中的说法也多有疏误，下面就该诗的不同版本、诗意解读、题写时间和题写地点等问题做简要考议。

一、版本之异

翻阅民国版《四部丛刊·诚斋集》卷34所录诗，第四句中的“花来”却是“菜花”一词，清四库荟要本、四库全书本均与四部丛刊本用字相同，但文渊阁《四库全书·御选宋诗》卷70所录诗与家刻本文字相同。

① 《家刻本〈诚斋诗集〉校注》，江西人民出版社2021年版，第459页。

笔者则认为，古人题写绝句或格律诗，最基本原则是“一三五不论，二四六分明”的平仄对应法，以七绝为例，每句第一、第三、第五个字的平仄要求不是很严格；但第二、第四、第六个字的平仄是固定的，且必须与其前、其后同一位置之字做到平仄相对。杨万里《宿新市徐公店》第四句中第4个字，此位置不管是用“花”字，还是用“来”字，此二字均为平声字，并不违反七绝的平仄规则，但是该诗第三句中“急走”二字均为仄声字，而第四句中用“花来”二字均是平声字，更加符合平仄规则。反之，四库全书本、四库荟要本和四部丛刊本第4句中“菜花”则是“仄平”，虽不算是硬伤，但相比较而言对得不是很工整。由此可间接印证家刻本《诚斋诗集》更为接近杨万里著作的原貌，四库全书本、四库荟要本和四部丛刊本，均出于后世人朗朗上口等原因而做出了臆改。

二、诗意解读

《宿新市徐公店》诗前两句是以白描手法，用平易自然的语言，描摹出儿童捕捉蝴蝶时的天真与快乐，其背景画面则是一道稀疏的篱笆以及一条幽深的小路，篱笆旁边还有几棵树，花瓣已从枝头飘落，嫩叶尚未完全长成。由此，读者通过“篱落”“一径”等字眼可知地点是在农村，又通过“新绿”“未阴”以及油菜花等交待了题写的季节，即春末夏初交替时节，描绘出一幅春意盎然的景象图画。第三句中“急走”和“追”本来都是快速奔跑之意，两个意思相近的动词用于同一句诗中，丝毫没有累赘之感，反而将儿童的活泼神态、好奇好胜的心理刻画得惟妙惟肖。第四句中“无处寻”则是将活动镜头突然转为静止，给读者留下无限想象和回味的空间，读者眼前仿佛又浮现出一两个面对一大片金黄色油菜花而搔首踟蹰、不知所措的儿童。

按照七言绝句的一般写法，前两句常是写景，后两句则是抒意。《宿新市徐公店》诗则是四句都在写景，画面感很强，丝毫没有呆板平列之弊。从写作手法看，前两句是静态描写，后两句是动态描写，由景而入，由静而动，由远而近，直接表达诗人对田园生活的喜爱以及亲民爱民情怀。这些正是“诚斋体”诗歌魅力之所在。

三、题写时间

那么，杨万里题写该诗的时间是何时呢？笔者特意搜索“古诗文网”“百度百科”“360 问答”等网络平台，所叙的题写时间大致相同：“这组诗当作于宋光宗绍熙三年(1192)。彼时杨万里正任江东转运副使，任所是在建康(今江苏南京)。”但均未标明具体的月份或季节。

井冈山大学陈冬根教授所撰《杨万里诗中“新市”到底在哪里》则载：

“古诗文网”说，该诗为杨氏往建康赴任途中所作，这个“新市”就在浙江省德清县东北，处于临安(杭州)与江苏建康(南京)之间。理由大致是其认定这首诗作于宋光宗绍熙三年(1192)十二月，即杨万里赴江东转运副使任时。这种说法既没有提供依据，也没有任何具体解释，仅仅是依据《宋史》所述杨万里的履历来推测的。据悉，杨万里就任江东转运副使是绍熙元年(1190)，而在绍熙三年五月开始屡上辞呈，也基本不理职事了，并于是年秋获准。也就是说，绍熙三年十二月，杨万里早已从转运副使任上卸任归乡了。且不论这首到底是否为绍熙三年所作，即使时间推测对了，其具体地点也是不好说的。毕竟，杭州到南京之间的距离有数百里，这样说也未免太过于模糊了……换句话说，小学语文教材中这首《宿新市徐公店》(即其一)当是杨万里归于江西之后所作。①

陈教授撰文中标有具体月份，即绍熙三年(1192)十二月，但他并未标明此月份出自何处？只是笼统地带有一笔：“‘古诗文网’说。”为此，笔者反复搜索此时间的出处，网络上一直没有找到。再查考杨万里仕履经历可知，绍熙三年(1192)闰二月，66 岁的杨万里第二次行部江东，奉召启程去饶州(今上饶)决谳死囚，即类似于当今的死刑复核裁定；七月，因“铁钱会子”事件而辞官；八月改任赣州知州，未赴；九月中旬，弃官回乡；十月，到达湴塘村，开始归隐生活。②由此，陈教授的“十二月”的时间表述，似乎与“当是杨万里归于江西之后所作”观点并不矛盾，却与诗中“新绿”“菜花”等字眼明显不符。那么，陈教授撰文中所言及的“绍熙三年十二月”和“当是杨万里归于江西之后所作”，这两个时间

① 《语文天地》2021 年第 2 期。

② 《家刻本〈诚斋诗集〉校注》之《绪言》第 8 页。

中哪个说法正确呢?

笔者认为,这两个时间表述均不正确。大家都知道,杨万里《诚斋集》于南宋嘉定元年(1208)由长子杨长孺正式编定,于端平初年(1234)由门人罗茂良校刊,其中9部诗集杨万里生前就已基本编定,且是按他仕宦生涯以及闲居隐退地而命名,每卷内各诗大致是按题写时间的先后顺序排列。依循此脉络,我们可以考证出该诗的吟作时间。

绍熙元年(1190)十一月,杨万里因被宰相留正排挤,授予直龙图阁兼江东转运副使而离开朝廷,驻扎南京,于绍熙三年九月弃官回乡,此任职期间所题写之诗编定为《江东集》,并于绍熙三年五月二十五日撰有《〈江东集〉自序》。《宿新市徐公店》诗收录于家刻本《诚斋诗集》卷35,即《江东集》卷3中第40个诗题,共有两首。四库全书本、四库荟要本和四部丛刊本中,该诗虽是收录于《诚斋集》卷34,但其前10余首、其后10余首排序全部相同,表明该诗排序于此无误,只是不同版本《诚斋集》编卷不同而已。杨万里任江东转任副使期间,曾经两次行部江东。第一次始于绍熙二年(1191)七八月之交,历时30余天。家刻本《江东集》卷3第1个诗题是《晨炊玩鞭亭二首》,表明作者那时正在今安徽省芜湖市北20里处的玩鞭亭吃早饭。该卷第8个诗题是《儿侄新亭相迎》,表明作者第一次行部江东结束,已经回到南京雨花台的新亭,于是儿侄们迎其回家,时间是该年九月初,排序于其后的《十月朔,补种杏花》《下元日,诣会庆节所道场,呈余处恭尚书》等诗均可从侧面加以印证。《江东集》卷3第25个诗题是《壬子正月四日,后圃行散》,壬子即是绍熙三年(1192),表明作者于新年正月初四在官衙后圃散步并题作该诗。

下面,我们再来做详细分析。《江东集》卷3中第35个诗题是《寒食前一日,行部过牛首山。七首》,表明作者于寒食节前一天开始第二次行部,奉诏去饶州(今上饶)决谳死囚。寒食节是古代中国的传统节日,民间流传最广的说法是纪念春秋时晋国的介子推,那天禁烟火,只吃冷食,后世逐渐增加祭扫、踏青、秋千、蹴鞠和斗鸡等风俗,曾被称作中国民间第一大祭日。牛首山是在今南京市南面的江宁区,高约248米,风景宜人。其得名缘于该山东西双峰对峙,形似牛角，如《金陵览古》载："遥望两峰争高，如牛角然。"①《宿新市徐公店》其前第 4 个诗题是《宿金陵镇栖隐寺，望横山》，表明作者那天晚上住宿于金陵镇栖隐寺。另据《景定建康志》载："金陵镇，在江宁县南六十里，本陶吴铺。景德二年（1005）改为镇。"②可知金陵镇即是当今南京江宁区陶吴镇，而横山是在金陵镇南面略偏西方向，表明作者那时仍在今江苏省境范围内。《宿新市徐公店》其前第 2 个诗题则是《寒食日晨炊姜家林，初程之次日也》，说明作者已启程两天，题诗那天正好是寒食节，且是在姜家林吃早饭。《宿新市徐公店》其前第 1 个诗题是《午憩褚家坊清风亭》，印证作者于寒食节那天在褚家坊吃中饭，并午休于清风亭。再结合"宿新市徐公店"之诗题，可知作者题写该诗的具体时间应是在寒食节那天傍晚，且住宿于一位徐姓老头所开的旅店里。

按照古代农历计算，寒食节是在农历冬至日之后第 105 天，即第二年清明节前一两天，故有"百五佳辰""一百五日"的别称。假如按照当今公历推算，冬至日是在 12 月 21—23 日之间，那么绍熙三年的寒食节当是在该年公历 4 月 4 日前后，农历则是该年闰二月底，由此可得出结论，《宿新市徐公店》诗即是题作于那时。此后，作者继续往今安徽省绩溪县行进，经歙县、祁门县进入今江西省境内，又过浮梁县、乐平市，于农历三月初八前后到达弋阳县境，且题有《过松源晨炊漆公店》名诗，这是后话。

四、题写地点

《宿新市徐公店》诗题中"新市"是哪里呢？笔者再次搜索"百度百科""360 问答""古诗文网"等网络平台，大致有 4 种说法。如"古诗文网"收录该诗后附有注释标注："新市：地名。今浙江省德清县新市镇，一说在今湖北省京山县东北，一说湖南攸县东北，一说当涂县（今属安徽马鞍山）东五十里。"这 4 种说法中，网络媒体则更倾向认同"浙江省德清县新市镇"之说，如网络"百度百科"说，"新市，是当时一处城镇，在今浙江德清东北，位于临安（今浙江杭州）与建康之间。这里水陆环绕，舟车通利，是作者离开临安去建康任所，或从建康返回临安述职的必经之地。作者途经这里，略作停留，短期借宿，见景生情，有

---

① 潘耒、余宾硕、陈孚益：《金陵览古》，上海古籍出版社 1983 年版。
② （南宋）周应合：《景定建康志》卷 16 之《疆域志（二）》之《镇市》。

感而发,于是赋写这组诗”。这些网络媒体所依据的参考资料也附有标注,主要有二:一是依据于人民文学出版社 2000 年 1 月出版的《唐宋诗文精华》第 157 页;一是依据于陈瞻淇、董希平、李瑞卿等人所编辑、由中国大百科全书出版社于 2009 年 4 月出版的《古诗鉴赏手册》第 587 页。但是,这些网络平台均载该诗是《宿新市徐公店》组诗中第二首,笔者查阅家刻本等 4 种古籍版本《诚斋集》,它均排序于《宿新市徐公店》诗第一首,由此可知《唐宋诗文精华》《古诗鉴赏手册》两书对该诗的表述也有疏误之处。

此外,井冈山大学陈冬根教授所撰《杨万里诗中“新市”到底在哪里》载:

> 其地点虽不是杨氏老家湴塘,亦当在杨氏家乡吉水附近。具体一点来说,“新市”当离杨万里住家不算太远。笔者推测,其当在吉水—峡江—新干之间,绝不可能往北出了新干县范围……笔者之所以做出“新市”是杨万里家乡不远的吉水—峡江—新干这样的推断,是有一定依据的。除了诗歌中所呈现出来的节令景物、风格语调像是在江西境内之外,其所题的“新市”恰恰是杨万里家乡附近赣江沿岸的一个重要地名……此外,《同治新淦县志》卷一“地理志”中就有“新市渡”,是赣江边一个重要渡口。但这个“新市渡”是否就是杨万里和罗洪先笔下的“新市”,还是有待考证。笔者认为,杨、罗笔下的“新市”似尚未远出新干。①

笔者则认为,因为陈教授对该诗的题写时间判断有误,致使他判定杨氏的题诗地点也必然有误。上述陈教授撰文中所说到的“节令景物、风格语调”的问题,毕竟江苏、安徽、浙江、湖南等地均与江西一样,都处于长江以南,气候风物相差不大,此论证是很乏力的。

那么,杨万里笔下的“新市”到底在哪里呢?我们还是来看看诗人从南京赴上饶的行进路线。前面已言及,《宿新市徐公店》其前第 4 个诗题是《宿金陵镇栖隐寺,望横山》,此处的横山别名是横望山,并非浙江境内的横山,如《当涂

---

① 《语文天地》2021 年第 2 期。

县志》载:“《左氏传》作衡山,‘衡’‘横’通用也。”①该山地处苏皖交界的马鞍山市当涂县东沿,东与江苏南京市接壤,因山体四望皆横而得名。横山是古代吴国的发源地,山色风光秀美,地理位置特殊,历史遗迹众多,因此被仙家选为修炼之所,被兵家列为战略要地,亦被文人吟为世外桃源。不难看出,作者那时正在横山脚下,且已进入当涂县境内,符合诗人行部上饶的出行路线。该诗其前第1个诗题是《午憩褚家坊清风亭》,表明杨万里从褚家坊步行到达新市大约用了一个下午的时间,符合行程实情。清代时编修的《当涂县志》“胜迹”篇里,也有“春(清)风亭,近褚家坊,宋杨万里题诗处”的记载,而如今南京与马鞍山交界的横山脚下仍有“褚家坊”村名,且有褚姓人氏居住在这里。由此可推断,诗题中“新市”当是在南宋时太平州当涂县境内,距南京城约50公里处。

此推论是否成立呢?再来看看《宿新市徐公店》之后的诗作。其后第2个诗题是《晓过叶家桥二首》,表明作者是寒食节次日清晨才离开新市的。第二天晚上杨氏住宿于何处?诗集中并未载明,但第三天早上他已经到达叶家桥,此地仍是在当涂县境内。如《江南通志》载:“叶家桥,近花津渡……右当涂县。”②明代《太平府志》中也录有元代“叶家桥”地名战事的记载。又如,杨氏《晓过叶家桥》其二诗云:

圩峻愁今路,山行羡昨朝。
闭窗深坐轿,合眼过危桥。
岸近何由到,魂惊半欲销。
寄言薛丞相,最稳是轻舠。③

叶家桥位于当涂县新市的西面,处在“当(涂)—溧(水)”古官道线上。此地属于圩田区,所以诗中作者抒发了“圩峻愁今路,山行羡昨朝”的心境。因为叶家桥往西就是薛镇,而《当涂县志》中有“薛镇,古名薛店,以晋之薛兼得之”记载,可知该诗尾句中所言及的“薛丞相”,正是指晋元帝时的薛兼,字令长,丹阳人,

---

① 民国《当涂县志》,奚侗、鲁式谷总纂,当涂县史志办公室整理点校,黄山书社出版社出版,下同。
② 乾隆《江南通志·舆地志》卷27之《桥梁镇市附》。
③ 《诚斋集》卷34之《江东集》卷四。

"洛阳三俊"之一,符合当涂县的人文历史。《宿新市徐公店》其后第4个诗题是《宿青山市四首》,表明作者于清明节前一夜住宿于青山市。青山又称青林山,处于今安徽当涂县东南7公里,南齐谢朓任宣城太守时,曾筑室于山南。唐天宝十二载(753)敕改为谢公山,后人称谢家山、谢家青山,自古就是屯兵之所,有重要的战略地位,今仍存有许多古迹,如李白墓、太白祠和谢公祠以及谢公池遗址等。该诗其后第7个诗题是《清明日,午憩黄池镇》,表明该诗题写于清明节中午,而黄池镇那时隶属于宣城县(今属当涂县),如《江南通志》载:"黄池镇,县北一百一十里,与当涂县接界。"[①]通过以上分析可知,杨万里第二次行部江东是从南京城出发,往南面行进,先到当今的陶吴镇,之后经褚家坊到达新市,再经叶家桥到达当今当涂县青山街,再到宣城县黄池镇,如此去上饶的路线是合理的。

结语

杨万里《宿新市徐公店》诗语言清新,形象鲜明,富有情趣,是"诚斋体"的经典诗作。因为版本出处不同,致使该诗第四句中两个字略有不同,但不影响其诗意表达。该诗的题写时间,应是绍熙三年(1192)寒食节傍晚,农历闰二月底,公历则是4月4日前后。至于题写地点,则是在南宋时太平州当涂县境内,即当今马鞍山市博望区新市镇附近,此地距南京约有50公里。当今马鞍山市新市镇,就地理位置而言,该镇南濒丹阳湖,北依横山,依山傍水,周围圩田众多,自古以来就是富裕之乡;就古代南京至上饶的路径而言,该镇处在"当(涂)—溧(水)"古官道线上,当今网站中也说它"距长江一箭之地,与南京毗邻,是马、当、芜通向长三角的交通要冲,也是皖江链接长三角的前哨"。[②] 杨万里那时算是朝廷高级官员,选择较为平坦宽阔的官道前去也符合情理。由此可知,"古诗文网"等网络媒体中排位于第四,即"一说当涂县(今属安徽马鞍山)东五十里"的说法反而是正确的。

---

① 乾隆《江南通志·舆地志》卷27之《桥梁镇市附》。

② 马鞍山市政府官网:《马鞍山市概况》之《新市镇》。

《过扬子江》诗考议

翻阅杨万里家刻本《朝天续集》卷1,其中《过扬子江》其一诗云：

只有清霜冻太空,更无半点荻花风。
天开云雾东南碧,日射波涛上下红。
千载英雄鸿去外,六朝形胜雪晴中。
携瓶自汲江心水,要试煎茶第一功。[①]

这是一首七言律诗,系作者于淳熙十六年(1189)底赴淮河迎接金国贺正旦使路途中的作品。下面,笔者就该诗做简要考议。

一、版本之异

家刻本中该诗题写作"过杨子江"。关于"扬"与"杨"字,作为姓氏而言,两者并非同姓,但用作"激扬"之义时,此二字可为通假,如三国时张辑《广雅》载:"杨,扬也。"[②]清代段玉裁《说文解字注・木部》载:"杨,古假'杨'为'扬',故《诗・杨之水》毛曰:'杨,激扬也。'"[③]古代文献中常有"扬"与"杨"字、"阳"与"杨"字的混用,缘于"假借者,本无其字,依声托事"[④]之故。

将民国版四部丛刊本与家刻本相比对,其诗题却是"过扬子江",且正文有一字不同,即颔联下句中"日射"写作"月射",因为其后是"上下红"三字,形容

---

① 《家刻本〈诚斋诗集〉校注》,江西人民出版社2021年版,第370页。
② 《广雅》卷5之《释言》,三国之魏国,张揖撰。
③ (清)段玉裁:《说文解字注》,上海古籍出版社1988年版。
④ 四库本《说文解字》卷15(上),汉许慎撰,宋徐铉增释。

江水色彩，晚上月亮的照射无法让河水显示红色，所以应是“日射”一词更为贴切。再将文渊阁四库全书本、清乾隆四库荟要本与家刻本相比对，诗题和正文的所有文字均与家刻本相同。

此外，南宋祝穆编撰的《古今事文类聚续集·过扬子江》卷3，首联上句中“清霜”写作“青霜”。应当说，“清”与“青”字本义不同，“清”是指液体、气体纯净透明，没有混杂之物，而“青”的本义是指蓝颜色，两字并不能通用，由此可推断，写成“青”字应是祝穆的笔误。宋末元初方回编撰的《瀛奎律髓》卷1也录有《过扬子江》诗，颈联上句中“千载”写作“千古”，此二词意思相近，都是形容岁月长久。明代后期曹学佺编撰的《石仓历代诗选·过扬子江》卷179，首联下句中“半点”写作“吹面”，颈联上句中“千载”亦写作“千古”。当然，不同版本所录诗虽有个别字不同，但不影响格律诗的平仄和对仗，不影响其诗意的表达。

二、题诗地点

“扬子江”之名，相传是因扬子鳄生活于长江中下游而得，作为地名，最早见于隋代，史料中有“大业七年(611)，帝升钓台，临扬子津，大宴百僚，遂建此，亦曰扬子宫”①的记载，表明隋炀帝曾在扬州江都县建行宫之实，那时的“扬子江”是指长江下游，今仪征、扬州一带。唐宋以后，又演变为长江南京段至入海口两岸的广大地域，如庐陵另一位名士文天祥所题《扬子江》诗云：

几日随风北海游，回从扬子大江头。
臣心一片磁针石，不指南方不肯休。②

依据《文天祥年谱》中“德祐二年·丙子(1276)，四十一岁”条记载：“《文山先生全集》卷十三《指南录》有诗……《扬子江》等诗，均系于宋恭宗德祐二年(1276)闰三月。”③文氏第13卷诗集名即是依据最后一句诗所确定，而诗题中“扬子江”是指南京城临长江地域。

---

① 康熙《江南通志》卷33《舆地志》之《古迹·扬州府》。
② 《文天祥全集》，江西人民出版社1987年版，第524页。
③ 丁功谊、李仁生：《文天祥年谱》，江西人民出版社2016年版，第196页。

那么,杨万里诗题中“扬子江”又是哪里?依据《朝天续集》卷1内各诗,可还原他从杭州出发后所经过的路径,从而找到扬子江的具体位置。

该卷第2个诗题是《衔命郊劳使客,船过崇德县》,表明出使团已正式出发,往北行进,赴淮河迎接金国使者。崇德县,即当今浙江桐乡市崇福镇,五代十国时置县,距杭州约60公里。第5个诗题是《五更过无锡县,寄怀范参政、尤侍郎》,可知作者已过苏州,到达无锡县,此地正是同僚兼诗友范成大、尤袤的家乡。此后,他过横林到达常州,又经丹阳县进入丹徒县地界,在新丰市、丹阳馆都曾有过停留,且游连沧观。之后,杨氏舍舟登陆,不久又乘船渡江,然后到达自己笔下的“扬子江”,并题《过扬子江二首》诗。丹徒县历史悠久,秦代时就已设县,隋代时置润州,北宋政和三年(1113),升润州为镇江府,辖丹徒、丹阳、金坛三县,州府和县治均设在京口(当今镇江市),而丹徒县为镇江府“郭下”县。由此可知,杨万里笔下的“扬子江”,实是当今镇江市长江段。

之后,杨氏经瓜洲镇继续往北行进,过皂角林、扬子桥,某日傍晚到达扬州,并在此地住宿。第二天经高邮、甓社诸湖,然后在宝应县住宿。接着,他进入楚州城(今淮安)。在淮安城拐西南方向行进,进入洪泽湖地域,这里已算是淮河地界,但不是宋金两国所约定的迎接使者处,且作者题有《初入淮河四绝句》名诗。其后,他经盱眙县,到达洪泽湖西面的淮河地界,乘船在河流中线等待金国使者的到来。值得一提的是,杨万里此次赴淮河之行,事务性公务确实不多,相对较为空闲,但是,从杭州至苏州约180公里,他题诗仅8首;从苏州至盱眙县淮河畔约320公里,他题诗却有79首,其中缘由应是临近南宋国界,既有祝颂故国胜景之意,更因心情愈来愈压抑,于是题诗抨击朝廷投降派,抒发自己内心的愤懑。

三、题诗时间

因为杨万里九部诗集都是按他人生中的任职地或生活地而命名,遵循此脉络,可以考证出作者题写《过扬子江》诗的大致时间。查阅杨氏仕履经历可知,淳熙十五年(1188)十月,62岁的他正式赴筠州任知州,第二年四月被授予朝散大夫,六月被授为朝议大夫,八月拜诏命而离任筠州。依据朝廷颁发的《秘书监告词》落款时间，可知他担任秘书监是淳熙十六年十月二十九日。①

《朝天续集》卷 1 中第一首诗是《和陆务观见贺归馆之韵》，此前陆游题有《喜杨廷秀秘监再入馆》贺诗，于是杨氏题作唱和诗。两人见面后，陆游再推杨氏为“诗坛盟主”，杨氏不允。该年十一月初，杨万里借三品焕章阁学士之衔出任接伴金国贺正旦使，前往淮河迎接金使。何谓“贺正旦使”？它是一个官名，宋、辽、金均曾设立，系宋辽之间或宋金之间向对方皇太后、皇帝和皇后祝贺正旦（正月初一）的特遣使。为何又有一个“借”字呢？因为杨氏刚刚升任四品官秘书监，而接伴金使属于两国间的外交事务，需要副宰相级别的人才能充任。杨氏曾兼任太子侍读，与宋光宗关系较好，于是安排他“借”三品官之职赴淮。

下面，我们对家刻本《朝天续集》卷 1 做具体分析。该卷共有 59 个诗题、97 首诗。第 1 个诗题是《和陆务观见贺归馆之韵》，表明他已回到杭州且任新职。第二个诗题是《衔命郊劳使客，船过崇德县》，可知出使团已经出发，时间是该年农历十一月初。《过扬子江》诗是该集的第 23 个诗题，《初入淮河四绝句》则是第 35 个诗题，表明那时杨氏虽已到达淮河地界，但距目的地还有一段路程。该集第 53 个诗题是《淮河中流肃使客》，证明出使团已经到达淮河中线，正在船上等待金国贺正旦使的到来。第 54 个诗题是《归舟大雪中入运河，过万家湖》诗，说明出使团开始返程，往杭州方向行进。

既然贺正旦使的职责是为南宋朝廷的皇太后、皇帝和皇后祝贺春节，由此可推断，金国使者到达杭州的时间应是农历小年（十二月二十四日）前后。出使团的赴程和返程总耗时 54 ~ 58 天。再结合上文的分析，出使团到达淮河中线的时间应是十一月二十八日前后。镇江距杭州约 280 公里，距盱眙县淮河畔约 220 公里，所以说，杨氏题作《过扬子江》的时间是淳熙十六年（1189）农历十一月十六日前后。

四、诗意释读

品读《过扬子江》一诗，必须先了解作者那时的历史背景。应当说，杨氏这次赴淮河之行，题写了一连串极富文学价值的好诗，其人生中的思想性、政治性在这段时间有最强烈的表达。杨万里生活于宋金对峙、南宋小朝廷偏安于江左

① 《家刻本〈诚斋诗集〉校注》之《绪言》，第 4—9 页。

的时代，随“隆兴和议”的签订，两国在一定时间和区域内暂时停止战争，维系约40年的和平，其间遇到重大节日或庆典还互派使节，但是，民族矛盾并未从根本上得到解决。两国看似是正常邦交，事实上并不平等，因为金宋两国的皇帝是以叔侄相称；宋朝须向金国进贡“岁币”，每年银二十万两，绢二十万匹；金国的贺正旦使、贺生辰使等来访，宋朝须派人到淮河边界迎送等。[①] 在南宋统治集团内部，主战派与主和派的斗争也从未间断，如此特定历史环境下，杨氏作为一位有正义感、爱国心的知识分子，怎么可能置中原沦陷、生民涂炭的残酷现实于不顾，而选择一味吟风弄月呢！

首联和颔联，都是描写扬子江的本来面貌。时值寒日清晨，严霜凝结于寥廓的江天，岸面波平获静，云雾随着旭日的东升而散开，江面波涛呈现一片鲜红。但是，作者特意用“霜冻”二字来渲染气氛，给长江冬景抹上一种万物肃杀的外在印象，读后内心感到十分压抑。其实，长江冬景虽不如其他三季那般的浪漫靓丽，但有暖冬阳光的照射，河面水光灿烂，细细品来，景致也是别有一番韵味。但对作者而言，这种肃杀的直接感受，并不是自然季节所带来的，评判其景象好坏的结果，取决于赏景人的心态和情感。面对国土沦陷，朝廷羸弱，让渡江北行的“我”心情怎能不表现得格外沉重呢？如此着笔，是为后面所要表达的深层次原因埋下伏笔。

颈联中的两句，作者是感叹人才凋零。他笔下的“千载英雄”，表面看是指王导、谢安、谢玄等将相，实际上却是代指高宗朝初期的刘锜、岳飞、张浚、韩世忠等人，他们一心北伐，积极收复失地，如今却是老将已逝，没有谁能再上疆场拼杀，这是叙说“人代不留，江山空在”的深刻道理。“六朝形胜”亦是如此，他借南北朝乱世时居于南方的政权而暗喻南宋小朝廷，因为君臣们无意北伐，满足于“直把杭州作汴州”的苟安，于是含蓄委婉地批评南宋政权的主和投降行为。如此看来，该诗前六句都是渲染悲怆的气氛，是对南宋小朝廷的辛辣讽刺。

尾联则是全诗的主旨句。千载英雄已随飞鸿远去，六朝胜迹仍挺立于雪晴之中，如今的“我”能够做些什么呢？宋金两国如今是以淮河中线作为国界，自己渡过扬子江后很快就能到达淮河，正一步一步地迈向国境边界线。试想，以

① 赵永春：《宋金关于交聘礼仪的斗争》，《昭乌达蒙族师专学报》1996年第3期。

前的淮河是中原腹地，稻丰鱼肥，如今作为两国边界，时而会发生战争，造成百姓逃离，土地荒芜，怎么不令人痛心流泪呢？唉，现实竟然如此，“我”居然什么也做不了，只能提着瓶儿去汲取江心水来为金使煎茶，以此建立自己人生所谓的“第一功”了。

这里，必须深入分析作者对“第一功”的理解。后世有不少诗家提出，尾联中作者居然喊出“要试煎茶第一功”的口号，他怎么能够突然转移话题，极其突兀地转身去说茶事呢？他们认为，尾联与前面6句所表达的内容毫无关联，杨氏有明显的“跑题”嫌疑。其实，这是他们没有真正读懂杨万里题诗背后的深意，没有深入了解作者“煎茶”背后的心境。

杨万里为何要转而言及“煎茶”之事呢？这里是有典故的。陆游《入蜀记》中说，镇江府扬子江畔的金山绝顶处建有一座亭子，取名“吞海亭”，其地理位置极佳，面临长江，视野开阔，是登高望远的最佳处。该亭子修得宽大恢宏，富丽堂皇，以前是文人吟诗会友、官员煮茶休憩的好去处，但是，宋室南渡后，淮河已成为宋金的国界，两岸呈现一片荒凉破败的景象，更关键的是，金山“绝顶有吞海亭，取毛吞巨海之意，登望尤胜。每北使来聘，例延至此亭烹茶”①，此时的吞海亭早已成为招待金国使者的专用煎茶场所，这是作者将内心愤懑寄寓于平实文字表述的成功之处。

“第一功”，本义是指第一等功勋。比如这次赴淮河之行，作者肩负着接待金国贺正旦使的重任，对主和派、势利徒而言，这的确是一个美差。因为只要将茶煎好了，让金国使者喝得高兴，服务得满意，就会有不凡的“功绩”，回到朝廷后就会升官晋爵。但是，对主战派、爱国者的“我”来说，现在要下山汲取江水心，煮香茗，奉仇敌，以此来奉欢外使，如此国耻身辱，自己内心是多么羞愤和痛苦啊！看来，自己人生所谓的“第一功”，并不是付诸国土收复，并不是报效疆场，而是要为敌国使者煎茶，曲意逢迎，“我”怎么心甘情愿呢！到这里，我们可以看出，杨氏写抗金、主战和爱国，并不像辛弃疾、陆游那般直白激烈，性格上表现为一柔一刚，形式上表现为一内敛一外露，情感上表现为一深沉一直白，这正是他与辛氏、陆氏诗风的差异使然。另一方面，自古以来有无数文人诗家写过

---

① （南宋）陆游：四库本《入蜀记》卷1。

煮茶，而杨氏一改他们将品茗写成风雅趣事的惯常思维，将煎茶诗写成痛彻心扉的伤痕文学，如此题诗无疑是成功的。

五、名士品评

自宋迄今，有不少名士曾对杨万里《过扬子江》诗做过点评，可谓褒贬兼有。作者长子杨长孺品读该诗后，感叹老爹的诗风又变，如《〈朝天续集〉自序》云："《渡扬子江》二诗，予大儿长孺举似于范石湖、尤梁溪二公间，皆以予诗又变，余亦不自知也。"①这篇自序文中，作者为何唯独只点名《过扬子江》二首呢？他一定是有所考虑的，担心读者并未理解到他背后的深意。另，笔者撰有《〈宋史翼·杨长孺传〉辑补》一文，结尾处阐释了杨长孺曾以赴淮使团的服务人员身份，随父北行接伴金使的事实，且列举《东南纪闻》卷3中"杨东山云：绍熙庚戌，随侍先文节公接伴北使"②等史料，来证实杨长孺赴淮历练的真实性。杨长孺作为这首诗的现场见证者，必定知道老爹题诗背后的深意，又因为他俩是父子关系，儿子不宜直接吹捧老爹，杨万里自序中更不能明确表白，只是记录儿子对老爹诗风转变的感叹。

宋末元初诗论家方回说："此《朝天续集》诗也，其子长孺举示于范石湖、尤梁溪，二公以为诚斋诗又变，而诚斋谓不自知。诗不变不进。此本二诗，今选其一。中两联俱爽快，且诗格尤高。"③所谓"诗格"，既指诗的格式和体例，又指诗的美学品格和思想情操。方氏所说的选诗，正是《过扬子江》其一诗；所说的诗格，即是指后者。在他看来，颔联和颈联对得很工整，且是以工笔细描之法，采取由景到事再到人的行文方式，将尾联所要表达的复杂感情以精细之笔描绘出来。再如，明末清初文人陆贻典说："（该诗是）《诚斋集》中之最平正者。"④细细品味这些评价语，才能深刻体会诗中作者所寄寓的家国情。

但是，部分诗家对该诗是持否定态度，如明末清初诗人冯班说："宋气厌人。石湖、诚斋诗只是气味不好。首联，村夫子；末句，恶气味。"⑤又如，清代冯

① 《家刻本〈诚斋诗集〉校注》，第365页。
② （元）佚名：《东南纪闻》第3卷，文渊阁四库全书本。
③ （元）方回：《瀛奎律髓汇评》卷1之《登览类》。
④ 《瀛奎律髓汇评》，（元）方回选评，李庆甲集评校点，上海古籍出版社2020年版。
⑤ 《瀛奎律髓汇评》。

舒、赵熙、姚埙等人对该诗也评价较低，其原因是没有读懂作者“煎茶第一功”背后的深意。按冯氏等人的理解，该诗前六句写得不差，最后一句却写得如此“泄气”，甚至是牛头不对马嘴，再加上杨氏常以俚语、俗语入诗，于是“第一功”之语就被他们贬为“粗鄙”“俚陋”“恶习”“村夫子语”等。其实，这是冯氏等人只求表面字意，不肯透过现象看本质的结果，没有理解到作者是以委婉口吻、暗喻手法来对如此人生“第一功”的讥讽。清初《四库全书》总纂官纪昀对该诗却有不同的评价，说：

> 五、六极雄阔，自是高唱。结乃谓人代不留，江山空在，悟纷纷扰扰之无益，且汲水煎茶，领略现在耳。用意颇深，但出手稍率。乍看似不接续。“功”字亦押得勉强些，故为冯氏所讥。（同上）

在纪氏看来，颈联写得极为雄阔，很难得；结尾句是有所感悟，用意颇深，但仍存在“出手稍率”的遗憾。实事求是地说，纪氏还是很有眼光的，已看出该诗最后两句不是败笔，是另有深意。然而，纪氏后面几句评价语也是错误的。按他的理解，杨万里在接伴金使的路上，因对现实失望，于是选择领略当下，放弃国恨家仇，转身茶场，选择及时行乐去了。事实真的是这样吗？否也。当代学者周汝昌先生说：

> 纪昀这人有时很有些眼力识解，有时却荒谬绝伦，至令人不能置信……诚斋原句，以表面壮阔超旷之笔，而暗寓其忧国虑敌之夙怀，婉而多讽，微而愈显，感慨实深，怎么竟给讲成是“人代不留”“江山空在”的滥调了呢？这不是荒谬已极了吗？[①]

在周老先生看来，杨氏之意在于“言外”，婉而多讽，先是借六朝故事，来反衬南宋君臣的懦弱，并隐含对已逝抗金名将的怀念。如今自己面对国难，却无法报效国家，还得殷勤地为敌国使者汲水煎茶，此般人生“第一功”，实是国耻家辱！

---

① 《杨万里选集》引言，上海古籍出版社 2012 年版，第 18 页。

当代学者、百岁老人叶嘉莹说：

> 杨万里有一首诗《过扬子江》……许多人批评杨万里这首诗，说前面风景写得不错，最后一句完全是凑韵，煎茶有什么功可言？这是不了解当时的历史背景，缺少一个历史性的阅读视野。要了解杨万里这首诗的历史背景，首先就要考察杨万里的生平编年。他是在南宋光宗时写的这首诗，那时南宋与北方的金国时战时和，有种种复杂的外交关系。[①]

在叶先生看来，杨万里那年充任南宋接伴金使而赴淮河，必然会在吞海亭上烹茶相见，因此"携瓶汲江"一事，犹如战国时蔺相如逼迫秦王击缶一样，否则就是秦王对赵王的侮辱，这是一个很重要的外交事件。她认为，品读古诗，虽可衍生出很多种意思的理解，但最主要的是先读懂这首诗，才允许有自己所衍生出来的意思，犹如读《过扬子江》诗，没有透彻理解"煎茶第一功"的真正内涵，就无法理解作者刻骨铭心的爱国情感。

结语

鲁迅先生说："我总以为倘要论文，最好是顾及全篇，并且顾及作者的全人，以及他所处的社会状态，这才较为确凿。要不然，是很容易近乎说梦的。"[②]杨万里赴淮接伴金使期间，第一次横渡长江、淮河，亲眼看到北面的大好河山沦于金人之手，两岸百姓不能自由来往，心中有无限感叹，于是写下许多爱国诗篇，其人生中的思想性、政治性在这段时间有最强烈的表达。《过扬子江》的诗眼，正是部分诗家所嫌弃的"煎茶第一功"，面对物是人非，作者触景生情，从写实入手，把追思名将、抗金主战、家国之思、现实无奈等心绪全部糅合在一起，将情感超脱于具体事物之上。更关键的是，杨氏将这种复杂的思想感情写得极为灵动鲜活，遣词造句仿佛是"生擒活捉"，这正是他所倚重的"活法"作诗的成功之处。

---

① 《叶嘉莹：读古诗，让我们的心灵不死》，网易 2020 年 4 月 21 日，来源：新华视点。

② 《鲁迅全集》第 6 卷，人民文学出版社 1958 年版，第 126 页。

《宿灵鹫禅寺》诗考议

翻阅家刻本杨万里《诚斋诗集》卷14,其中《宿灵鹫禅寺》其二诗云:

初疑夜雨忽朝晴,乃是山泉终夜鸣。
流到前溪无半语,在山做得许多声。①

这首绝句用词简洁,质朴易懂,读起来朗朗上口,但深蕴哲理,可谓细微之处见精神。下面,笔者就该诗做简要考议。

一、题诗时间

众所周知,杨万里生前就对自己9部诗集做了编定,基本上是按创作时间的先后顺序排列。宋末元初诗论家方回说:"杨诚斋诗一官一集,每一集必一变。"②依照此脉络,可探寻该诗的具体题作时间。

《宿灵鹫禅寺》收录于《西归集》卷1,该诗集是作者任常州知州秩满后,西归家乡吉水的路途中,以及在湴塘村待次新职期间所作。查阅萧东海教授编著的《杨万里年谱》可知,淳熙四年(1177)四月作者携家眷离乡,正式赴任常州知州。淳熙六年正月,其知州任期将满,且已获任提举广东常平盐茶,但需待次半年余。那年三月初,作者携家眷从常州启程,因无公差之急,所以行程相对较为缓慢,其间题诗量也较多,直到四月下旬才到达家乡湴塘③。由此可知,该诗题作于淳熙六年(1179)三四月之间无疑。

① 《家刻本〈诚斋诗集〉校注》,江西人民出版社2021年版,第185页。

② (元)方回:《瀛奎律髓》卷1,四库全书本。

③ 萧东海:《杨万里年谱》,上海三联书店2007年版,第153—159页。

那么,这首诗题作于哪一天呢?《宿灵鹫禅寺》列于《西归集》卷1第57个诗题,其前第17个诗题是《四月一日,三衢阻雨》诗,其前第三个诗题则是《四月四日午,初出浙东界,入信州永丰界》诗,表明该诗题作于四月初四之后。但是,《宿灵鹫禅寺》其后第1个诗题即是《初五日晓寒,浙人谓之"蚕寒",盖麦秋寒也》,表明初五那天较冷,而《宿灵鹫禅寺》的题作时间不会迟于四月初五晚上。其后第13个诗题是《四月十三日,渡鄱阳湖》,表明他早已进入江西境内,正乘船渡鄱阳湖。再依据《宿灵鹫禅寺》的文字表达,可以得出结论,该诗题作于淳熙六年(1179)四月初五早饭之后,作者因感于眼前所见的山泉"咚咚"作响,与昨夜睡觉时误判为"雨声"的差异入手,既叙述现实之景,又借以抒发内心感悟。

二、创作地点

灵鹫禅寺的具体位置在哪里?依据其前第三个诗题《四月四日午,初出浙东界,入信州永丰界》,表明作者那时已经离开当今浙江省江山市地域,进入了今上饶市广丰区境内。查阅同治版《广丰县志》载:"灵鹫山在县东三十里,一峰干霄如鸟,铁翰下有洞曰光相,两岩崭然而嵌空洞。西为宝积院,宋张忠文公衣冠墓在焉。"①灵鹫禅寺又名宝积善院,南宋时隶属于广丰县永丰镇管辖,具体位置是在今广丰区东阳乡灵鹫山北麓,因寺依灵鹫山而建,远视犹如一只鹫鸟凌空飞舞,由此得名。四月初四下午,杨万里一家人进入永丰镇地界,并投宿于灵鹫禅寺。

灵鹫寺始建于唐元和年间(806—820),由僧人明道、智开创建,宋、元、明、清曾几经废兴。清光绪年间,又先后兴建玉皇殿、观音堂等,誉称"九栋十三厅",寺僧多达一百余人。现已被列为江西省14座重点佛教古寺之一,主要建筑有天王殿、大雄宝殿、观音殿、斋堂、寮房等。

三、诗意解读

诚然,这首绝句若从文字表述的角度看,作者所讥讽的对象只是山间的一泓泉水,这是大自然中极普通的一种物象。其实,他是将深沉含蓄的哲理蕴藏

---

① 清同治十一年《广丰县志》卷1之四《山川志·形志》。

于普通的日常事物之中,借景明理,理在景外,虽篇幅短小,却蕴含一份深刻的政治讥讽之味。

第一句作者是从错觉入笔,由“疑”字统领全句。那天夜里,自己宿于灵鹫禅寺,整夜都听到一种奇异的声响,内心以为正在下雨,但冥冥之中,似乎又不是雨声。表明他当时并未起床现场察看,才造成这么一种误判。待第二天早晨起床看到实景后,才知昨夜并没下雨,于是用一个“忽”字来表达意思的转折。

第二句写他循声而觅,才知原来是房舍外的山泉往下而流,因为地势落差的原因,才会有“咚咚”作响的流水声。作者那时才恍然大悟,原来打扰自己一夜清梦的声响,只是急流而下的山泉声。因为泉水下泻,水流冲击山间岩石,才会终夜响个不停。这既是作者对日常生活现象的一种描述,又是以“活法”手法来刻画大自然普通物象的成功表达,符合生活逻辑,叙说也很自然。更关键的是,作者在描摹睡意蒙眬中产生这种错觉的背后,其实暗藏一种弦外之音,为后面所要表达的深沉含意埋下伏笔。

第三句是紧承上句,对“终夜鸣”做进一步分析。因为溪道弯曲、地势落差较大,于是山泉才会“咚咚”作响。但是,当山泉穿越完山头,流至平坦的田野后,溪道变宽,也无明显的高低落差,激越的流水声突然变得安静无声。如此之景,似乎让作者内心存在一种“不适应”的感觉。这里,他由写景转入明理,为最后一句做好铺垫。因为他内心突然开悟,产生如此差异的根本原因,并非物象本身,而在于它所处环境的变化;即使是同一种事物,也会随着条件变化而有截然不同的结果。

第四句是画龙点睛之笔,它依靠对仗的衬托,语序上与第三句形成“倒序”,逆向思维,为全诗增添妙趣。作者由写景而引发议论,简短七字,讽刺辛辣,冷气十足,借以鞭挞那些做得高官前,常激昂指点江山、有不少高谈阔论的人,以前曾表现得那么忧国爱民,待他们掌握一定权力、拥有一定地位后,却犹如这股山泉流至前溪一样,竟然变得噤若寒蝉,甘于随波逐流,再也不敢为老百姓的利益仗义执言。全诗的主旨于议论中深化,将深刻的人生哲理蕴藏于最普通的生活现象的叙说之中。

这首诗的艺术特色在于,一是运用诗词传统的“比”法,从生活细微情节入手,借事寓意,以故为新,构思极为巧妙。二是采取叙述与议论相结合的办法,使议论立于事物表述之上，借以暗喻社会中的某种世态。三是语言平易，内容朴实，笔调幽默，针砭时事可谓入木三分。

四、背景分析

杨万里为什么会写这样一首诗呢？分析当时的社会历史背景，不难找到答案。

隆兴二年（1164）底，自《隆兴和议》签订后，孝宗和权臣们开始转入以和养战的时代，众多权臣开始满足于偏安一隅的状态。诚然，金国世宗皇帝那时也满足于现状，不再考虑侵宋，相反也是积极防备南宋往北进攻，“世宗每戒群臣积钱谷，谨边备，必曰：‘吾恐宋人之和，终不可恃。’亦忌帝（宋孝宗）之将有为也”①。

淳熙元年（1174）二月，虞允文因病死于任上，之后陈俊卿等刚直大臣退出政坛，那时宋孝宗虽说不忘攻金雪耻，却碍于各方面的原因，包括太上皇高宗随时可能出面干预，直到去世他再没有抗金行动。那时，朝廷官员虽说分为三派，事实上只有两大阵营。第一阵营是持忠节论者，即主张对金国强硬的道义派，他们主张抗金，要求北进，激烈地反对那些懦弱不经事的主和派官员，称他们为毫无人臣气节的卖国者；第二阵营是持名利论者，即主张以和与战的利益作为考量的所谓“实务型”官员，包括主和派与中间派，他们指责主战派实是为了自己的功名利禄，才会不顾国家和民众的安危。这三个不同派别的人物因政治主张不同，对朝廷选人用人、官员政绩的评判等，总是相互抵触和攻击。② 更为关键的是，朝廷部分近习倚仗宋孝宗的信任，招权纳贿，造成不少正直士大夫遭贬或被驱出朝廷，也有少数士大夫转身投靠权贵，第一阵营的力量越来越薄弱。

在古代文人的笔下，自己选择在野还是选择在朝，常以“在山”与“出山”来打比方，如唐代杜甫《佳人》诗云：“在山泉水清，出山泉水浊。”③白居易《白云

---

① 《宋史》卷35《孝宗纪三·赞》。

② 董春林：《和战分途：南宋初年的政治转向——以孝宗朝政策迁移为线索》，《中南大学学报（社会科学版）》第20卷第4期。

③ 郭知达编：《九家集注杜诗》卷5，四库全书本。

泉》诗亦云:“何必奔冲山下去,更添波浪向人间。”[①]均以此来表达自己内心的向往。杨万里出于时代的局限性,不能说也不敢说孝宗皇帝的任何不是,只能借助于现实生活中某些物象的变化,来暗喻自己主战抗金、爱国忧民的心志。《宿灵鹫禅寺》即是他煞费苦心地以路途所见之景,借以鞭笞朝廷中那些不肯发声的权贵。必须提示的是,作者题作此诗时,一直是在做地方小官,从未出任过京官,由此可推想,这首诗所讽刺的对象并无特指,只是笼统地讽刺那些随波逐流、了无建树的权臣们。

五、名家品评

关于杨万里《宿灵鹫禅寺》诗,曾有数位名家做过品评。1937 年 9 月 5 日,民国学者胡适先生感叹于该诗是以物比人,借事寓意,艺术特色较为鲜明,于是将这首诗收录于《胡适选注 · 每天一首诗》书中。[②]

当代学者周汝昌先生亦认为,作者于末句的“做”字写得最为传神,并说:“此写山泉在山时因水路曲阻,冲击作响;及流出山下,水路宽平,遂无一点声音。以此来讽刺当时的士大夫,未做官时有许多‘高论’,一旦有了地位,依然和其他官僚一样,了无建树。可比较作者《读陈蕃传》诗:‘仲举高谈亦壮哉,白头狼狈只堪哀。枉教一室尘如积,天下何曾扫得来?’”[③]在周老先生看来,杨万里是沿波讨源,知人论世,两首诗的写作手法如出一辙,所表达的是同一种政治观点,只不过《读陈蕃传》是借古讽今,《宿灵鹫禅寺》则是借景寄情而已。

---

① 歙县汪立名编:《白香山诗集》卷 39,四库全书本。

② 《胡适选注 · 每天一首诗》,中华书局 2008 年版,第 208 页。

③ 周汝昌选注:《杨万里选集》,上海古籍出版社 2012 年版,第 120 页。

杨万里八首经典诗考议

杨万里作诗初学"江西诗派",此后又经历好几个阶段,学习模仿过不少先人,最后形成自己的风格,后世称为"诚斋体"。南宋王迈说:"万首七言千绝句,九州四海一诚斋。"他一生创作的诗歌数量惊人,共有 9 部诗集、42 卷,家刻本《诚斋诗集》共录诗 4244 首。读杨万里诗,或是低沉含蓄,或是清新婉转,可谓风格各异,耐人寻味。下面挑选 8 首经典诗作简要考议。

一、《小池》诗

翻阅家刻本杨万里《诚斋诗集》卷 8,其中《小池》诗云:

泉眼无声惜细流,树阴照水爱晴柔。
小荷才露尖尖角,早有蜻蜓立上头。[①]

《小池》诗可以说是杨万里"诚斋体"最具代表性的诗作之一。细细品读该诗,作者从"小"处着眼,通过小池中一个泉眼、一涓细流、一片树阴、数枝嫩荷以及一只蜻蜓,给我们描绘出一幅具有无限生命力而又充满生活情趣的风物图画。小泉总是默默地渗出细流,仿佛十分珍惜着自己那晶莹的泉水;新绿的树枝极喜爱温柔的阳光,并把自己的影子融入池水之中;娇嫩的小荷刚刚将尖尖的细角伸出水面,尚未全部打开,却有调皮的小蜻蜓轻盈地立在上面。作者是以一个生动细致的特写镜头,来表现小池中富有生命力和动态感的小荷景象,以此表达作者对生活的热爱。

① 《家刻本〈诚斋诗集〉校注》,江西人民出版社 2021 年版,第 105 页。下文中的诗,凡标注家刻本者,均录自该书,不再标注。

（一）版本之异

关于《小池》诗的版本之异，笔者翻阅《御定佩文斋咏物诗选》所录之诗，发现竟然有一字之差：

> 泉眼无声涩细流，树阴照水爱晴柔。
> 小荷才露尖尖角，早有蜻蜓立上头。①

由此可见，这首《小池》诗首句中是用"涩"字，并非用"惜"字。

《御定佩文斋咏物诗选》是清初张玉书、陈廷敬、王鸿绪等人奉敕编辑，康熙皇帝于康熙四十五年（1706）六月御定颁发之书，以咏物之诗分隶各类，共有486卷。"佩文斋"是康熙皇帝的书斋名，地址在原圆明园畅春园内。尽管康熙朝时有不少内府刻本和御命编纂的书籍也会冠以"佩文斋"之名，但因这类书主要是供皇室子弟学习使用，可见该书在当时仍有很重要的分量。

笔者再翻阅清乾隆版家刻本《诚斋诗集》、清初《四库全书・诚斋集》以及民国版《四部丛刊・诚斋集》，发现这3种版本所收录的《小池》诗首句均是"泉眼无声惜细流"。至于张玉书等人编写《御定佩文斋咏物诗选》是依据何种版本，现已无从查考。值得一提的是，无论是"涩"还是"惜"字，作者均是采用拟人的写作手法。按古代平水韵的划分，此二字均为仄声，处于句中第5个字的位置，按照"一三五不论，二四六分明"的作诗格律要求，此处用平声字、仄声字都是允许的，所以说已无法判断哪个字更为适合了。尽管《小池》诗的首句有"惜"与"涩"字之别，但不影响对该诗吟作时间和创作地点的考议。

（二）创作时间

《小池》诗收录于家刻本《诚斋诗集》卷8第15个诗题。大家都知道，杨万里一生共有9部诗集、42卷，因作者生前就已对这9部诗集基本予以编定，且几乎都是按任职阶段以及创作时间的先后顺序来排列的。依照此脉络，我们可以考析出《小池》诗的创作时间和创作地点。

《诚斋集・江湖集》中的"江湖"二字，即是指江西、湖南两地。因唐代佛教

① 四库本《御定佩文斋咏物诗选》卷103《池类（附沼）》之《五言古》。

名僧马祖道一居住在江西，而石头希迁居住在湖南，致使信佛参禅者不是忙于去江西，就是忙于赴湖南，于是后人将此二地合称为“江湖”。杨万里撰作《江湖集》期间曾任湖南零陵县丞、江西奉新知县等职，此外便是在老家湴塘村丁父忧、“待次”漳州知州等，所以他将自己第一部诗集命名为“江湖集”①。

淳熙十五年(1188)九月，杨万里为第一部诗集题作《〈江湖集〉自序》时说：“予少作有诗千余篇，至绍兴壬午(1162)七月皆焚之，大概江西体也。今所存曰《江湖集》者，盖学后山及半山及唐人者也。”②《江湖集》中第一首诗是《壬午初秋赠写真陈生》，可见《诚斋集》中所录之诗始作于绍兴三十二年(1162)七月。此前他所写的一千多首诗全部被焚毁，缘由是要突破江西诗派的藩篱。淳熙十四年(1187)四月，他为第二部诗集题作《〈荆溪集〉自序》时说：“故自淳熙丁酉之春，上塈壬午，止有诗五百八十二首，其寡盖如此。其夏，之官荆溪。”③淳熙丁酉即是1177年，荆溪是常州郡治地的小河名，这就表明作者于1177年春已经赴任常州知州，故《江湖集》所录诗的下限是1177年春。

下面对家刻本《江湖集》卷8之诗做进一步分析。假若以诗题个数来统计，《江湖集》第八卷共有67个诗题，录诗92首。《小池》诗排列在该卷第15个诗题。《小池》诗之前第7个诗题是《丙申岁朝》。“丙申”即是淳熙三年(1176)，“岁朝”是指农历正月初一，由此可知《小池》诗撰作于1176年春节之后。《小池》诗之前第1、2个诗题分别是《夏日绝句》《暮春小雨》，可见这2首诗是创作于春末夏初。必须注意的是，《小池》诗其后第5个诗题是《极暑，题钓雪舟》，第7个诗题是《六月十三日立秋》，这表明1176年极热之日作者仍然是在家乡居住。此外，《江湖集》卷8末处有《春寒绝句》《晚春即事二绝》诗题，再次表明《江湖集》创作时间的下限是1177年春末。

众所周知，吉水乃至江西、湖南境内，荷花首次开花的时间是农历五月上旬。依据《小池》诗中“树阴”“小荷”“尖尖角”等词汇，由此可以推论，该诗的创作时间应是淳熙三年(1176)农历五月端午节前后。

---

① 《家刻本〈诚斋诗集〉校注》，第1页。

② 《家刻本〈诚斋诗集〉校注》，第1页。

③ 《家刻本〈诚斋诗集〉校注》，第115页。

（三）创作地点

纵览杨万里《江湖集》卷8第1首诗即是《钓雪舟中，霜夜望月》，卷7倒数第5个诗题则是《晚步南溪弄水》。南溪是小溪名，是湴塘村杨氏的母亲河。关于钓雪舟，作者曾题作《钓雪舟倦睡》诗，并作诗序说："予作一小斋，状似舟，名以'钓雪舟'，予读书其间。"[①]可知它是作者家乡卧室的一间书斋。元代诗论家方回说："杨诚斋诗一官一集，每一集必一变。"[②]正因为杨万里每部诗集的生活地域较为固定，而"南溪""钓雪舟"等地名都在湴塘村内，由此可知，作者在撰作《小池》诗之前，他生活在吉水县境内无疑。

《小池》诗之前第5、6个诗题分别是《赠刘景明来访》《与刘景明晚步》，这两首诗中分别有"行尽南溪溪北涯，李花看了看桃花"，"告我明朝还又别，对床终夕不成眠"之句，由此可知，安福县好友刘浚来访肯定是来作者家里做客，并且带他游览了作者家乡的南溪美景。那天夜晚，刘浚是住在杨万里家里，两人对床而眠，几乎嗑叨一整夜。《小池》诗其后第5个诗题即是《极暑题钓雪舟》，第7个诗题是《中秋前二夕钓雪舟中静坐》，这些诗均表明那段时间作者仍是在家乡"钓雪舟"书斋里度过的。

此外，《小池》诗之后第36、37个诗题分别是《访周仲觉，夜宿南岭，月色粲然。晓起路湿，闻有夜雨》《过西坑》。"南岭"是指吉水枫江镇花园村地域，是南宋庐陵青年才俊王子俊的家乡，杨万里、周必大、朱熹等名人均曾赴南岭小住，且多有题咏。"西坑"则是作者家乡村北3里处的山岭，是湴塘村去南岭、安福的必经路段，它与"海坑"隔田相望，两坑之间的农田称为西坑田塅，上方有一座水库，今天即是称作"西坑水库"。这两首诗均表明作者在撰作《小池》诗之后，仍有很长一段时间是在家乡湴塘村度过。综上所述，《小池》诗创作于作者的家乡——吉水县湴塘村应无异议。

值得一提的是，湴塘村正南面有南溪蜿蜒流过，村庄与南溪之间，自东而西原有二三十口水塘，至今仍有十余口水塘，水系极为发达。自古以来，湴塘村溪边、塘里处处种有莲藕，荷叶四处可见。杨万里祖孙三代的老宅即是在当今

---

① 《家刻本〈诚斋诗集〉校注》，第100页。

② （元）方回：四库本《瀛奎律髓汇评》卷1。

“父子侯第”西侧30米处。端平元年(1234),宋理宗因赐建“父子侯第”而成为其孙子辈的居家之所,其正前方15米处现在仍有四口水塘。据湴塘村老人口口相传,“父子侯第”西南侧的小水塘,即是《小池》诗的原创地。

二、《晓出净慈寺送林子方》诗

假如你漫步杭州西湖,内心想吟诵几首古诗来赞其美景,南宋大诗人杨万里《晓出净慈寺送林子方》诗自然会涌上你心头。

毕竟西湖六月中,风光不与四时同。
接天莲叶无穷碧,映日荷花别样红。

这是一首咏景诗,也是一首送别诗。作者在诗中并未过多地渲染离别时的悲伤,而是以诗传情,将友谊比作六月西湖的花与叶,以此表达自己内心对友人的深情眷恋。该诗气势雄浑,节奏鲜明,文字朴素,意境高雅,值得为之趣议。

(一)诗题中有无“寺”字

早在2017年9月27日,吉水县在文化公园举行“万里诗歌万里行”全民阅读活动,作为全县的主会场,来自各单位1300余人集体朗诵杨万里部分经典诗,其中包括《晓出净慈寺送林子方》。26日上午,县文广新局负责同志打电话问我:“这首诗在部分书籍和网页中诗题没有‘寺’字,到底孰对孰错?”

其实,这只是诗集版本出处不同而已,不存在孰对孰错的问题。笔者翻阅清文渊阁《四库全书·诚斋集》、康熙皇帝敕编的《御选宋金元明四朝诗》,以及民国版《四部丛刊·诚斋集》,诗题中均无“寺”字,而初中语文课本中“晓出净慈寺送林子方”诗题即是出自清乾隆家刻本《诚斋诗集》。

关于净慈寺,其全名是净慈报恩光孝禅寺,与灵隐寺并称为杭州西湖南北两大佛寺。据《明一统志》载,两寺均“在西湖上,周显德(954—960)中建寺,有五百罗汉,各高数丈”①。笔者翻检其他资料得知,两宋时文人们常以“净慈”来称呼该寺。如王炎有《净慈》诗,韩淲有《净慈西堂简敬叟》诗,喻良能有《三月十四日陪同年十有六人游净慈,遂饮于水月居,坐中即事》,陈造有《约吕徐二

① (明)李贤等撰:《明一统志》卷38《浙江布政司》。

友游净慈》《赠净慈主人五首》等，杨万里的好友范成大也有《寄题西湖，并送净慈显老三绝》诗；诗句中以“净慈”二字代指该寺的就更多，如“横界南屏翠郁葱，净慈低在白云中”“净慈雁塔由来古，十景乾淳已有名”等，不胜枚举。

笔者在此不妨做如下两种揣测：一是作者当时考虑该诗题偏长，特意省略那个“寺”字。因为该诗第一句“毕竟西湖六月中”已点明送别地点——临安西湖，就好比当今吉安人说到“井冈”“青原”“白鹭”时，虽然未说“山”或“洲”字，但内心熟知是指何地。一是作者当时赠诗时，确实没有写那个“寺”字，又因作者名气较大，致使“晓出净慈送林子方”诗题很快就流传开来；待杨万里回乡归隐后，考虑到杭州之外的人对“净慈”这个地名并不熟悉，于是再添加一个“寺”字进去。其实，诗题中有无“寺”字，并不影响其诗意的表达。

（二）关于林子方

《宋史》中林子方无传，其家世、仕履和交游等鲜有记载，只能依靠南宋文人官员们的相关诗文做简要探析。林枡，字子方，福建莆田人，绍兴二十一年（1151）中进士，历官汀州通判、吏部郎中、直阁秘书等。因后两个职位较显重，故与文人官员们多有交谊。淳熙十一年（1184），周必大曾给他写过信，即《林子方秘书》。第二年春天，周必大写的《赵子直丞相》信中又提到他：“赣疫吉旱殊甚，林子方亦不尽知，王仓却曾详奏也。”①理学大师朱熹《与方伯谟》《答余景思》等信件中也多次说到林子方，如朱熹《与赵帅书》信末处说：“前日，林子方因治建昌，士人无礼教，官事几为要路所挤，今日风俗大抵不甚睹，是令人愤懑，伏想高怀于此必有处也。”②此外，同为莆田老乡的陈俊卿有《寄林子方》，楼钥有《送林子方吏部将漕江东》，赵蕃有《呈林子方运使四首》，林亦之有《送林子方秘书赴广东提举》诗等。

淳熙十四年（1187），林子方时任直阁秘书，职责是为皇帝草拟诏书，那时杨万里任尚书左司郎中兼太子侍读，算是林子方昔日上级兼好友，闲暇时常聚在一起煮茶品酒，畅谈强国主张和抗金建议，切磋诗文。六月，朝廷下旨林子方漕闽部，即担任福州知州兼福建路运使，于是杨万里题写《晓出净慈寺送林子

① （南宋）周必大：《文忠集》卷196《札子（八）》，卷191《札子（三）》。

② （南宋）朱熹：《晦庵集》卷27《书》之《与赵帅书》。

方》相赠，二三天后又题写《送林子方直阁秘书将漕闽部》诗3首相赠。

第二年三月，杨万里因“高宗配享”事件被宋孝宗斥为“直不中律”，并被贬为筠州（高安）知州。夏秋季节，林子方不远千里，从福州专程来到吉水县湴塘村，请杨氏为其父林孝泽题写一篇墓志铭。正因为林子方求得《林运使墓志铭》一文，才使得林父的仕履、政绩和德行流芳千古。该文末处还叙说了林、杨二人的友谊：“枅，左奉议郎、秘书省秘书郎，出知信州……枅立朝岿然，弗激弗随。予晚与枅同朝而厚。予得外补，枅迢送予曰：‘先君子窆而未碣，非懈，实有待子其人哉？’予谢不能。既归庐陵，枅又遣一介走二千里来请。”①

（三）戏说该诗

有人说，《晓出净慈寺送林子方》一诗只有景色描写，却无任何话别之语，作者这样写并非只是为了送别，而是对林子方外派一事的规劝和挽留。于是读者会问：“这是怎么一回事呢？”

话说淳熙十四年（1187）六月，宋孝宗突然安排自己的秘书林子方去做福州知州，为此林子方很高兴，认为仕途从此步入快车道。大家都知道，古代交通不便，信息难通，往往今日一别，终生难以再见。杨万里作为林子方的昔日上司，想劝说他继续留在朝廷任职，毕竟近水楼台先得月。但是，中国文人历来讲究含蓄，有些话不能直截了当地说出来，于是杨氏借与林子方同游西湖的机会，写下这首规劝诗。

“毕竟西湖六月中”，作者以西湖代指京城临安，用“毕竟”二字点明林子方做京官的机会难得。“风光不与四时同”，表明林子方在吏部、直阁的官位已是炙手可热，是众多地方官梦寐以求的京官，将来会有更多更快的升迁机会。“接天莲叶无穷碧”，这里以“天”代指皇帝，暗示林子方如此年轻，且已在皇帝身边工作多年，极容易获得皇帝的认可，没必要去偏远小城市任一把手。“映日荷花别样红”，作者以暗喻的手法，表明林子方不久后一定会有“别样红”的大喜局面。遗憾的是，年轻的林子方愣是没有听懂杨万里诗中的寓意，只是拿着诗笺连读两遍，留下“好诗，好诗”四字赞语，然后起身上马，消失在赴闽的茫茫长路之中。此后，史籍和官员文集中极少有林子方的相关记载。

① 《诚斋集》卷125《墓志铭》之《林运使墓志铭》。

三、《过赵家庄》诗

老子方孤闷，西山忽在旁。
回头郛子砦，明眼赵家庄。
试饮章江味，中涵吉水香。
望乡侬已喜，而况到吾乡。

这是南宋大诗人杨万里被贬回乡，抒发途中所见所感的一首诗，收录于《江西道院集》。假如你在网络上搜索该诗，发现有的网页其诗题竟然是“过赵受庄”，为此，笔者特意查阅清四库全书本、清四库荟要本、民国版四部丛刊本以及清乾隆家刻本《诚斋诗集》，发现其诗题均为“过赵家庄”。至于“过赵受庄”诗题出自何种版本，抑或编辑者输入之误？均无法得知，有待今后再做考证。

（一）写作背景

淳熙十五年（1188）三月，宋孝宗采纳翰林学士、鄱阳县人洪迈的建议，以吕颐浩等人配享高宗庙祀。时任秘书少监、年已62岁的杨万里力争主战名相张浚应当配享，并斥责洪迈不征求众大臣意见，独断专行，无异于“指鹿为马”。配享又称作配飨、祔祀，属于祭祀的范畴，其职能隶属于礼部下设的祠部。按照世俗的眼光，与秘书监的职责毫无关联，由此可体现杨万里忠义刚正的一面。因孝宗皇帝此前曾两次审阅并认可了这份名单，由此还联想到昏庸无能的秦二世，说：“万里以朕为何如主？”①由此得罪宋孝宗。杨万里眼见君主不思中原恢复，朝政被近习把持，权臣苟且偷安，忠臣被排挤出朝，自己是有志不能舒，内心极其痛苦，于是一面上书朝廷请求辞官，一面写信给刚刚任命为零陵县主簿却仍在“待阙”的长子杨长孺，要他赶紧修葺好祖屋，打算弃官归隐。宋孝宗毕竟是弄权高手，最后的处理结果是对杨万里和洪迈各打五十板，将两人外放地方做官。该年四月九日，杨万里被免直秘阁一职，安排出任筠州（高安）知州。因那时仍是官多职少，于是只好回家待次，于九月才正式到任。

---

① 四库本《宋史》卷433《儒林（三）》之《杨万里传》。

那么，这首诗写作于什么时间呢？因杨万里9部诗集均是按任职地来命名，且是按年份及季节的先后顺序排列，依照此脉络，我们可以考析出《过赵家庄》的大致创作时间。该诗之前第二、第一个诗题是《端午前一日，阻风鄱阳湖，观竞争渡》和《初六日过鄱阳湖，入相见湾》，由此可知，该诗写作于端午节之后。《过赵家庄》之后第一个诗题是《十五日明发石口中，遇顺风》，可见该诗写作于五月望日之前。其后第二、第三个诗题是《山居午睡起弄花》《贺必远叔四月八日洗儿》，表明作者回到家乡湴塘村已有时日。由此可知，作者题写本诗的时间应是淳熙十五年(1188)农历五月十日前后。

(二)诗歌赏析

《过赵家庄》是一首五言格律诗。作者以路过赵家庄为诗题，采取平铺直叙的写作手法，以朴实无华、充满温情的文字来描绘事物的鲜明形象，以此表达自己因贬官而回乡的淡泊心态，抒发自己归心似箭的愉悦心情。

第一句“老子方孤闷”，作者采取隐晦暗示的手法，以乘船路程中的孤闷来暗喻此前曾受到的委屈和内心的愤懑。尽管时间已经过去50余天，偶尔想起时仍有烦恼。第二句“西山忽在旁”，作者乘船刚刚驶离邬子寨，忽然可遥望到远处雄伟的西山，因是家乡江西的美丽风景，孤闷的心情才慢慢地好转起来。第五、六句“试饮章江味，中涵吉水香”，作者将彩笔转入画面的中心，通过俯望渺渺江水而展开宏大想象。自己的家乡吉水县处在此地的上游，江水是从家乡流下来的，面对此山、此水、此景、此情，内心始终有着一份特别的亲近感。最后两句“望乡依已喜，而况到吾乡”，作者此时叙议结合，眼前似乎浮现出自己回到家乡，亲人正酌酒相迎的欢喜情景，给读者留下无限的回味空间。

相传杨万里一生写诗两万多首，家刻本《诚斋诗集》共存诗4244首，其中言及家乡庐陵的诗约有1500首，言及故乡湴塘的诗约有800首。杨万里的诗清新自然，诙谐幽默，语言通俗，常以俚语、俗语入诗，且富有哲理，南宋一朝，仅有他开创新的诗体——“诚斋体”。对杨万里诗歌的评价，诚如清乾隆年末吉安教谕、抚州人杨云彩《重修诚斋诗集序》中所说：“公之诗，始而清新，中而奇迈，终而平淡，前人既已言之。”[①]此评价是极公允的。

---

① 《家刻本〈诚斋诗集〉校注》，《书首》第15页。

(三)地名析疑

学界曾有学者提出,杨万里部分诗因地名较多,一定程度上影响了诗作的艺术效果。笔者却认为,"凡事利弊两相依",犹如《过赵家庄》一诗,尽管地名相对较多,侧面可体现作者的创作更贴近生活,后世读者能获得更多的历史真实感,诗歌的流传更具生命力。

因该诗共提及5处地名,笔者在此亦做简要考释。关于"赵家庄",顾名思义是指一个赵姓人氏聚居的村庄,其位置大致是在今进贤县、鄱阳县与赣江的交界地带。西山,又名逍遥山,位于今南昌新建区的西部,被称作江南最大的"飞来峰",是道教净明宗的发祥地。据雍正《江西通志·山川志》载:"按乐史《太平寰宇记》,西山本名南昌山。自太平兴国六年(981)析南昌水西十四乡置新建县,山因改属焉。"①西山的万寿宫是道教发展历史上的著名庙观,晋代南昌人许逊居官清廉,为民兴利,后弃官学道,并选择西山修道炼丹,著书立说。吉水民间也有许逊在县城墨潭、水田玄潭斩蛟除害的传说。《江西通志》该卷又载:"西山,在府城西,距章江三十里。《水经注》作'散原山',《豫章记》作'厌原山',道家第十二洞天,名曰天宝极元。峰曰'大箫''小箫',箫史所尝游也。"宋元时期,道教的净明宗即是以西山作为发源地并向外扩散的,影响较大。共和国革命烈士方志敏墓也是在西山的梅岭地域。

第三句中的"砦"字,读音为zhài,与"寨"字同义。邬子寨在今南昌市进贤县东北100里处,临近军山湖,与上饶余干县瑞洪镇相对。杨万里后来出任江东转运副使,某天因有公务乘船驶至鄱阳湖内,"阻风,泊湖心康郎山,傍小洲三宿",于是在那里题写了《闷歌行》12首,其四诗曰:

> 问来邬子到南康,水路都来两日强。
> 屈指行程谁道远?如今不敢问都昌。

该诗还附有后序:"都昌至南康,尚百里。"诗中也提到邬子寨,表明距南康军既不近也不远。必须说明的是,这里的"南康"并非指赣州南康县(历史上曾称南

---

① 雍正《江西通志》卷7《山川(一)》之《南昌府》,下同。

野、南安，晋代改名南康，至共和国建立后一直以县建置未变），而是指北宋赵光义于太平兴国七年（982）设立的南康军。南康军隶属于江南东道，系当时的江州都昌、星子以及洪州建昌三县划作新的管辖区，以星子县作为军治所。宋真宗天禧四年（1020），江南路又分为东西两路，南康军隶属于江南东路。元代忽必烈至元十四年（1277），南康军改称南康路。明清两朝，则改设为南康府。因邬子寨邻近南康军，又是滨湖要地，自古以来就有很重要的战略地位，于是明代曾先后设立邬子驿和邬子巡司。清乾隆三十年（1765），巡司迁移驻地于梅庄。关于邬子寨，历代官员的诗文中多有提及，如明代龚敩有《八月十六夜泊邬子寨，示祝权》诗等。

至于第五句中的“章江”，曾有读者打电话问笔者：“赣州市章水在上游，怎么能够‘中涵吉水香’呢，是不是作者写错了？”诚然，赣州市章水也有“章江”的别名，如《明一统志》卷58载：“章江，源出大庾县之聂都山，经南康县治，东流会贡水而为赣江。”《大清一统志》卷255也载：“章江，在（赣州）府城南门外，源出聂都山，东流过府东，又东经南康县，南折东北入赣县界。”但是，本诗中的“章江”是指南昌市地域内赣江的一条支流。如《方舆胜览》卷19载：“章江，源出豫章。”《明一统志》卷49也载：“章江，削在（南昌）府城西，一名赣江，上从丰城县界流至南浦，折而北流，下入鄱阳湖。”再如《大清一统志》卷238载：“章江，在（南昌）府城西章江门外，阔十里，一名赣水，即古湖汉水也。自临江府清江县流入丰城县界，经县西又北经南昌县界，又北经新建县界，又北注鄱阳湖，入南康府星子县界。”古南昌城有“豫章十景”，其中的“章江晓渡”即是指此江清晨时人货运输繁忙、周边环境优美之胜景，故南昌城也有“章江城”的别名。因章江在下游，作者家乡的文水、南溪等均在上游，所以诗中才有“中涵吉水香”之句。

四、《悯农》诗

家刻本《诚斋诗集·悯农》诗曰：

稻云不雨不多黄，荞麦空花早着霜。
几分忍饥度残岁，更堪岁里闰添长。

翻阅民国版四部丛刊本《悯农》诗，仅有一个字不同，即第三句第一个字，“几”字却是“已”字。再翻阅清四库全书本《悯农》诗，除第三句是“已分”外，第二句中“着”字却是“著”字。下面就这些问题做简要考议。

（一）对《悯农》诗内容的理解

诗中的“空花”即无果实之花，指稻苗光开花但没有结成谷子；“更堪”即更哪堪，指哪里又经受得起啊；“闰”即闰月，指有闰月的年份要比正常年份多出一个农历月份。

《悯农》诗撰作于宋隆兴二年（1164）下半年，作者该年八月开始在家丁父忧，而该年闰农历十一月。诗意大致意思是：今年上半年，农户的稻田因干旱而没有多少收成，下半年荞麦也因为寒霜来得太早导致没有多少收成。这样看来，今年农户们肯定是要忍饥挨饿过日子了。更不巧的是，今年又偏偏碰上闰月，以致农户要挨饿的日子更长一些。

这首诗是采用层层叠加、步步推进的手法，以朴实平白、不着修饰的语言，以闰年比平年日子更多的客观实际，来表达农户对歉收饥馑的无奈和悲凉。作者杨万里将对农户的同情悲悯意绪浸透于字里行间，可谓是字字似血，声声如泪，从而寄寓他对劳苦大众的深切同情，也能深深打动读者对农户生活艰难的同情之心。

（二）该诗两种不同版本做简单的比对

家刻本《悯农》诗第一句中的“着”字，它有4种读音，本诗中是读zhuó，做动词用，字意是：使接触别的事物，使附在别的物体上，如着色、着墨、着力等。在古代，“着”字是可以看作为“著”的俗字。“著”字也是多音字，有3种读音，四库本诗中也是读zhuó，意思是“附着、附加”之意。由此得知，在古代“着”与“著”字是可以相互通用的。但在今天，“着”与“著”的字义则是相差很大，没有相互替代的用法。因此，家刻本《悯农》诗的第一句与四库本《悯农》诗的第一句，其意思基本上是一致的。但是，从南宋江南文人用词习惯而言，表达“附着、附加”之意时，用“着”字更为普遍。用“著”字来表达，在北方则更多一些。

我们再来看看《悯农》诗第三句的第一个字。家刻本《悯农》诗中是“几”字，而四库全书本和四部丛刊本《悯农》诗中均为“已”字。第一，“几”与“已”字，在古代并非通假字，两字是不能互相通用的。第二，家刻本《悯农》诗中的

“几分”，它是从数量的角度，来表达农户已经是很难吃饱饭，这是从知觉、感受的直接体验来描写农户的饥饿，表达得更为感性，也更能体现“诚斋体”诗的清新自然，理趣幽默、俚语入诗等特色。而另外两种版本《悯农》诗中的“已分”，是表达“已经猜定，已经料定”的意思，是作者对农户能否吃饱所直接表达的一个明确结论。第三，从“几分”“已分”两词，与后文“忍饥”一词的搭配来看，“几分”与之搭配也更为贴切自然。

早些年，笔者曾将本文以微信在朋友圈发出，宋史研究名家、日本学习院大学王瑞来教授亦发文表达自己的看法，说：“四库本中的‘已’字，似为俗字‘几’字的讹误。”笔者对此说法仍存疑惑：第一，“几”字有繁体字，是写成“幾”字；而“已”字在古代刻本字中，常会写成接近“巳”字。尽管“幾”的俗字，会少量地写成“几”字，但两者的字形相差较大。第二，“已分”在古代也是一个词语，唐代诗人杜甫、五代诗人冯延巳等人均曾将该词入诗。正因为“已分”一词有出处，极有可能是刻本在传抄过程中“主动纠误”才造成的。

为此，原江西师大教授、杨万里研究资深专家王琦珍曾说：“我个人认为，家刻本更接近作者原创文的面目。早在十多年前，我在整理出版《杨万里诗文集》时，就有很强烈的这方面的感受。其中许多与四库本异字之处，经查找该词语的出处，发现家刻本所载竟与四部丛刊本（该本以宋刻本为底本）大多相同，而且都是有出处的，尽管这首诗的四库本与四部丛刊本用字相同，仍可推想元明清时《诚斋集》的传抄者擅自做了臆改，所以说家刻本的价值不应忽视，可以帮助纠正其他版本的许多错误。”

这里，我要介绍一下清乾隆家刻本《诚斋诗集》的镌刻情况。清乾隆五十九年（1794）三月，吉水县湴塘村举人杨振鳞和秀才杨钟岳、杨恩荣等人专程赴吉安府城，拜访时任儒学教授的抚州人杨云彩，告知湴塘村杨氏族人已经筹集资金，准备将杨万里的诗文集锓木。之后，在吉水知县彭淑等人的帮助下，分为两次镌刻，其中《杨文节公文集》42 卷、《附录》1 卷、《诚斋诗集》40 卷和《杨氏人文纪略》4 卷，共有 85 卷，木刻板有 1492 块。值得说明的是，《杨文节公文集》另外 40 余卷，因版本不佳、篇次凌乱、亡佚较多等原因，未予锓木。这套木刻板在学界称为家刻本，书名为“杨文节公诗文集”①。其中诗集部分，笔者已做整理，于2021年8月由江西人民出版社出版《家刻本〈诚斋诗集〉校注》。就《悯农》诗而言，从作者杨万里所要表达的意思来看，笔者认为，家刻本《悯农》诗的用词要更精准一些，侧面也印证，家刻本《诚斋诗集》的版本价值比四库本《诚斋诗集》要更高一些。

五、《春晴怀故园海棠》诗

早在2009年，江西省歌舞剧院曾创作一个群舞节目，名字叫《梦入江西锦绣堆》。2011年8月，省剧院对该节目改造提升后，安排参加由文化部举办的第九届全国舞蹈大赛，并获得好成绩。此后，它作为一个经典剧目经常在省内外重要场合演出。那么，“梦入江西锦绣堆”剧名有何出处？其实，它出自杨万里《春晴怀故园海棠》诗。

（一）版本之异

《春晴怀故园海棠》诗共有两首，家刻本《诚斋诗集》其一云：

故园今日海棠开，梦入江西锦绣堆。
万物皆春人独老，一年过社燕方回。
似青如白天浓淡，欲堕还飞絮往来。
无奈春光餐不得，遣诗招入翠琼杯。

将该诗与清四库全书、民国四部丛刊本所录诗相比对，其尾联“无奈”一词，四库全书本、四部丛刊本均为“无那”。“无那”有两种词义，一是无限、非常的意思；一是无奈、无可奈何之意，可知此两词的词义相同。诚然，“无那”一词，诗家从魏晋、隋唐就会常用此词语，如魏晋无名氏《紫微夫人授乞食歌》：“真人无那饮，又以灭百魔。”隋代丁六娘《十索》：“无那关情伴，共入同心帐。”唐代王维《酬郭给事》：“强欲从君无那老，将因卧病解朝衣。”另一方面，家刻本《诚斋诗集》中用“无那”的地方共有9处，如《寄周子充察院》其二诗：“云步知无那？文盟肯弃予。”《不寐》其二诗：“只道昼长无那着，夜长难奈不曾知。”相

① 《家刻本〈诚斋诗集〉校注》之《绪言》，第9—11页。

对而言,此处“无奈”一词更符合江西人的口语,符合“诚斋体”口语、俚语入诗的特点,家刻本《诚斋诗集》中用“无奈”的地方共有16处,确实能直接体现杨氏诗的语言本色。应当说,杨诗中的有些字词已完全成为习惯用语,且大多来自唐宋时庐陵地区的俗语。

(二)题写时间

查考杨万里的仕履经历可知,他于淳熙六年(1179)十二月底启程赴广州,担任提举广东常平茶盐一职,且携长子杨长孺、次子杨次公随行历练,后转任广东提点刑狱。淳熙九年(1182)六月,因继母罗氏去世而辞官回乡丁继母忧。他将此期间所题写的诗编成《南海集》,共有5卷,存诗394首,时间跨度为2年零6个月[①]。

《春晴怀故园海棠》之前第9个诗题是《辛丑正月二十五日,游蒲涧晚归》,辛丑即淳熙八年(1181)。其前第3个诗题是《二月十三日,谒西庙早起》,可见该诗题写于该年二月十三日之后。《春晴怀故园海棠》之后第2个诗题是《上巳前一日,欲雨复晴》。“上巳”是古时的节庆名,时间最初定于三月上旬第一个巳日,魏晋以后把上巳节固定为三月初三这一天,并逐步增加水边饮宴、郊外游春等风俗习惯。综上所述,该诗题写时间应是淳熙八年(1181)农历二月二十五日前后。

(三)题写地点

杨万里是淳熙七年(1180)三月到达任职地广州,并开始着手整顿茶盐市场。《春晴怀故园海棠》之前第5个诗题是《连天观望春,忆毗陵翟园》,连天观坐落在作者于广州的官衙附近,可见那时他仍在广州城。该诗之前第3个诗题是《二月十三日谒西庙,早起》。西庙在南海县,如雍正版《广东通志》载:“西庙,原把截所。”[②]据史料记载,自唐代中期开始,南海县城就被列为广州城的城郭地。明代编辑的《永乐大典》中录有一张《广州府南海县之图》,该地图中广州城外以西的地域即绘有西庙、浮丘山等地标。由此可知,那天杨万里在广州附廓城——南海县城忙公务。该诗之后第5个诗题是《闰三月初二日,发船广

① 《家刻本〈诚斋诗集〉校注》,第201页。

② 四库本雍正《广东通志》卷4之《南海县》。

州来归亭下，之官宪台》，表明杨氏于那天开始离开广州，赴韶州担任广东提点刑狱，负责司法方面事务。综上所述，该诗的题写地点应是广州城。

（四）诗意解读

农历二月中下旬，尽管家乡仍是寒气逼人，但广州城已是天气晴和，春暖花开。作者由眼前的美景而步入遐想，梦中仿佛自己已经回到家乡湴塘，看见故园的海棠正一朵一朵地盛开，繁花似锦的花丛似乎是由美丽的锦绣堆积而成。读完该诗的首联，我们不得不惊叹于作者这种宏大遐想、融情入境的表现力。诚然，作者写梦只是一种假托，他的真实目的是要表达思乡之情。接下来便是写梦醒后的眼前实景。颔联上句是以“万物皆春”与“自己年迈”做鲜明对比，由勃勃生机的春景联想到自己的年老力衰。颔联下句则是以“燕子飞回”与“万物皆春”相呼应，与自己的虚度年华做进一步反衬。颈联仍是写眼前实景，如“欲堕还飞絮往来”之句，即是以极直白之口语，将柳絮亦飘亦沉的神态勾画得极为逼真，与他此前曾在家乡湴塘写下的“闲看儿童捉柳花”之句有异曲同工之效。尾联则是一反其意地表达他的内心感叹。说自己很想留住春光，却又无奈于它“餐不得”；为何自己不通过吟诗，将它引入酒杯，然后猛然地与酒一起喝下去呢！作者正是以这种天真烂漫的构想，凸显自己思乡之情的真挚，来烘托自己宦游他乡的孤寂落寞。全诗构思奇特，意境优美，对仗工整，表达含蓄，凸显“诚斋体”的艺术特色，读后别有一番风味。

作者题写本诗时已55岁，但他忧国爱民之心不减，对国家分裂、北方大好河山沦陷于金国尤为悲愤。他对朝廷重用奸党，排挤忠臣，不图恢复，甚为忧虑。他因直言谏诤，屡遭排斥，心情颇为忧郁，对仕宦略显厌倦。“游倦当自归，非为猿鹤怨”[①]，故题诗中常有叹老思乡、弃官归隐之念想。

（五）吉水“燕回阁”的寓意

吉水县城杨万里公园南面山顶建有一座漂亮的楼阁，取名“燕回阁”，其寓意即是来自《春晴怀故园海棠》其一诗“一年过社燕方回”之句。绍熙三年（1192）八月，杨万里从江东转运副使任上弃官回乡，归隐家乡吉水，犹如一只飞燕回归庐陵故土。这座阁楼共有4层，红墙黛瓦，亭台楼阁，一幅古色古香的

① 《家刻本〈诚斋诗集〉校注》，第188页。

画卷，犹如穿越到诚斋先生所在的年代，于是取名“燕回阁”。有楹联爱好者为该阁撰长联曰：

梁燕总思回，缘怀吉水旧居，尤记取缠绵烟柳，刚直香樟、翠绿芭蕉，青黄梅子；

诗坛谁为主？且读诚斋妙句，试领略映日荷花，接天莲叶、无声泉眼，不雨稻云。

品读这副楹联，上联是从“燕回阁”的名字出发，以“燕子思回”起兴，选用杨万里故居作为代表性景物予以铺垫，以表达后人对一代诗宗的思念。下联是从杨万里诗文出发，剪裁其4首名诗中的经典句，来颂扬诗人的艺术成就。该楹联言简意赅，读后浮想联翩，让人回味无穷。

六、《初入淮河四绝句》诗

有人曾问我：杨万里《初入淮河四绝句》其一诗，不同版本该诗有两个字存在不同，该如何确定才妥当呢？翻开家刻本《朝天续集》卷1，所录《初入淮河四绝句》其一诗的繁体字如下：

船離洪澤岸頭沙，人到淮河意不佳。
何必桑乾方是遠？中流以北即天涯。

翻阅民国版《四部丛刊·诚斋集》，所录诗与家刻本所录诗文字全部相同。再翻阅清《四库全书·诚斋集》，所录诗则有一个字不同，即第二句第一个字为“入”，并非“人”字。于是，这里就存在两个问题。第一个问题，该诗第二句第一个字，到底是“人”字，还是“入”字呢？第二个问题，当代人使用简体字后，有的地方学生课外读本以及网络所录《初入淮河四绝句》其一诗，对“桑乾”2字有两种不同的写法，一种是写成“桑干”，另一种是写成“桑乾”，因为古代“干”的繁体字就是写成“乾”，于是，第三句第四个字到底是“乾”字，还是“干”字呢？

（一）是“人”字，还是“入”字

假如只从表面意思来理解，“人”字或者“入”字，从诗意表达来说都解释得通。但笔者认为,按照作者杨万里的本意,此处应该是“人”字。主要理由有:第一,从作者内心的角度看,他是要想表明:凡是具有南宋国民身份的人,只要到达淮河之畔,其内心就会郁闷不安,显得很不自然,原因是以前的淮河是中原腹地,现在却成为宋、金两国的国界,致使稻丰鱼肥的淮河两岸竟然全部被荒芜。第二,从与上一句相对仗来看,“船”字对“人”字,这是名词对名词;“离”字对“到”字,这是动词对动词,且意思相反;“洪泽”对“淮河”,又是地名对地名,其中第2个字是“泽”,又对应“河”字,可谓对得十分工整匹配。

反之,假如将此字确定为“入”字,那么,它与本句第二个“到”字,两字属于意思相同的重复字,这对古人写诗而言,则是极其忌讳的。

究其原因,笔者猜想,这应是清四库本的刻板师傅不严谨所造成,因为古代刻工镌刻时,由于他们的粗心大意或偶尔的随意,致使部分古籍中的错字、别字现象较为普遍。古书刊刻过程中,这种将字混刻的现象倒有不少。例如,常将“己”“已”“巳”三字混刻,常将“日”与“曰”两字混刻,其主要原因:这些字的外形相近而容易出错。

(二)是“桑干河”,还是“桑乾河”

笔者认为,古代诗文中的“桑乾”一词,现代文应读作为“桑干”。缘由有:

桑干河是中国北方的河流,位于永定河的上游,是海河的重要支流,其流域主要是在河北省西北部和山西省北部朔州一带,流经忻州、朔州、大同、张家口市等地。关于“桑干河”的得名,有两种说法。一是相传每年桑葚成熟的时候,该河常会干涸断流,故而得名。另一说是西汉时,朝廷曾在该地域设置过桑干县,由古桑干县而得名①。北宋时,过了桑干才算是到达辽国,如苏辙出使北国,离开辽境时,还写下“年年相送桑干上,欲话白沟一惆怅”之诗句。但是在南宋时,情况就大不相同,因为宋、金是以淮河中界作为两国交界线,意味着淮河以北全是金国的领土,杨万里渡过扬子江后正奔赴淮河时,就是一步步地迈向国境边界线了。

“乾”字在古代时有两个读音,一个是读 qián;一个是读 gān,即“干”的繁体字。新中国成立后,大陆地区推行简体字后,于是就写成“桑干河”了。

---

① 《历史上的桑干河与应县》,朔州市新闻中心,2019年4月29日。

再如，唐代刘皂题作的《旅次朔方》诗中云：“无端更渡桑干水，却望并州是故乡。”诗中的“桑干水”即是指桑干河，因为该河的北面，即属于传统意义上的朔方地区，“干”字应是20世纪五六十年代由汉字“乾”简化的结果。此外，现代著名作家丁玲1948年写成的《太阳照在桑干河上》文中也是写成“桑干河”。

综上所述，笔者认为《初入淮河四绝句》其一诗的正确文字应是：“船离洪泽岸头沙，人到淮河意不佳。何必桑干方是远，中流以北即天涯。”

七、《桂源铺》诗

2019年12月28日，南昌大学谷霁光人文高等研究院举办“庐陵文化高峰论坛”，香港中文大学副教授、祖籍永新县的贺喜老师应邀与会。因为贺喜与她的导师科大卫教授2016年暑假曾来吉水县做田野历史调查，出于对我当年曾提供些许帮助的感谢，她特意捎来一个笔筒赠予我。这是一个红木材质的方形小笔筒，出自台湾省胡适纪念馆，其正面录有胡适先生书写的杨万里《桂源铺》诗：

万山不许一溪奔，拦得溪声日夜喧。
到得前头山脚尽，堂堂溪水出前村。

正面左侧这一面录有胡适先生题写的跋语：

南宋大诗人杨万里的《桂源铺》绝句，我最爱诗。今写给儆寰老弟，祝他的六十五岁生日。适之。①

这个小笔筒尽显古朴大气，对我而言，的确是一件价廉物美之礼物。它既可领略杨万里的诗文之美，又可欣赏胡适先生俏俊飘逸的书法；既可学习“新生事物不可战胜”的哲理，又隐含着1961年蒋介石、胡适和雷震等人之间的一段历史故事。

---

① 《昨夜星辰昨夜风——陈漱渝怀人散文》第1章《飘零的落叶》，北方文艺出版社2017年版。

(一)诗题之异

2017年9月27日,吉水县在文化公园举行“万里诗歌万里行”全民阅读活动,作为全县的主会场,来自各单位1300余人集体朗诵杨万里部分经典诗歌,其中包含《桂源铺》。此前两天,县图书馆负责人问我:“《桂源铺》这首诗,有的书籍和网页上诗题却写成‘桂源岭’,到底是写‘铺’还是‘岭’字才正确?”其实,这只是诗集版本不同而已,不存在谁对谁错的问题。翻阅清乾隆家刻本《诚斋诗集》卷16和民国版《四部丛刊·诚斋集》卷15,诗题均为“桂源铺”,再翻阅清文渊阁《四库全书·诚斋集》卷15,诗题却是“桂源岭”。

众所周知,“岭”为形声字,本义是指山坡或山道,如《说文新附》载:“岭,山道也。”“铺”也是形声字,本义是指衔门环的底座,又称铺首,如《说文》载:“铺,箸门铺首也。”当今“铺”字是指规模较小的商店,但在古代时多是指设立于官道偏远途中且兼有部分驿站功能的店铺,能为路客们提供食宿帮助。由此可知,“桂源铺”与“桂源岭”之异,只是文字表达的侧重点略有不同,但都表明作者题诗地点是一处名叫“桂源”的山区。笔者认为,“铺”与“岭”字之异,应是诗文在后世传存过程中,因旧抄本损坏或者误抄等原因造成,并不影响读者对该诗的阅读理解。但是,因《诚斋诗集》中另有《过水车铺》《宿万安铺》《英石铺道中》《晨炊黄庙铺,饭后山行》等10余首类似之诗,假若从诗意、语境、时代背景以及作者写作习惯等角度综合衡量,用“铺”字似乎更适合一些。

(二)诗意解读

《桂源铺》诗是一首以四句形式写成且富于哲理的绝句,篇幅短小精悍,语言浅白通俗,但内容深沉浑厚,将深刻的事理蕴含于大自然鲜明的艺术形象之中,极耐读者咀嚼。作者以“不许”作为诗眼,以“万山”来凸显困难重重,最后用“堂堂”二字来表达机会的峰回路转和“奔流不止”的人生哲学。细细品读该诗,我们会明白这样一个道理:时代潮流不可阻挡,一切违反历史主流的行径只会制造骚乱,徒增困扰。犹如这涓涓溪水,纵然有万山阻挡之力,也无法挡住它向前奔跑;作为新生事物,尽管眼前还比较弱小,但务必坚定信心,因为道路是曲折的,前途是光明的。

(三)题写时间和地点

读者也许又会问:“作者笔下的‘桂源铺’是在哪里,该诗题写于哪一年呢？”考察杨万里的仕履经历可知，淳熙六年（1179）正月，杨万里任常州知州期满，朝廷安排他任提举广东常平盐茶，职责是整顿盐茶市场。又因继任者尚未到任，直到三月他才辞官回乡，四月到达吉水湴塘村后一直在家“待次”。该年除夕前两三天，杨万里出发赴任广州，还携长子杨长孺、次子杨次公随行历练。古代行旅主要是依靠乘船，杨万里带着两个儿子且有不少行李赴粤，必然会选择乘船前往。后来，作者将广东任职期间所题写的诗编成《南海集》，《桂源铺》即排列于《南海集》卷1第22个诗题。该诗之前第一个诗题即是《憩分水岭，望乡（二首）》，“分水岭”是指吉州与赣州交界处的山岭，第一首诗中有“南入虔州北吉州”之句，第二首诗中有“浪愁出却庐陵界，未入梅山总故乡”之句，由此可知作者那时已经出了吉州地界，刚进入赣州地界不久。据雍正《江西通志·赣州府》卷13载：“桂源水，在府城西北云泉乡，自麻口经行龙下市至攸镇，入赣江。”[①]可见“桂源”之名是因桂源水而得名，其地理方位是在今赣州市区的西北方向，即今赣县区境内。另据《江西通志》载：“桂源镇巡司，在赣县北一百二十里攸镇，接万安县界。明初，置在云泉乡桂源铺，正德中迁此。今因之。”[②]细读这段话知：一是赣县攸镇是在桂源水汇入赣江的交界处，此地距万安县城约60公里，距赣县县城约40公里；二是南宋时的桂源铺，因其地理位置的重要，明代时已升为桂源镇巡司。由此可得出结论，桂源铺当是在攸镇某山域的路边。

下面我们再来探寻该诗的题写时间。《桂源铺》收录于家刻本《南海集》卷1，该集第一个诗题是《庚子正月五日晓，过大皋渡》，庚子即是淳熙七年（1180），大皋渡是吉州郡城去永和镇过禾水的渡口，侧面印证作者是该年春季赴广东任职的。《桂源铺》之前第15个诗题是《二月一日晓，渡太和江（三首）》，由此可知《桂源铺》的写作时间是在农历二月一日之后。因为那时正值春节，可能是路途中官员文友们的款待，亦可能是官船档期的耽误，致使作者行程速度相对较慢。《桂源铺》之后第1个诗题是《社日南康道中》。社日是古代祭祀土地神的节日，春季和秋季各有一次，故称为春社和秋社，由此可推算《桂

① 雍正《江西通志》卷13之《赣州府》。

② 雍正《江西通志》卷254《古迹·赣县故城》。

源铺》是写作于淳熙七年春社之前。春社日是每年清明节前第二个戊日，即清明节前10多天。由此可推想，《桂源铺》的题写时间应是淳熙七年（1180）农历二月二十日前后。

（四）胡适为何称“最爱诗”

胡适（1891—1962），字适之，安徽绩溪人，因倡导“白话文”而成为新文化运动领袖之一。从1934年4月开始，胡适挑选自己最喜爱的古代绝句进行校注，并于1952年最终定稿。当时他将此书稿取名为《每天一首诗》，后世学者多称为《胡适最爱的诗》，2008年中华书局出版时书名则为《胡适选注·每天一首诗》。该书共录诗105首，诗作者（含无名氏）共有44位，胡适历时18年才编定，且曾多次增删和补校。1937年2月21日，胡适选定这首《桂源铺》诗，还特意标注：“此诗可象征权威与自由的斗争。”[①]《胡适选注·每天一首诗》书中共录杨万里诗13首，其中另有《小池》《初夏午睡起》等名诗，录诗之多在44位作者中名列第二，足见“诚斋体”诗在胡适心中的重要分量。

胡适为何要将“最爱诗”《桂源铺》手抄给儆寰先生呢？这是因为1960年台湾发生了影响颇大的“雷震案”。雷震（1897—1979），字儆寰，国民党元老之一，1949年10月随蒋介石去台湾，第二个月召集数人共同创办《自由中国》半月刊，并由身在美国的胡适挂名发行人。那时蒋介石因宣示政治改革之决心，雷震等自由派人士纷纷获得重用。两年后，因该刊物的言论风波，又遭蒋介石的疏远。1959年底，蒋介石两届“总统”任期将满，谁是下一届“总统”人选，成为台湾人最关心的政治话题。当时社会上盛传蒋介石为了连任要修改“宪法”，也有人在报刊上刊登“劝进”的明文电报，但遭到雷震及台港在野人士的明确反对。1960年2月，蒋介石顺利当选为第三任“总统”。该年5月，雷震邀请民社党、青年党及其他无党派报刊发行人召开“地方选举改进座谈会”，并提议组建一个强有力的反对党，以推动台湾政党政治和民主政治的进程。

对蒋介石连任第三任“总统”之事，胡适始终是持反对态度的。他接受《公论报》记者采访时说：“我仅有一句话，就是坚决反对‘总统’连任。”之后接受《征信新闻》记者采访时又说：“我坚决反对修宪。”雷震在筹备反对党期间，曾

① 《胡适选注·每天一首诗》，中华书局2008年版，第202页。

多次拜访胡适并请他出来担任新党领袖，但胡氏碍于蒋介石对自己的恩威并施，均予婉拒。蒋介石却不能容忍雷震等人的“不敬”行为，9月以“涉嫌叛乱”罪名将雷震等四人逮捕。后来，军事法庭以“包庇匪谍、煽动叛乱”罪名判处雷震10年徒刑。当时胡适正在国外，他在复电中明确表示“政府此举不甚明智”，并列举出4条理由，但台湾“政府”不予理睬。[①]

1961年7月，适逢雷震65岁生日，胡适甚为想念身陷监狱的他，于是亲笔抄写杨万里《桂源铺》一诗，并题写跋语后托人转赠，表示此诗是他“最爱诗”，特意写给儆寰老弟以贺其生日。在胡适看来，雷震入狱事件，自己有“我虽不杀伯仁，伯仁却因我而死”的愧疚，但他又碍于蒋介石的权威，不便再去探监。1970年9月，雷震服完10年徒刑才出狱。直到2002年9月，台湾“政府”才正式平反该案，其时雷震已去世23年。

八、《有叹》诗

家刻本《诚斋诗集·退休集》卷1收录的《有叹》诗云：

饱喜饥嗔笑杀侬，凤凰未可笑狙公。
尽逃暮四朝三外，犹在桐花竹实中。

这是一首自嘲诗。作者以凤凰自比，采取明暗对应、虚实结合、有无相生的写作手法，通过凤凰的饮食生活以及猴子、狙公之间的对比与意象，来表达作者内心对世事变化的感慨以及对自然和谐之美的追求。

（一）该诗概述

“有叹”即有所感叹，系作者以吟哦形式来抒发对现实中人、事、物的感想。杨万里以“有叹”作为诗题的共有两首，另一首题写于淳熙二年（1175）四月中下旬，那时他正在家乡待次漳州知州，诗云：

老来无面见毛锥，犹把闲愁付小诗。
若道愁多头易白，鹭鸶从小鬓成丝。

---

① 《1960年：雷震事件》，华夏经纬网，2012年7月4日。

品读这首《有叹·老来无面见毛锥》诗，可知“诚斋体”已日臻成熟，诗中浸透着“活法”作诗的痕迹，一些日常生活中极常见的事和物，却在作者笔下表现得幽默诙谐、情趣横生和诗意盎然。

那么《有叹·饱喜饥嗔笑杀侬》诗题写于何时呢？因该诗收录于《退休集》，表明是在作者辞官回乡之后，即绍熙三年(1192)十月之后。该诗之前第13个诗题是《上巳日，周丞相少保来访敝庐，留诗为赠》，依据《杨万里年表》，可知周必大拜会的时间是绍熙五年(1194)三月初三。又因该诗之前第三个诗题是《初夏即事》，其后第一个诗题是《四月三日，登度雪台感兴》，古人是以农历四、五、六月作为夏季，由此可推断，该诗题写于绍熙五年(1194)四月初一或初二。

确定了该诗的题写时间，且其后第一个诗题中言及家乡的“度雪台”之景观，而作者那时以秘阁修撰之职，提举隆兴府玉隆万寿宫，奉祠在家乡，题诗地点是湴塘村无疑。

(二)诗意解读

这首七言绝句写得颇为“奇趣”，诗中所描写的对象既有实指性，又具象征性。更关键的是，从实指性角度看，作者叙说的问题是表面的；从象征性角度看，所表达的思想情感则是深层次的。

第一、二句是写猴子被愚弄的可笑，并告诫凤凰千万别以为自己了不起。狙公即养猴人，作者化用了《庄子·齐物论》中的典故，因为狙公常以“朝三暮四”之法让众猴子老实听话。如“饱喜饥嗔笑杀侬”之句，实是作者以嘲笑猴子来反衬养猴人的狡猾手段。“凤凰未可笑狙公”之句，则是深化上一句的意思，既告诫凤凰不能以五十步笑一百步，又蕴含着嘲笑凤凰自身无能的意思。由此可看出，诗中的凤凰、猴子和狙公，均具有实指性，他们之间所发生的事，只不过是寓言故事的叙述而已，但作者所暗寓的象征意义才是他的真实本意，如此布局就是为第三、四句做好铺垫。它们的象征意义应视为：狙公可象征为头目，猴子可象征为小卒，凤凰是古代传说中的百鸟之王，古代常比喻为德才高尚的人，诗中则象征为作者本人。

第三、四句才是本诗揭示主旨的句子。凤凰，传说中是以桐花、竹实作为食物，典故出自《庄子·秋水》。作者先是从实指性的角度行文，说凤凰虽然较为高洁，能够逃脱狙公“暮四朝三”那套手法的愚弄，但它仍要靠“桐花竹实”才能生存，与第二句中“未可笑狙公”之意相辅相成。第三句是采用以退为进的表现手法，第四句则是点明该诗主旨，作者表面是讥讽凤凰，实际是以它自喻，说自己也像猴子、凤凰一样，必须依赖狙公才能生活，仍然需要别人的“桐花竹实”。

作者先是以猴子的饮食生活来暗喻自己虽脱离官场，却仍有奉祠的官员身份，接着以凤凰的“桐花竹实”来自我鞭挞。为了生计，不得不依靠朝廷的俸禄过日子，侧面表达杨万里内心的真实思想：虽然厌恶朝廷的黑暗势力，却是万般无奈，自己并不是完全的清高绝尘。该诗以极普通的生活事例，并从中翻出新意，以含蓄委婉的表现手法，来表达内心深刻的思想情感，可见全诗构思奇巧，笔法灵活，语意风趣。短短的四句诗，一笔一转，一转一深，一深一境，寄寓了作者“出笼之鹤，尚绊一足”①的感慨，可谓写得波纹环生，情景交融。

（三）背景探析

杨万里为什么要写这样一首自嘲诗呢？原来，绍熙三年（1192）七月“铁钱会子”事件发生后，他愤然辞官回乡。第二年三月，被授予秘阁修撰之职，提举隆兴府玉隆万寿宫，时称“祠官”，食半俸。这种“祠官”虽不需实际履职，却仍属在册官员。如此领取俸禄近两年的杨万里，一直心怀愧疚悔恨，于是特意题作该诗，其实是对朝廷封赏、拉拢不肯接受的内心表白。

诚然，后世也常有人说，晚年杨万里虽然常上章辞官，朝廷非但没有准允，反而不断地为他加官晋爵。如庆元元年（1195）杨氏虽辞官，却于九月升为焕章阁待制、提举江州太平兴国宫，食从四品俸禄；庆元五年（1199）三月，安排他以通议大夫、宝文阁待制致仕，食正四品俸禄；此后还多次获得封赠。此中缘由是：一方面因他德高望重，性格耿正，在朝廷内外颇有影响力；另一方面，一直暗斗的权臣赵汝愚、韩侂胄两派，竞相将杨万里列为拉拢对象。尤其是以朱熹为代表的朝中理学派已旗帜鲜明地站在赵氏这一边，而韩氏本来就是外戚，非科举出身，个人擅长权术手腕，逐步掌控了朝廷中的话语权，以致杨氏虽有“官可

---

①　四库本《诚斋集》卷105之《答朱侍讲元晦》。

弃，记不可作”之语，韩氏仍将他作为拉拢对象，尽管杨氏从不投靠任何一派。

但在杨万里看来，自己既然还领着祠禄，说明仍与朝廷有一定的关系，并不是真正意义的弃官归隐。早在乾道二年(1166)，自己撰作政论宏文《千虑策》时，曾提出裁减冗员、取消祠官、改革选法等一系列主张，如今自己一直挂着空衔，领取俸禄，既无益于百姓，又与自己“无功不受禄”的初心相背离，颇为悔恨。如此一番剖析和对照，决定辞去祠禄，空衔也不要，以求透彻之悟。此后，他继续坚持辞祠官5年，辞俸禄达12年。

(四)名士点评

因《有叹》诗前、诗后无序，倘若只看诗题和内容，无法确切理解作者所要表达的背后深意。

宋末文坛领袖、诗论家刘克庄曾对该诗做过点评，说：“旧读杨诚斋绝句云：‘饱喜饥嗔笑杀侬，凤凰未必胜狙公。幸逃暮四朝三外，犹在桐花竹实中。’不晓所谓，晚始悟其微意：此自江东漕奉祠归之作也；凤虽不听命于狙公，然犹待桐花、竹实而饱，以‘花’‘实’况祠廪也，欲并祠廪扫空之尔！未几，遂请挂冠。”①由此可知，刘克庄最初读这首诗时，也不知杨氏所要表达的深层内涵，主要原因在于作者的抒情是婉转含蓄，言此意彼，声东击西。后来刘氏结合作者写诗的情感旋律，并从诗的字面意义之外寻觅所要传达的东西，才“始悟其微意”。

清代诗评家陈衍说：“宋诗人工于七言绝句，而能不袭用唐人旧调者，以放翁、诚斋、后村为最。大抵浅意深一层说，直意曲一层说，正意反一层、侧层说。诚斋又能俗语说得雅，粗语说得细，盖从少陵、香山、玉川、皮、陆诸家中一部分脱化而出也。”②在陈氏看来，杨万里极善于以曲法来写诗，其实这也是“诚斋体”艺术魅力的具体表现，犹如这首《有叹》诗，背后是作者对“仕与隐”矛盾的深情表白。

---

① 四库本《后村集》卷18之《诗话(下)》。

② (清)陈衍：《石遗室诗话》卷26。

杨万里咏史诗考探

咏史诗是指以精练文字和特别意象，融合诗人对社会和历史的感触，或喟叹朝代兴亡，或感慨时光流逝，或讥讽权贵弊政，从而表达作者忧患意识的一种诗作。杨万里历仕南宋三朝，当今存诗近4300首，其中涉及咏史的有100多首，较有名的咏史诗30余首。当今学界尚无人就杨万里的咏史诗做专门论述，于是笔者不揣浅陋，冒昧探析，以求方家指正。

一、咏史对象分析

杨万里对历史较为熟稔，又富有诗才，咏史对象总是围绕着历史人物、历史事件和历史遗迹展开，既体现他的不凡才学和细腻感情，又表现出其理性思考和思想寄托，实为内心深处的深情歌唱，具有很高的鉴赏价值。

（一）咏历史人物

杨氏吟咏历史人物主要有三类。第一类是以身许国、不顾安危、流传青史的历史名臣，如汉代张良、三国时诸葛亮以及族祖父杨邦乂等；第二类是胸怀大志、腹有良策，最后却因历史现实而折戟沉沙的悲情名臣，如汉代韩信和陈蕃、南宋岳飞等；第三类是诗文大家，如《读渊明诗》《与长孺共读杜诗》《读〈白氏长庆集〉》《新晴读樊川诗》等。杨氏吟咏历史人物总是以史籍记载为依托，通过对不同背景、不同身份人物的刻画和评价，寄寓自己不同的态度和感情。如《宿池州齐山寺，即杜牧之九日登高处》诗云：

我来秋浦正逢秋，梦里曾来似旧游。风月不供诗酒债，江山长管古今愁。谪仙狂饮颠吟寺，小杜倡情冶思楼。问着州民浑不识，齐山依旧俯寒流。①

该诗是作者任江东转运副使期间行部皖南时所作。池州在今安徽贵池县，唐代诗人杜牧曾任池州刺史，且题有《九日齐山登高》。本诗题中"齐山寺"即是为纪念杜牧而建，颈联上句则是指李白来池州后，题有《秋浦歌十七首》，下句是指杜牧任刺史时所题写的多是艳情之作，于是后人特意修建颠吟寺和冶思楼作为对两位诗人的纪念。作者题写本诗的主旨表现于尾联，因为杜牧《九日齐山登高》诗尾联说："古往今来只如此，牛山何必独沾衣？"杜牧是以春秋时齐景公登牛山，北望临淄，想到人生难免一死，怎不令"我"泪流沾襟呢，以此升华主题。杨氏则反其意而作，说李白、杜牧两人那时文采是雨卷云飞，名气如雷贯耳，但如今问起当地州民，竟然是全不知晓；只有诸多名士登临过的齐山，依然俯视寒流，仍是几百年前的样子，可见作者题写本诗是从自己的感知角度来评价历史人物。在杨氏看来，古人已去，即便是名人，世俗中所推崇的"千秋万岁名"往往是靠不住的。杨氏诗的尾联即是将杜牧的诗意翻进一层，更显苍茫悠远，此类诗作从立意高度、评价广度和议论深度看，都有它的独特价值，结论既显新奇，又令人信服。

（二）咏历史事件

杨万里作为一位清醒的爱国者、杰出的政治家，对历史事件始终充满着理性的思考，力求透过表象看实质。如《读〈贞观政要〉》《读梁武帝事》《读天宝事》《读〈武惠妃传〉》诗，都是从自己熟稔的史学中选择题材，通过分析并得出颇有深意的政治见解。在写作手法方面则表现为好发议论，夹叙夹议，对事件评价是入木三分，针砭时弊总是切中要害。如《丹阳舍舟，登陆渡江》诗云：

小泊楼船铁瓮城，匆匆又作绝江行。看他蜡烛几回剪？听尽鸡声不肯明。水底霜寒还十倍，夜来月上恰三更。篙师好语君知否？江面侵晨镜

① 《家刻本〈诚斋诗集〉校注》，江西人民出版社 2021 年版，第 445 页。

样平。[1]

作者题写此诗之前，已题有《未到丹徒二十里间，见石翁石婆》《晓泊丹阳馆》等。那时正在赴淮河接金国贺旦使路途中，他题诗时对六朝典故信手拈来，借六朝兴亡更替而对眼前时势发出感慨，充分体现其强烈的爱国情怀。如诗中第三、四句即是指东晋将领祖逖年少时立志收复中原，时常和好友刘琨在黎明时“闻鸡起舞”，苦练剑术，后来祖逖、刘琨都成为东晋名将，祖逖曾任奋威将军，在北伐中收复大片失地的故事，并以此作为类比。在杨氏看来，南宋与东晋相比，形势颇有几分相类似，于是以主人翁的责任意识发声，劝告朝廷应扶振朝纲，积极收复国土，深层次的喻意跃然纸上。

（三）咏历史遗迹

杨万里履历丰富，平时常游览人文遗迹，故咏史诗中常以祠堂、庙宇、楼台、旧居、墓址等旧迹作为现实感慨的触发点，借登临凭吊之机将自己对历史的感触而寄予文字。写作手法上常是先铺排史实，再将叙事、议论和抒情相糅合，由凭吊古迹、思念古人再回到社会现实，同时寄予自己的情志。如《题刘道原墓次刚直亭》诗云：

山南山北蔚松楸，四海千年仰二刘。迂叟馈缣宁冻死，伯夷种粟几时秋？平生铁作三寸喙，土苴人间万户侯。庐阜作江江作阜，始应父子不传休。[2]

该诗是作者任筠州知州期间凭吊刘恕墓亭所作。刘恕（1032—1078），字道原，高安人，与其父刘涣一样以治史擅名，是《资治通鉴》副主编之一。杨氏借墓亭而怀古，尤其是将历史与自我做巧妙融合，且运用多则历史典故，感怀于人事已逝却遗迹犹存，将自身人格在诗中暗喻而自许。

杨氏吟咏历史遗迹，还会以历史神话和传说作为素材，如题写的《辞栖真

① 《家刻本〈诚斋诗集〉校注》，第 370 页。
② 《家刻本〈诚斋诗集〉校注》，第 318 页。

室，盖晋仙人李八百故居之址，中有遗像云》诗，即是以高安境内栖真室作为题写对象，以道教传说人物李八百来表达自己“斯人已去，盛衰无常”的人生感慨。题诗时间正是杨氏因高宗配享事件，被削去直秘阁，贬出京官之后，诗中以景衬情，借以抒发内心感慨。又如《三月三日上忠襄坟，因之行散，得十绝句》其九诗云：

除却钟山与石城，六朝遗迹问难真。里名只道新名好，不道新名误后人。①

金陵曾是吴、东晋、宋、齐、梁、陈六朝古都，六朝灭亡的原因虽不尽相同，但有一个相似点，即是当权者贪图享乐，不关心民间疾苦。作者借江南厚重的人文遗迹、社会兴亡更替之史实做评说，将心底的千层熔岩转换为含蓄凝练的文字，有很强的现实针对性。

二、咏史艺术特征

杨万里咏史诗并不是单纯的赞美或鞭挞，更多的是寻求自身精神寄托，以此来表达其内心理想，可谓借史实而抒己怀。

（一）视角新奇，敢提“异说”

杨万里不少咏史诗立意新奇，对部分常识化的历史结论敢于怀疑，甚至提出自己的“异说”，或者为之“翻案”，这显示出一位诗文大家的新锐思维。如《读梁武帝事》诗云：

眼见台城作劫灰，一声荷荷可怜哉。梵王岂是无甘露，不为君王致蜜来。②

梁武帝即萧衍（464—549），汉朝丞相萧何25世孙，南北朝时梁朝政权的建立者，在位时间长达48年。此人颇有诗赋文才，精通音乐绘画，棋艺超群。

---

① 《家刻本〈诚斋诗集〉校注》，第424页。
② 《家刻本〈诚斋诗集〉校注》，第320页。

他依靠军功起家，有雄才大略，前大半生励精图治，如力退北魏、诛除东昏、代齐建梁等，可谓政绩显著，历史评价也算不错。但是，杨氏从萧衍一生笃信佛教，晚年昏庸为政，还曾多次舍身出家，最后被侯景囚禁，活活饿死于台城的结局出发，继而提出“异说”，表达自己的独特观点。该诗收录于《朝天集》，作者那时正为京官，尽管官职级别不高，但忧国爱民之情很强烈，他正是通过深入思考和精辟分析来表达对梁武帝这个历史人物的看法，借以劝谏当今君主应该励精图治。又如《读〈陈蕃传〉》诗云：

仲举高谈亦壮哉！白头狼狈只堪哀。枉教一室尘如积，天下何曾扫得来！①

陈蕃是东汉名臣，为政清廉，不避强权，犯颜强谏，谋除宦官，为朝廷悖乱而不治做出了独特贡献。但是，杨氏从“一屋不扫，何以扫天下”典故出发，认为他好高谈阔论，不务实事，最终落得穷老落拓、令人哀怜的结局。杨氏认为，陈蕃无论如何抗争，也很难改变汉王朝灭亡的命运，这种“善于翻案”的手法是杨氏咏史诗的一大特色。此外如《读〈严子陵传〉》《和姜邦杰春坊〈续丽人行〉》等，杨氏对严光、王昭君等历史名人也提出与史籍记载或常人已认同观点而做出不同评价，这是杨氏咏史诗中的一大特点。

（二）叙议精警，紧扣时事

宋代时的诗歌向来有好发议论之癖，杨氏咏史诗也常以夹叙夹议之法，将个人见解融入精练的语言。有时还会以大量铺排历史的表述语言，结尾处以几句议论来抒发作者的情志，这些议论往往切中要害，发人深省。此风格与晚唐时的咏史诗略有不同，可以说是对晚唐格律化诗的一次革新和变化，呈现“长于敷陈、讲究结构、流畅活泼”等特征，体现南宋“以文为诗”的独特面貌。如《题曹仲本出示〈谯国公迎请太后图〉，自“肃天仗”以下，皆纪画也》诗云：

德寿宫前春昼长，宫内花开宫外香。太皇颐神玉霄上，都人久不瞻清

① 《家刻本〈诚斋诗集〉校注》，第195页。

光。今晨忽见肃天仗，翠华黄屋从天降。一声清跸万人看，天街冰销楼雪残。北来又有一红伞，八鸾三骈金毂端。辇中似是瑶池母，凤舄霞裳剪云雾。太皇望见天开颜，万国春风百花舞。乃是慈宁太母回鸾图，母子如初千古无。朔云边雪旗脚湿，御柳宫梅寒影疏。向来慈宁隔沙漠，倩雁传书雁难托。迎还骢驭彼何人？魏武子孙曹将军。将军原是一缝掖，忽攘两臂挽五石。长揖单于如小儿，奉归慈辇如折枝。功盖天下只戏剧，笑随赤松蜡双屐。飘然南山之南北山北。君不见，岳飞功成不抽身，却道秦家丞相嗔！①

该诗题作于淳熙十三年(1186)正月，共有224字。太后是指宋高宗赵构的母亲显仁太后，谯国公即曹勋，曹仲本的父亲，出使金国时曾为副使，且接回显仁太后。诗中运用很多典故，如“倩雁传书”即是以汉代苏武被匈奴扣留典故做类比；诗末句“却道秦家丞相嗔”是化用杜甫“切莫近前丞相嗔”之句。从表面看，作者诗中在颂扬曹勋的同时，却劝他功成早退，借以表达应持“明哲保身”的消极人生态度。但是，在杨氏看来，抗金名将岳飞被权相秦桧害死后，一直以投降卖国的姿态取悦于金国，于是有后来所谓的“议和”成功，以此暗讽秦氏的投降卖国行为。该诗承继北宋乃至晚唐时诗文革新运动的成果，使咏史诗慢慢走向散文化，具有长句叙述、诗风浅实等特点。

(三)理性思考，映衬现实

有人认为，杨万里是一个吟咏性情的闲散诗人，下笔多是率意而为，如此说法明显是错误的。其实，他未曾一刻忘念国事。他的咏史诗既注重艺术锤炼，又看重诗意的蕴蓄。如“老农背脊晒欲裂，君王犹道深宫热”诗中的悲悯，“老去情怀已不胜，愁边灾患更相仍”诗中的忧患，“却是归鸿不能语，一年一度到江南”诗中的感叹，这种深沉的感时愤世情怀浸透于字里行间。又如《登凤凰台》诗云：

千年百尺凤凰台，送尽潮回凤不回。白鹭北头江草合，乌衣西面杏花

① 《家刻本〈诚斋诗集〉校注》，第268页。

开。龙蟠虎踞山川在，古往今来鼓角哀。只有谪仙留句处，春风掌管拂蛛煤。①

凤凰台，在南京城西南山上，今瓦官寺附近，其得名相传缘于南朝宋文帝时，有三只凤凰飞落于此处李树上，招来各种鸟类随其比翼飞翔，呈现百鸟朝凤的盛世景象，为庆贺此美事，于是改名凤凰里，并在保宁寺后山上筑台。唐代大诗人李白游此地时曾作《登金陵凤凰台》诗。杨万里于绍熙二年（1191）春季题写本诗，是一首咏史怀古之诗，并无讽今之意。“蛛煤”即蛛网尘埃，尾联即是用李白《登金陵凤凰台》诗之典故，抒发凤凰台繁华不再、昔盛今衰、古今变迁的感慨。该诗气势强劲，议论有力，从诗风渊源角度看，颇有受晚唐李杜诗风影响的痕迹。

诚如前述，杨万里常以历史旧迹作为生发点，借登临凭吊之机而咏人吟事，即使在去世前夕，还深沉发出“两窗两横卷，一读一沾襟。只有三更月，知予万古心”的呐喊，而这“万古心”正是他对国土日蹙的焦灼，对贻误收复的愤懑。清代潘定桂题诗云：

一官一集记分题，两度朝天手自携。老眼时时望河北，梦魂夜夜绕江西。连篇尔雅珍禽疏，三月长安杜宇啼。试读渡淮诸健句，何曾一饭忘金堤？②

潘氏极富见识，短短数句便揭示出杨氏诗易被忽略的爱国情怀，点明杨氏诗富有生命力的两个层面：第一，他以“河北”“金堤”等关乎社稷江山的内涵意旨，感慨国土沦陷，诗风表现为悲歌漫吟；第二，咏史诗仍重“活法”，形成自然圆润且流转的“诚斋体”。清中期史学家赵翼评价说：“放翁与杨诚斋同以诗名，诚斋专以俚言俗语阑入诗中，以为新奇；放翁则一切扫除，不肯落其窠臼，盖自少学诗，即趋向大方家，不屑屑以纤佻自贬也。”③之后又说：“其争新也在意

① 《家刻本〈诚斋诗集〉校注》，第423页。

② （清）潘定桂：《楚庭耆旧遗集》后集卷19。

③ （清）赵翼：《瓯北诗话》卷6，下同。

而不在此，当其意有所得，虽村夫牧竖之俚言雅语一切阑入，初不以为嫌，及其既成，则俚者转觉其雅，稚者转觉其老。”①

三、杨氏创作动因

俗话说，诗词创作既讲触物以起情，又讲感物而心动。杨万里博览群书，史籍中的人物、事件以及生活中的遗迹都能引发他的心灵激荡，再结合南宋时特殊的时代背景与个人的曲折经历，便是他题有诸多咏史诗的动因。

(一)心系国运，忧国爱民

杨万里作为一位爱国诗人，有着浓郁的忧患意识，体现儒家卫道者“以天下为己任”的强烈责任感，所以咏史时常用对比烘托等手法，使其爱国忧民、积极济世等主旨意识更为鲜明。如《初入淮河四绝句》其二诗云：

> 刘岳张韩宣国威，赵张二相筑皇基。长淮咫尺分南北，泪湿秋风欲怨谁?②

诗中“刘岳张韩”是指刘锜、岳飞、张俊、韩世忠，除张俊后来阿附秦桧杀害岳飞外，都是南宋初期抗金的爱国名将。“赵张二相”是指赵鼎、张浚，“筑皇基”是指将、相合力，才有南宋与金对立的局面。该诗将咏史与感怀融为一体，面对失去半壁江山、苟且偷安的小朝廷有感而发，寓意深刻。尤其作者于尾句抒发议论：朝廷逐放着爱国名将、名相不用，偏偏要宠爱和重用投降派秦桧之流，迫害忠义人士，解散主战派力量，这是谁的过错呢？言外之意，责任直指最高统治者皇帝赵构。

(二)讽谏权贵，激励世人

杨万里对勤政兴国、逸乐误邦的历史规律有深刻的认识，常借古事来讽谏当朝君臣，激励文人士子重振山河，故咏史时常使用反语，在表达讥讽的同时还带有一丝谐趣。如《三月晦日，游越王台》诗云：

---

① 《杨诚斋集序》。

② 《家刻本〈诚斋诗集〉校注》，第373页。

榕树梢头访古台，下看碧海一琼杯。越王歌舞春风处，今日春风独自来。①

淳熙七年（1180）三月底，杨氏游广州城越王台。诗中第二句以“琼杯”比喻大海，形象地描摹自己独特的感受，凸显越王台位置之高。第三、四句作者则是抚今追昔，借景抒情，既有对江山依旧、人事代谢的喟叹，又有借越王穷奢生活，暗示对当朝腐败昏庸统治的讽谏，颇显宋诗富于气骨、瘦劲之特色。

（三）感叹伤感，托古言志

杨万里学识丰富，史学和理学均有相当深的造诣，吟咏时常是精心选择人物、组织典故、同类引喻，以诗言志，并表达伤感。写作手法方面，多是以史实为基础，用婉曲的表达形式，来追求艺术的叠加效应。如《宿放牛亭秦太师坟庵》诗云：

函关只有一穰侯，瀛馆宁无再帝丘。天极八重心未死，台星三点坼方休。只看壁后新亭策，恐作移中属国羞。今日牛羊上丘垅，不知丞相更嗔不？②

该诗是一首政治讽刺诗，另有诗后序说：“暮年起大狱，必杀张德远、胡邦衡等五十余人。不知诸公杀尽，将欲何为？奏垂上而卒，故有‘新亭’之句。然初节似苏子卿，而晚谬已。”作者以纪实手法，将历史典故与自己所思所想融于一体，诗意更显感性和实在。如诗题中“秦太师”表面是尊称，实是作者暗讽万人唾骂的卖国丞相秦桧，此类投降派居然于绍兴十二年（1142）九月晋封为太师。第二句是以唐代奸相许敬宗来类比秦桧，因为许敬宗在《新唐书》中排列于奸臣传第一人，此人有才学但无品行，靠谄媚而爬上高位。第三句是指秦桧由一重已至九重高位后仍觉得不满意。末尾句的反问则是作者以婉曲含蓄、悲歌漫吟的形式来表达他的爱国忧民情怀。

---

① 《家刻本〈诚斋诗集〉校注》，第210页。
② 《家刻本〈诚斋诗集〉校注》，第451页。

（四）蕴藉婉曲，寻求归隐

杨万里一直仕途不顺，曾几次遭贬谪，故诗中多有弃官归隐家乡的强烈意愿。他正式辞官回乡后，即在家乡东面南溪畔开辟东园，园内辟有三三径。如《三三径》诗云：

三径初开自蒋卿，再开三径是渊明。诚斋奄有三三径，一径花开一径行。①

该诗前序说："东园新开九径，江梅、海棠、桃、李、橘、杏、红梅、碧桃、芙蓉九种花木，各植一径，命曰三三径。"作者以历史人物蒋诩和陶潜做类比，抒发自己对归隐生活的向往。

杨万里咏史诗也蕴含"诚斋体"中的"活法"。"活法"一词是由《江西诗社宗派图》作者吕本中提出，意在"学诗当识活法。所谓活法者，规矩备具，而能出于规矩之外；变化不测，而亦不背于规矩也。是道也，盖有定法而无定法，无定法而有定法。知是者，则可以与语活法矣。谢元晖有言：'好诗流转圜美如弹丸。'此真活法也"。② 后世人则认为，杨万里践行的"活法"早已超出吕本中的标准，立足师法自然，善于摄取自然景物的特征或动态，以生动活泼、富有变化以及幽默诙谐的语言来表现。如《重九后二日，同徐克章登万花川谷，月下传觞》诗云：

老夫渴急月更急，酒落杯中月先入。领取青天并入来，和月和天都蘸湿。天既爱酒自古传，月不解饮真浪言。举杯将月一口吞，举头见月犹在天。老夫大笑问客道：月是一团还两团？酒入诗肠风火发，月入诗肠冰雪泼。一杯未尽诗已成，诵诗向天天亦惊。焉知万古一骸骨，酌酒更吞一团月！③

---

① 《家刻本〈诚斋诗集〉校注》，第488页。

② 四库本《文献通考》卷245之《夏均父集序》。

③ 《家刻本〈诚斋诗集〉校注》，第497页。

该诗与李白名诗《月下独酌》其一诗的风格颇为类似，且两人均善饮好诗，都有被后世仰慕的人品。杨氏似乎更善于捕捉稍纵即逝、转瞬即改的自然情趣，想象更显奇特，一笔一转，一转一境，景物活，意趣深。即使是咏史诗，杨氏也是善于运用“活法”来题作，张镃曾评价说：“造化精神无尽期，跳腾踔厉即时追。目前言句知多少，罕有先生活法诗。”①

结语

刘克庄曾说：“放翁学力也，似杜甫；诚斋天分也，似李白。”②杨万里咏史总是以熟稔史识和独特眼光，选择历史人物、事件和遗迹作为吟咏对象，婉曲表达其深沉的爱国心和责任感。他的咏史诗，亦带有“诚斋体”的活法风格，文采斐然，体现出较高的诗艺水平，值得后世人细细品味。

① （南宋）张镃：《南湖集》卷7之《携杨秘监诗一编登舟，因成二绝》。

② 四库本《后村诗话》卷2，刘克庄编。

杨万里诗中的酒文化

酒文化是中国传统文化的一个重要组成部分,指制酒和饮酒活动过程中所形成的特定文化形态,且以独有的审美情趣和文化意蕴,成为中国文学史上一大奇观。古代以饮酒闻名的诗人灿若群星,南宋杨万里即是其中一位,家刻本《诚斋诗集》共录诗 4244 首,诗中含有"酒"字者有 352 首,其他含有"醉""独酌"等直接与饮酒有关的诗 100 多首。品读杨万里近 500 首饮酒诗,不仅能领悟诗中所蕴含的情趣、理趣和谐趣,而且能深切感受作者借酒抒情、以酒言志以及诗酒风流所孕育的魅力花朵。

一、下酒醒酒之异

(一)以诗下酒

绍兴三十二年(1162)底,杨万里因感时伤势,借饮酒而题诗云:

> 飘蓬敢恨一年迟,客里春光也自宜。白玉青丝那得记,一杯咽下少陵诗。①

那年立春是在农历年前,作者时任湖南零陵县丞,因平时喜爱饮酒,且由于清贫等原因,于是以诗圣兼酒癫杜甫之诗作为下酒菜。以诗下酒,其表现形式虽说时髦,但在古代诗歌史中如此题诗者并不多。在杨万里看来,酒是诗之媒,诗是酒之华,为追求一份"雅饮",自己没有学李白"痛饮狂歌空度日"②那般的桀骜不驯,而是自觉遵守"饮酒无奇诀,且斟三四分"的标准,平日饮酒总是喝至三

① 家刻本《诚斋诗集》之《江湖集》卷 1,《立春日有怀》其一诗,清乾隆版本(下同)。

② 四库本《李太白集注》卷 32《诗文》之《赠李白》诗,杜甫题。

四成，不宜过多，如此醉态自然别有一番风味。

（二）梅花下酒

淳熙二年（1175）秋末某夜晚，杨万里持酒一壶，准备一番独酌。因夜已深，又无下酒菜，于是自创一个新下酒菜——白糖拌梅花，之后题诗戏谑云：

> 剪雪作梅只堪嗅，点蜜如霜新可口。一花自可咽一杯，嚼尽寒花几杯酒。先生清贫似饥蚊，馋涎流到瘦胫根。赣江压糖白于玉，好伴梅花聊当肉。①

从饮食学角度而言，梅花并不能直接食用，必须经处理后方可。依据作者的题诗时间和梅花的花开时节，可印证他所用的梅花是以前晒干的。为何要以梅花干下酒呢？诗中“清贫似饥蚊，馋涎流到瘦胫根”等自嘲句即是答案，亦可印证杨万里那时生活的一种窘态。因他正在待次常州知州，家贫且孩子众多，于是只好以梅花干下酒，侧面体现其勤廉俭朴的家风。

关于以梅花下酒，杨万里与族叔杨庆长等人宴集时又题有唱和诗，其九诗云：

> 酒香端的似梅无？小摘梅花浸酒壶。莫遣南枝独醒着，一杯聊劝雪肌肤。②

这里是以梅花泡酒。如此之酒真的好喝吗？答案自然是否定的。其原因是，在中国传统文化中，梅花象征着高洁、坚强和谦虚等优秀品质，能给人以立志奋发的激励。在杨万里看来，一个人只有守得住清贫，耐得住寂寞，才能像梅花一样凌寒傲霜，“作伴孤芳却欠伊”。这两首梅花下酒诗可谓立意别出心裁，字字精准，明白如话，不改“诚斋体”一贯的幽默谐趣本色，既令人捧腹，又蕴含哲理。

---

① 家刻本《诚斋诗集》之《江湖集》卷7，《夜饮，以白糖嚼梅花》诗。

② 家刻本《诚斋诗集》之《西归集》卷2，《庆长叔招饮，一杯未醑，雪声璀然，即席走笔赋十诗》其九诗。

(三)霜球醒酒

饮酒虽能激发诗人的灵感、胆量和魄力,但是,喝三五碗冬酒入肚,热血沸腾之后便是如何醒酒了,杨万里却有自己的办法。庆元元年(1195)冬季,他题作《餐霜醒酒》诗云:

> 宿酒朝来醉尚残,胸怀眊矂腹仍烦。牡丹垓上栏干脚,自刮霜球滚舌端。①

"霜球"是指附着于牡丹干、叶与花上的白色柔毛揉搓而成的一种球状物,因它有活血、消瘀和醒酒作用,所以古人常自采捏成球状后放入嘴中咀嚼。下酒物和醒酒本是人们生活中极普通之物事,因有诗人的参与,酒壮诗之胆,诗助酒以名,既增添了一份生活雅趣,又提升了酒的文化品位。

二、"穿越"变作李白

杨万里既爱写诗,更爱喝酒,因为饮酒中追求自由和个性,才给他的诗歌创作提供广阔辽远的想象空间,这正是中国酒文化千年不衰的独特魅力。

(一)借酒咏志

淳熙五年(1178)上旬某夜晚,时任常州知州的杨万里在郡衙独酌,酒刺激他的创作思维,引发丰富的联想,于是学李白饮中感怀,题《醉吟》诗云:

> 古人亡,古人在,古人不在天应改。不留三句五句诗,安得千人万人爱。今人只笑古人痴,古人笑君君不知。朝来暮去能几许,叶落花开无尽时。人生须要印如斗,不道金槌控渠口。身前只解皱两眉,身后还能更杯酒。李太白,阮嗣宗,当年谁不笑两翁。万古贤愚俱白骨,两翁天地一清风。②

该诗虽是醉时之作,但句句是真言,扼腕长叹之余,却又令人肃然起敬。作者深

① 家刻本《诚斋诗集》之《退休集》卷2,《餐霜醒酒》诗。
② 家刻本《诚斋诗集》之《荆溪集》卷2,《醉吟》诗。

感时光易逝，青春难再，于是借饮酒而说出心里话：世人常迷恋于权力，羁绊于名利，却最终受辱遭刑；“我”却要以酒仙李白和“竹林七贤”的阮籍作为竞比对象，且借阮籍醉酒避世、李白赐金放还等典故，劝导世人放弃仕途名利之争。诗中之酒，已成为作者借酒言志的工具，其作用力似乎完全受诗人的主观情感所控制，因“我”的情感变化而变化。作者虽是酒后吐言，却饱含着醉中的一份清醒，尽显庐陵人“文章节义”的风骨。

（二）以酒抒怀

绍熙五年（1194）九月十一日，杨万里与好友徐克章来到当今湴塘村花园水库旁的“万花川谷”，月下传觞，开怀畅饮。诗中说自己已化身为李白，每次斟酒入杯，只见月亮浮于酒杯之中，似乎想要抢酒喝。当“我”将湿漉漉的月亮一口吞下去，抬头却发现月亮仍然高高挂在天上，此时此刻，作者并不急于寻找答案，却要来纸笔墨砚，写下一首充满浪漫主义色彩的饮酒诗，《重九后二日，同徐克章登万花川谷，月下传觞》诗云：

老夫渴急月更急，酒落杯中月先入。领取青天并入来，和月和天都蘸湿。天既爱酒自古传，月不解饮真浪言。举杯将月一口吞，举头见月犹在天。老夫大笑问客道：“月是一团还两团？”酒入诗肠风火发，月入诗肠冰雪泼。一杯未尽诗已成，诵诗向天天亦惊。焉知万古一骸骨，酌酒更吞一团月！①

这首诗颇有李白遗风，写得既癫又狂，化用了李氏《月下独酌》中不少名句，颇有苏轼《水调歌头·明月几时有》之意境，且有新的开拓。自古文人爱酒，因为酒助诗情，那时作者已辞官回乡两年，为歌颂无拘无束的生活，似乎要与心中敬仰的诗仙李白一比高低，表达自己也有以诗成为饮中楷模的强烈愿望。嘉泰三年（1203）八月，乡贤好友周必大评价该诗云：

韩退之称柳子厚云：“玉佩琼琚，大放厥辞。”苏子瞻答王庠书云：“辞

① 家刻本《诚斋诗集》之《退休集》卷1，《重九后二日，同徐克章登万花川谷，月下传觞》诗。

至于达而止矣。"诚斋此辞，可谓乐斯二者。[①]

在周必大看来，杨氏以最擅长的活法、奇趣之手法，将独特个性和浪漫情怀表现得淋漓尽致，意境不输于柳宗元、王庠等名士，似乎已达到人月一体、物我两忘的境地。南宋乡人罗大经则云：

杨诚斋《月下传杯》诗云……余年十许岁，侍家君竹谷老人谒诚斋，亲闻诚斋诵此诗。且曰："老夫此作，自谓仿佛李太白。"[②]

由此可知，少年罗大经陪父亲罗茂良在湴塘村时，曾聆听老年杨万里现场吟诵此诗。经笔者考证，那年罗大经正好十岁。其实，杨万里年轻时也有积极的入仕愿望，自古以来绝大多数文人因为多有一份疏狂，处事不肯左右逢源，仕途上必然是不得志，于是想学李白借酒表达心声，甚至还敢向他喊话。刘克庄说："诚斋天分也，似李白。"[③]认为杨万里颇有李白的某些天分，尤其是狂饮醉酒后，不仅要与月亮抢酒喝，还提出比李白更大胆的想法，说要"一口吞月"。杨氏认为，人的最终结局是"万古一骸骨"，就应该参透生死，把握当下，恣意纵情地生活。

（三）遣酒消愁

庆元元年（1195）十一月上旬，杨万里留黄桥镇螺陂村萧如埙、萧如篪兄弟在湴塘家中小饮。感叹于做人要有骨气，贫穷不失人格，在微醺状态下他挥笔题诗云：

谁憎白日上青天？谁羡千钟况万钱？要入诗家须有骨，若除酒外更无仙。三杯未必通大道，一斗真能出百篇。李杜饥寒才几日？却教富贵不论年。[④]

① （南宋）周必大：四库本《文忠集》卷51之《跋杨廷秀〈对月饮酒辞〉》。

② （南宋）罗大经：四库本《鹤林玉露》卷10。

③ （南宋）刘克庄：四库本《后村集》卷18之《诗话（下）》。

④ 家刻本《诚斋诗集》之《退休集》卷2，《留萧伯和、仲和小饮》其二诗。

诗歌是现实生活的反映，作者似乎于“沉醉”中表达出一份“孤吟”，由此他联想李白、杜甫等名士政治命运的坎坷和生活的颠沛流离，心怀感慨地提出“要入诗家须有骨”，把饮酒视为自我精神解放的象征。“一斗真能出百篇”，把饮酒视为诗歌创作的一种媒介，以此排解现实中的郁闷情绪。那么，杨万里所追求的饮酒最高境界是什么呢？“一杯一杯复一杯，管他玉山颓不颓，诗名于我何有哉”，他并不要求饮什么好酒、吃什么好菜，而在意于与谁对饮、在什么环境下饮酒，自己的思想感情是否被对方理解等。数天后，他又题作《饮酒》诗云：

今日偶不饮，无事亦有思。偶然举一杯，事至我不知。岂独忘外事？此身亦如遗。此酒本何物？秫先麴还随。饭秫只醒眼，嚼麴无醉时。秫麴偶相逢，清泉媒妁之。不知独何神？幻出忘世姿。庄周不须周，惠施不须施。贵贱与死生，不齐元自齐。我本非缙绅，金华牧羊儿。只坐读《书》《礼》，一出不得归。归来今四年，似早其实迟。海中无蓬莱，蓬莱在酒池。今夕一杯酒，乘风驾云旗。犹遭世缘缚，未挂神武衣。[①]

自古以来，有多少人渴望得道成仙，尤其是政治上不得志的文人，“朝为田舍郎，暮登天子堂”[②]，总幻想有朝一日能够得赴蓬莱。杨万里弃官归隐已四年，对浮名功利早已视为云烟，不以为意，坦言“蓬莱在酒池”，路径是“今夕一杯酒”。他认为，酒因诗而醉，“醉中得五字，索笔不能书”，因饮酒过量已记不起所吟的诗句；另一方面诗因酒而名，“我醉彼自知，醉亦何足愁”，“酒力欺人正作眠，梦中得句忽醒然”，遣酒入诗，对酒消愁，感受可谓极其真切。作者身为南宋理学名家，该诗的哲理之味颇浓。

三、品酒酿酒大师

（一）品酒大师

俗话说，酒是陈的香。杨万里却似乎更爱喝新酒。绍熙二年（1191）冬至前夕，时任江东转运副使的他在南京酿新酒两缸，且题作《新酒歌》云：

---

① 家刻本《诚斋诗集》之《退休集》卷2，《饮酒》诗。

② 《神童诗》，汪洙撰。

酸酒齐汤犹可尝，甜酒蜜汁不可当。老夫出奇酿二缸，生民以来无杜康。桂子香，清无底，此米不是云安米，此水只是建邺水。瓮头一日绕数巡，自候酒熟不倩人。松槽葛囊才上榨，老夫脱帽先尝新。初愁酒带官壶味，一杯径到天地外。忽然玉山倒瓮边，只觉剑铓割肠里。度撰酒法不是侬，此法来自太虚中。酒经一卷偶拾得，一洗万古甜酒空。酒徒若要尝侬酒，先挽天河濯渠手。却来举杯一中之，换君仙骨君不知。[1]

杨氏讨厌官酿官卖之酒，将品尝自酿新酒作为人生一大乐趣。该诗还附有前序说，这两缸新酒一缸取名“桂子香”，另一缸取名“清无底”，不仅酒名文雅，而且风味冷冽，于是“歌以纪之”。该诗尾句意思是说，假如有谁想要品尝“我”所酿造的新酒，应该先去天河洗一洗手，待他喝上一杯后，就会在不知不觉中脱胎换骨，宛若神仙，诗中透着一份对自己酿酒技术的高度自信，不得不惊叹作者能有如此的奇思妙想。

嘉泰二年（1202）重阳节，杨万里邀杨扶、杨奎两兄弟一起品尝新酒兼赏菊。他俩是作者亦叔亦友且早已亡故的杨辅世之子，杨奎已中解试且正在准备进士试，其妻则是诚斋夫人的亲侄女，面对特殊的地缘、人缘和亲缘关系，杨万里自然是开心愉快的，于是题诗云：

但令有酒对篱东，管得山名不是龙。榨里泼醅迎节里，雨中移菊自城中。多时不饮今辞醉，一笑相欢古罕逢。我辈明年当更健，不须仔细看萸红。[2]

“榨里泼醅”是指已浸泡井水却未过滤的粗醪。这里作者并不追求好酒，而是将饮新酒当作一种生活享受方式，在意于感受不同的生活滋味，从而表现他所追求的自由和个性，这种豁达和自信正是中国古代诗人酒文化精神的重要组成

---

① 家刻本《诚斋诗集》之《江东集》卷3，《新酒歌》诗。
② 家刻本《诚斋诗集》之《退休集》卷5，《九日，招子上、子西尝新酒》诗。

部分。

杨万里还利用在外做官的机会,尽可能品尝不同风味的外地酒。淳熙十六年(1189)九月,他离开高安赴京任职,在即将进入上饶地界的途中,题作《尝诸店酒,醉吟》诗云:

> 饮酒定不醉,尝酒方有味。清浊与醇醨,杂酌注愁肺。偶尔遭真趣,颓然得佳寐。醒人作醉语,语好终不是。①

平时自己虽说爱喝酒,却能秉持科学饮酒观,自觉做到品酒而不酗酒。但是在今天呢?既然是品尝很多店家的酒,自然是颇有酒兴,之前所约定的杯数肯定无法遵守,于是其二诗中有"我饮无定数,一杯复一杯"的自嘲句,说明喝得兴起后根本停不下来。待作者遍尝诸店酒后,于是对酒的类别有"清浊""醇醨""杂酌"之分,对酒的颜色有"清于雪""赤如血""鸭绿""鹅黄"之分,对酒的味道有"烟火气""泉石味""春风香"之分,这些评酒术语即使在今天也很有实用性,表明他在品酒方面确实有较高水平。

(二)酿酒大师

杨万里首开"诗人兼酿酒大师"之先河,在酿酒方面有较高的造诣。淳熙八年(1181)底,他在广东梅州平叛沈师匪军获胜后班师,某天来到程乡县房溪一位名叫张珦的农家客栈,当喝到一种用桂叶鹿蹄配制的酒后,感觉此酒醇香浓烈,口味莹滑森严,于是题诗赞道:

> 桂叶揉青作麹投,鹿蹄煮酥趁凉篘,落杯莹滑冰中水,过口森严菊底秋。玉友黄封犹退舍,齑汤蜜汁更输筹。野人未许传醅法,剩买双瓶过别州。②

他认为此酒是人间绝品,于是软磨硬泡般地请求张珦告知酿造之法,表明他对

① 家刻本《诚斋诗集》之《江西道院集》卷2,《尝诸店酒,醉吟》其一诗。

② 家刻本《诚斋诗集》之《南海集》卷4,《夜宿房溪,饮野人张珦家桂叶鹿蹄酒,其法以桂叶为饼,以鹿蹄煮酒,酿以八月,过是则味减云》。

酿酒技术情有独钟。遗憾的是，张珣总是微笑不语，最后只是简单地告知此酒是“以桂叶为饼，以鹿蹄煮酒，酿以八月”，鉴于原材料的特殊和时间季节的不允许，无奈之下只好买下两坛酒离去，似乎内心颇为失落。

绍熙元年(1190)春节期间，杨万里在京城杭州以吉水老家酿酒之法制得两缸酒，且题有《赋金盘露、椒花雨》诗云：

金盘夜贮云表露，椒花晓滴山间雨。一涓不用鸭绿波，双清酿出鹅黄乳。老妻知我憎官壶，还家小糟压真珠。江西担取来西湖，遣我醉倒不要扶。更携数尊往淮上，要夸亲旧尝家酿。只堪独酌不堪分，老夫犹要入修门。①

该诗还有前序说：“吾家酒名，敷腴者曰‘金盘露’，芳烈者曰‘椒花雨’。”他所酿之酒不仅取有名字，而且听得“金盘露”“椒花雨”酒名后，似乎令人口舌生津，不喝上一口似乎心有不甘。可以推想，假如杨万里没有亲自参与酿酒全过程，断然写不出如此精准的细节描述。

当客人向他请教酿酒之法时，杨万里则是极乐意于传授技艺。嘉泰元年(1201)春季，杨万里与客人一起品尝“荼蘼酒”，因客人认为此酒甚好，且请教酿造之法，他题诗回答说：

月中露下摘荼蘼，泻酒银瓶花倒垂。若要花香熏酒骨，莫教玉醴湿琼肌。一杯堕我无何有，百罚知君亦不辞。敕赐深之能几许？野人时复一中之。②

荼蘼本是一种花，北宋时就有制作荼蘼酒之法，大致是用酴醾花熏香或浸渍后再加入米酒之中。只因杨万里酿酒工艺独特和水平高超，所酿造的荼蘼酒芳香四溢，客人才向他请教酿法。

---

① 家刻本《诚斋诗集》之《朝天续集》卷3。

② 家刻本《诚斋诗集》之《退休集》卷5，《尝荼蘼酒》诗。

（三）偏爱生酒

杨万里认为，喝生酒更有大自然的味道，因为经过加热杀菌的“煮酒”环节，熟酒早已没有生酒的刚烈味。淳熙五年（1178），时任常州知州的他题作《生酒歌》云：

> 生酒清于雪，煮酒赤如血，煮酒不如生酒烈。煮酒只带烟火气，生酒不离泉石味。石根泉眼新汲将，面米酿出春风香。坐上猪红间熊白，瓮头鸭绿变鹅黄。先生一醉万事已，那知身在尘埃里。①

这首诗从“生酒”与“煮酒”的颜色、口感、工艺和原材料等角度做仔细分辨，诗中所描绘的生酒颜色清且白，口味烈于煮过之酒，且带有泉石之味；而煮酒色赤如血，口味弱于生酒，还沾染了烟火之气等，所言非虚。试想，那时杨万里正是壮年时期，喝酒力猛一些的生酒，肯定是更适合。俗话说得好，酒品即人品，杨万里爱好喝生酒，这正是他性格清正刚烈、浸透铮铮风骨的内在表现。

（四）对酒比酒

杨万里还常与年轻后辈对酒和比酒。淳熙八年（1181）清明节前夕，他在广州与儿辈年轻人一起对酒，且题有《寒食对酒》诗云：

> 荔枝园园花，寒食日日雨。先生老病多，颇已疏绿醑。儿童喜时节，笑语治樽俎。南烹供前陈，北果亦草具。蝤蛑方绝甘，笋蕨未作苦。先生欲独醒，儿意难多拒。初心且一杯，三杯亦漫许。醒时本强饮，醉后忽快举。一杯至三杯，一二三四五。偶然问儿辈，卒爵是何处？儿言翁但醉，已忘酒巡数。②

“对酒”即是对诗饮酒之意，后亦是乐府曲名，称“对酒行”。诗中说年轻人要与“我”对酒，“我”怎么好拒绝呢？刚开始时大家说好只喝一两杯，但是，此酒味

---

① 家刻本《诚斋诗集》之《荆溪集》卷3，《生酒歌》诗。

② 家刻本《诚斋诗集》之《南海集》卷2，《寒食对酒》诗。

道醇厚,入口甘美,三杯五杯就顺势喝下,待酒兴起来后,虽说自己已有醉酒感觉,自己仍是放不下酒杯,居然还迷迷糊糊地问,这杯酒是否为卒爵酒(最后一杯),可见他即使是闲适饮酒,也要追求一种飘飘然的快意,正所谓"宜言饮酒者莫如诗,饮,诗人之通趣也"。

嘉泰四年(1204)仲冬,严陵州司法官吏易允升来湴塘村拜访,且借机为他画得一幅肖像,杨万里则在画像旁题《又自赞》诗云:

> 清风索我吟,明月劝我饮。醉倒落花前,天地即衾枕。①

这是一首唱酒诗,既简明如话,又富含哲理。明明是作者好酒,却说是清风既催又索,明月又劝且导。可以推想,作者那时病后初愈,于是就开怀畅饮,"银杯不解饮,倾泻入我怀",最后他醉倒于落花前,却说要以天作为衾被,以地作为枕席。全诗虽无大气磅礴之势,却蕴含一股自由通透之心,精辟有趣又耐人寻味,这正是作者晚年闲适自在、常处于不醉不醒状态的真实写照,故后人常引用该诗诠释杨氏的风骨与品格。

四、限酒戒酒之苦

随着年龄的增长,杨万里慢慢变得体弱多病,于是打算开始戒酒。但是,作为"平生死爱酒,爱酒宁弃官"的他哪能轻易做得到呢?绍熙五年(1194)夏,他题作《止酒》诗云:

> 止酒先立约,庶几守得坚。自约复自守,事亦未必然。约语未出口,意已惨不欢。平生死爱酒,爱酒宁弃官。忆昔少年日,与酒为忘年。醉则卧香草,落花为绣毡。觉来月已上,复饮落花前。衷肠不禁酒,此事今莫论。因酒屡作病,自索非关天。朝来复告痛,饮药痛不痊。锐欲绝伯雅,已书绝交篇。如何酒未绝,告至愁已先?我与意为仇,意惨我不欢。何如且快意,伯雅再遣前?来日若再病,旋旋商量看!②

---

① 家刻本《诚斋诗集》之《退休集》卷6,《严陵决曹易允升自官下遣骑来,写予老丑,因题其额》诗。

② 家刻本《诚斋诗集》之《退休集》卷1,《止酒》诗。

该诗从"立约戒酒"入手，表示再也不敢贪杯狂饮，于是自欺地先立下禁酒之约，无奈禁酒意志力不够，于是有"自约复自守"的结局。作者一方面谨遵医嘱，在服药期间不饮酒，但对每日都要喝一点儿的他来说，这实在是太折磨人了，于是感慨道，"如何酒未绝，告至愁已先"。试想，这一定是杨万里内心经过多次思想斗争的结果，因为那时他的身体还撑得住，可视为他的一种自我安慰吧。

嘉泰二年(1202)夏初，病老交加的杨万里打算再次戒酒，作为"告至愁已先，我与意为仇"的他确实难以戒掉，于是只好从每餐限酒开始。每次仅限半杯，还特意题诗怀念以前爱酒、后亦限酒的同僚赵德庄，诗云：

旧日张三影，今时赵半杯。谁将牌印子，牒过草庐来？一代风流尽，余年鬓发催。愁边对诗酒，怀抱向谁开？①

赵德庄是绍兴八年(1138)进士，江西鄱阳人，历官余干知县、国子监丞、江州知州、福建转运副使、提点浙东路刑狱等，杨万里为该诗题有后序说："赵德庄，每对客不瀹茗，必传觞半杯，笑谓客曰：'某名赵半杯，君知否？余老病，只能饮半杯。'故云。"诗中作者虽表达"酒应限，更该戒"的愿望，但透过字里行间的背后，仍是他对酒一如既往的热爱。

直到杨万里去世前一年，才得以彻底戒酒。开禧元年(1205)冬，他题作《病中止酒》诗云：

平生万事轻，惟以酒自娱。当其爱酒时，一日不可无。老来因属疾，不饮五月余。客饮我不羡，而况逢麹车。见杯不思斟，见尊不思酤。终日但清坐，此心长泊如。只怪世人情，逐物非一途。仕者濡貂蝉，贷者珍金珠。赐达嗤原贫，由勇诮孔迂。何物真乐忧，何人定巧愚？病后得有身，旷然同

① 家刻本《诚斋诗集》之《退休集》卷5，《诗酒怀赵德庄》诗。

太虚。其余君莫问,麹生尚可疏。[1]

前面几句,表达他对美酒的喜爱,甚至到了宁愿不做官也要喝酒的地步。但是,那时他已年老且患有淋疾,兼有医者和家人的劝导,于是虽不能饮酒,但内心已不再痛苦,也不羡慕别人畅饮。“不饮五月余”的背后,是他以前极爱喝酒的前提下,精神已超脱于世俗认知的一种最佳状态,也是他生命最美姿态的最后展现。

结语

酒文化既是一种历史现象,又是传统文化的一个重要组成部分。古代文人常以酒为媒,以诗为魂,通过交流思想和结识友人而成为一种文化传承。杨万里擅长题诗,也喜爱饮酒,以诗酒风流赓续了中华传统文化。他又是一个极自律的人,爱酒从不贪口腹之欲,更从未因酒误事或坠志。倘若从诗歌创作角度而言,酒是杨万里的扫愁帚,更是他的钓诗钩,喜爱饮酒的背后则是以诗为用,以用为诗。

现代学者周汝昌评价杨万里说:“他的最突出的长处何在?我觉得至少可以指出一点:他有头脑,对事物感受敏锐,能思考,敢发表见解。他是理学家兼诗人,学诗不肯死在‘黄陈’江西派的篱下,敢于自出手心眼。”[2]在中国咏酒诗歌史上,杨万里近500首饮酒诗有着独特的魅力,犹如他好茶一样,“故人气味茶样清,故人风骨茶样明”[3],在咏酒诗中寄托自己的人格理想,在诗与茶酒之乐中完成自我人格的塑造,且以“正心诚意”将酒饮出一份淡泊风雅,在宦海诡谲中始终云淡风轻,宁静悠然。

---

① 家刻本《诚斋诗集》之《退休集》卷6,《病中止酒》诗。

② 周汝昌选注:《杨万里选集·致读者》,上海古籍出版社2012年版,第3页。

③ 家刻本《诚斋诗集》之《南海集》卷4,《谢木韫之舍人分送讲筵赐茶》诗。

第二辑 生平研究

“只有三更月，知予万古心”，这是杨万里去世前夕的忧国忧民之语。尽管孝宗贬他“直不中律”，光宗称他“也有性气”，但他总是以“横空立万仞”的大道精神而特立直行。一路风雨的跋涉，他看清了世界，也更明白自己。

杨万里“学问文章，独步斯世”，其“清节足以励万世”，一生立朝刚正，遇事敢言，针砭时弊，无所顾忌。从家世、科举、交游等角度探寻他的不平凡人生，对南宋士人、宗族、地方社会的研究，可谓“窥一斑而知全豹”矣！

《宋史·杨万里传》订误

——兼与周启成老教授商榷

《宋史》是二十四史中篇幅最庞大的官修史书，于元至正三年(1343)开始修纂，且与《辽史》《金史》同步进行，历时两年半就已完成，共有496卷，约500万字。正因为《宋史》是匆匆纂成，所以在史料裁剪、史实考订、文字修饰等方面存有不少问题，学界为其订误的文章颇多。

《宋史·杨万里传》收录于《列传·儒林》第三节，含标点3600余字，足以显示传主在南宋占有重要一席。早在1988年，杭州大学(现已并入浙江大学)古籍研究所周启成教授就《宋史》本传中的错讹疏误撰成《〈杨万里传〉补订》[①]，约4000字，共提出11处订误。但笔者认为，周老教授的撰文中有3处说法不正确，另有5处表述不准确的地方未予指明，于是不揣浅陋，就《宋史·杨万里传》订误如下，兼与周老先生商榷。

一、《宋史》本传载："万里三往不得见，以书力请，始见之。"

此处"以书力请，始见之"之句表述不准确，杨万里应是在张栻帮助下才得以被接见。具体是：杨氏于绍兴二十九年(1159)十月任湖南零陵县丞，张浚因贬于绍兴二十年移居永州，且携长子张栻、侄子(一说是次子)张杓随行，谪居此地近10年。为避嫌和守纪需要，张浚常是闭门谢客，不轻易与他人交往。那时杨氏尚是年轻小吏，确实三次前去拜会，但张氏均不见。之后杨氏以谦恭的态度给张浚写信，即本传中所说的"以书力请"，仍未获得机会。再后，杨万里有幸结识其长子张栻。尽管张栻比杨氏少6岁，却是有才之人，擅长诗文，两人

① 《文献》1988年第4期。

很快成为好友。有了张栻的周旋，在得到张浚准允的前提下，他直接将杨氏领进了张府。

依据有：第一，杨氏《上张丞相书》说："某也与天下同仰先生之道，而未得与天下同瞻先生之容。作吏此来，而及门者四三焉……先生试静听而深察之。"[①]该信即是"三往不得见，以书力请"的直接印证。第二，关于张栻的引见，《诚斋集》卷4《蜀士月彦和寓张魏公门馆，用予见张钦夫诗韵》说："殷勤来相府，邂逅得诗人。"《见张钦夫》其二诗又说："不见所知久，有怀何许开……不应师友地，只么遣空回。"

二、《宋史》本传载："浚入相，荐之朝。除临安府教授。"

此处"浚入相"之句表达有误，杨万里任临安府教授时，张浚尚未重新为相。具体是：隆兴元年（1163）春，杨氏任零陵县丞秩满回乡。该年中秋节后，离家赴调临安。在吉水县金滩镇白沙渡候船时，族叔杨涣和乡人罗季高、周仲觉三人携酒追送，杨氏题有《赴调宿白沙渡，族叔文远携酒追送，走笔取别》诗。

再查考张浚仕履经历可知，绍兴三十二年（1162）六月，高宗退位，孝宗即位，张氏随后出任枢密使（并非丞相）。隆兴元年（1163），张氏获封魏国公，都督江淮军马渡淮北伐，曾收复安徽宿州等地。后因部下将领不和，兵败于安徽符离（今宿州）。主和派势力随即抬头，秦桧党羽汤思退于该年七月任右相兼枢密使，议和活动相应进行。十二月，汤思退升任左相兼枢密使，张浚也升任右相兼枢密使，仍兼江淮东西路。

三、《宋史》本传载："除临安府教授，未赴，丁父忧。"

此处"未赴"二字有误，杨万里任临安府教授是"已赴"，但履职时间不长。依据有：第一，隆兴元年（1163）秋，杨万里题有《明发新淦，晴快风顺，约泊樟镇》《午憩东塘，近白干，江西地尽于此》等诗，表明他正在赴京路途中。第二，杨氏到达临安后，曾拜会胡铨、王庭珪两位先生，题有《见澹庵胡先生舍人》《为王监簿先生求近诗》。第三，杨氏在京城期间，被引见"面圣"孝宗一次，杨氏题有《引见前一夕，寓宿徐元达小楼，元达招符君俞、胡季永小集，走笔和君俞韵》

---

① 《诚斋集》卷63。

诗为证。

遗憾的是，隆兴二年（1164）元宵节前，杨万里收到家信，得知父亲杨芾病重，于是回乡探望，杨氏题有《甲申上元前，闻家君不快，西归见梅有感》诗。之后，杨芾的病时好时坏，且于该年八月去世，于是杨万里开始在家丁忧。他后来给虞允文儿子回信中说："自张魏公先生荐试馆职而不克就，至是知己希矣。"①杨氏也说是"不克就"，即"不能就"之意，并非"未赴"。

四、《宋史》本传载："改知隆兴府奉新县，戢追胥不入乡，民逋赋者揭其名市中，民欢趋之，赋不扰而足，县以大治，会陈俊卿、虞允文为相。"

此处将杨万里任奉新知县与拜会陈、虞二相的先后顺序颠倒，且他能出任奉新知县，正是陈、虞二相推荐的结果。具体是：杨氏丁父忧结束后，朝廷一直未安排他任职，于是杨氏听从张栻建议，携带政论宏文《千虑策》30篇，于乾道三年（1167）正月赴临安求职。因张栻是给陈俊卿写推荐信的，杨氏自然是去拜会陈相，之后由陈氏推荐给虞允文。"虞雍公初除枢密，偶至陈丞相应求阁子内，见杨诚斋《千虑策》，读一篇叹曰：'东南乃有此人物！某初除，合荐两人，当以此人为首。'"②但是，虞氏随后出任四川宣抚使兼知枢密院事，直到乾道五年（1169）才回京拜相。回京后，虞氏立即任用胡铨、王十朋等人，也向朝廷举荐了杨万里。杨氏《虞祖禹兄弟书》信中说："一日，莆田陈魏公携某所著论时事三十策以观于公，公曰：'不意东南有此人物。'于是招某一见，待以国士，面告以将荐于上。"③该年十一月，杨氏得除奉新知县，仍在家待次，第二年三月底至十一月才正式出任奉新知县。所以说杨氏能够出任奉新知县，正是陈、虞二相推荐的结果。

五、《宋史》本传载："会陈俊卿、虞允文为相，交荐之，召为国子博士。"

此处"会陈俊卿、虞允文为相，交荐之"之句有误，因为杨万里任国子博士

---

① 《诚斋集》卷67《虞祖禹兄弟书》。
② （南宋）罗大经：《鹤林玉露》乙编卷4。
③ 《诚斋集》卷67《虞祖禹兄弟书》。

时，陈俊卿已罢相，不在朝，无法“交荐之”。具体是：杨氏出任奉新知县仅是半年余，而此任职经历正是出于安排他做京官的需要。按照宋代官制，由选人入京，朝官必须先任知县，如《京朝官须入知县》载：“熙宁十年（1077）二月戊子诏：选人磨勘改京朝官，须入知县。虽不拘常制不得举辟，近世此禁寖弛……至今遵行之。”[①]乾道六年（1170）初，陈俊卿因为宋朝向金国索求北宋诸帝陵寝等事，与虞允文、孝宗意见多有不合，于是他闭门不出，多次请求离朝，孝宗安排他以观文殿大学士之职出任福州知州，兼福建路安抚使。

依据有：第一，《诚斋集》卷 133 录有《国子博士告词》，时间是乾道六年十月初六，由中书舍人范成大拟文。第二，杨万里后来给虞允文儿子的回信中说：“庀职六阅月，忽有命自天，擢某为国子博士，盖先师相荐之，孝宗皇帝而用之也。”可见杨氏也认为，此事只归功于虞允文一人。

杨万里任国子博士后，职务变动相对较为频繁，这里略做补叙。乾道七年（1171）七月，转任左奉议郎、太常博士。第二年，兼任省试考官，负责进士录取考试。九月，迁太常寺丞，兼任吏部右侍郎官。淳熙元年（1174）四月，转任将作少监。年底时，以继母年老而丐补外，获任漳州知州。第二年五月，朝廷下旨转任常州知州。

六、《宋史》本传“出知漳州，改常州”两句间，漏写“未赴”二字。

此处“出知漳州，改常州”之表述不准确，漏写“未赴”二字。具体是：乾道九年（1173）底，杨万里以继母年老为由丐补外，获任漳州知州。第二年初，他回乡待次漳州知州，路途中因小女儿杨季菽即将出生，携家眷在严州借住两个月。淳熙二年（1175）五月，朝廷下旨转任常州知州，但仍在家待次。淳熙四年（1177）四月，杨氏携家眷离乡，赴任常州知州。比对古代史书中人物传记的纂修惯例，获得任职而未赴前被改任他职者，大多数会注明。如南北朝顾宪之传载：“出为宁朔将军、临川内史，未赴，改授辅国将军。”[②]

① （南宋）王栐：《燕翼诒谋录》卷 3。

② 《梁书·顾宪之传》卷 52。

七、《宋史》本传载:“寻提举广东常平茶盐。盗沈师犯南粤,帅师往平之。孝宗称之曰‘仁者之勇’,遂有大用意,就除提点刑狱。”

此处将杨万里平定沈师之乱与任广东提刑的先后顺序颠倒,即他任广东提刑在前,平定沈师之乱在后。具体是:淳熙六年(1179)十二月底,杨氏启程赴任广州,且携长子杨长孺、次子杨次公随行历练。第二年三月到达广州,开始整顿盐茶市场。淳熙八年(1181)三月,杨氏因转任广东提刑,由广州赴任韶州。正因为他是广东司法官员,才会率军平叛。十月,赴潮州、梅州平叛沈师匪军,且很快获得胜利。十二月班师回韶州。

依据有:第一,《诚斋集》卷133所录《广东提刑告词》标题后有标注:“淳熙八年二月五日,中书舍人施师点行。”第二,杨万里《南海集》卷2有《闰三月初二日,发船广州来归亭下,之官宪台》诗,表明他于淳熙八年闰三月离开广州,赴韶州任提刑,负责司法方面事务。第三,杨氏《南海集》卷4有《督诸军求盗梅州,宿曹溪,呈叶景伯、陈守正、溥禅师》,表明他那时刚收到沈师之乱的消息,于是通报给叶景伯等同僚。而该诗之前第11个诗题是《六月十八日立秋,送客夜归,雨作》,表明沈师之乱发生于该年夏季之后。《南海集》卷5则有《平贼班师,明发潮州》诗,表明他已完成平乱。

八、《宋史》本传载:“请于潮、惠二州筑外砦,潮以镇贼之巢,惠以扼贼之路。俄以忧去。”

此处将杨万里向朝廷提“潮、惠二州筑外砦”的建议与丁继母忧的先后顺序颠倒,即他丁继母忧在前,向朝廷提建议在后。具体是:淳熙九年(1182)八月,杨氏因继母罗氏去世,于是辞官回乡丁忧。因守“言不文”之礼,此后两年多时间未作诗文。淳熙十一年十月底,他服除后获任尚书吏部员外郎,到京城任职后才上札提建议。

依据有:杨氏提出的“请于潮、惠二州筑外砦,潮以镇贼之巢,惠以扼贼之路”之建议出自《甲辰,以尚左郎官召还上殿第一札子》。“甲辰”即是淳熙十一年,札中说:“臣前任广东提刑,尝因求盗,经从惠之外砦,问其巡检公廨,则化为瓦砾之场矣……潮之外砦,臣虽未尝至,而见其将士亦皆居于城中……类潮、惠二砦者,并令盖造廨舍营房,移屯复旧。使荒林之处有所镇而盗不敢发,险要之地有所扼而盗不敢过。”①此误较为明显。

九、《宋史》本传载：“孝宗览疏不悦，曰：‘万里以朕为何如主！’由是以直秘阁出知筠州。”

此处“以直秘阁出知筠州”之句有误，因为杨万里出任筠州知州时，并无直秘阁之贴职。依据有：第一，依据《诚斋集》卷133《直秘阁告词》，可知杨氏获任直秘阁贴职是淳熙九年（1182）八月五日。《诚斋集》卷133另有《再复直秘阁告词》，系光宗皇帝即位后，于淳熙十六年（1189）五月四日颁发，说：“朕登宝位，缅怀儒英，因其寄职之未还，遂阅有司之列上，复其旧物，以示庆恩……可特授直秘阁。”既然标题说是“再复”，正文说是“复其旧物”，可推论他曾被免去此贴职。第二，孝宗因杨万里与洪迈争论“高宗配享”事，特意“批出：洪迈、杨万里并求补外，可与郡，而无职名”②。而洪、杨两人被外放州官，且都没有带贴职，在当时算是一种处分。

十、《宋史》本传载：“绍熙元年，借焕章阁学士为接伴金国贺正旦使兼实录院检讨官。”

此处“绍熙元年”之时间表述有误，应是淳熙十六年（1189）十一月底，并非绍熙元年（1190）。按常理推论，杨万里去接伴金国贺正旦使，应是农历年前去接，春节后再送他们回国。虽说“绍熙”是宋光宗年号，却是他继位的第二年。依据有：第一，杨氏《朝天续集》卷1第二首诗即是《衔命郊劳使客，船过崇德县》，表明那时他已出发，前去淮河接伴金使。其三诗中说：“岸树低欹一雪余，枝头半叶已全无。”从文字描写看，诗景应是寒冬季节。第二，杨氏《朝天续集自序》卷81载：“昔岁自江西道院召归册府，未几而有廷劳使客之命，于是始得观涛江、历淮楚。”可见他离任筠州知州与接伴金使是同一年份。

为何会有那个“借”字？因为杨万里刚于淳熙十六年十月升任秘书监，系正四品之官，而接伴金使属于“外交”事务，至少要三品官员才能充任，于是敕命杨氏借用三品焕章阁学士头衔去履职。

---

① 《诚斋集》卷69。

② （南宋）周必大：《文忠集》卷173《思陵录（下）》。

十一、《宋史》本传载:“会进《孝宗圣政》,万里当奉进,孝宗犹不悦,遂出为江东转运副使。”

此处“会进《孝宗圣政》”之记载有误,因为它发生于绍熙三年(1192)十二月,并非绍熙元年。依据有:第一,南宋文人王应麟《乾道御制圣政序》中说:“绍熙三年(1192)十二月四日,进《孝宗圣政》。”“淳熙十六年(1189)二月二十九日有旨,令编类寿皇圣政。绍熙三年十二月四日,上五十卷,御制序,十二月壬寅进呈。”①第二,《诚斋集》卷133《谥文节公告议》中说:“首召先臣万里为秘书监,屡欲擢侍从官,大臣有不乐者,先臣万里不肯少屈,出为江东转运副使。”第三,杨氏离京出任江东转运副使的背景是:绍熙元年(1190)十月,因《孝宗日历》作序事件杨氏自劾失职,后被光宗亲笔批字慰留才罢。不久后,杨氏又遭丞相留正暗算,且引发孝宗不满,于是被排挤出京。

十二、《宋史》本传载:“朝议欲行铁钱于江南诸郡,万里疏其不便,不奉诏。”

此处“欲行铁钱于江南”表述有误,应是“欲行铁钱会子于江南”。所谓“铁钱会子”,是由孝宗批准的在毗邻金国地域使用的一种以铁钱为本位的地区性纸币,并非金属币。依据有:第一,杨万里《乞罢江南州军铁钱会子奏议》中说:“伏念此令一下,军民心皆惶惑。盖见钱之与会子,古子母相权之遗意也。”②可见宋廷拟在江南地区推行流通“铁钱会子”,而杨万里接到诏令后,担心因纸币贬值而引发民乱,于是上疏痛陈利害,此后还两次拒不奉诏。第二,杨长孺《诚斋杨公墓志》中说:“时朝廷下总领所,欲于江南用铁钱楮券,先君不奉诏,上奏争之。”③所谓“楮券”,是指宋、金、元时发行的纸币,故《宋史》本传中应是“铁钱会子”。

十三、《宋史》本传载:“宁宗嗣位,召赴行在,辞。”

此处“宁宗嗣位,召赴行在”之表述不准确,时间应是他继位的第二年。因

---

① (南宋)王应麟:《玉海》卷32、卷49。

② 《诚斋集》卷70。

③ 《杨万里家族纪略》,江西人民出版社2017年版,第296页。

为宁宗是绍熙五年（1194）六月继位，而杨万里被“召赴行在”是庆元元年（1195）五月和七月，共有2次。时间表述相差一年。正因为杨氏坚辞，于是该年九月改任焕章阁待制、提举江州太平兴国宫，仍做奉祠官。依据有：《诚斋集》卷70录有《辞免召命札》和《再辞免札子》，即杨氏两次向朝廷上章辞免之文。《再辞免札子》中说：“某（于庆元元年）五月初四日准尚书省札子，三省同奉圣旨‘杨某召赴行在’，某已具辞免；七月十一日准尚书省札子，六月十二日三省同奉旨‘不许辞免’者。君命至重，何敢再违……改界外祠，庶叨空餐，以卒晚岁。”

十四、《宋史》本传：“进宝文阁待制致仕。嘉泰三年诏进宝谟阁直学士”两句之间漏记杨氏进封“庐陵郡开国侯”之爵位。

此处两句之间漏记杨万里进封“庐陵郡开国侯”之爵位。因为《宋史》本传中对杨氏的人生经历、仕履官衔均介绍得清晰明了，唯独其爵位没有介绍。具体是：庆元四年（1198）正月六日，朝廷进封杨万里为吉水县开国子，《诚斋集》卷133录有《进封吉水县开国子、食邑五百户告词》，由中书舍人高文虎拟文。庆元六年十二月二十五日，朝廷进封杨万里为吉水县伯，《诚斋集》卷133录有《吉水县伯告词》，由中书舍人张涛拟文，食邑700户。嘉泰四年（1204）正月二十六日，朝廷进封杨万里为庐陵郡开国侯，《诚斋集》卷133录有《庐陵郡侯告词》，由中书舍人李大异拟文，食邑1000户。

十五、《宋史》本传载：“卒，年八十三，赠光禄大夫。”

此处“年八十三”之表述有误，杨万里享年应是八十。杨氏去世于开禧二年（1206）五月初八，此观点学界无任何异议，《诚斋集》卷133《谥文节公告议》中也有明确记载。假如杨氏享年八十三，那么出生年则是宣和六年（1124），其实他出生于建炎元年（1127）。依据有：第一，杨氏《退休集》卷5录有《诚斋题〈三老图〉》诗，该诗附录了周必大题写的《三老图》诗，且周氏撰诗前序说：“郡士刘讷以乘成兄生于乙巳（1125），而予丙午（1126），诚斋丁未（1127），写《三老图》，为题四韵。”[①]第二，杨万里应张奭后人之邀撰《朝奉大夫知永州张公行状》

① 《诚斋集》卷41之《退休集》，四库全书本。

说："万里与公同生丁未（1127），而公为长；又同乡，举于绍兴庚午（1150），且相好。"第三，杨长孺所撰《诚斋杨公墓志》中载："先君于建炎元年（1127）丁未岁九月二十二日子时生。"①此记载可信度也很高。

十六、《宋史》本传载："万里为人刚而褊。孝宗始爱其才，以问周必大，必大无善语，由此不见用。"

此处"必大无善语，（杨氏）由此不见用"之语，自古至今学界均持否定态度。如雍正《江西通志》卷76载："史家谓'孝宗爱其才，以问周必大，必大无善语，由此不见用'。愚窃谓不然。观益公致政后，诚斋亦相继归田末路，往还倡酬，情好颇密，篇章具在，可考而知也。益公固非忌才者，诚斋又岂匿怨而友者哉！"②

关于杨万里与周必大的交游，当今学界有多位学者为之撰文。如南昌大学邹锦良撰有《杨万里与周必大交谊考论》和《心理认同与士人结群：南宋庐陵士人的日常交游——以周必大为中心考察》，浙江科技学院杨瑞撰有《周必大与杨万里交游考述》，汕头大学杨剑兵、郁玉英撰有《试论正气文化背景下的杨万里与周必大的交游》，南昌大学徐爱华、胡建次撰有《周必大与杨万里的交游及其影响下的诗歌创作论》等，他们均持否定态度。

从杨、周二人的性格角度分析，元代名士吴澄说："益国周丞相虽家庐陵，而泯然俊伟卓荦之迹韬于谨重信厚之中，故其名位所到，事业所就，超出众人之上。"③这段话可印证杨万里是刚正敢言类性格。从世俗角度看，说明他为官缺少所谓的圆滑世故。周必大曾评价杨氏"杨廷秀学问文章，独步斯世，至于立朝谔谔，知无不言，言无不尽，要当求之古人，真所谓浩然之气，至刚至大，以直养而无害，塞于天地之间者"④，宋孝宗对他的评价，也有"蒙太上圣语云：杨万里'直不中律'"⑤的评价，后来还因高宗配享事件被贬出朝廷。又如绍熙五年（1194），已致仕的周必大率先放低姿态，特意来到湴塘村访见，不久后杨万里

① 湴塘村光绪《忠节杨氏总谱·艺文》。
② 雍正《江西通志》卷76之《杨万里传》。
③ 《吴文正集》卷30之《序》，吴澄撰，四库全书本。
④ （南宋）周必大：《文忠集》卷19《题跋（六）》之《题杨廷秀浩斋记》，四库全书本。
⑤ 《诚斋集》卷105《尺牍》之《答王信臣》，四库全书本。

也赴永和回访，此后两人有许多唱和诗作，对彼此儿辈、族人多有关照和提携。他俩作为南宋时庐陵地区两位杰出的士大夫，交谊时间长达50多年，感情一直较为融洽，他们的胸襟势必不会像世俗庸人那般狭隘。

十七、《宋史》本传载："卧家十五年，皆其（韩侂胄）柄国之日也。"

此处"卧家十五年，皆其柄国之日也"之表述不准确。具体是：杨万里于绍熙三年（1192）七月因"铁钱会子"事件而辞官，八月改任赣州知州而未赴，九月中旬返乡，开禧二年（1206）五月去世。再查考韩侂胄仕履经历可知，绍熙五年（1194），韩氏因与知枢密院事赵汝愚等人策划"绍熙内禅"，拥立宋宁宗赵扩即位有功，之后才被重用。其柄权时间是从庆元元年（1195）才开始的，那时杨氏辞官回乡已3年，后因"开禧北伐"失败，于开禧三年（1207）在金国示意下被史弥远等人设计杀死。

十八、周氏《〈杨万里传〉补订》说："按：杨万里在任赣州司户与零陵丞之间，曾任全州丞，《宋史》失载。"

周启成老教授撰文中提供的证据有二：第一，引用"杨万里《书吕圣与零陵事序》：侯（指吕行中）尝为零陵宰。予尝为丞全州，兵执其守臣以叛，全距永不百里，永之摄守惧……（《诚斋集》卷七八。四部丛刊影宋本）"。第二，引用"绍兴三十二年杨万里《得亲老家问二首》云：'济世吾无策，迎亲仕屡惊。'下有附注：'时全州兵执王守方抚定。'（《诚斋集》卷一）"之后，他分析杨万里任全州丞的时间应是绍兴二十八年（1158）至二十九年秋之间。

笔者则认为，《宋史》本传中所记无误，此处应是周氏标点断句有误。依据有：第一，笔者查阅文渊阁四库全书本、乾隆四库荟要本、民国四部丛刊本《诚斋集》，所收录《书吕圣与零陵事序》中这段文字都相同，仅四部丛刊本将"丞"字写成"亟"字，应是笔误。这段话标点断句应是："侯尝为零陵宰，予尝为丞。全州兵执其守臣以叛。全距永不百里，永之摄守惧……"第二，全州位于广西东北，与湖南西南相邻，距永州零陵县才几十里路程。杨万里题写《得老亲家问》诗中附注应标点断句为："时全州兵执王守，方抚定。"意思是说，不久前全州发生"兵士劫持太守"事件，杨万里任职的零陵县与之相距才几十里，其父母、妻子自然会担惊受怕。第三,查考杨万里仕履经历可知,绍兴二十八年(1158)冬,杨氏任赣州司户参军秩满后回到家乡。第二年,他与父亲杨芾一起在湴塘村杨辅世宅西侧建新房,《诚斋集》卷1有《新居剪茅》,诗中有“正是凉生月上时”,表明秋天时仍在家乡湴塘。其次子杨次公也于该年出生,年底时才携家眷赴湖南零陵任县丞。另,宋代承袭五代之制,对地方官员实行一年一考,三年一任期。杨氏从赣州任满至始任零陵县丞之间仅有一年左右,说他曾任全州丞,从时间角度分析也不合情理。第四,《诚斋诗集》中另有《赠蜀中相士范思齐,往全州见万先之教授》《送黄岩老通判全州》等,杨氏均未言及曾有全州丞之经历。

十九、周氏《〈杨万里传〉补订》说:“杨万里长子杨长孺在《诚斋杨公墓志》(《诚斋文集》卷末)中明确说……”

周启成老教授说,杨长孺《诚斋杨公墓志》是录自“《诚斋文集》卷末”,此说法有误。笔者特意翻阅四库全书本、四库荟要本和四部丛刊本《诚斋集》,卷末均未收录杨长孺为父亲撰作的《诚斋杨公墓志》,该文的出处应是湴塘村光绪二十五年(1899)编修的《忠节杨氏总谱·艺文》。

二十、周氏《〈杨万里传〉补订》说:“《宋史》的记载是否可信?是值得怀疑的。当时万里罢官家居,实际上无官可弃,所谓‘官可弃’自不足信。”

因周启成教授师承于朱东润教授,而朱氏撰有《陆游传》。周、朱二教授出于对传主陆游的尊重,认为《宋史·杨万里》中“韩侂胄用事,欲网罗四方知名士相羽翼,尝筑南园,嘱万里为之记,许以掖垣。万里曰:‘官可弃,记不可作也。’侂胄恚,改命他人”之说不可信。周老先生如此撰文,仅是学术观点而已。为此,他还提出,韩氏受赐南园是庆元三年(1197)二月,“陆游为韩侂胄作《南园记》是在庆元六年(1200)至嘉泰二年(1202)闰十二月之间。如果韩侂胄曾嘱杨万里为他撰记,则亦当在庆元三年至嘉泰二年间。从嘉泰二年到杨万里去世,杨万里则是一再加官晋爵,多次请求致仕方获允许。嘉泰三年(1203)和开禧元年(1205),还曾两年征召他赴行在。如果他曾与韩侂胄发生正面冲突,而使侂胄愤恚在胸,执政者还会表现出这样厚意吗?”

笔者则认为,周启成老教授的说法不正确。依据有:第一,宋宁宗继位后确实两次“召赴行在”,但杨万里均坚辞,事后改任焕章阁待制、提举江州太平兴国宫,仍作奉祠官。据南京大学李昌宪教授说,“待制”之职常用于封赠,虽不掌管权力,却类似于当今副部级非领导职务,是古代的高级官员系列。第二,韩侂胄于庆元三年(1197)二月受赐南园,那时杨万里尚未致仕。庆元五年三月,杨氏才以通议大夫、宝文阁待制致仕,也就是说此前杨万里仍有官职在身,否则何以有致仕之说呢!第三,南宋宁宗朝时,杨万里的诗文声望、气节影响要比陆游强一些。陆氏曾3次推选杨氏为诗坛盟主。韩侂胄并非进士出身,以恩荫入仕,又是皇帝内戚,数次提请朝廷为杨氏加官晋爵,正是出于笼络文人的需要。他将杨氏列为南园作记者的首要人选,极合情理。第四,《宋史》本传中这段文字应是出自《诚斋杨公墓志》:“先是韩侂胄用事,欲网罗知名士相羽翼。尝筑南园,属公为之记,许以掖垣。公曰:‘官可弃,记不可作也。’侂胄恚。”杨长孺是杨万里长子,系当事人之一,对此事之真假有发言权。更关键的是,杨长孺为求朝廷给老父颁赠谥号,还将这部分内容写入奏折,考功郎官李道传《杨万里谥议》文亦是间接印证。第五,《宋史》的纂修以湖南人欧阳玄、江西丰城人揭傒斯用力最深,贡献最大。欧阳玄祖籍新余分宜县,尊欧阳修为族先祖,曾多次来过庐陵。揭傒斯与湴塘村杨氏则有更深的情谊,如元统二年(1334)应湴塘人杨元正之邀为杨氏忠节祠作记,说:“韩侂胄专国擅政柄,文节公万里以宝谟阁学士家居,闻之,三日不食死。”①文中对杨万里的气节多有歌颂,可推想他应读过《诚斋杨公墓志》,于是《宋史》本传中采用了这则史料。第六,关于杨万里晚年时“多次辞官,却一再加官晋爵”的原因,笔者已在《杨万里八首经典诗考议》第八首《〈有叹〉诗》第三部分“背景探析”中已做解读,相信读者早有自己的判断。

---

① (元)揭傒斯:《文安集》卷10《记》之《杨氏忠节祠记》,四库全书本。

杨万里画像及其像赞诗文考论

写真，即写物象之真，通俗地说就是当今的肖像画。古人没有照相机，画像的工具普遍是用毛笔，所以对人物肖像画的要求更多的是注重神韵，并不过分追求形似。古代士人的写真赞以及为他人的画像题赞，发轫于中晚唐，兴盛于宋元，至明清时蔚然成风。① 南宋时，士人们写真作赞之风较为普遍，常为自己或他人的画像拟写阐释、自嘲或褒扬类文字，借以表达作者的思想感情和内心追求。翻阅四部丛刊本《诚斋集》，杨万里有写真自赞诗 8 首，他人求赞诗 3 首，他人求赞文 4 篇，为他人的画像题诗作赞 6 首（篇），此外罗大经《鹤林玉露》中收集杨万里自赞诗两首。杨氏去世后，宋代刘克庄和文天祥，明初解缙和钱习礼等名士在瞻仰杨万里画像后均有像赞诗文。本文以《诚斋集》中的自赞诗、求赞诗文为基础，就杨氏身前身后的画像及其像赞诗文做一番简要考察，借以探寻他或悲或喜，或颂或贬的内心世界。

一、写真自赞

从北宋开始，肖像画在士人中兴盛起来，那时称为“写真”，士人们常通过“对镜”来观察自己容颜的变化，以“我”手和“我”形来抒写“我”心，并以赋诗作赞的形式在肖像画上书写简短的文字，借以表达内心感悟。杨万里的写真自赞诗，大致分为三种类型。

（一）叹流年，伤时感怀

杨万里写真自赞诗的立足点，总是以诚恳的态度赞美画师技艺的高超、学识的不凡，却以极简略的笔触叙说自己外貌，甚至还“丑化”自己，在称赞画师

① 《古人“自拍文案”：从“自恋”到“自黑”》，《北京晚报》，2020 年 8 月 11 日。

良好品行后再致以谢意。翻开《诚斋集》，所收录的第一首诗即是《壬午初秋，赠写真陈生》，诗云：

> 居士一丘壑，深衣折角巾。谁曾令子见？忽漫写吾真。更不游方外，于何顿若人？呼儿一笑看，下笔可能亲。①

时绍兴三十二年(1162)七月，作者任湖南零陵县丞，因为有一位陈姓后生为他作肖像画而题诗。此前杨氏有否画像，不得而知，因为此前1000多首诗全部被焚毁，《诚斋文集》中也没有提及，极有可能是他人生中的第一张画像。南宋士人的写真自赞多与日常生活有关，多是表现自己旷达、淡泊与谦和的心态。该诗作者并未描写自己的容貌，对陈生反而有“深衣折角巾”的着装叙述。这张画像的效果如何呢？试想，作者那时才36岁，正是中壮年时期，事后还曾邀儿子杨长孺等人一道欣赏，由“下笔可能亲”之语，可推测那张画像较为逼真。

南宋士人有着强烈的自我意识，尤其是致仕后，更为关注个体自身。绍熙五年(1194)冬季，作者辞官回乡的第3年，已是略显老态，吉安画师刘讷应邀画像，事后题有《赠写真刘敏叔秀才》诗2首，其一云：

> 冰鉴传神苦未工，传来恰恰五秋风。又将老丑形骸子，传入刘家画苑中。②

杨氏先是称赞刘画师的技艺，之后“丑化”自己，又称许该画像的神似，再表达自己对心灵自由的追求和归隐山水田园的愿望。刘讷(1125—?)，字敏叔，庐陵县人，秀才兼画师，无文集流传，其人其事只能从部分名士文集中识得，如姚镛《寄刘敏叔》诗云：

> 一生贫乐鬓成丝，前辈风流及见之。道外无营偏爱画，静中有趣只吟

---

① 《家刻本〈诚斋诗集〉校注》，江西人民出版社2021年版，第2页。

② 《家刻本〈诚斋诗集〉校注》，第498页。

诗。云生茅屋湖山近,秋满荒园橘柚垂。见说地幽人罕到,自同妻子种江蓠。①

读该诗,可知刘讷为人恬淡寡志,偏爱吟诗作画,曾“游诚斋、益公诸老之间,文物风流,概可想见”,与庐陵名士多有交游。杨氏其二诗中还有“《槲溪集》里识刘君”之句,表明刘讷是杨万里的老师刘才卲之族子。

(二)话心迹,以诗咏志

淳熙十三年(1186)夏秋之交,杨万里在京城杭州任职,有幸请得名师叶德明画像,之后题作《赠都下写真叶德明》诗云:

我昔山林人不识,或疑谪仙或狂客。仰看青天不看人,醉里那知眼青白。一携破砚入长安,素衣成缁绿鬓斑。上林麒麟着野马,沧洲鸥鹭缀孔鸾。汉官威仪既不入贵人样,灞桥风雪又不见诗人相。不须览镜照清溪,我亦自憎尘俗状。叶君着眼秋月明,叶君下笔秋风生。市人请画即唾骂,只写龙章凤姿公与卿。肯来为予写衰貌,掷笔掉头欣入妙。相逢可惜迟十年,不见诗翁昔年少。②

写真自赞,实是士人们用于检视自我、追忆心迹、曲笔言志的一种文体,诗中作者确实有对镜观貌、借以自嘲之意。他将自己描述为年老貌衰之状,一副中年“油腻男”的形象跃然纸上,略有反思和自贬的味道。如此写作自赞诗文的方法,古代士人中极其普遍。

这里也插叙一下。淳熙元年(1174)秋冬之交,作者正在家乡待次漳州知州,表弟兼画师周明道突然来访,于是题作《表弟周明道工于传神,而山水亦佳。久别来访,赠以绝句》2 首相赠,其一诗云:

笔端人物更江山,外弟周郎两不难。可把吴淞半江水,博他头上进

---

① (南宋)陈起编:四库本《江湖小集》卷 51 之《姚镛〈雪蓬稿〉》。

② 《家刻本〈诚斋诗集〉校注》,第 279 页。

贤冠。①

仅读第一句,可知周表弟擅长人物画和山水画,第三句则叙说他是在当今上海一带作画谋生,算是小有名气。这里,笔者可推想 3 个小问题:一是"外弟周郎"之句,表明他有可能是作者亲母毛氏那边的表弟,也可能是作者继母罗氏那边的表弟,还不排除是妻子罗氏那边的表弟。二是周氏画技高超,如"眼如月""洗手拾来看"等词,虽是二人品画之语,其实是作者对表弟画技才艺的称许。三是周表弟那天并未给杨氏画像,因为诗中并无片言只语的表达,但可推想,杨氏那时诗名和官名均有较大名气,周表弟特意拐道来湴塘村拜访,其前或其后为作者画像的可能性较大。

(三)叙友谊,感伤话别

绍熙元年(1190)九月,作者在杭州以秘书监兼任实录院检讨官,京城画师王温叔应邀画像,事后题有《赠写真水鉴处士王温叔》诗云:

我不如森森千丈松,我不如濯濯春月柳。髯疏鬓秃已雪霜,皮皱肉皴真老丑。叶生画时颜尚朱,王生画时骨更癯。一生爱山吟不就,两肩化作秋山瘦。君不见,褒公鄂公图凌烟,腰间羽箭大如椽。君不见,浣花醉图粉墨落,日斜泥滑驴失脚。贵人寒士两相嗤,画图犹在人已非。王生王生且停手,不如生前一杯酒。②

王温叔,号水鉴处士,南宋知名画家,如清代《御定佩文斋书画谱》载:"王温叔,善写真。"③诗中作者再次叙说自己是髯疏鬓秃、皮皱肉皴的貌颓之状,之后回应四年前曾邀叶德明为自己画像之事,并感叹时光飞逝、友情珍贵。其实,王温叔这次为杨万里画像,实是张镃穿针引线的结果,如《张功父命水鉴写诚斋,求赞》云:

① 《家刻本〈诚斋诗集〉校注》,第 96 页。
② 《家刻本〈诚斋诗集〉校注》,第 415 页。
③ (清)孙岳颁:四库本《御定佩文斋书画谱》卷 51《画家传》。

索汝乎北山之北，汝在南山之南；索汝乎南山之南，汝在北山之北。丁宁溪风，约束杉月，有问汝者，千万勿说。谁遣汝多言而滑稽，又遭约斋之牵率。①

张镃(1153—约1235)，字时可，后改字功父，自号约斋，是南宋中期诗坛一位活跃诗人，与杨万里过从甚密，虽未正式执弟子礼，但内心一直视为老师，两人堪称为知音。上文即是杨氏为张氏的请托行为所题的一篇自赞，与《赠写真水鉴处士王温叔》自赞诗实是同一幅画像。作者以戏谑的口吻、诙谐的语调来表达自己追求超脱尘世的内心追求，冀以与张氏同游大自然、徜徉于山水的真实愿望。

二、他人求赞

他人求赞，按题写的对象可分为两类，一类是赞自己，即他人为作者本人的画像求赞，一类是赞他人，即作者为他人的画像作赞，撰文的立足点各有侧重。应当说，南宋时画像热催生了求赞的风气，而杨氏晚年时随着诗名和官名影响力的增大，有不少士人带来画师为他画像，待画像结束后即向他索求自赞文，同时，他也为别人的画像题作过不少赞文，主要表现出4种思想感情。

(一)徜徉山水，冀望归隐

庆元六年(1200)九月，吉安通判赵彦命画师为杨万里画像，之后向杨氏索要自赞文，其《写真赞》云：

吉州通守赵德辉命史写老丑，戏题之曰："有纶者巾，有藜者杖。云峤风，步月独。龙伯国之民欤？无功乡之民欤？"(同上)

赵彦，字德辉，四川人，宋宗室之子，淳熙年间中进士，时任吉州通判。该自赞文中"纶巾""藜杖"等词，皆为形容隐逸者的装束，而"龙伯国""无功乡"等，却是神话传说中的世外桃源，表明作者内心有强烈的归隐意愿。其实，杨氏该年74岁，辞官回乡已是第9个年头，且于上年度以通议大夫、宝文阁待制正式致仕，

① 四库本《诚斋集》卷98《杂著》。

如此撰文只为追述内心愿望而已。关于作者与赵彦的交谊，嘉泰二年（1202）杨氏题有《送吉州通判赵德辉上印赴阙》诗，表明赵彦任通判即将秩满，打算离职入朝。

王觐，字时可，上饶人，也曾请画师刘讷为杨万里写真，之后求赞文云：

> 王时可命敏叔写予真，题其上云："髹巾鹤裾，山泽之臞。汝荷蒉之徒欤？抑接舆之徒欤？"（同上）

因周必大题有《吉水赞府王觐时可为平园写真，口占小诗》，而赞府是县丞的别称，可知王觐那时任吉水县丞。诗中"皓首相逢涉四年，君归鄱水我螺川"之句，且依据《周必大年谱》，可推断王觐是嘉泰三年（1203）初离任的，此前王氏曾请刘讷为杨、周二人画像并求赞。该自赞文中"髹巾""鹤裾"等词，仍是形容隐逸者的装束，"接舆"是春秋时期楚国的隐士，"荷"为古代隐者的化身，作者以高耸入云的山峰、挺拔笔直的云杉而自喻，借以表达自己追求独善其身，冀望归隐山水，向往与世无争、悠然自在的理想生活。但是，就赵彦、王觐两位基层官员而言，他俩向杨氏、周氏求赞，既是褒扬自己内心所树立的典范形象，又借以文字来表达自己能与像主一样，以追求道德文章而自勉。

（二）勉励后学，为酬文债

嘉泰二年（1202）秋，浙江金华人王式之来到湴塘村，且携画师刘秀才同行。待刘氏画像结束后，王氏索求自赞诗题于画像之上，杨氏《王式之命刘秀才写予真，因署其上》诗云：

> 浙水东兼浙水西，千岩万壑总遨嬉。游山只欠金华债，乘兴今随王式之。①

王式之是孝宗朝宰相王淮的长子，其弟叫王用之，与杨万里亦有交情，曾作《寄王用之判府监簿》诗等。另据《诚斋集》卷110《答王监簿》的回信内容，可推断

---

① 《家刻本〈诚斋诗集〉校注》，第565页。

王用之此前给杨氏写信的目的，是想请他为已去世的父亲王淮写一篇神道碑。因为早在淳熙年间王淮任丞相时，任吏部郎中的杨万里曾向王氏呈报《淳熙荐士录》，一口气推荐朱熹、袁枢等60人，传为朝中佳话。这次王式之千里迢迢来到湴塘村，应是为了领取该神道碑文回乡，以便镌石，诗中“只欠金华债”之句亦为佐证。或许王氏兄弟出于“还人情”的考虑，特意携画师同行，并安排为杨氏画像，但诗题中的“刘秀才”是否刘讷，无法得知，也无关紧要。

嘉泰三年（1203）四月，女婿刘亿又为杨万里写真，之后有《子年刘郎写余老貌，求赞》云：

> 鬓少梳欲无，髭短镊更少。搔鬓只捻髭，觅句何日了？①

刘亿，字子年，是杨万里第三女杨季藻的丈夫，《退休集》卷3有《同王见可、刘子年循南溪度西桥，登天柱冈，望东山》诗。作者那时76岁，算是高龄，诗中“鬓少”“髭短”等词汇的使用，似乎已是必然。杨氏辞官家居，名气又大，肯定有不少名士前来拜访，题诗赠别、画像求赞等“文债”必然不少，于是发出“觅句何日了”之叹。

之后，吉水枫江人、周必大门生王子俊又命刘讷为杨万里写真，且索求《自赞》云：

> 吾友王才臣命秀才刘讷写予真，戏自赞曰：“汝翎弗长，汝趾弗强。毋驶汝颃，毋竞汝骧。于崖于滨，其窈其茫。嗑嗑其光，弋谁汝伤？秋作月荒，春作华荒。哦者逊尪，醻者逊狂。汝老是乡，莫与汝争锋。”②

杨氏晚年时，为其画像的次数明显增多，且大多数是由刘讷秀才所承担。那时的王子俊虽说是庐陵青年才俊，却并非官员身份，这次穿针引线，安排刘讷为杨氏画像并索赞，侧面印证南宋时写真求赞之风盛行，士人们也乐于以此作为交

① 《家刻本〈诚斋诗集〉校注》，第573页。
② 四库本《诚斋集》卷98《杂著》。

游的一种主要方式，这种社会现象或许与南宋中兴时期的政局稳定、经济繁荣有关。①

值得一提的是，湖南高沙人曾忠佐也曾为杨万里、周必大画像，《文忠集》录有曾氏向周氏的求赞文。其缘由是，嘉泰元年（1201）曾忠佐修建新房，打算作为母亲的新居，然而母亲尚未迁入就已去世，于是他取名为思永堂，旁边辟有书阁。周、杨二人均曾应邀撰文，对曾忠佐的孝行予以褒扬。之后，曾氏又写信给周必大，打算将周、杨二人的肖像画张贴于书阁之堂，并向他索求写真赞。第二年正月初五，周氏《高沙曾忠佐良臣筑思永堂以念亲，傍辟书阁，肖杨诚斋及予像，求赞》云：

> 德行渊骞，曾参曷遗？盖生也后，其年可推。遥遥华胄，古今与稽。诚斋则贤，我愧思齐。②

关于杨万里与曾忠佐的交谊，《退休集》卷5有《题曾良臣思堂》诗，其前序云："曾尉良臣迎母王于乐氏，母许新居成即归，于是筑第高沙，母欲迁而逝。乃虚中堂，榜之曰'思'。求诗，为赋四韵。"按常理来说，曾忠佐已向周氏、杨氏索求思永堂的赞诗，且两人均有赠诗。后来，他又为杨、周二人写真，并将画像张贴于书阁大堂，用意在于以周、杨二人作为典范，让自己见像而思齐。就其索求像赞文的动机而言，目的仍在于自我激励、向名贤表达看齐意识。试想，曾氏既然向周必大索求像赞文，且已成功，那么也必然会向杨万里索求像赞文。就杨氏的角度而言，他同意撰作《题曾良臣思堂》诗，而周必大还有像赞文，由此可推断，杨氏极有可能也撰有像赞文，又因《诚斋集》中未录该文，不排除杨氏所撰文已经遗失。

（三）珍惜友情，抒发清狂

嘉泰二年（1202）初冬，刘讷为杨万里、周必大、周必正三人画有一幅集体像，取名"三老图"，并索求像赞诗。杨氏题诗2首，《诚斋题〈三老图〉》其一云：

---

① 任雪菲：《南宋庐陵士人的真赞写作与士人典范的建构》，第32页。

② 四库本《文忠集》卷45之《平园续稿（五）》之《赞》。

刘君写照妙通神，三老图成又一新。只道老韩同传好，被人指点也愁人。①

其前序说："刘讷敏叔秀才写乘成先生、平园相国及予为《三老图》，因署其后。"借以交待这件事的前因后果。该诗第一句仍是称赞刘讷的高超画艺，第二句是叙说该画像的新颖创意，第四句则是"自贬"丑貌。周必大也为这幅集体像题诗2首，其前序云："郡士刘讷以乘成兄生于乙巳（1125），而予丙午（1126），诚斋丁未（1127），写《三老图》，为题四韵。"通过刘氏所索求的这4首真赞诗，再次印证士人们的写真求赞是那时重要交游方式之一。

嘉泰四年（1204）十一月，严陵司法官员易允升来湴塘村，在拜会杨万里后，为其画像并索求像赞诗，《易允升画像赞》云：

鬅疏捻欲无，短发搔已秃。定知得句来，暗喜见眉目。②

试想作者那时已78岁，退休于南溪之上多年，自然是胡子稀疏，头秃发白，老态龙钟之状，如此题诗，实是作者借形姿神态的描述而自嘲。数天后，杨氏又对该画像题诗2首，《严陵决曹易允升自官下遣骑来，写予老丑，因题其额》其一云：

玉泉半潭冰，钓台万壑雪。汝往访客星，剩挟一磨衲。（同上）

该诗表现出老年杨万里宠辱不惊、心境自适的乐观精神，现实感较强。诚然，很多人喜爱"诚斋体"诗，除清新自然、幽默诙谐的诗风特征外，还在于它有平民意识，善用白描手法，内容朴实，耐于品味。其二诗云：

清风索我吟，明月劝我饮。醉倒落花前，天地为衾枕。（同上）

① 《家刻本〈诚斋诗集〉校注》，第566页。
② 《家刻本〈诚斋诗集〉校注》，第584页。

也许题作第二首诗与第一首相隔一段时间，于是题额处多有一个“又”字。杨氏对易氏的画像似乎特别满意，尤其是其二诗，含有人生垂暮的感叹、壮志未酬的抱憾、人生终极意义的作答等，可谓格局宏大，想象丰富，时空跳跃感强，意境也很优美。

为何杨万里要对这幅画像分三次题诗呢？其实是有社会背景方面的深层次原因。此前朝廷曾下旨，再次征召杨万里、朱熹和陆游三人入京做官。朱熹也给杨氏来信，说他性格刚正，为官清廉，敢于直谏，于是劝他出山，为朝廷效力。试想，杨氏辞官回乡已多年，怎么允许自己以不自在来换取自由呢？于是赶紧以年老有病为由，上疏辞官。他还写信给朱、陆二人，认为朝廷纯粹是为了做做样子，劝他俩也不要出仕，否则极可能会造成灰溜溜的结局。后来，朱、陆二人均曾入朝做官，时间都不长，且应验了杨氏所预测的结局。可见，杨氏是借题诗而咏叹心迹，表面是对这幅画像效果的肯定，其实是对自己快乐自在、得其所哉的称许。

（四）见贤思齐，乐于赞人

杨万里为他人的画像题作赞文，总是在缅怀旧友的同时，大力颂扬像主的广学博识或忠义德行。他作为南宋知名理学家，含有以像赞诗文来弘扬道学，宣扬儒家道德教化的目的。

翻检《诚斋集》，杨氏为好友的画像题赞至少有6首（篇）。一是《文潞公画像赞》，系陈勉之向他索求像赞，作画者是竺景东，文中对潞国公文彦博的功勋多有歌颂，对陈勉之能以文彦博作为立身典范给予鼓励。还说，假若文潞公泉下有知，应当为后继有人而感到欣慰。二是《张钦夫画像赞》，张栻天资聪明，主张抗金，治政有方，学术成就也很大。杨氏对张栻的才学深为叹服，两人交游时间较早，情谊很深，只可惜他英年早逝，于是对好友之死感到惋惜，认为朝廷失去如此有德才之人，实为国憾。三是《张功父画像赞》，文中以“居士”“儒者”“佳公子”“诗客”等赞词，为张镃树立起立体、多维的外表形象，并表达对闲适快乐生活的共同向往。四是《张伯子尚书画像赞》，张孝伯，字伯子，号笃素居士，安徽和县人，官至礼部尚书，嘉泰元年（1201）出任知隆兴府兼江南西路安抚使，颇有政声。五是《张定叟画像赞》，即对张栻之弟、官知隆兴府兼江西安抚使的张杓题作像赞文。此外，杨氏还有《跋袁起岩所藏后湖帖并遗像一轴，诗中语皆檃括帖中语也》诗等。这6篇像赞诗文，多是褒扬称颂类的文字，且有“以理见长”的写作特征。作者正是以像与赞的融合统一，表达自己与像主们的深切感情，希望把像主推崇为天下士人学习的典范，自己也有参与典范建构的强烈意愿。

三、后世赞文

吉安“五忠一节”最终成为庐陵文化的典范人物，除他们的道德文章影响力巨大外，像赞诗文对庐陵士人典范建构所起的作用不容忽视。可以说，历代庐陵士子先后提出过四五十位庐陵先贤，最终此六人在大浪淘沙中逐步得到官方和民间的认可，其中像赞诗文的题作、观照和传诵，促成他们在众多庐陵先贤中脱颖而出。

（一）南宋后期

第一，罗大经收集的自赞诗。《鹤林玉露》中录有杨万里两首自赞诗，其一云：

青白不形眼底，雌黄不出口中。只有一罪不赦，唐突明月清风。①

该诗虽未被家刻本等任何版本《诚斋集》收录，但罗氏与杨氏的生活时间相差不远，该诗风格与“诚斋体”颇为接近，故学界普遍认定是杨氏的散佚诗作。品读该六言诗，实是作者心迹的真诚表达：内心明明中意于这明月清风，却偏偏说唐突了明月清风，自己的真性情和傲风骨，袒露无遗地展示于读者面前。

第二，刘克庄题作的像赞。宋末文坛领袖、辛派词人代表刘克庄也有《题杨诚斋像》2首，其一诗云：

欧阳公屋畔人，吕东莱派外诗。海外咸推独步，江西横出一枝。②

作者充分肯定杨氏在南宋诗坛的领袖地位，把他作为“江西诗派”的传人来评

---

① （南宋）罗大经：四库本《鹤林玉露》卷14。

② 湛之编：《杨万里范成大资料汇编》，中华书局1964年版，第25页。

价。刘氏还借鉴后人对禅宗划分宗祖的模式,为“江西诗派”开列出一份宗祖名单,将杨氏划归其中。其二诗又云:

> 平园左相亚传,澹庵资政端明。老先生活八十,中秘书了一生。(同上)

一方面,刘氏之诗,表现出南宋士人像赞诗文的风流雅致,蕴含文人们浓郁的隐逸情怀;另一方面,刘氏对杨氏诗极为推崇,晚年一直学习临摹杨氏的活泼自然之诗法,说:“初,余由放翁入,后喜诚斋。”①从学习成效角度看,刘氏确实有不少诗写得活泼跳脱,颇有“诚斋体”之韵味。

第三,文天祥题作的像赞。据《宋少保右丞相兼枢密使信国公文山先生纪年录》云:

> 公方为童子时,游乡校,见所祀乡先生欧阳修、杨邦乂而下,咸谥“忠节”祠祝像设甚严意,欣然慕之,窃叹曰:“没不俎豆其间,非夫也。”故出而举事,志气素定,虽崎岖万折,终不挠屈。②

那时文天祥正是弱冠之年,尚在白鹭洲书院读书,因瞻仰庐陵“四忠一节”画像,由慕古追贤而感发忠贞爱国意识,最后形成一种文化积淀,且越来越深厚,之后才有以“文章节义”为内核的庐陵文化的产生。

(二)明代前期

第一,解缙题作的像赞。明洪武年末(约1396),吉水乡贤解缙游湴塘村杨氏忠节总祠,瞻仰杨万里画像后,题赞云:

> 文章足以盖一世,清节足以励万世。著书立言,摅忠论事。悬车逸老,志不忘君。凤凰麒麟,景星庆云。③

---

① 《刻楮集序》。

② 四库本《文山集》卷21《纪年录》。

③ 录自《忠节杨氏总谱》,光绪二十五年(1899)编修,谱藏吉水县湴塘村。

解氏所题赞语,并无像主的任何外貌描写,只是以极虔诚的态度,颂扬杨氏的道德文章,推崇其节义品格。

第二,钱习礼题作的像赞。洪熙元年(1425),后来官至礼部右侍郎的水南人钱习礼回乡探亲,特意赴杨氏忠节总祠拜谒杨万里画像,并题作赞语云:

学师圣贤,行敦伦纪。权奸擅国,忠愤切齿。谏疏未达,绝食以死。宗社忧深,百世之士。(同上)

钱习礼与解缙一样,所题赞语全是像主人品、文名、道德等方面的溢美之辞。在他俩看来,虽然杨老先生斯人已去,但精神永存,于是将画像视为怀思触发物、精神凝聚物、师道象征物于一体之媒介,且愿以庐陵后学身份做表率,强调自我观照、勇于看齐等意识,以实际行动传承发展庐陵文化。

(三)清代前期

本文既然是考察杨万里身前身后的画像及其像赞诗文,那么他到底是怎样一个相貌呢?关于此问题,只能从当今仍存的清乾隆家刻板中找到答案。

从现存史料看,湴塘村杨氏对《诚斋集》锓木仅有两次。第一次是《诚斋集》编成之初,即首刻于宋端平元年(1234)六月,由其长子杨长孺编定,由门人罗茂良校正,于第二年六月完工,由吉州知州刘炜叔作序。第二次是清乾隆年末,其中诗集部分42卷较为齐全,但文集部分只刻板42卷,其他的"则散逸者姑缺之,校对未详者姑置之"[①],这意味着,从端平二年(1235)至乾隆五十九年(1794)的559年间,吉水杨氏族人均是以抄本形式流传。非常庆幸的是,乾隆家刻板中存有杨万里两幅不同外貌,各具特色,且均为上半身的雕板像。

第一幅是头戴官帽、身着官服之像(见下页上方二图)。其脸庞略显瘦削,额头皱纹相对较深,上嘴唇两侧和下巴处胡须不仅多,而且翘直,这正是他忠贞刚正气节的外在表现。依据画像上的着装,应是春秋季节,年龄应是他晚年时的模样。这幅刻板像既有写实成分,又有写意成分。

① 《杨万里家族纪略》,江西人民出版社2017年版,第165页。

杨万里（1127—1206）

笔者在此推想，该画像的底稿应是出自吉安画师刘讷之手，之后由一代代画师临摹流传下来。因为笔者将光绪二十五年（1899）编修的《忠节杨氏总谱·艺文》中的杨氏先祖画像，与乾隆年末的木刻雕板像进行比对，发现唯独杨万里像的相似率高达95%以上。其他近10位先祖，比如杨长孺，光绪版族谱画像与乾隆木刻雕板像就有明显差异。由此可推断，历代湴塘人对名气最大的先祖杨万里画像，一定是请庐陵地域名气大、实力强的画师来临摹，其神韵形似必然是首要考量因素，仪态容貌失真走样的可能性微乎其微。

第二幅是头戴官帽，身穿稍厚的便民服装之像（见本页下方二图）。脸庞略显宽圆，额头皱纹也不深，上嘴唇两侧和下巴处的胡须相对稀疏松散些。依据画像上的着装，应是冬季，年龄仍是他晚年时的模样，形态颇有陶醉于田园生活之写意。

笔者在此推想，该画像的底稿应是出自严陵县易允升之手，因为易氏画像

的时间是农历十一月，像上的神态与杨氏为严氏所题作的三首诗内容较为契合。总之，这两幅木刻板雕像，让后世人看到一代诗宗端庄相貌时，景仰追思之心油然而生。

此外，第一幅画像的木刻板上方，还录有杨万里《自题》诗一首，云：

尧云此老也有性气，舜云此老直不中律。自有二圣玉音，不用千秋史笔。（同上）

该诗虽有明显的戏谑成分，却可视为作者刚正品德的直接表达。值得注意的是，罗大经《鹤林玉露》中也录有该自题诗，但文字表述略有不同，文云：

高宗尝曰："杨万里直不中律。"孝宗亦曰："杨万里有性气。"故其《自赞》云："禹曰也有性气，舜云直不中律。自有二圣玉音，不用千秋史笔。"①

笔者则认为，这两则史料各有一处表述不正确，这里借机为之订误。第一，罗大经文中所说的"高宗尝曰""孝宗亦曰"表述有误。杨万里在宋高宗朝仅是低级别的基层官员，两人并没有直接接触，不可能会批评他"直不中律"。实际情况是，宋孝宗先是褒扬他"书生知兵""仁者之勇"，后来因"高宗配享"事件等，才有"直不中律"的批评语。又因杨氏曾兼任太子侍读一职，算是宋光宗的老师，虽谈不上对杨氏很讨厌，却因他不肯迎合皇帝旨意才颇有微词，于是有"也有性气"的评价语，口吻明显要缓和一些。罗大经说是高宗和孝宗之语有误，实是孝宗和光宗的评价语。第二，家刻板雕像《自题》诗中的"尧云""舜云"表述有误。因为历史中的尧在舜之前，而禹在舜之后，以"尧"代指宋光宗、以"舜"代指宋孝宗，明显是顺序颠倒。此外，杨万里《答王信臣》回信中说："某平生狂直，蒙太上圣语云：'杨万里直不中律'，岂于故人而独谄？"②这封回信虽未标注撰作时间，但《泉石膏肓记》《山月亭记》等记文中都说到王信臣是庐陵

① （南宋）罗大经：四库本《鹤林玉露》卷5。
② 四库本《诚斋集》卷105之《尺牍》。

郡城人，于绍熙三年（1192）之后才与杨氏多有交游，由此可推定“太上圣语”是指宋孝宗之语。罗大经后面说的“禹曰也有性气，舜云直不中律”之句，反而是正确的。

结语

古代士人的画像及其像赞诗文，具有纪行、纪功、交游和祭奠等功能，又因画像可供后世人景仰膜拜，于是又有文化传承和思想教化作用。杨万里的自赞诗、他人求赞诗和求赞文、为他人画像的题诗作赞等至少有 23 首（篇），在南宋士人中亦居前列，这正是他以“庐陵二大老”的特殊身份，来传承发展庐陵文化的有效形式。

一位历史名人画像及其像赞诗文的多寡，是他身份地位、后世影响的直接反映。然而，杨万里的传世画像并不多，当今学界对其像赞文诗文的研究也不够深入，远不如与他同时代的朱熹、周必大、张栻等人，这值得我们今后多加关注和重视。应当说，进一步深入研究杨万里身前身后的画像及其像赞诗文，可让一代代吉安人在先贤典范事迹的激励之下，见贤而思齐，自觉恪守以读书向上为本，以忠贞爱国为先，以诚信勤廉为基的社会准则，有利于推动庐陵文化的传承发展。

杨万里弃官归隐思想考论

弃官归隐是指某人离开官场,依赖于乡间的山水田园而满足其志存高远的一种淡泊生活。自古以来,儒家虽倡导文人士子以匡扶天下为己任,却也主张“天下有道则见,无道则隐”“达则兼济天下,穷则独善其身”,以保全其志节。杨万里作为一名出身贫困、饱读儒家经典的士人,刚出道时也有“少也愿仕”“千里来为五斗谋”的强烈愿望,当其人生理想和抱负破灭后,又不时发出“何时乞我自由身”“何日归欤解钓船”的内心呼唤,并最终实现归隐。杨氏归隐家乡南溪后,并不是一味地消极避世,而是一种迂回的入世。即使在他乞祠乡居的15年里,时时难以忘怀的仍是国家安宁和百姓生活。本文试图从杨氏《诚斋集》中涉及弃官归隐内容的诗文入手,从弃官过程、归隐原因、社会意义三方面考论其归隐思想。

一、杨万里先后五次弃官

庆元六年(1200)九月,已弃官回乡8年之久的杨万里为时任南昌知县的长子杨长孺回信,信中谈及他仕履中的五次弃官:“然吾平生寡与,初仕赣掾,庀职一月,有所不乐,欲弃官去,先太中怒,挞焉乃止。后三立朝,三弃官;至江东漕,遂永弃官,是时吾年六十六耳。”[①]下面就其人生中的五次弃官做简要分析。

(一)第一次弃官

绍兴二十六年(1156)春,杨万里赴任人生仕履中的第一个职务赣州司户参军,负责掌管户籍、赋税、仓库交纳以及离婚案件所引发的财产诉讼等方面事

① 《诚斋集》卷67《与南昌长孺家书》,四库全书本,下同。

务。任职还不到一个月,因不合流俗而厌恶官场,便想效仿老师王庭珪要弃官归隐。说到王氏弃官,杨氏后来题作《卢溪先生文集序》说:"调茶陵丞,与上官不合,弃官去,隐居卢溪者五十年,自号卢溪真逸。"①可见杨氏的骨子里是很认同老师弃官归隐的做法。庆幸的是,其父杨芾听后大怒,"挞焉乃止"。假若不是杨芾用棍棒打他,杨万里真的有可能会弃官而去。笔者认为,杨氏第一次弃官,是其率真性格使然,是其归隐思想的萌芽时期。因为其长子杨长孺后来初次入仕,担任零陵县主簿时,循例去拜见州长官、丞相之子赵谧,赵氏"冷面"待客且公事公办,致使杨长孺"退而抑郁几成疾。以书白诚斋,欲弃官而归。诚斋报曰:此乃教诲吾子也,他日得力处当在此"②。可见,杨万里内心并不认同儿子弃官回乡的做法,并对其所受"委屈"耐心开导,有助于其心志成熟。

(二)第二次弃官

淳熙二年(1175)夏,在家"待次"漳州知州的杨万里接到诏令,被改任常州知州。因为漳州的经济条件、地理位置相对较差,为回避"嫌贫爱富"之说,杨氏按照官场的通常惯例向朝廷上奏辞呈,表示不愿赴任,并请求乞祠在家。事后他题作《待次临漳,诸公荐之,易地毗陵,自愧无济剧才上章丐祠》诗表达其内心的真实想法:

亦岂真辞禄,谁令自不才?更须三釜恋,未放两眉开。道我今贫却,何朝不饭来?商量若为可,杜宇一声催。③

诗中说,他并非真的想要辞官,作为读书人谁不想报效国家从而实现自己的人生价值呢,何况因为家贫还需要自己去做官而养家糊口。但转念一想,自己虽然家贫,却没有穷到无米下锅的地步。假如能得到各方面的认同或许可,那么杜鹃的一声啼叫,就是唤"我"辞官回乡的催号令了。笔者认为,杨氏第二次弃官仍是其归隐思想不成熟阶段,即1156年春至1188年三月。

---

① (南宋)王庭珪:《卢溪文集·卷首》,四库全书本。
② (南宋)罗大经:《鹤林玉露》卷5《初筮谒郡》,四库全书本。
③ 《诚斋集》卷7《江湖集》。

（三）第三次弃官

淳熙十五年(1188)三月，时任秘书少监的杨万里因高宗配享名单的拟定而严厉谴责洪迈，并斥责他无异于指鹿为马，此前宋孝宗曾经两次审阅并认可这份名单，由此还联想到昏庸无能的秦二世，说："万里以朕为何如主?"[①]由此得罪孝宗。杨万里眼见皇帝与权臣苟且偷安，不思中原恢复，朝廷政事被近习把持，不少忠臣被排挤出朝，自己是有志不能舒，内心极其痛苦，于是一面上疏皇帝请求辞官，一面写信给刚任命为零陵县主簿却仍在"待次"的杨长孺，要他赶紧回湴塘老家修葺房子，做好回乡归隐的打算。事后，孝宗虽然未批准杨氏辞官，却被削去直秘阁职务，安排出任江西筠州知州。

（四）第四次弃官

绍熙元年(1190)十月，《孝宗日历》修成。依循旧例，应由秘书监杨万里为该书作序，丞相留正不予采用却另命他人作序，于是杨氏自劾失职，先后上奏《秘书省自劾状》《奏报状》，主动请求弃官回乡，此事后来被光宗亲笔批字慰留，才告一段落。不久后，杨氏又遭留正暗算，被排挤出京，任江东转运副使。其间有多名正直大臣上疏请留，如中书舍人倪思曾打算抗旨，将敕命封还给皇帝。杨氏得知消息后，连忙写信制止，且说："死无良医，幸公哀我。得并'别作商量'之说免之。"[②]笔者认为，杨氏第三、四次弃官，是其归隐思想基本成熟阶段，即1188年四月至1192年八月。

（五）第五次弃官

绍熙三年(1192)四月，朝廷打算在江南推行流通"铁钱会子"。杨万里接到诏令后，立即上疏痛陈利害，还两次拒不奉诏，并上札辞官。刚开始时，宋光宗认为此举能增加朝廷收入并增强国力，对杨氏之举也甚为疑惑，后来才逐渐认识到此举之弊。八月，光宗因念他是东宫旧人，且兼顾其思乡情绪，于是被改任赣州知州。杨氏上札称疾不能赴任。不等朝廷批复，杨氏就毅然乘船返乡，并题诗曰："出笼病鹤孤飞后，回首金陵始欲愁"(《发赵屯，得风，宿杨林池，是日行二百里》)、"寄言杜陵老，不用剪吴松"(《自金陵得郡西归，晓发梅根市，

---

① 《宋史》卷433《杨万里传》，四库全书本。

② (南宋)周密:《癸辛杂识·前集》之《荐杨诚斋》，四库全书本。

舟中望九华山》)[1],表明他这次辞官并非像那些迫于外在压力而退出官场者,而是其内心深思熟虑后的人生抉择。杨氏第五次弃官是其归隐理想的实现阶段,即 1192 年八月之后。

二、弃官归隐的原因探析

杨万里弃官归隐家乡,既有他个人性格的内在因素,又有师友影响的外在因素,还有社会环境的客观影响,正是多种因素的相互作用,才最终导致他弃官归隐。

(一)"我本山水客"的自然本性

杨万里自幼热爱大自然,喜爱山水田园。"餐翠腹可饱,饮绿身须轻"(《明发陈公经过摩舍那滩石峰下》)、"有酒唤山饮,有蔌分山馔"(《轿中看山》),时刻想着与大自然的山水田园融为一体。杨氏对大自然的喜爱与其生活环境密切相关。他出生并成长于湴塘村,28 岁中进士,66 岁回乡归隐,其间候职场、丁父忧和丁继母忧、探亲休假等,在家乡比在外头的时间要长许多。湴塘村南有朝元岭、笔架山,北有后龙山、北山,南溪水自西向东蜿蜒从村前流过,村庄周边有二三十口大水塘,优美的自然风景铸就他"山水客"的自然本性。即使他在外地任职而生活于城里,内心喜爱的仍是乡间的田园生活。如任常州知州时,每天"过午,吏散庭空,乃携一便面,步后园、登古城、采撷杞菊、攀翻花竹,万象毕来,献余诗材"[2],最终突破江西诗派的樊篱,开创"诚斋体",自成一家。

这里需要指出的是,杨氏的弃官归隐思想是与其思乡恋家情怀交织在一起的。比如家乡的南溪,"行尽南溪溪北涯,李花看了看桃花"(《与刘景明晚步》)、"南溪旧风月,千万寄相思"(《送子仁侄南归》),《诚斋诗集》中此类含有"南溪"字眼的诗有 55 首,无"南溪"字眼却是描绘其景物,如《溪边回望东园桃李》诗等有 40 余首,含有"南溪"字眼的散文有 13 篇,《诚斋集》中涉及南溪的诗文共有 100 多首(篇)。再如,他对家乡的东园、三三径、万花川谷、钓雪舟、云卧庵、"诚斋"书房、北山、东山、鹧鸪山、天柱冈和云际寺等,歌咏家乡景物的诗文共有六七百首(篇)。杨氏应邀为别人作记作序,常自称为"诚斋野客",以

---

① 《家刻本〈诚斋诗集〉校注》,江西人民出版社 2021 年版,第 485 页。

② 《诚斋集》卷 81《诚斋荆溪集序》。

村野之人来暗喻自己归隐乡间田园的理想。由此可见，杨氏对大自然的山水是流连忘返的，对家乡的田园溪塘更是情有独钟，最终放弃“轩冕情”也是情理之中的事。

（二）“无求不必位三公”的师友影响

杨万里身边师友的言行对其归隐有着直接的影响。据南宋节义名臣胡铨说，其父杨芾有三次入仕做官的机会却不肯接受，“隐吉水之南溪，号南溪居士云。家无田，授徒以养，暇则教子”[①]，杨芾的言传身教，对少年杨万里的心理发展和性情品德形成有着至关重要的作用。绍兴二十四年（1154），杨氏中进士后回家乡拜见族中长辈，因他少年时代多是“从先君宦学四方”，以致有相当一部分族人不相识，再言及他童年时与人钓鱼游玩之地，“则茫然不可寻矣”，这时族叔兼学友杨辅世批评他说：“廷秀乎？子吾乡廷秀，非异县廷秀也。子归乎？与吾白首竹林，吾乐也。于是某始有归志。”[②]再如，老师王庭珪的归隐是杨氏终生效仿的榜样。隆兴元年（1163），归隐多年且已 85 岁的王庭珪被孝宗强请到杭州，担任国子监主簿，时间还不到一个月，王氏就以年老体衰为由提交辞呈，而那时正是杨氏仕途积极要求上进的时期，师生俩在京城首次见面，杨氏特意题写《宿徐元达小楼》作为见面礼，诗曰：

楼迥眠曾著，秋寒夜更加。市声先晓动，窗月傍人斜。役役名和利，憧憧马又车。如何泉石耳，禁得许喧哗？[③]

诗中表面是写旅馆因为临街而早夜吵闹，其实暗喻自己因热衷功名，导致自己与老师淡泊宁静的形象形成鲜明对比。后来老师离京时，杨氏题作《送王监簿民瞻南归》相赠，并以老师“青霞成癖”的超世形象作为对自己的一种自嘲。

此外，与杨万里一生交往密切的都是一些有名望、重气节的人，如青少年时代的老师王庭珪、刘安世、刘廷直、刘才邵，入仕之初的张浚、胡铨、张九成，中晚年时期的周必大、张栻、朱熹、陆游、范成大、尤袤等人。杨氏终生以高洁的品质

---

① 《全宋文》卷 4326《胡铨》第 28 节《杨君文卿墓志铭》。

② 《诚斋集》卷 80《达斋先生文集序》。

③ 《诚斋集》卷 2《江湖集》。

赢得了师友们的赞扬，周必大称赞说："学问文章，独步斯世。至于立朝谔谔，知无不言，言无不尽，要当求之古人，真所谓浩然之气；至刚至大，以直养而无害，塞于天地之间者。"①

（三）"直不中律"的耿介品格

杨万里厌倦官场，与其正直刚毅的性格密切相关。"为爱荷池日日来"（《西园晚步》）、"莲入新秋何更瘦"（《晚酌》），他喜爱荷花，希望能像荷花一样出淤泥而不染，始终保持自身品质的高洁。据统计，《诚斋集》中共有咏荷诗至少有 178 首、词 1 首。杨氏曾声称自己："平生太疏放，似黠亦似痴"（《暮宿半途》）、"只有三更月，知予万古心"（《夜读诗卷》），这种不流俗的性格，必然使得他的仕途极为不顺。又如，乾道九年（1173），吉水县八都人曾无己赠送一幅《渔浦晚归图》给他，杨氏阅览后触景生情，想到朝中小人得势之现状，内心油然而生要辞官过清静生活的念头，提笔为该画题跋："浦，吾里；舴艋，吾宅；黄帽郎，吾侣也。苒苒京尘，于今三年，偶开曾无己此轴，风烟惨淡，波涛汹欻，欣然振衣登舟云。"②俨然一副马上动身去隐居的样子。庆元四年（1198），杨氏写信给族弟、杨邦乂的孙子杨梦信说："某不幸，平生多以忠信获罪于人。"③可见，他也已认识到自己性格在仕途中的不利影响。在即将实现归隐理想之际，杨氏还特意题作《和渊明〈归去来兮辞〉》诗和《归去来兮引》乐府以言志，并发出"五斗折腰，谁能许事，归去来兮"④的内心呼唤，颇有陶渊明"不为五斗米折腰"的风范。晚年时，杨氏又题诗自赞："禹曰也有性气，舜云直不中律。自有二圣玉音，不用千秋史笔。"⑤丝毫没有为自己品性及作为有后悔或自责之意。

（四）"世与我相违"的黑暗官场

杨万里不愿在黑暗官场中与人同流合污，以及对国事的彻底失望，是其归隐的最直接原因。刚入仕之初，杨氏曾以积极作为的姿态体现其入仕的热情。乾道三年（1167）初，杨氏带着精心写成的《千虑策》前往京城谋求差使，此事虽

---

① （南宋）周必大：《文忠集》卷 19《题杨廷秀浩斋记》，四库全书本。

② 《诚斋集》卷 99《题曾无己〈渔浦晚归图〉》。

③ 《诚斋集》卷 67《与材翁弟书》。

④ 《诚斋集》卷 98《诚斋归去来兮引》，下同。

⑤ （南宋）罗大经：《鹤林雨露》卷 5，四库全书本。

是无果而终，但《千虑策》的影响力是震惊朝野，以致丞相虞允文有“东南乃有此人物！某初除，合荐两人，当以此人为首”的赞语。后来杨氏曾题作《归欤赋》来表白自己入京途中求职的矛盾心态：内心既有“归欤，归欤，岂南溪之无泉兮，南山之无蕨”的内心呼唤，又有“谒帝久而乃觐兮，岂不就于一列”的现实需要，于是自己仍不得不继续踏雪前行。又如，乾道五年(1169)底，杨氏给好友、严州知州张栻题写赠诗：“还将著书手，拈出正君心”(《寄张钦夫二首》)，冀望于“得君行道”，自己在仕途上能有所作为，从而造福天下百姓。然而，外有强敌的虎视眈眈，收复中原的希望极其渺茫，内是国势日衰，朝政被近习掌控，诸多忠臣被排挤出朝，皇帝和权臣们苟且偷安，这样的黑暗现实必然致使这位庐陵名士如坐针毡，如《忧患感叹》(其二)诗曰：

老去情怀已不胜，愁边灾患更相仍。胸中莫著伤心事，东处销时西处生。①

诗中充分表现出杨氏的内心痛苦与无奈：身在黑暗官场，若要独善其身，不与世俗同流合污，只能是辞官归隐。再如，杨氏珍贵佚文《五一堂记》说：“余尝燕居，深念天下不难治，独患为者不能，能者不为。二者每工于相违而憎于相遭。天下之难治，不在此其将焉在……亦又驭风骑鹤，餐朝露，酌天浆，以往乎山间也。余愿从之游焉。”②他以吉水螺陂人萧岳英甘于归隐的高风亮节来表白心声：自己虽时刻不忘国家之理政治乱，但现实生活中真正有才者得不到使用，无用之辈充斥庙堂，与其继续这样在黑暗官场里混日子，不如早日归田赋闲。

三、杨氏归隐的社会意义分析

第一，折射古代知识分子“仕”与“隐”的矛盾情结

“仕”与“隐”，既是古代知识分子的两大出路，又是他们内心深处的一个矛盾情结。“隐”则独善其身，占据道德之制高点；“仕”则兼济天下，展现济世之大才略，这两种思想倾向始终在杨万里内心激烈碰撞着，经过长期的痛苦挣扎，

① 《诚斋集》卷14《西归集》。

② 辛更儒：《杨万里集笺校》第十册，中华书局2007年版，第5293—5294页。

最终使他做出人生抉择，义无反顾地走向归隐。这里有必要强调三点。首先，杨万里早期也有强烈的入仕愿望。他 52 岁时作诗回忆少年时代在阜田镇高守道先生“松下斋”求学苦读的情形，说：“忆年十四五，读书松下斋。寒夜耿难晓，孤吟悄无侪。虫语一灯寂，鬼啼万山哀。雨声正如此，壮心滴不灰。”[①]那时杨氏就由单纯的读书兴趣，开始转变为有报效国家的雄心壮志，现实中的困苦生活丝毫压不倒他勃勃向上的追求劲头，相反，孤寂的书屋、漫长的寒夜、愁人的雨滴反而成为他修炼心志的最佳载体。“我昔如汝长，壮志在四方”（《得寿仁、寿俊二子中途家书》）、“不应久闲散，便去羡功名”（《秋日晚望》）、“我岂登名晚？今仍作吏卑”（《送施少才赴试南宫》），这些诗句均可表明：尽管杨氏当时官位低下，却有强烈的建功立业的主观愿望。其次，杨万里极具治政理事之才。杨氏思乡恋家，甘于归隐，但决不是官场中滥竽充数的无能之辈。他是从赣州司户参军这种低级地方掾吏开始做起，一步一个足印，继而县丞、知县、知州、朝廷文官，最后担任颇有实权的转运使等，可谓政治、经济、文化和军事等事务无不打理过，所到之处无不声誉卓著。他任奉新知县时，不用刑狱，通过与民约法等举措，从而顺利解决赋税征收问题，“罢逮捕，息笞棰，去囚系，宽为之约，而薄为之收。行之一月，民无违者”[②]，这是杨氏给丞相虞允文的信中汇报他实施新政所带来的可喜局面，此前接连有五任奉新知县尚未任满，就被县人攻讦为有罪而遭到罢黜；在高安、常州等地，重视兴教立学，推行文明教化；在朝廷，以“人才最急先务”，向丞相王淮上《淳熙荐士录》，推荐朱熹、袁枢等 60 名人才，为贤能之士开辟晋升之路；在广东，带兵剿匪，一举获胜，被孝宗褒扬为“书生知兵”“仁者之勇”。最后，杨万里归隐后仍是心中有忧。杨氏归隐南溪后，日子过得怡然自得，这自是不必多言，但是他的内心真的感到快乐吗？答案是否定的。“今日偶不饮，无事亦有思”（《饮酒》）、“归来依旧鸣未了，知向何人诉不平”（《晚归再度西桥》）、“十载人间乐与忧，几曾半点到心头”（《醉吟二首》），《退休集》中有很多类似的诗句，折射出杨氏归隐后的内心忧愁。随着权相韩侂胄的势力日盛，杨氏忧愤成疾。开禧二年（1206）端午节后，族侄杨士元

---

① 《诚斋集》卷 10《荆溪集·夜雨》。

② 《诚斋集》卷 63《与虞彬甫右相书》。

来拜访他，当“言及邸报中所报侂胄用兵事，先臣万里失声恸哭，谓奸臣妄作，一至于此，流涕长太息者久之，是夕不寐，次朝不食，兀坐斋房”[①]，“至若文节，年六十余，已悬车告老将二十载矣，闻一权臣擅国，遂至饿死”[②]。可见，杨氏并不是一个没有人生理想和政治追求的彻底的归隐者，他归隐后的所思所为，符合道家所倡行的“无为而无不为”思想。

第二，揭示南宋朝廷“中兴北伐”梦的破灭

宋室南渡后，收复中原故地、中兴宋朝政治是上至皇帝权臣，下至文人学子的普遍理想和共同追求，但随着时间的流逝，南宋皇帝及主和派对偏安一隅、北伐未竟的现状越来越自我满足，致使力主抗金的文人士子的爱国情怀越来越失望。“长淮咫尺分南北，泪湿秋风欲怨谁”（《初入淮河四绝句》）、“不是澹庵谪南海，姓名那得许芬香”（《跋符发所录上蔡语》），这些振聋发聩的爱国诗句，即是杨氏对收复中原的极力渴望，以及对南宋朝廷偏安一隅的强烈不满。淳熙十六年（1189）底，杨氏以接伴金朝贺正旦使的身份来到宋金交战的淮河前线，途中在镇江金山小憩，并在此写下著名的爱国诗篇《雪霁晓登金山》，作者在诗中先是赞美金山之美，却以“大江端的替人羞，金山端的替人愁”作为结尾之句。因为金山之顶建有吞海亭，到南宋时，这座亭子的作用仅仅是“每北使来聘，延至此亭烹茶”[③]，在这样一种历史背景下，气撼乾坤的长江和傲然挺立的金山，能不替这样的主人而感到羞耻吗？“两窗两横卷，一读一沾襟”（《夜读诗卷》）、“愁杀人来关月事，得休休处且休休”（《竹枝歌》），出于对国事的彻底失望，杨氏心中的“中兴北伐”梦宣告破灭，内心对辞官归隐曾经有过的徘徊和犹豫也不复存在。再如，庆元元年（1195）初，朱熹曾力荐已归隐3年的杨万里再度入朝任职：“只有此老尚可极言，以冀主之一悟，不知其有意否？已作书力劝之。万一肯出，经由更望一言，此宗社生灵之计，非小故也。”[④]杨氏出于对国事的彻底失望，不仅自己不肯出来做官，反而写信规劝朱熹、陆游不宜出来做官。果然不出杨氏所料，陆、朱二人后来重新入朝做官没多久，或借故遭罢黜，或草

① 《诚斋集》卷133《谥文节公告议》。
② （元）揭傒斯：《文安集》卷10《杨氏忠节祠记》，四库全书本。
③ （南宋）陆游：《渭南文集》卷43《入蜀记》，四库全书本。
④ 《晦庵集·别集》卷1《向伯元》，四库全书本。

草被打发回家,均落得灰溜溜的结局。此后,随着南宋国内经济的几近崩溃,外有蒙古族的虎视眈眈,内无刚正大臣的匡扶,南宋王朝必然走向了衰败。

第三,彰显庐陵文化最突出的地域特色——文章节义

吉安素有"人文渊薮之地,文章节义之邦"的美誉,这与欧阳修、杨邦乂、胡铨、杨万里、周必大、胡梦昱、文天祥等乡贤的古文经术、忠义气节闻名而分不开。从南宋开始,庐陵士人普遍把研读儒家经典与修齐治平结合起来,出则为忠臣,处则为节士,入朝经国纬世,退守著述施教,逐步彰显出庐陵鲜明的地域特色。杨万里的诗文当时就有很大的影响。乾道六年(1170),周必大赠诗说,"诚斋诗名斗牛寒"(《奉新宰杨廷秀携诗访别次韵送之》),后来又说他"执诗坛之牛耳"(《跋杨廷秀赠族人复字道聊诗》);嘉泰三年(1203),陆游题诗云:"文章有定价,议论有至公,我不如诚斋,此评天下同"(《谢王子林判院惠诗编》),还 3 次提议推举杨氏为诗坛盟主;姜夔说,大自然的一切,大至日月山川,小至蜂蝶花草,无不被他收拾入诗,而且涉笔便有谐趣,以致"处处山川怕见君"(《送朝天续集归,诚斋时在金陵》),类似的赞美诗句还有很多。至于杨万里的气节,考功郎李道传就其谥号问题向朝廷建议说:"他人之文,以词胜;公之文,以气胜。惟其有是节,故能有是气;惟其有是气,故能有是文也。"①自宋以降,庐陵就多有刚直忠烈之士,"生其地者,或出而仕,霖雨苍生;或退老田园,整躬饬行,矜式闾里,与前贤后先辉映"②,他们忠贞正直、爱国忧民、宁折不弯的性格特征,逐渐成为后世吉安人所追随的道德典范,与当今所倡导的社会主义核心价值观亦是一脉相承。

第四,揭示杨万里家族"诗书继世、清白传家、忠节闻名、仁爱孝悌、心系天下"之精神内核

杨万里的气节是"逆折奸萌,矫厉具臣",其"学问文采,固已绝人",其操守是"狷介之守,尤为难得"③,应当说,他的学问造诣、人格魅力与其家学渊源所分不开。杨万里的一世祖杨辂官虞部侍郎、吉州刺史,二世祖杨鋋官海昏县令,此后有八代先祖未曾入仕,却都是崇文重教、潜德修行之人,如其曾祖父杨希

---

① 《诚斋集》卷 133《谥文节公告议》。

② 光绪《吉水县志·卷首》之《彭际盛序》。

③ (南宋)周密:《癸辛杂识·前集》之《荐杨诚斋》,四库全书本。

开，虽未中举入仕，却立志振兴家族，个人出资兴办学堂，聘请两位先生来教育族人，“同族中奉公存、梧州推官文明皆贫，公为之代束脩，给衣食以玉成之”；祖父杨元中是“经明行修，师范学者，德党泽厚，治于后人”①；父亲杨芾精通《易经》，是吉水县远近闻名的藏书家，其百里负米、舍命救亲的事迹收录于《宋史·孝义传》；长子杨长孺，官广东经略安抚使兼广州知州时，以俸禄七千缗“代下户输租”，晚年爵位至庐陵侯，去世时竟无以为殓，衣衾棺材全是亲友捐赠。此外，庐陵杨氏家族中如宋代的杨丕、杨纯师、杨存、杨邦乂、杨炎正，元代的杨学文、杨允孚，明代的杨季琛、杨惟敎、杨民服、杨必进、杨以伦，清代的杨振鳞等，其道德文章、忠节清廉均堪称世人之典范。就庐陵杨氏家族而言，杨万里不仅有承上启下的作用，而且是具有里程碑式的标杆人物，诚如他评价族叔祖杨邦乂所说：“公之名岂待族谱而后传？而族谱得公则为光荣也。”②这句话也极适合于评价杨万里。优秀家风家规的训育，逐渐形成杨万里家族“诗书继世、清白传家、忠节闻名、仁爱孝悌、心系天下”③之精神内核。假如从文化源流的角度来说，杨万里家族文化中的优秀成分，又是庐陵文化乃至江右文化的重要组成部分。

结语

杨万里弃官归隐思想的内涵极为丰富，他年轻时是怀着“壮心滴不灰”的宏愿进入仕途，正如他告诫长子杨长孺时所说：“先人门户冷如冰，岂不愿汝取高位。”纵观杨氏38年的仕履经历，他先后五次提出弃官，最终以“我本山水客”的夙愿压倒“澹无轩冕情”的心愿而实现归隐愿望，诚如他向朝廷上奏所说：“少也愿仕，老而志衰。”杨万里作为南宋著名的士大夫，当为官行事涉及他的人生准则时，必然会秉承“五斗折腰，谁能许事，归去来兮”之准则，毫不犹豫地放弃仕途追求，以维护其磊磊大丈夫之气。杨万里弃官归隐家乡后，并不是一味地消极避世，而是一种迂回的入世，令他时刻难以忘怀的仍是国家安宁和百姓生活。

---

① 湴塘村光绪二十五年《忠节杨氏总谱》。

② 乾隆《文水南华杨氏族谱·重修杨氏族谱序（杨万里）》。

③ 《杨万里家族纪略·绪言》，江西人民出版社2017年版，第3页。

杨万里家世问题考论

杨万里家世问题，虽不是诚斋研究的主要内容，却有不少学者表现出浓厚的兴趣。本文依据《诚斋集》、光绪版《忠节杨氏总谱》和乾隆版《文水南华杨氏族谱》相关记载，对杨万里的族源、庐陵始祖和世系等问题做简要梳理，尤其是对一世祖杨辂的父亲再做探讨，并以此作为镜鉴，来反观其他记载的是非真伪，以期为考察家族对杨万里的影响提供新的切入点。

一、族源分析

杨姓是典型的多源流姓氏，主要源自姬姓和少数民族改姓，也曾是隋朝和南吴的国姓，在宋版《百家姓》中列第16位，人口数在当今中国列第6位。杨姓出于黄帝之后西周王族，有三种说法。一说源于姬杼。西周成王姬诵之子封其弟唐叔虞领地于今山西太原地域，唐叔虞于周康王六年封次子姬杼为杨侯，食采于杨国，始以杨为姓，尊杨杼为开派始祖。一说源于尚父。周宣王姬静将儿子尚父封到杨国，即今山西省洪洞县东南，春秋时杨国为晋所灭，后裔以邑取姓。一说源于伯侨。[①] 公元前647年，晋献公封二弟伯侨领地于杨，亦称杨侯，后人将杨伯侨视为得姓始祖。

杨万里是吉水县湴塘村杨氏11世，关于其族源，湴塘村第一位进士杨存撰作的《杨氏流芳谱系序》载：

杨氏本姬姓也，周宣王之子尚父封为杨侯，晋叔向食采杨氏县，因邑为氏，故号曰“杨”，其地在平阳，其后子孙徙居华阴。生杨章。章生款、款生

① 杨布生、彭定国编著：《杨姓史话》，江西人民出版社2015年版，第16—26页。

硕，至汉太尉杨震，族益盛，历代迁徙不常。①

《文水南华杨氏族谱》现收藏于峡江县水边镇何君杨家。文水是吉水县的别称，南华是指今八都镇至玉笥山一带，表明该谱系庐陵杨氏的一个分支。杨存（1058—1128），字正叟，杨万里族曾祖父，湴塘村第一位进士，官郴县县尉、长乐知县、仁和知县、洪州通判等。宣和五年（1123）七月十五日，杨存为庐陵杨氏第一部族谱作序，认为湴塘杨氏族源出自周宣王之子尚父，庐陵杨氏后来六次大修谱，其源流、世系、郡望和堂号等均依据该谱。

庆元五年（1199）六月一日，杨万里撰《重修杨氏族谱序》载：

杨氏之先，盖周姬姓之序也。霍杨韩魏及杨食我父子，载于《左氏春秋》；伯侨载于扬雄自序；尚父与章、至震、至承休，载于《唐相世系表》，喜至覃，载于《前汉书·高惠功臣表》；震子奉，载于《后汉书》本传。今族谱所书是已。惟硕之八子，《唐表》七人，有名而无字，今乃有其字。奉之后八世孙结，其间六世失其名，今乃有其名者五，盖本之吕夏卿《大同谱》也。②

杨万里叙说自己族源时，基本上是沿用杨存的观点，认为湴塘杨氏族源经历了尚父至伯侨的生息繁衍，与唐代谱牒姓氏学专著《元和姓纂》中的说法一致。

古代“杨”与“扬”字常是不分，按字义解，“杨”是太阳的意思，由“木”和“昜”组成，“木”是指扶桑，也称杨树，生长在东方大海上的汤谷；“昜”古时同“阳”，是“日升汤谷”的形象描写，以此作为图腾的就是古老的杨氏之族，后来才形成姓氏。杨万里《重修杨氏族谱序》中又说：

然古之书传，“杨”姓偏旁皆从“木”，而或者见子云传之无它“扬”，遂以子云之姓为抑扬之“扬”。初亦信之。及观德祖《答曹子建书》曰“修家

① 《文水南华杨氏族谱》，清乾隆十七年（1752）编，谱藏峡江县水边镇何君杨家。

② 《杨万里家族纪略》，第5页。

子云，老不晓事"，则雄与修果异其姓乎？（同上）

按杨万里谱序所叙，其族源大致经历"始祖杨伯侨—战国杨章—西汉扬雄—东汉杨震"的繁衍历程。"天下杨氏出弘农"。战国时杨章曾是秦惠文王的左庶长，被赐征东大将军，后封华阴侯，居家陕西华阴县，成为弘农杨氏先人。

二、鼻祖杨震

当今绝大多数杨氏均尊杨震为鼻祖。杨震（？—124），字伯起，陕西华阴人，博学多才，精通儒家典籍，誉称为"关西孔夫子"，《后汉书》本传所载"暮夜却金"的故事更是流芳史册。文载：

年五十，乃始仕州郡。大将军邓骘闻其贤而辟之，举茂才，四迁荆州刺史、东莱太守。当之郡，道经昌邑，故所举荆州茂才王密为昌邑令，谒见，至夜怀金十斤以遗震。震曰："故人知君，君不知故人，何也？"密曰："暮夜无知者。"震曰："天知，神知，我知，子知。何谓无知！"密愧而出。[①]

杨震因清廉而誉称"四知先生"，对子女也严格要求，一直保持着俭朴家风。有朋友看到其后人经常是蔬食步行，便劝他开启新产业，杨震表示不肯，说："使后世称为清白吏子孙，以此遗之，不亦厚乎？"杨震清正廉明的品德对杨氏后人影响较大。杨万里为族叔题作《贺必远叔四月八日洗儿》诗说："吾家英杰相间起，胄出关西老夫子。"为族祖父杨邦乂诞辰100周年撰写《宋故赠中大夫徽猷阁待制谥忠襄杨公行状》说："公讳邦乂，字希稷，胄出汉太尉震。"湴塘村忠节杨氏总祠前厅楹联中说："守四知风范，浩然正气贯长虹"，既高度评价杨震的忠廉气节，又彰显杨氏族人的优良家风。

三、始祖杨辂

庐陵杨氏均尊杨辂为始祖。据湴塘村光绪版族谱《始祖侍郎吉州公像赞》载：

① 四库本《后汉书》卷84之《杨震传》。

公讳辂，字般驾，汉太尉震二十九世孙也。南唐时为虞部侍郎，出刺吉州，因家庐陵。长曰锐，宅吉水杨庄；次曰鋋，为海昏令，宅湴塘，厥后蕃衍分徙数县。道德文章，忠孝节义，代不乏人。若忠襄、文节、贞靖、文惠、文贞，其尤著。登显官，甘恬退，类能以清白世家，难以枚举，皆公一人肇之，厥有本哉。①

杨辂曾仕于吴杨，官虞部侍郎，负责掌管山泽、苑囿、草木、薪炭和供顿等事宜，数年后改任吉州刺史。致仕时，因仍有战乱，道阻不能回陕西华阴，于是肇基庐陵，且安排长子杨锐在吉水县六十二都杨家庄开基，次子杨鋋在湴塘村开基。杨辂秉承杨震家风，为官清正廉明，不贪赃，不受贿，两袖清风，晚年竟然在郡衙中去世，地方文献中有“惠政，民敬之”等记载。北宋进士杨存为第一部庐陵杨氏族谱作序说：“自辂始迁，子孙世为庐陵儒行仕族，代有显者。”

杨辂和儿子们定居庐陵后，随着中原文化的南移以及子孙的繁衍生息，杨氏家族慢慢地向东、南、西南三个方向迁徙，其中两次大规模的迁徙是在宋末和明初。据广东梅州《杨氏族谱》载，杨辂先后娶妻三人，生有九个儿子，长子杨锐、次子杨鋋定居吉水，其他七个儿子均徙居外地，如五子杨耸，字云岫，曾中进士，历任都御史、朝议大夫、潮阳刺史，徙居广东梅州，后来发展成为名门望族，尊为广东杨氏始祖，后裔遍布桂、港、澳以及东南亚各地。三子杨锋及后裔徙居瑞金、永丰，四子杨钊徙居广东惠州，六子杨职及后裔徙居赣州、安远，七子杨聪及后裔徙居广东潮州、海阳，八子杨栋及后裔徙居广东澄海、饶平，九子杨梁徙居广东平远。当今广东、广西、湖南、湖北、四川、贵州、重庆等地不少杨氏尊杨辂为始祖，有“江南杨氏始祖”之誉。明初解缙应邀为湴塘村杨氏忠节总祠作记说：“盖杨氏建家于吉，自门下侍郎知吉州辂始。侍郎善待士，唐末五季之乱，士大夫多依之以居。迓宋之平吉之名，族视古为盛。”②他又为杨辂画像题赞语说：“巍巍黄堂，发迹名邦。五花下车，奕叶流芳。肇基吉州，六邑发祥。派衍东西，永世充昌。”③

① 光绪二十五年（1899）编修的《忠节杨氏总谱》，现收藏于其故里湴塘。

② （明）解缙：雍正版《江西通志》卷129《艺文·记》第8节《杨氏重修祠堂记》。

③ 清乾隆《杨氏人文纪略》刻板，板藏吉水县黄桥镇湴塘村忠节总祠内，共1492块。

必须说明的是，明代前期杨政编修的《硃谱》以及明中期杨必进编修的《庐陵杨氏大同谱》，均是将杨辂长子杨锐、次子杨鋋裔孙中居家于吉安府范围内的才予以收录，外迁的杨辂裔孙一律不予收录。诚如光绪版《忠节杨氏总谱·凡例》其四载："本族分居其繁，如宁都之瑞金、潮州之大埔，簪缨不替，俱系虞部公派下。但旧谱失载，本届修谱，远地俱未通闻，因不得其支谱核对，不敢妄增，余可类推。"

四、杨辂之父

自明初以来，江南杨氏对始祖杨辂的父亲和祖父是谁，一直存有争议。据湴塘村光绪谱《始祖虞部侍郎吉州公位下四延总图》载：

> 辂，字殷驾，陕西华阴县人。旧谱云：南唐时，仕吴杨，为虞部侍郎，出刺吉州。因杨行密之乱，道梗不得归，遂家郡城，是说相沿已久，然其世次、年代颇多不合。前明，兵备副宪、南楼必进公于嘉靖二十七年（1548）修谱，参唐史鉴纲目，唐书五代史、华阴谱牒，校其年代，考其世数，始知"辂"名有二，其一字"殷驾"，归厚公之子，昱公之孙，而唐代宗之杨绾，乃其从伯祖也，年代、世次正与本族合。其一不字"殷驾"，文友之子，禅之孙，世代、年数与本族俱左，评见谱内《原始》篇中。公葬六十二都西洞金钗形，杨庄、湴塘具有合约，官有榜文，禁止不许后人附葬其墓，已载县志。夫人郑氏，葬东冈山洛水塘水推浮草形。泰和少师（杨）士奇竖碑。[①]

然而，对杨辂的父辈，湴塘村进士杨存《杨氏流芳谱系序》载：

> 五代时，承休奉使吴越，杨行密作乱，不得归弘农，遂家于江南。自章至休，凡三十八世而生文友，文友生辂，仕江南李氏，始迁庐陵。[②]

南宋杨万里《重修杨氏族谱序》也载：

---

① 光绪《忠节杨氏总谱》之《谱首》之《始祖虞部侍郎吉州公位下四延总图》。

② 《杨万里家族纪略》，第3页。

> 旧谱云:“岩之曾孙辂,仕江南李氏,为虞部侍郎。”按唐《百官志》无此官,或者偏方创为此官名乎?不然,则传者误也。①

由此可知,唐末时和五代北宋时各有一位名叫“杨辂”的人,生卒年份相差不大,世系却相差8世。杨存和杨万里因被北宋杨覃《聚话录》、杨大雅《静恭房杨氏族谱序》、欧阳修《谏议大夫杨公墓志铭》等文章所载内容的误导,所撰谱序中将庐陵始祖杨辂说成杨文友之子、杨岩的曾孙。

最早发现杨辂世系叙说错误的人是明初时吉水乡贤解缙。他先是应吉水盘谷人杨尚节之邀撰《杨氏重修族谱旧序》,数年后又应泰和人杨士奇之邀撰作《泰和杨氏族谱序》,这两篇谱序中他均提出自己心中的疑问,如《杨氏重修族谱旧序》载:

> 乡先贤杨文节公自序其谱称……序又称:“本朝欧阳公志大雅墓曰:‘九世祖隐朝生燕客,燕客生堪,堪生承休。’而《唐书·世系表》则曰:‘隐朝生燕客,燕客生宁,宁生虞卿,虞卿生堪。’何其自相异也?及考之宋文景公作《虞卿传》云:‘虞卿之父曰宁,子曰堪,乃与表合,盖志误也。’”予按:欧阳公作志在《表》之先,意者其时未有所考,或据杨氏家传书之耳,由是知家传承讹,类有可疑者,不特此也。②

但是,解缙在谱序中推断的“杨辂与杨承休不是父子就是兄弟”的观点,明显是缺乏说服力的。尽管解缙提出了疑问,因他不是杨氏子孙,以致没有再去做深入的考证探究,最终也没有得到正确的答案。

直到嘉靖二十七年(1548),湴塘村进士杨必进编修《庐陵杨氏重修大同谱》时,特意撰作《原始》一文予以纠正。杨必进(1477—1552),字抑之,号南楼,正德六年(1511)中进士,官至广西兵备副使。现将《原始》抄录如下:

① 《杨万里家族纪略》,第5页。
② 《杨万里家族纪略》,第8页。

谨按惟敩公(杨政)谱云:“旧谱自中奉公、诚斋公,下及义方兄所编辑,皆载侍郎上去承休六世,为岩孙蟫之孙。”考之《宋史》,覃本名蟫,仕宋在太宗、真宗间,时代悬绝,况辂仕吴杨,与岩相吴越,皆同在五代初,而以(岩)为(辂)五世祖,其误无疑。

比阅文贞公所跋《宋史·杨覃传》云:“传所载承休以下世次,至覃之子,皆与谱合,而考宋官制有虞部员外郎,是始祖非仕南唐,其为员外郎,实在宋也。”然又有疑者,史传云:覃卒于大中祥符四年,而族祖丕登大中祥符八年进士,丕溯始祖六世,溯覃八世,四年遽及八世,其误明甚。又阅春雨解公所撰族谱记云:“辂之守吉,实在唐末杨吴之初年,而虞部侍郎伪吴之官号也,以时世考之,辂决非岩曾孙,其与承休非父子则兄弟耳。”纷纷论议,卒无定见。

必进于是命男淳纠合群疑,翻阅旧谱,而又取正诸史鉴纲目,《五代史·南唐》等书,即其世次,稽其岁月,反覆穷究,推算积分。期月余,始有一得之愚,乃知:所谓在宋者,固非也;所谓在南唐者,亦未为定论;所谓在唐末吴杨初年者,固得之矣。惜其未得吾家旧谱而详观之耳,何也?盖旧谱所载,辂公有二:其一讳辂,字般驾,归厚之子,昱之孙,而杨绾相唐代宗者,其从伯祖也,去章为三十世;其一讳辂,不字般驾,文友之子,岩之曾孙,而杨覃仕宋太宗者,其祖也,去章为三十九世。自绾而历曰归厚、曰辂,以至于丕,凡八世,自大历二年以至于祥符八年,凡二百四十年,每以三十年一世数之,共该三八二百四十年,无少错欠,固非四年遽及八世者,无疑一也;绾生于盛唐之时,辂生于伪吴之初,相去几百余载,祖在先而孙在后,世次明辨,又非同在五代初,而以(岩)为(辂)五世祖者,无疑二也;辂去绾为三世,今去辂为二十五世,合之共廿八世,每以三十年一世数之,二十世该六百,八世该三八二百四十,合之共该八百四十;而自大历二年数之,以至于嘉靖廿七年,正与此数合,非若自宋迄今仅五百六十年,而其世次止该十八者,无疑三也。

况《九江萧氏谱·诸先贤题识》皆云:“萧氏始祖霁,虞部侍郎杨公辂甥,侍郎尝荐于吴主曰:‘臣有外甥,武勇绝人,见在厥下。’王遂用之,为武宁令,今乾贞初年手敕尚在。”甥已为萧氏始祖,舅即杨氏始祖,是可证者一也；乾贞，伪吴杨溥之年号也。辂既仕吴杨，若以为文友之子，则吴越与淮南世仇，不应承休子孙有来仕淮南者，是可证者二也；史传覃生文友之下而未及其子，旧谱辂字殷驾，之下亦未及其子，安知锐、鋋非前辂子乎？是可证者三也。余故敢谓：始祖为归厚之子，昱之孙，而其刺吉州、家庐陵者，实在唐末吴杨之初年也。

或曰：大中诸君子，识学超越今古，彼独弗能考而无疑乎？殊不知旧谱虽系辂为文友之子，而辂之下则注或曰字殷驾，曰或之者，疑之也，其所以未决其疑者，意者始祖迁吉之后，至大中公八世始修谱，中间散逸未可知，不然，其亦据《聚话录》《流芳谱序》以为之信耳。盖《聚话录》，覃所作；而《流芳谱序》，大雅所志，皆承休之子孙，宜其详于本派，是又未可知也。

呜呼，家谱传袭，类多有错讹者，不独吾族然也。矧史书尽天下之耳目，极俊彦之较正，公万世之是非，固未有可疑者。故予今日之《原始》，亦据绾之相代宗，覃之仕太宗，与夫乾贞、祥符之年号征之尔，敢用智以乱承宪哉？始存其说，以俟后云。

二十三世孙、湴塘必进识。①

为彻底弄清楚庐陵杨辂的族源和世系问题，杨必进不仅组织族人查阅各地杨氏族谱，而且委派长子杨淳赴陕西华阴对谱，在此基础上撰作《原始》一文，并抄录于庐陵杨氏族谱之首。文中他采用“三疑三证”之法，且以翔实的史料来厘清杨辂的族源和世系。首先，他通过摆事实、讲道理的方式，指出杨存和杨万里谱序中的错误说法，即杨辂所任虞部侍郎是吴杨官号，并非李唐官号，出任吉州刺史是在杨行密任吴王时期，并非南唐李氏时期。其次，作者明确指出唐末五代有两个名叫“杨辂”的人，其中一人“讳辂，字殷驾”，是杨归厚之子，杨昱之孙，仕于唐末、杨吴时期，另一人是杨文友之子，杨覃之孙，仕至宋真宗时期，这两个“杨辂”世次相差8世，生卒年份却相差不大。关于杨覃，《宋史·杨覃传》载：“承休生岩，即覃祖也……太平兴国八年（983）举进士擢第。”②假若将

① 《杨万里家族纪略》，第21—22页。

② 《宋史》卷307之《列传》第66节之《杨覃》。

这两人视作同一人，必然会出现时间只相差 4 年，世系却相差 8 世这种低级错误。

此外笔者认为，《原始》文中“今乾贞初年手敕尚在”之句时间表述有误。乾贞是五代南吴睿帝杨溥的年号，时间为 927 年十一月至 929 年十月，这句话意思是说，乾贞年间朝廷颁发的萧霁任武宁县令的手敕仍在。井冈山大学已故的萧东海教授曾撰文说，时间应是乾德二年（964）才正确。也有庐陵萧氏裔孙撰文说，应是五代后梁乾化二年（912）。但笔者认为，“乾贞”“乾德”“乾化”这 3 种说法均值得商榷，应是唐昭宗乾宁二年（895）才合情合理。理由是：

第一，有必要先介绍一下杨行密的生平经历。杨行密（852—905），乾宁元年（894）封为弘农郡王，于天复二年（902）至天祐二年（905）在吴王位。杨行密是五代十国之吴国的奠基人，去世前李唐王朝仍然存在，他只是封国国君而已，不可能有年号。杨行密与秦宗权、孙儒为争夺江淮一带而相互交战是公元 892 年前后，与权臣朱全忠交战是公元 902 年前后。第二，杨归厚的生卒年大致是 776—831 年，其子杨辂的生卒年大致是 824—909 年，湴塘村人杨存作《杨氏流芳谱系序》也说：“杨行密作乱，不得归弘农，遂家于江南。”意思是说，杨辂赴任吉州刺史那年，杨行密尚在人世，且那时仍在打仗，时间应是在唐天祐二年（905）之前。第三，萧霁是杨辂的亲外甥、杨归厚的外孙。杨辂是任虞部侍郎一职时向吴王推荐萧霁出任武宁县令的，这就表明萧霁任职时所获得的手敕，应比杨辂出任吉州刺史以及父子徙居庐陵的时间要早得多，就他们三人的年龄及出仕而言，萧东海老先生提出的“乾德二年（964）”观点明显难以令人信服，因为那时杨行密、杨辂均早已去世。第四，古代文人常有“厚古薄今”的思想。杨辂的官职是杨行密所封，李唐政权并未给他封官，只能以虞部侍郎的官号来称呼他。就年号而言，杨行密生前未建立独立王国，有实权却不可能有年号，后来随着吴杨政权的建立和垮台，五代十国的更替，各独立王国的年号众多，于是才有此误。

综上所述，杨辂的父亲应是杨归厚（约 776—831），字贞一，与唐代大诗人白居易、刘禹锡是同时代之人，且三人相交甚笃，唱和诗颇多。杨归厚曾任凤州司马、万州刺史、唐州刺史、虢州刺史等职，生有二女一子，且是刘禹锡长子的岳父，亲家刘禹锡撰有《祭虢州杨庶子文》。又因该祭文中有“子之少孤”“天命不长”等表述,可知杨归厚自幼父母双亡,自己去世较早,这就为庐陵杨氏将始祖杨辂的族源接错埋下伏笔①。两宋时,庐陵杨氏被欧阳修为岳父杨大雅撰作的墓志铭等文所误导,以致将庐陵杨辂说成杨文友之子。而杨必进所撰《原始》一文,仅是抄录于庐陵杨氏族谱之首,庐陵地域之外的杨氏族谱并未得到纠正,才导致杨辂的父亲、祖父是谁的问题争议了几百年。

五、诚斋世系

一世杨辂(约824—909),字殷驾,号朴斋,陕西华阴人,杨震29世孙。广东《梅州杨氏族谱》等谱牒说他曾中进士,可信度并不高。

二世杨鋋,湴塘村开基祖,杨辂次子。族谱载:“任海昏令,随父相宅,得吉水杨庄之西湴塘,知为发潜之地,遂居之。”关于湴塘村名,顾名思义是指淤泥较多的池塘。相传杨鋋要择新居,某日与父亲杨辂、兄长杨锐一道乘马来到南溪畔,马陷于淤泥之中,进退两难。杨鋋父子见此地前有朝元岭,后有后龙山,中有南溪水,眼前是七八口大水塘,四周平地可开垦农田,乃风水宝地,于是择此开基,取名“湴塘”。

三世杨宏徹,族谱载:“葬东岗山洛水塘,配□□(缺),生二子。”即长子杨延邦,次子杨延宗。

四世杨延宗,族谱载:“字世承,葬、配缺,旧谱列为利字图。今湴塘文节诚斋公是其后也,生三子。”即长子俗名四十一郎,次子俗名四十二郎,三子杨广。

五世杨广,族谱载:“配(缺),葬南陂(村)大樟树下,双冢,生三子:绪,式,遇。”

六世杨绪,族谱载:“绪,广公长子,行十二,葬(吉水)西塘头,配陈氏,葬南坡大樟树下,与翁茔相近,生一子。”

七世杨堪,族谱载:“堪,行大郎,配陈氏,合葬担水塘西,生五子。”即长子杨希甫,次子杨希方,三子杨希开,四子杨希问,五子杨希彦。

八世杨希开,族谱载:“字先之,住佃坑,葬云际寺侧,配罗氏,葬西塘头,生七子。公矢志振家声,每年延师教子弟,必请两先生,其一彭恕,字安行,以训年长者;其一曾□,轶其名字,以训年幼者,同族中奉公存、梧州推官文明皆贫,公

① 《杨万里家族纪略》,第273页。

为之代束脩，赠衣食以玉成之。虽七子未有荐名，而其后诚斋、东山以文学名天下，子孙封荫屡世，公之食报，岂有爽哉！见《诚斋家约》内。”杨希开生七子，长子杨敷道，次子俗名三十郎，三子杨骥，四子俗名四十郎，五子杨韶，六子杨元中，七子俗名五十郎。

九世杨元中，族谱载：“元中，行四十三，字格非，赠承务郎。诚斋《焚黄文》云：‘公经明行修，师范学者，德克泽厚，诒于后人。’”生三子，即长子杨藩，次子杨芾，三子杨蔼。

十世杨芾(1096—1164)，族谱载：“芾，行十二，字文卿，号南溪居士，以子贵累赠通奉大夫。家极贫而事亲能孝，详《宋史传》。‘诗句典丽，字画清壮，’见周益公跋语。生于宋绍圣三年丙子(1096)，至隆兴二年(1164)甲申年，六十九而殁。”杨芾家贫好学，博学多才，精通《易》学，诗文字画样样精通，以教书为生，《宋史·孝义传》卷456有传。

十一世杨万里(1127—1206)，族谱载：“万里，芾公子，行五五，字廷秀，号诚斋，母毛硕人。出生于宋高宗建炎元年(1127)丁未九月廿二日子时，绍兴庚午(1150)以《书经》举于乡，癸酉(1153)再举，甲戌(1154)成进士，历官通奉大夫、宝谟阁学士，庐陵郡开国侯，食邑一千户，累赠少师、金紫光禄大夫，谥文节，著《诚斋全集》一百二十三卷、《易传》二十卷、诗策行世。其生平行实具详《宋史传》①，薨于开禧二年(1206)丙寅五月八日午时。闻韩侂胄擅开边衅，愤忧不食，手书八十四言，掷笔端坐而逝，葬本里污泥塘莲花形，墓载县志。”

另，杨万里生四子五女。即，长子杨长孺，一名寿仁，字伯子，号东山。次子杨次公，字仲甫，号梅皋。三子杨寿俭，早逝。四子杨幼舆，字稚宾，号碧梧。长女杨季蘩，嫁进士刘价。次女杨季蕴，嫁进士王徽。三女杨季藻，嫁刘亿，亦有文名，兼通画技。四女杨季蘋，嫁进士陈经。五女杨季菽，嫁进士王潜。

① 四库本《宋史》卷433《儒林(三)》之《杨万里传》。

杨万里科举观刍议

科举观是指人们对科举制度的认识与评价,包括个人对科举考试的情感、态度与行为的审视。杨万里因开创"诚斋体"被誉为一代诗宗,是南宋中前期政治家、理学思想家,曾两次参加礼部试,第一次于绍兴二十一年(1151)落第,第二次于绍兴二十四年(1154)中进士,虽有小曲折,亦是科举制度的受益者。后来,他曾主持湖南漕试,两次兼任省试考官,多次参与地方解试命题。《诚斋集》中有不少诗文是关于科举制度看法的表述,既体现他是科举制度的坚定支持者,又含有对科举制度变革的冷静思考,充分印证他在中国古代科举思想史上占有一席之地。深入分析杨万里的科举观,可以展示宋人对科举考试的情感、态度和行为,以期对评价科举制度和促进科举学研究有参考作用。

一、杨万里科举态度分析

隋唐以后,儒家"学而优则仕""学也,禄在其中矣"等积极入世思想对读书人有着强大的吸引力。翻检杨万里《诚斋集》,其中《千虑策》等诗文中有不少关于科举制度看法的表述,他作为儒家学派卫道者之一,对科举考试的态度始终是支持的。

(一)其本人态度

杨万里24岁以《书经》举于乡,得解送礼部参加省试的名额。25岁应试礼部,名落孙山,28岁中进士第。应当说,耕读传家、诗书继世是杨万里家族的优良传统。据光绪版《忠节杨氏总谱》载,其曾祖父杨希开,虽然未中举入仕,却个人出资兴办学堂,聘请两位先生来教育本家族子弟,由彭恕先生负责训导年长者,由曾姓先生负责训导年幼者。如果族人生活有困难,他就代缴学费,甚至赠送衣食,促使学子成才,"同族中奉公(杨)存、梧州推官(杨)文明皆贫,公为之代束脩，给衣食以玉成之”[①]。父亲杨芾虽未获得功名，却是家乡附近有名的教书先生，且十分重视对少年杨万里的教育。杨芾精通《易经》，常忍着饥寒购买书籍，积得十年，藏书上千卷，且常指着藏书对杨万里说：“是圣贤之心具焉，汝盍懋之！”[②]少年杨万里也有贪玩贪睡、不肯用功读书的时候，他题作《谢建州茶使吴德章送东坡新集》诗说：“儿时作剧百不懒，说着读书偏起晚。乃翁作恶嗔儿痴，强遣饥肠馋蠹简。”[③]诗中描述自己读书偷懒的场景，导致老父极为不悦，可见家教甚严。

在家族的影响下，杨万里自幼勤奋读书，广师博学，说：“予为童子时，从先君宦学四方。”[④]他 14 岁拜乡先生、阜田人高守道为师，17 岁拜庐陵名儒王庭珪为师，21 岁又拜刘安世、刘廷直为师，27 岁再拜名士刘才邵为师，通过私学和投靠名师，为以后参加科举考试打下坚实的基础。淳熙五年（1178）九月，时任常州知州的杨万里题作《夜雨》诗中云：

忆年十四五，读书松下斋。寒夜耿难晓，孤吟悄无侪。虫语一灯寂，鬼啼万山哀。雨声正如此，壮心滴不灰。[⑤]

那时他已 52 岁，且携家人待在异地他乡，可以想象，他闲暇时教子读书，又因秋夜之雨而“万感集老怀”，于是写诗回忆年少时苦读诗书的情景，借以引导儿子们勤学苦读，同时表达自己即使生活困顿，也要穷且益坚、不坠青云之志的思想情感。试想，贫困人家的子弟要达到儒家“修身、齐家、治国，以平天下”之目标，其唯一实现的途径，只有科举入仕。

后来，杨万里作为从科举狭路冲杀出来的幸运者，给更擅长科举、已中博学宏词科的乡贤好友周必大回信说：

---

① 光绪二十五年（1899）编修的《忠节杨氏总谱》，现收藏于其故里湴塘村。

② 《全宋文》卷 4326 之《胡铨》第 28 节，上海辞书出版社 2006 年版。

③ 家刻本《杨文节公诗集》卷 17《南海集》卷 2 之《谢建州茶使吴德章送东坡新集》，清乾隆本，下同。

④ 四库本《诚斋集》卷 126《曾时仲母王氏墓志铭》。

⑤ 家刻本《杨文节公诗集》卷 11《荆溪集》卷 3。

某少也贱且贫，亦颇剽闻文墨足以发身，呆不解事，便欲以身殉文，不遗余力以学之。①

表明他无论是从自己人生价值的实现，还是从家族中兴的角度，对科举制度都有着高度的认同感。

(二)对儿子的劝勉

杨万里极其重视耕读传家和诗书继世。淳熙七年(1180)正月，他赴广东任提举常平茶盐，且携长子杨长孺、次子杨次公随行历练。又因二子秋季要参加吉州解试，到达广州后不久即安排他俩还乡。在儿子归途中，他题作《得寿仁、寿俊二子中途家书》3首诗予以劝勉，其三诗云：

我昔如汝长，壮志在四方。集贤给笔札，秉烛促夜装。平明出门去，振衣不彷徨。先君泫然泣，感我令我伤。先君顾我语，汝行勿断肠。他日汝养子，此悲会身当。老怀追陈迹，心折涕泗滂。②

诗中作者回忆自己年轻赴试时，父亲杨芾送别的情景以及那时的雄心壮志，教导二子要认真读书，积极参加科举，老父亲的殷殷鼓励、舐犊情深跃然纸上。

该年九月，杨万里又收到家信，得知杨长孺、杨次公因病未能参加秋试，于是作《得寿仁、寿俊二子书，皆以病不及就试，且报来期》，其二诗云：

满望鹏飞上，谁令马不前？草玄真浪苦，曳白亦无缘。兄弟年二十，尘埃路四千。速来饮官酒，不用一铜钱。③

诗中既有他对参加科举而入仕路途艰难的感叹，又含有对儿子未能成功通过解试的一份失落，但更多的是对儿子寒窗苦读的劝导，以期今后能蟾宫折桂的激励。

① 四库本《诚斋集》卷65《答周子充内翰书》。

② 家刻本《杨文节公诗集》卷16之《南海集》卷1。

③ 家刻本《杨文节公诗集》卷16之《南海集》卷1。

待到儿子们已步入仕途，杨万里又是谆谆教诲。淳熙四年（1177），长子杨长孺以《书经》举于乡，待他出任修职郎、湖南零陵县主簿时，杨万里又题《大儿长孺赴零陵簿，示以杂言》诗赠别，教育儿子要珍惜入仕做官的机会，既要爱民如子，更要谦虚谨慎。开禧元年（1205）除夕，病中的杨万里送杨次公赴杭州，内心难掩离别伤感，特意作《除夕，送次公子入京受县》诗，表达"弟兄努力思报国"的期望，告诫儿子要廉政厚民，忧国如家。这些诗文足可印证杨万里是极力鼓励儿子们读书、科考和入仕。

（三）对亲属的劝勉

杨万里对近亲属子弟参加科举有很多劝勉诗文。对岳父罗天文家族的子弟，笔者曾依据《秀川罗氏族谱》、康熙《庐陵县志》和雍正《江西通志》等文献，撰有《〈诚斋集〉所载岳父罗天文家族科举人物考》，就其岳父家族涉及科举入闱情况做过简要考察，充分印证庐陵世家业儒之盛，彰显古代吉安"耕读传家，诗书继世"的浓厚氛围。又如他题作《送安成罗茂忠》诗云：

> 书台佳士君章孙，句法来自西溪门。向来家住金谷园，珊瑚四尺蜡作薪。床头黄金已散尽，买书却铸文章印。印成一字不疗饥，仰天大笑还哦诗。诸老先生总参遍，只欠一瞻晦翁面。晦翁今已作贵人，君从何许去问津？劝君努力战今举，来年拜渠为座主。①

时庆元六年（1200）七月，因安福县亲属罗茂忠拐道湴塘村，杨万里送其参加秋试。诗中既有作者对罗氏家学的褒扬，更有对其赴试的鼓励。依据诗意，可知罗氏曾拜朱熹为师，而朱老先生于该年四月已去世。又如乾道五年（1169）底，门生罗椿因要参加科举回家乡永丰县，于是题作《送罗永年归永丰》赠别：

> 谁道三年聚，能胜一别多？岁寒知子可，心折奈吾何？所喜如椽笔，能挥却日戈。老夫留病眼，看子中文科。②

① 家刻本《杨文节公诗集》卷40之《退休集》卷4。

② 家刻本《杨文节公诗集》卷6《江湖集》卷6。

罗椿是乾道三年开始拜谒杨万里，为其高足。罗氏虽有才，却几次参加科举未中，《诚斋集》卷77有《送罗永年序》，也表达了作者对科举制度的复杂感情。

（四）对友人的劝勉

首先是对童子科中举者的鼓励。杨万里除对吉水县谷村人李如圭题赠《送李童子西归》外，还有《送蜀士张之源二子维、焘中童子科，西归》诗云：

> 岷山玉样清，岷水眼样明。风流文采故应尔，又见张家双骥子。小儿八岁骨未成，诵书新作鸾鹤声。大儿十二气已老，觅句谈经人绝倒。豫章七年人得知，驮騠三日世便奇。天生异材能几许？更饱风霜也未迟。①

时乾道七年（1171）秋季，作者任太常博士，同僚、四川人张之源二子张维、张焘均中童子科，作者题诗相赠并送他们还乡。南宋时，童子科虽有赐秘阁读书、免文解两种主要安置方式，基本上已解决长期存在的“速成”与“善养”之间的矛盾，但对童子科选才的做法仍多有争议。从杨万里为李如圭、张氏二子的赠诗看，表明他也看到了中举者只专重于诵记方面，所选俊才存在学识不全面、能力将来未必突出等差欠，但对童子科的选拔模式，仍是表示坚定的支持，认为此举可让更多的优秀童子脱颖而出。

其次对科考失利士子多有劝勉。杨万里对下第士子总是极力劝勉，鼓励他们进一步潜心读书，以期下次考得更好名次。绍熙元年（1190）春末，温州薛子才因为落榜，杨氏送他回乡，特意题作《送薛子才下第，归永嘉》诗相赠：

> 河东鸑鷟志青天，冀北麒麟受玉鞭。二十年前元脱颖，五千人里又遗贤。请君更草凌云赋，老我重看斫桂仙。趁取春风双鬓绿，收科谁后复谁先？②

读该诗可知，薛子才天资聪颖，志向高远，参加科考20年却仍未中举。杨万里

---

① 家刻本《杨文节公诗集》卷6《江湖集》卷6。
② 家刻本《杨文节公诗集》卷32《朝天续集》卷4。

不仅对其才学持肯定态度，而且说他终有一日会折桂登科。又如，杨万里给落第秀才欧阳清卿回信说：

初为吾友惜于失举，至是不复惜。学进而身退，与身进而学退，此宜何惜？则子之失有司乎，有司之失子乎？辱书，其词暇，其意迫，安于贫而勇于道，此某之所愿学者也。而子之心正如此，不知吾心之合于子乎，抑子心之吾合也？①

宋代并无举人称谓，欧阳清卿因进士试落第，故仍称秀才。之后，杨万里以《答学者书》《再答学者书》两封长信，再次探讨欧阳清卿天资聪颖却科举不顺的根源。如《答学者书》中采用打比方的写作手法，以娓娓道来的方式，推论出自己的最终观点："足下之三病未痊也，足下能有忧焉，则无病矣。病去而后成者可成，不免者可免矣。"这封信虽略显深奥难懂，但说理透彻风趣。从这类诗文中，能感受到人们对待落第的不同心境，在杨万里看来，其实这是朝廷对人才的一种遗落。

二、参与科考命题和充当省试官

（一）主持湖南漕试

翻检《诚斋集》，可知杨万里曾多次参与科举命题和充当考官。绍兴三十二年（1162）八月，时任零陵县丞的杨万里选派至长沙，担任湖南漕司主试，这是他人生中第一次充当科举考官。漕试是宋代贡举考试方式之一，始于北宋景祐年间，即针对转运司类聚本路现任官所牒送随侍子弟和五服内亲戚，以及寓居本路士人、有官文武举人、宗女夫等人士举行的考试。因转运司又称漕司，故名漕试，考试办法类同于州郡的解试，漕试合格者即可赴省试。漕试结束后，杨氏题有《考试湖南漕司，南归值雨》诗：

我亦知吾生有涯，长将病骨抵风沙。天寒短日仍为酒，日暮长亭未是

---

① 四库本《诚斋集》卷 64 之《答欧阳清卿秀才书》，下同。

家。又苦征夫催去去，更甘飞雨故斜斜。旧闻行路令人老，便恐霜毛一半加。①

依据考试结果，录取四川籍、客居于湖南的施渊然为漕试魁首。细读该诗可知，南宋立国已 30 多年，仕途之路已显拥挤，作者入仕多年却仍为低级官吏，于是才有“我岂登名晚，今仍作吏卑”之叹。该年九月，作者送施渊然去参加省试，又题有《送施少才赴南宫》诗赠别。

（二）第一次兼任省试考官

乾道八年（1172）春季，时任太常博士的杨万里兼任省试考官，这是他第一次参与进士试事务。省试结束后，他题有《四月初二日进士唱名，万里以省试官待罪殿庐，遇林谦之说诗。夜归，又见林柬，因纪其事》诗：

清晓朝帝所，就列复少须。不逢林夫子，于何得故吾？宫云霁犹未，宸风爽亦初。说诗怜新体，信美古则无。将无古人拙，未必今制疏。夜归辱良讯，送似谈笑余。病怀翻不乐，此意从谁舒？短歌纪幽事，老矣复焉如？②

省试一般是在春季举行，又称春试或春闱。该诗首句交待事由和地点，而作者在参与尚书省礼部试的闲暇时，抽空论诗。那时，朝廷正在举行进士唱名仪式，于是待罪殿庐，与试馆职同事、福建莆田人林光朝一起论诗，回家后题诗记其事。待罪，系古代官吏供职的谦辞，表明科举是极其严肃之事，自己随时准备因失职而被治罪。

（三）第二次兼任省试考官

淳熙十四年（1187）正月，时任吏部尚书左司郎中的杨万里兼任贡院参详官，负责复查点检试卷官所定的试卷等等，这是他第二次参与贡举事务。他题作《三月二十六日殿试进士，待罪集英殿门》其一诗云：

---

① 家刻本《杨文节公诗集》卷 1《江湖集》卷 1，下同。
② 家刻本《杨文节公诗集》卷 6《江湖集》卷 6。

金吧瑶阶日月边，晓风花柳带霏烟。千官剑佩鸣双阙，万国英豪到九天。玉座忽临黄伞正，御题初出紫衣传。小臣何幸陪诸老？待罪重来十六年。①

该诗还附有后序："余壬辰春，亦以省试主司待罪。"首句"金吧"一词，本义是指宫廷台阶旁金黄色斜石，诗中是代指省试主司，表明朝廷正在集英殿举行进士策试，而作者两次充当省试考官正好相距16个年头，侧面印证其才学那时就享有盛名。不久后又题作《四月十七日侍立集英殿，观进士唱名》诗，表明孝宗皇帝那天亲临集英殿，而殿试官、省试官及宰臣、馆职等均入殿侍立，省试入闱者则等候于殿门外，朝廷依次传唱他们姓名，中举者接受皇帝赐予的科举等第，之后便是举行进士礼宴。

（四）第二次参与解试命题

庆元元年（1195）是杨万里辞官回乡的第四年，适逢吉州举行秋季的解试，且请他参与命题。事后，他题作《拟吉州解试〈秋风楚竹吟〉诗》云：

客子正行日，偏逢楚水秋。一风来瑟瑟，万竹冷修修。吹作清霜骨，声酣古渡头。斑林寒更裂，碧节爽还幽。亦复披襟袂，长怀落月愁。少陵诗思苦，送别更冥搜。②

可以推想，那时吉州主官出于杨万里题诗作赋拥有崇高威望的考虑，于是请他负责第二场考试的命题。

三、对科举制度的审视

科举制度是历代封建王朝通过考试选拔官吏的一种制度，"所谓科举，就是中国帝制时代设科考试、举士任官的制度"③。虽说杨万里是科举考试的受益者，但在参与科举选士的实践中，对其功能、标准、组织管理等方面均有一些

① 家刻本《杨文节公诗集》卷24《朝天集》卷4，下同。
② 家刻本《杨文节公诗集》卷38《退休集》卷2。
③ 刘海峰：《科举学导论》，华中师范大学出版社2005年版，第71页。

理性的审视，且极为关注士子的道德修养和实际才能。

(一)对科举功能的认识

杨万里曾撰作《千虑策》30篇，堪称南宋王朝全面强国富民的鸿篇巨制，充分显示作者的政治才能，其中对人才、选法、冗官和君道等问题均有深刻论述。作为南宋主战派代表人物之一，他总表现为忠君爱国，关心民瘼，认为科举制的首要功能在于选拔优秀人才，如《千虑策·冗官》中说：

> 任子之铨，其岁视进士之大比，而非大比则不铨；取人之法，其数视进士之多寡，而以初铨为定额。其场屋之日，昔以五，今以三，则繁焉者简矣；其中程之艺，昔以一，今以三，则易焉者难矣。如是而中者，乃得补州县之吏；而其中不中者，然后特与之补吏焉。自宰相子弟，下至于庶官之子弟，必均焉。①

这段话叙述了南宋科举变革的情况。科举制的推行，有利于打破世家大族的特权垄断，让一大批民间学子脱颖而出，有利于社会公平和崇文风气的形成。对士子个体而言，虽说此过程极为艰难，但只要考试成功，就能让自己和家族地位即刻翻身，自然就吸引许多寒门子弟投身此途。

此外他认为，科举制度还有引领士风和文风的作用，如《回刘简伯县尉启》信中说：

> 恭惟某官，其文天秀，有誉川增。方其在万人场屋之中，脱然无半点举子之气。此行我里，其获几人？取之寡，则见其精；得之难，而后可贵。况如近世之士，止以登名为荣。朝拾笏袍，暮梦梦焚笔砚。惟执事器闳而量博，于古学心摹而手追。②

作为"万人场屋"激烈竞争中的胜出者，其人品应是世风的引领者，其文章应为

① 四库本《诚斋集》卷90《千虑策》之《冗官(上)》。
② 四库本《诚斋集》卷50《启》之《回刘简伯县尉启》。

儒家道统服务。但是,任何制度的设计都不是完美的,何况“进士者,谓可进而授之爵禄也”[①]的科举,它与古代的地缘政治、吏治、朋党等有着密切关联。“拚却老红亿万点,换将新绿百千重”[②],他从事物的客观规律角度出发,强调士子要敢于超越前代,在文风和士风方面有引领作用。

(二)对选拔标准的审视

科举考试内容历来是以儒学为正统,涉及政治与文化的双重属性。《千虑策》30 篇,其中对人才、驭吏、选法、冗官等问题有不少深刻的论述。作为一名儒家学说的卫道者,总是极力倡行“修身、齐家、治国、平天下”之理想,目的是为朝廷能选出更多治国安邦的人才,对官吏的清廉也有较好的警戒作用。如《千虑策・人才》开篇说:

> 臣闻:人才之在天下,求之之法愈密则愈疏,取之之途愈博则愈狭。然则天下之才果不可求乎……是故进士任子以待群才,制科以待异才,得人盖不少矣。然自制科中罢而复行,今四十年而竟未有一士出而副侧席之求,此其故何也?无乃今之制科非古之制科欤,无乃不用规矩绳墨而规矩绳墨愈急欤?故臣尝谓今欲求制科奇杰之士,夫惟有所不求,斯可以求之矣。[③]

科举考试除有选拔人才的作用外,还有养士和引导文风的功能。[④] 杨万里深刻认识到,人才乃是国家之宝,是朝廷政事之本,选拔人才首先是要把好德才兼备的原则,能不拘一格地选贤任能,而人才的来源,不能仅仅拘囿于科举考试这一狭隘的途径。自隋唐以来,科举制度常是将读书与做官相联系,“唯有读书高”的背后则是对当官的强烈愿望甚至是终生追求,这既不利于朝廷选才,也不利于士子本身成长,所以他主张求才不以细目,而取决于人的使用,能专意于兴亡、治乱、经纶之事业。

---

① (唐)赵傪:四库本《文苑英华》卷 737 之《李弈登科记序》。

② 家刻本《杨文节公诗集》卷 3《江湖集》卷 3 之《和萧伯和〈风雨〉》其二诗。

③ 四库本《诚斋集》卷 89《千虑策》之《人才(上)》,下同。

④ 勾孟:《苏轼的科举观述评》,《考试论谈》2008 年第 3 期。

杨万里还强调科举选士与兴学、育人相结合，主张士子应花费少量时间对付科举考试，将主要精力投入到“三省吾心”的道德修养上来。庆元二年(1196)五月，杨万里应邀撰作《隆兴府重新府学记》说：

去圣人之门若此其远也，近圣人之训若此其甚也，盍退而日三省吾之所以心得而身充者，家蹈而国达者？孝欤，忠欤，仁欤，义欤？得之心矣，充于其身者反否焉，而谓得于心也。可乎？不可也。①

在他看来，选拔人才首先要重视学校教育，虽说各地都有大力兴学之举，但学校还不够重视士子的品德教育。如此下去，科举制就会让学校成为附庸。又因科举考试主要局限于几部儒家经典，不重视仁、义、礼、智、信等社会核心价值观的教化，容易造成学校教育脱离社会现实。

更关键的是，杨万里也看到科举制对士大夫的“夺志”之害。他任常州知州秩满，回乡途中路经江西广丰县灵鹫禅寺，题《宿灵鹫禅寺》诗说：

初疑夜雨忽朝晴，乃是山泉终夜鸣。流到前溪无半语，在山做得许多声。②

这是一首寓言哲理诗，表面作者仅是讥讽山泉，其实弦外有音，另有深意。他借写景而引发议论，影射那时官场政治生态，画龙点睛的是第三四句，以暗喻手法来讽刺那些经过科举考试而走上仕途的达官显宦。意思是说，有些人尚未入仕时，常表现为激昂指点江山，忧国忧民，曾有不少“宏论”，情绪慷慨激昂；待有权有势后，却和其他昏官一样尸位素餐，甘于随波逐流，了无建树，当年抱负全部抛到九霄云外。

杨万里是南宋积极的主战派，他这种强烈的主战、爱国和忧民意识，与家族传统、老师教诲分不开。就家族传统而言，族叔祖杨邦乂任建康通判时抗金被

① 四库本《诚斋集》卷76《记》之《隆兴府重新府学记》。

② 家刻本《杨文节公诗集》卷14《西归集》卷1之《宿灵鹫禅寺》其二诗。

俘，宁死不降，最后被割舌剖心而死；就老师传诲而言，如誉为“一日而并得二师”的胡铨，因秦桧卖国而上疏请斩，被贬新州等地，被后世誉为“历史上脖子最硬的人”；就读书内容而言，杨万里拜王庭珪、刘才卲等名士为师，所学内容是什么呢？“其所以告予者，亦太学犯禁之说也”[①]，即学习被列为禁学的欧阳修、苏轼、黄庭坚等人的学说。“科举之事，不患妨功，惟患夺志”[②]，杨氏的言行作为，与那些为追求科举胜出，或追求仕途晋升，抛弃道德修养，毫无爱国忧民之心的功名利禄之徒形成巨大反差，将爱国、忠贞、勤廉、忧民等视为人生基本准则。

（三）对考试内容的审视

北宋时，有不少士大夫要求变革科举考试内容，即改诗赋为策论、为经义，且多有争议，如王安石就是极力主张者，并向朝廷上奏说：

> 记不必强，诵不必博，略通于文辞，而又尝学诗赋，则谓之进士。进士之高者，亦公卿之选也。夫此二科所得之技能，不足以为公卿，不待论而后可知。[③]

王氏作为北宋文坛政坛的核心人物之一，从自身政治理念、文学观念和经世致用角度出发，提出“罢诗赋而取经义”，且经历“酝酿—提出—实践”的过程。但苏轼认为，罢诗赋而以经义和策论取士之法不可取，且向皇帝上奏说：

> 复诗赋以求贤，探经义之渊源，是非纷若；考辞章之声律，去取昭然……为察治之本，历代用之，为取士之制。近古不易，高风未替。祖宗百年而用此。号曰得人。朝廷一旦而革之。不胜其弊。[④]

苏轼对王氏观点予以驳斥，认为若以诗赋无用而罢诗赋，那么经义和策论也没

① 四库本《诚斋集》卷84《序》之《槲溪集后序》。

② 四库本《二程集》之《外书》卷11。

③ 四库本《临川文集》卷39之《书疏》之《上仁宗皇帝言事书》。

④ 四库本《东坡全集》卷33《延和殿奏新赋》之《复改科赋》。

多大的用处，并从诗赋取士的渊源历史谈自己的看法，这些争论值得我们后世人思考。到南宋时，士大夫也认识到，既然科举选官是以德才兼备为标准，就应该将诗赋与策论、经义相糅合。

关于诗赋对科举考试的影响，杨万里说："诗至唐而盛，至晚唐而工。盖当时以此设科而取士，士皆争竭其心思而为之；故其工，后无及焉。"[①]意思是说，诗歌在唐代时之所以会走向繁荣鼎盛，最主要的原因是科举设有诗赋这一考试科目，使得士子们倾尽心思来研究和创作诗赋，换句话说，"以诗取士"制度促进了唐诗繁荣，此举不失为两全其美之策。又如，嘉泰三年(1203)夏，杨氏《答建康府大军库监门徐达书》回信中说：

> 诗至和韵，而诗始大坏矣。故韩子苍以和韵为诗之大戒也。书数篇，皆闳肆不能免乎千世而不丧己。尝从事乎场屋之文，而此乃不类乎场屋之文，是难能也，其他可能也。[②]

作者以自己切身体会来打比方，既谈客观景物对诗兴的瞬间触发，也谈及科举中场屋时文所存在的程式化弊端，包括科考中也有不少诗赋多失其正，侧面印证其"诚斋体"诗风的成熟过程，即经历"我初无意于作是诗，而是物是事适然触乎我"的守正创新过程。在他看来，要写好诗赋，必须有丰富的社会阅历和渊博的知识积累，有利于提升士子的综合素质，否定诗赋乃雕虫小技的错误观点。

即使在杨万里功成名就之后，也常以科考的诗赋标准来检验自己的功力。淳熙十一年(1184)初冬，杨氏丁继母忧期满，因有两年多时间未曾题诗，担心诗赋能力有所衰退，题作的第一首诗是《淳熙甲辰十月一日，拟省试"万民观治象"》：

> 魏阙东风里，皇城晓日端。三朝垂治象，万姓得荣观。老稚看如堵，章

---

① 四库本《诚斋集》卷80《序》之《黄御史集序》。

② 四库本《诚斋集》卷67《书》之《答建康府大军库监门徐达书》。

程炳若丹。九天新雨露，一札妙龙鸾。远览《周官》旧，重瞻汉诏宽。欢声将喜气，销尽柳边寒。[1]

省试即是礼部试，可知他仍以进士试的标准来模拟题诗，以此检验自己题诗的功力是否衰退，表明其内心对科考中诗赋试的认同。事实也是如此，科考中保留诗赋，能有效检验士子的艺术才华，策论能考查士子的政治见解，经义则验证士子的经学功底，三者应是相辅相成的。

（四）对组织管理的审视

南宋比北宋科举录用名额虽有大幅度增长，但从官员的总数量角度而言，仍约有六成官员是靠恩荫出仕，只不过非科举出仕者，多是在基层担任低级官吏而已。杨万里对科举入仕的官员数额，以及南宋政治体制所造成的冗官现象多有论述，如《千虑策·冗官》中说：

仕进之路之盛者，进士、任子而已。士之举于太学、举于州郡，三岁而一诣太常者，亡虑数千；而南宫之以名闻得官者俭于三百焉，累举特恩而得官者俭于二百焉。则是大比者再，而进士之官者仅及于千也。至于任子，公卿、侍从每郊而任焉，庶官再郊而任焉；校于进士，则郊者再，而任子之官者五六其千也！进士之修身积学，有老死而不一第，得之难如此，而取之不胜其寡；任子者至未胜衣而命焉，得之易如此，而取之不胜其多。[2]

“任子”是指因父兄功绩，得保任授予官职；“特恩”即是皇帝所给予的特殊的恩典，如北宋统治者为防范失意士子心生异志，于开宝三年（970）规定，凡士子参加过15次以上考试终场者，特赐本科出身，此外还有特奏名和特恩科等举措的推行，造成官员人数急剧增多，客观地加重了老百姓的负担。在杨万里看来，这也是一种社会腐败，表示要采取措施革除冗官，提高科举人才的适用性。他在《千虑策·选法》中说：

① 家刻本《杨文节公诗集》卷21《朝天集》卷1。
② 四库本《诚斋集》卷89《千虑策》之《冗官（上）》。

> 注拟州县之百官，下至于簿尉，而上至于守贰，此吏部之权也。朝廷之百官，自非大科异等，与夫进士科甲之首者，不由于吏部，他未有不由于吏部而官者。今日之簿尉，未必非他日之宰相。①

选法即是选拔官吏的法规。在他看来，社会发展变化不已，选官和用人要有通变思想。即使通过科举而胜出者，不少人是冲着功名利禄、飞黄腾达的目的，完全没有为民兴利除害、尽心奉职之心，间接助长官场的黑墨、学术的堕落等行为产生，这也是杨万里最为痛心之处。

再如，为保证科举考试的公平，南宋已有别头试、锁厅试、锁院、封弥、誊录等制度，这些回避和监督制度，对防止考官以权谋私，限制权贵子弟特权，维护布衣寒门子弟的应试权利，实现考试公平竞争都有着积极意义。如他撰《朝议大夫直徽猷阁江东运判徐公墓志铭》中说：

> 公凡再奉诏，监护蜀之类省试，其场屋之弊，至预泄试题，及是，夜半锓板已定。公尽易之，宿弊顿革，所得皆儒先。②

科举之弊，历朝都有。这段文字是从正面歌颂墓主、建宁县人徐元敏的可贵品德，但透过所载内容的背后，可以推想那时仍存在场屋之弊、泄漏试题等痼疾。因为古代中国宗法关系强大，人际关系复杂，无论采取何种取士制度，都可能会有舞弊现象，杨万里在《与材翁弟书》就言及这方面的特殊情况，说：

> 某老谬不死，三忤济翁矣。自丙午(1186)之秋，济翁自吉州入京，是时某为都司，济翁欲求作亲弟牒试。某不敢欺君：以疏族为亲弟，济翁大怨，一忤也。戊午(1198)之春，济翁又来求以假称外人面不相识，而以十科荐。某不敢欺君，以族人为外人，济翁又大怨，二忤也。今又有奸党累人之怨，三忤也。③

---

① 四库本《诚斋集》卷89《千虑策》之《选法(下)》。

② 四库本《诚斋集》卷125《墓志铭》之《朝议大夫直徽猷阁江东运判徐公墓志铭》。

③ 四库本《诚斋集》卷67《书》之《与材翁弟书》。

材翁是杨梦信的字，即作者族叔祖、抗金名臣杨邦乂的亲孙子，他与堂兄杨济翁于庆元二年(1196)中同科进士。杨万里信中所言及的牒试、十科荐等，一方面表明作为最为刚性的科举考试制度，仍有不少可“钻空子”的地方，另一方面则印证杨万里刚正耿直、认理不认亲的优良品质。

四、对改进科举制度的思考

杨万里与两宋时王安石、苏轼、范仲淹、朱熹[①]等名士一样，就科举制度有过冷静思考，提出过一些改进主张，希望能调和科举与读书、才学、品德、经世之间的矛盾关系，提升选贤任能之实效。因他未进入朝廷权力中枢，所提出的变革主张虽无法付诸实践，但对科举改进的思考仍有借鉴意义。

(一)科举与读书关系的思考

科举与读书的关系既对立又统一。两宋时朝廷重文抑武，理学思想慢慢地走向高峰时期，学校为迎合科举需要，为考而教，为考而学，一度沦为科举制度的附庸。如《诚斋集·程试论》中说：

> 嗟乎！前之说行，则天下无可用之儒；后之说行，则天下有可变之学。以学为无用，学之有用者犹在也；以学为可变，学果无用矣。天下有无用之学，有有用之学。[②]

“程式”是指按规定的程式考试，后多指科举铨叙考试。科举制虽说是较为公平公正的选才之法，但也不可避免存在弊端。如何处理科举与读书的关系，不以死记硬背为考试之法；如何提高士子的道德修养，为朝廷选拔真才实学之人，这些都是社会有识之士的重要关注点。绍兴三十年(1160)，时任零陵县丞的杨万里三次拜会谪居永州的主战派领袖张浚，后在其子张栻的帮助下才得见，“浚勉以‘正心诚意’之学，万里服其教终身，乃名读书之室曰‘诚斋’”[③]。此后

① 诸葛忆兵：《朱熹科举观平议》，《江苏社会科学》2020年第5期。

② 四库本《诚斋集》卷91《程试论》之《陆贽不负所学论》。

③ 四库本《宋史》卷433《儒林(三)》之《杨万里传》。

杨氏以“正”和“诚”砥砺终生，且将自己书房取名“诚斋”，体现他极其注重儒家所倡导的道德修养。杨万里历来主张士子应通过读书实现品德提升，勇于独立思考，敢于表达自我观点，让读书、修德与科举相融合，这是他爱国忧民责任感的一份冷静思考。

另一方面，古代士大夫常认为，越是穷困不得志者，诗文就会写得越好，其见识和才能就会更凸显，杨万里亦是此看法的赞同者。他在《欧阳伯威〈脞辞集〉序》《施少才〈蓬户甲稿〉序》《〈千岩摘稿〉序》等序文中，均结合困迫文人的各自遭遇，既委婉表达对部分困迫诗人怀才不遇的同情，更有对他们才学和见识的推崇，如《欧阳伯威〈脞辞集〉序》说：

> 予因索其诗文，伯威颦且太息曰：“子犹问此邪？是物也，昔人以穷，而吾不信。吾既信，而穷已不去矣。”予犹问此耶！已而出《脞辞》一编，曰：“子不怜其穷而索其诗，子盍观其诗而疗其穷乎？予退而观之，其得句往往出象外，而其力不遗余者也。高者清厉秀邃，其下者犹足供耳目之笙磬卉木也。盖自杜少陵至江西诸老之门户，窥闯殆遍矣。”①

此序文不仅高度评价欧阳伯威诗作的风格特色，肯定他认真探讨前代诗人创作流派的精神，同时也表达作者对欧阳氏怀才不遇的愤懑之情。

(二)科举与才学关系的思考

科举考试是面向社会广大读书人，即使出身贫困的读书人也可参加应试，这正是它生生不息的独特魅力。据包伟民教授考证，南宋时，吉安参加科考人数更是高达总人口的2%，由此造就庐陵地域崇文重教、重义尚节的文化外部表象，不失为一种较为公平的选才办法。但是大家都知道，只要是考试，就会有一定的模式和套路。假如士子只是苦读时文，仅追求和满足于科考的需要，其通病就是撰文内容空洞，追求标新立异，甚至文章胡乱拼凑，所选之人有不少是毫无经世致用之能力。杨万里作为一位面对现实的理学家，明显看到这方面的弊端。如面对乡友、庐陵青年才俊王子俊多次在科考中败北，撰《送王才臣赴

① 四库本《诚斋集》卷78之《欧阳伯威〈脞辞集〉序》。

秋试序》中说：

生之是行，志于得科目而已也？将其志不止于得科目而已耶？志于得科目而已也，则生之挟时之悦，生之鬻时之售，有余也，科目足道哉！其志将不止于得科目而已也，则予欲不言，得而不言耶……场屋之文，夸以贯惊，丽以媒欣，抑末矣，是之为也？士之言曰："我将先之末，继之本。"嗟乎！本以先犹末以继，而又末以先者耶？是故为士者植其初，用士者计其终，不取士不与焉，盖曰"姑以是取之"云尔……士之愚良，系不系于场屋之文哉？种玉者不嵍，艺稗者不禾，奈之何其以末先、以本继也！①

说到王子俊的才学，杨氏曾给予高度评价："吾友王子俊才臣，年十七时，所作《历代史论》十篇也。是时老气横九州，毫发无遗恨。"②虽说王子俊很有才学，却屡次科考失利，其原因是：

杨廷秀尝评材臣之文，谓史论有迁、固之风，古文有韩、柳之则，诗句有苏、黄之味。至于四六踵六一、东坡之步武，超然绝尘，自汪彦章、孙仲益诸公而下不论也。③

王子俊年龄不大，却博学多识，文学和史学均有较深造诣，又因他擅长晚唐五代时曾一度盛行的骈文，于是在北宋古文革新运动的大背景下，自然是遭受阅卷者的打压，致使部分有才之士无法脱颖而出。可见，杨氏认为科举并不能评判所有类型的人才，即便科场中屡试不第者，不能就判定他没有才华。

（三）科举与道德关系的思考

宋代理学家最为关注士大夫的道德修养，而科举"只重时文，不重德行"的考试模式，必然导致部分士人不注重修身齐家和慎独慎微。杨万里认为，应将科举考试与道德修养相结合，让士人既读书和科考，更要强调修齐治平，如《答

① 四库本《诚斋集》卷78之《送王才臣赴秋试序》。
② 四库本《诚斋集》卷100《杂著·题跋》之《跋王才臣〈史论〉》。
③ 雍正《江西通志》卷76《人物》之《吉安府（二）》。

刘子和书》信中说：

某少也贱，粗知学作举子之业，以千升斗为活尔，乌识夫古文楼辙哉？文于道未为尊，固也。然譬之瑑璞为器：瑑，固璞之毁也；若器成而不中度，瑑就而不成章，则又毁之毁也。①

在他看来，只是背时文应付科举，犹如当今少数学生只重题海战术，不注重独立思考，这种人其实并无真才实学，只是一种读死书、谋功名、求俸禄的社会寄生虫而已。作为科举考试的组织者和制度设计者，对此要有清醒的认识，应将个体的品德修养和社会历练放在更突出的地位，否则就是对社会毫无用处的废料一块，反而影响社会发展的导向。

（四）科举与经世关系的思考

在南宋特殊的大环境里，朝廷应如何选拔人才，尤其是对宰相、武将的选任等，他均提出一系列成熟的思考方案。在他看来，应通过一定的手段来笼络通过科举选拔出来的人才，将其纳入国家管理的轨道。如《千虑策·人才》中说：

仁祖之世，天下争自濯摩，以通经学古为高，以救世行道为贤，以犯颜敢谏为忠。此风一振，长育成就，至嘉祐之末，号称多士。其将相、侍从、台谏之才，犹足为子孙数世之用，而不见其尽。②

他在《千虑策》中就“论相”“论将”“论兵”“驭吏”等问题均有专门篇章做详细阐述，提出很多有前瞻性的改革措施。又作《淳熙荐士录》上报宰相王淮，向朝廷推荐朱熹、袁枢等60人，充分体现他不空谈性理，注重经世致用的可贵品德。然而，古代科举不设年龄限制，造成不少读书人一生只为追求功名利禄，不事农桑，轻视劳动，毫无行道救世的责任感，过着社会寄生虫般的生活。

结语

科举制度的目的是为封建王朝培养和选拔德才兼备之人才，自北宋以后，

① 四库本《诚斋集》卷65《书》之《答刘子和书》。

② 四库本《诚斋集》卷89《千虑策》之《人才(中)》。

吉州逐步成为科举考试重地之一，作为生于斯地的杨万里，科举之路虽说有小曲折，仍算是幸运者。就其内心态度而言，他也是科举制度的坚定支持者，认为它能将自己的政治理想付诸现实行动，从而实现人生理想中的"修齐治平"目标。杨万里在参与科举选士的实践中，对科举的功能、标准、内容和组织管理等均有一些理性审视，如反对片面地追求科举功名，极其重视士子的道德修养。此外，他与两宋时王安石、苏轼、范仲淹、朱熹等名士一样，就科举与读书、与才学、与品德、与经世之间的关系等有过冷静思考，提出一些变革思维和主张。但是，因他未能进入朝廷权力中枢，提出的科考变革思想自然是无法付诸实践。应当说，他对科举制的部分审视和相关思考，实为南宋士大夫的共识，且所提出的科举变革思维仍不够系统。

杨万里自然生态观刍议

杨万里（1127—1206），字廷秀，号诚斋，吉水县湴塘村人，南宋著名诗人。过去，人们一般只把他作为杰出的大诗人、清醒的政治家来看待，却忽略了在自然生态方面的一些成就。深入探讨杨万里的自然生态观，可以以古为鉴，为当代保护自然环境资源，实施可持续发展战略，加强生态文明建设寻获一些启示。杨万里在自然生态方面提出的一些观点，在今天已经成为人们处理人与自然关系的准则之一。他的自然生态观有着较丰富的内涵，主要体现在以下一些方面：

一、"天人合一"的和谐观

"天人合一"的和谐观，是杨万里自然生态观中最基本的观点。他在《诚斋易传》和《庸言》等论著中，从哲学的角度出发，论述了天、地、人之间的内在联系，告诫人们必须尊重自然规律，以崇尚自然、效法天地为准则，努力谋求人与自然之间的和谐。杨万里说：

始而终，终而始，始而复始，终而复始，终而复终，始终变化而未已。此阴阳不测之妙也。曷为变，曷为化，是不可胜穷也……乾（天）之元，物资以始；坤（地）之元，物资以生。始者，气之元；生者，形之元。坤之生物，岂自为之哉！顺以承乎天，厚之载乎物。①

意思是说，天地、草木等都是自然物质，自然是不断运动变化的，变化是复

① 《诚斋易传》卷1，四库全书本，下同。

杂多样的，这些决定于自身互相对立的力量。他还说："人者，天地之心也；君子者，天地之心之师也。有天地而无人，无天地也。"①这些观点，确立了人与自然关系的内涵与原则，与我们今天倡导的人与自然和谐发展的观点是一致的。

杨万里又提出"以天地理天地"的观点。他从《易传》中提出的"《易》与天地准，故能弥纶天地之道"的观点出发，进而阐述道：

> 《易》之未作也，法天地之道，以为《易》之道，故曰"准"。"准"之言，法也，如"太玄准《易》"之"准"也。《易》之既作也，还以《易》之道而理天地之道，故曰"纶"。"纶"之言，经理也。如"君子以经纶"之"纶"也。"弥"之言，满也，经理之而该遍也。惟其准则乎天地，故能遍经乎天地，非以《易》而理天地也，以天地理天地也。②

在这里，他清楚地告诉人们："《易》之道"是从"法天地之道"来的，是以天地的自身法则为根据的，应该用"《易》之道"来经理天地。用现在的哲学语言来说，就是应该尊重自然世界的客观规律，运用自然世界的客观规律去改造大自然。

杨万里主张"以理从心，不以心从理"，反对以教条律令来束缚人的心，束缚人的思想，束缚人的行动，希望在心、物的感知中实现"天人之间自然遇合"的和谐境界。正因如此，杨万里在思想上构建了一个具有知觉情感和生命灵性的自然世界。在与自然世界的沟通中，他展露出内心世界中情感最率真的一面，自谓是"静与猿鹤同梦，动与云月同意"③，"船开便与世尘疏，飘若乘风度太虚"④。

二、"人定胜天"的自然观

针对朱熹等人提倡的"天人感应"说，杨万里提出"天亦不能逃于人"的主

---

① 《诚斋集》卷 94 之《庸言》，四库全书本。

② 《诚斋易传》卷 17。

③ 《诚斋集》卷 104《与余丞相》。

④ 《家刻本〈诚斋诗集〉校注》卷 19《大司成颜几圣率同舍招游裴园，泛舟绕孤山赏荷花，晚泊玉壶，得十绝句》其四，江西人民出版社 2021 年版，第 261 页。

张。他说:“能以吾有限之器而推夫无穷之行,然则天亦不能逃于人乎哉!”[①]这个观点,继承和发扬了荀子“制天命而用之”的“人定胜天”的光辉思想。

杨万里“人定胜天”的自然观,首先表现为敬畏自然但不迷信自然,并对荒诞不经的神话传说和有神论做了有力的批判。他在《天问天对解》中,批驳了当时社会上流传的夏禹治水时,“有神龙以尾画导水径,所当决者,因而治之”的无稽之谈,指出夏禹治水是“从民之宜而分九土”,是“本于禹之圣而勤”,“无所谓龙尾画之说也,为此说者,皆欺者为之也”。他在书中还针对屈原在《天问》中提出的“天命反侧,何罚何佑?齐桓九会,卒然身杀”等问题提出自己的看法,说:“齐桓之事皆自取尔,天何与焉?挟其大以号令天下,而忽于属任之人,故幸而得良臣,则能咸九合之功,及不幸而嬖孽小人,则坏矣。皆人事非天命也。”[②]明确指出天、人之间并没有神秘的内在关联,世事成败关键在人。

对兴国、谋事等问题,杨万里主张应积极发挥人的主导作用。他认为兴国、富民、谋事等关键在人,而不是靠“求之而无其形,究之而无其端”的神秘的“天”,并说:“国,一国也,有昨废而今兴,有既亡而复存。君,一君也,有朝弱而暮强,有前衰而后盛,夫岂不以人乎哉!”最后他得出结论说:“人之所至,天亦至焉,故曰人也。”[③]这里他明确告诉人们,在天、人的相互关系上,是人胜天、支配天,而不是天支配人。淳熙十一年(1184),江南一带夏旱成灾。杨万里看到朝廷只忙于祭神祈福而不注重救灾,便向朝廷呈报《旱暵应诏上疏》,说:“成汤遇旱而祷,不在于身为牺牲,而在于六事自责之一语。宣王遇旱而惧,不在于靡神不举,而在于侧身修行之一事。”[④]劝告宋孝宗和权臣们要正确对待旱灾水灾等自然灾害,不要迷信虚妄的神灵,应积极发挥人的主观能动性,对抗旱救灾工作抓紧抓实,做到“毋怠”“毋忽”。

主张合理开发利用利弊两相依的圩田,是杨万里“人定胜天”的自然观在农业生产方面的成功实践。杨万里主张开发利用圩田,出发点是对农民生活的关心,但在开发利用的过程中,却体现了他的生态环保理念。圩田是在浅水沼

---

① 《诚斋集》卷82《送郭才举序》。
② 《诚斋易传》卷95。
③ 《诚斋易传》卷87《千虑策 · 国势(上)》。
④ 《诚斋集》卷62。

泽地带或者河湖淤滩上，通过围堤筑埂，圈地于内，挡水于外，在圈地内开垦的水利田，是江南人民在长期治田治水实践中，创造的一种独特有效的开发方式。但是，过度开发利用圩田，却会带来相应的生态环境问题。因为圩田的开发必须人为地改变河道，破坏原有湖泊、河流的水文环境，势必造成外河水流不畅，圩田内排给水困难的严重局面。为了解决好这一弊端，杨万里任江东转运副使时，经常深入到“上自池阳，下至当涂”的圩田内视察，说：“江东水乡，堤河两岸而田其中，谓之‘圩’。农家云：‘圩者，围也。内以围田，外以围水。’盖河高而田反在水下，沿堤通斗门，每门疏港以溉田，故有丰年而无水患”①，引导农民采取了一系列防护措施来解决内涝问题。一是采取植树种草的办法加强圩堤养护，组织民众在圩田的堤岸上大量植树种草，树根与草坯连在一起，成为圩堤的天然屏障。“古今圩岸护堤防，岸岸行行种绿杨”②，因为杨柳喜水易长，所以当时种植的树种便是杨树和柳树。二是采取用石板砌墙的办法加固圩堤，将筑圩堤的用料由原来的泥土改为石块，并用石灰砌成护墙。“岸头石板紫纵横，不是修圩是筑城”③，通过砌石板墙，大大增强圩堤的抗潮能力。三是加强对圩堤的人工管理，在每年雨季来临之前，均要组织人力修筑圩岸、疏通渠道。如《圩丁词十解》其六诗曰：

> 年年圩长集圩丁，不要招呼自要行。
> 万杵一鸣千畚土，大呼高唱总齐声。④

正因为他把山水林田湖视为一个共同体，并采取一系列得力的管理措施，才使圩田的养护有了可靠的保证，为农民抗御旱涝灾害、夺取稳产高产打下坚实的基础。

三、“仁民爱物”的护生观

作为一名儒家学派的卫道者，杨万里继承了孟子“亲亲而仁民，仁民而爱

① 《家刻本〈诚斋诗集〉校注》之《江东集》卷2《圩丁词十解》，第436页。
② 《家刻本〈诚斋诗集〉校注》之《江东集》卷2《圩丁词十解》，第437页。
③ 《家刻本〈诚斋诗集〉校注》之《江东集》卷2《圩丁词十解》，第437页。
④ 《家刻本〈诚斋诗集〉校注》之《江东集》卷2《圩丁词十解》，第437页。

物”的思想。他说：“然则其孰为地？孰为天？仁也者，圣人之地也；力也者，圣人之天也。”[①]“觉万民之痛痒者，爱及乎万民，故文王视民如伤。觉万物之痛痒者，爱及乎万物，故君子远庖厨。”[②]他认为，仁爱不仅是处理人际关系的道德原则，而且是处理人与自然万物关系的准则；自然万物之间是和谐依存的，推己及物，就必须爱护自然、善待万物，包括自然界的一草一木、一鸟一兽。这与我们今天所倡导的博爱主义是一致的。他还说，一个道德高尚的人不仅要以爱心待人，还要做到“恩及禽兽”“仁及草木”[③]。从中可以看出，杨万里的仁爱万物的理由，就是人类自身道德完善的需要，以天地的“生生之德”论证“仁”，赋予最高本体以道德属性，体现了他对人亲善、对自然万物爱护的生态理念。

杨万里的护生观还体现在对农民、对动植物的关心上。他写了许多反映农民辛苦劳动的诗作，如《悯农》《悯旱》《观稼》《农家叹》《秋雨叹》等，诗中对辛勤劳役、生活困苦的农民表达关爱和同情，体现他把天下民众当作手足的思想。“杀尽苍生消底物，卞京两把老蔓青”[④]，“耕遍沿堤锄遍岭，都来能得几生涯”[⑤]，“只有此花偷不得，无人知处忽然香”[⑥]。诗中最基本的道理是强调“民胞物与”的思想，即人们只有善待自然万物，戒杀护生，才能使自然万物得其生，得其养，才能使自然万物更好地发育万物，达到持续利用自然资源的目的。

创建“三三径”庭园，是杨万里践行与大自然和谐共处的生态观，走生生不息的可持续发展之路的有益尝试。晚年时，杨万里在家乡湴塘村东面的不远处开辟了一个大园子，园名称为“东园”。他与家人一道在园内垒假山，挖池塘，堆堤坝，在荒地上种菜种麻，池塘里养鱼养鸭，屋舍内喂猪饲牛。应当说，这是按照现代生态农业理念开辟的一处庭园经济。他还在园内开辟“三三径”，即按照“三纵三横”的格局开辟九条小路，每条小路的旁边分别栽上红梅、海棠、芙蓉、江梅、桃树、梨树、杏树、橘树和菊花共 9 种花木。“三三径”里一年四季花木繁茂，蜂蝶嗡嘤，杨万里经常在园内赏花饮酒，吟诗赋词，十分惬意。他自

① 《诚斋集》卷 85《曾子论(下)》。
② 《诚斋集》卷 91《庸言》。
③ 《诚斋集》卷 91《庸言》。
④ 《家刻本〈诚斋诗集〉校注》之《朝天集》卷 4《跋忠敏任公遗帖》，第 304 页。
⑤ 《家刻本〈诚斋诗集〉校注》之《江西道院集》卷 2《过白沙竹枝歌》其三，第 361 页。
⑥ 《家刻本〈诚斋诗集〉校注》之《退休集》卷 5《二含笑俱作秋花》，第 563 页。

己写诗赞叹这种生活时说：

三径初开自蒋卿，再开三径是渊明。
诚斋奄有三三径，一径花开一径行。[①]

四、"人与自然融合"的生态观

杨万里精于诗，亦以诗闻名于世。"人与自然融合"的生态观，集中体现在他的诗作里。在诚斋诗中，人与自然之间和睦相处，没有距离；自然景物已被人格化，因赋予了人的灵性而变得善解人意、富有感情；人与自然之间不仅是相互联系，而且是相互理解、相互感通、相互转化；其诗蕴含着丰富的生态伦理思想。

首先，诚斋诗中人与自然的融合，表现为诗人把自然万物"人性化"。诚斋诗中那些脍炙人口的山水诗集中体现了这一特征。他写看山，是"有酒唤山饮，有蔌分山馔"[②]；他写玩水，是"爱水舞来飞就影，怯风斜去却回身"[③]；他写爱云，是"不是白云留我住，我留白云卧闲身"[④]；他写赏柳，是"上林柳色休多忆，更趁春风看一回"[⑤]；他写观鱼，是"我乐自知鱼似我，何缘惠子会庄周"[⑥]。杨万里描写自然，多是"物之妖，凭人而语"，人成为诗里山水境界的中心，自然事物之间的关系被赋予了世态人的灵性。如：

细草摇关忽报侬，披襟拦得一西风。
荷花入暮犹愁热，低面深藏碧伞中。[⑦]

作者以荷池与西风为主要意境，运用比喻、拟人的手法来刻画荷花的形象。在这里荷花已经被"人性化"了，将"荷叶茂盛像碧伞，荷花低小掩叶中"这一自然

---

① 《家刻本〈诚斋诗集〉校注》之《退休集》卷1《三三径》，第488页。
② 《家刻本〈诚斋诗集〉校注》之《江东集》卷2《轿中看山》，第440页。
③ 《家刻本〈诚斋诗集〉校注》之《朝天续集》卷1《淮河舟中晓起，看雪》，第376页。
④ 《家刻本〈诚斋诗集〉校注》之《江湖集》卷8《幽居三咏・云卧庵》，第103页。
⑤ 《家刻本〈诚斋诗集〉校注》之《荆溪集》卷1《新柳》，第120页。
⑥ 《家刻本〈诚斋诗集〉校注》之《退休集》卷1《荷池观鱼》，第497页。
⑦ 《家刻本〈诚斋诗集〉校注》之《荆溪集》卷2《暮热游荷池上》其三，第135页。

景观写成荷花怕热,打伞乘凉,因为“愁热”,傍晚时还躲在荷叶底下不肯出来露面,生活情景感扑面而来。

其次,诚斋诗中人与自然的融合,表现为诗人把自然万物当作倾诉情感、寄托情思的对象。诚斋诗里的自然,绝不是单纯的自然描写,而是人与自然的融会,是山川草木之灵性和人之灵性的相互生发。杨万里自己也说:“我初无意于作是诗,而是物是事适然触乎我,我之意亦适然感乎是物是事。触焉,感焉,而是诗出焉。我何与哉?天也,斯之谓兴。”[①]如《桂源铺》诗云:

万山不许一溪奔,拦得溪声日夜喧。
到得前头山脚尽,堂堂溪水出前村。[②]

诗中写一壑溪水在重重高山的阻碍下,不畏困难与挫折,毅然向前冲并最终汇入村前的大河。表面看,作者好像只是在歌颂自己欣赏的一壑溪水,但仔细品味,这溪水已被人格化,成为有思想、有灵魂的载体。似乎发现诗人是借大自然中的山溪水而自喻,表白自己这一壑高洁正直的“溪水”,一定会冲破朝中那帮贪官庸吏的层层阻碍,为朝廷做出一番丰功伟业。诗中情以景生,景以情活,情与景不相分离。

再次,诚斋诗中人与自然的融合,表现了诗人热爱自然、回归自然的突出情怀。杨万里写诗的一个突出特点,便是直接从大自然中寻找诗意,他说自己“步后园,登古城,采撷杞菊,攀翻花竹,万象毕来,献予诗材”[③]。对于自然界的一切,大到日月山川,小至蜂蝶花木,他都观察得细致,描绘得逼真,蕴含着一种热爱自然、回归自然的情怀。如:

泉眼无声惜细流,树阴照水爱晴柔。
小荷才露尖尖角,早有蜻蜓立上头。[④]

---

① 《诚斋集》卷67《答建康府大军库监门徐达书》。
② 《家刻本〈诚斋诗集〉校注》之《南海集》卷1《桂源铺》,第206页。
③ 《诚斋集》卷80《荆溪集序》。
④ 《家刻本〈诚斋诗集〉校注》之《江湖集》卷8《小池》,第105页。

诗人通过对小池中的泉水、树阴、小荷、蜻蜓的描写，给我们描绘了一幅具有无限生命力，且又充满生活情趣的精美图画。全诗从“小”处着眼，生动细致地描摹出初夏小池中，富于生命力和动态感的小荷的新景象，抒发了作者对生活的热爱。

结语

在几千年的农业社会里，中国生态环境得到较好的保护，靠的不是外在的强制性手段，而是依赖于人们内在的道德观念和心理因素，即人类长期以来形成的保护自然、保护环境，从而达到保护生态的传统文化。杨万里作为这种传统文化的继承者和开拓者，不仅在理论层面构建了较为完整的体系，在行动上也多次践行与大自然和谐发展的生态观。深入地学习和实践杨万里的自然生态观，对人类的生态文明建设无疑有着极大的推动作用。

杨万里与曾敏行家族的交游考略

笔者读《诚斋集》发现，大诗人杨万里与《独醒杂志》作者、吉水县八都镇曾敏行家族多有交游。下面，笔者为之做简要考略。

一、曾敏行

曾敏行(1118—1175)，字达臣，自号浮云居士，又号独醒道人、归愚老人，因著有《独醒杂志》而闻名史册。曾敏行是八都镇兰溪村人，后随父曾光庭选择村西南6公里处开基，村名与“兰溪”相对应而取名“兰华”，后又有“南花”“兰花”之别名，今称作南华村。

说到杨万里与曾敏行的相识，缘于两家有近姻亲关系。曾敏行的次子叫曾三聘，据光绪版《吉水兰溪曾氏族谱》中“三聘”条载，他“娶麻阳杨知县女”为妻①；另据宣统版《吉水兰溪南华曾氏族谱・文献》载，他“娶杨氏，知麻阳县杨辅世之女，杨诚斋之妹”②。《吉安府志》载：“杨辅世(1121—1170)，字昌英，吉水人，万里叔父。工诗能文，善篆隶。知麻阳县，以政事见知太守李处全，入为侍御史，欲以台法辟之，奏甫上而卒。有《达斋文集》三十卷，万里序。”③杨辅世是杨万里的族叔兼挚友，两人于1150年同赴解试，第二年春又同赴京城临安参加省试而落第，1154年再赴临安考试，结果叔侄中同科进士，传为家族史上的科举佳话。

因曾敏行与杨辅世是儿女亲家，且都是好学有才之人，杨万里自然乐于与曾氏结识。淳熙二年(1175)曾敏行去世后，杨万里题写《曾达臣挽词二首》以

---

① 《吉水兰溪曾氏族谱》，清光绪二十二年(1896)编，谱收藏于八都镇兰溪村。

② 《吉水兰溪南华曾氏族谱・文献》卷6，宣统三年(1911)编，谱藏南华村。

③ 光绪《吉安府志》卷32《人物志》之《文苑(一)》。

示悼念。其一诗云："珠冻兰溪水，冰封玉笥山。"此句交待曾敏行是八都镇兰溪村人，晚年时因信奉道教而常赴玉笥山论道，去世后也安葬在该山附近。其二诗云："议论千千古，胸怀一一奇。"①可见杨氏对曾敏行的才干学识、品德修养是持肯定和赞许的态度。

淳熙六年十二月，曾三聘拿出父亲曾敏行生前所画的两幅蜥蜴、螳螂墨画给杨万里看，只见纸面略显破旧，所画的蜥蜴、螳螂栩栩如生，于是欣然为之作《跋曾达臣所作蜥蜴螳螂墨戏》，说"二虫，败纸而有生态"，其人是"余家亲戚，且最厚者"，自己观看图画后的感受是"既惊喜其奇观，又叹平生初不知达臣之多能也"。意思是说，自己过去只知道曾敏行注重收集逸闻轶事，潜心积累学问，长于议论古今人物，待堂妹夫曾三聘拿出其父画的蜥蜴、螳螂两幅工笔画时，才知他还是一位多才多艺的人，"予既惊，嘉其奇观"的同时，感叹自己并不算是真正了解曾敏行，于是欣然为之题跋。

淳熙十二年（1185）十月，杨万里又应曾三聘之邀为曾敏行《独醒杂志》作序，说："其载之无谀笔也，下至谑浪之语，细琐之汇，可喜可笑、可骇可悲咸在焉，是皆近世贤士大夫之言，或州里故老之所传也，盖有予之所见闻者矣，亦有予之所不知者矣。"②杨氏认为，《独醒杂志》是曾敏行积累几十年的所见所闻而写成，具有很重要的史料价值，对曾氏的才学以及这部著作的价值评价甚高。

二、曾三聘

曾三聘（1144—1220），字无逸，乾道二年（1166）进士，历官赣州司户参军、郢州知州、郴州知州等，《宋史》卷422有传。曾三聘自幼聪颖，"公七岁日诵千言"，杨万里好友、新喻县人谢谔曾对其父曾敏行说："是子有异质，盍于我乎？教请挈与俱。年十三，为文操笔立就。"可见曾三聘曾拜谢谔为师。"公十六中优选，后六年复荐，遂登丙戌（1166）第。"③

尽管杨万里比曾三聘大17岁，却因是吉水老乡且有姻亲关系，入仕后第一个职务都是赣州司户参军等，故两人交游颇多。早在乾道二年（1166）二月省

① 《家刻本〈诚斋诗集〉校注》，江西人民出版社2021年版，第113页。

② 四库本《独醒杂志》之《原序》。

③ 《宋朝散大夫特旨赠中奉大夫三官直龙阁赐谥忠节曾公三聘墓碣石》。

榜发布后，杨万里见自己妻子族侄罗全略和杨辅世女婿曾三聘均高中进士，内心甚喜，于是题写《得省榜，见罗仲谋、曾无逸并策名，夜归喜甚，通夕不寐，得二绝句》。其一诗云："却缘二喜添三喜，听得黄鹂第一声。"[①]可见那时曾三聘与杨辅世女儿已有婚约，参加完进士考试后即会正式迎娶，故有"添一喜"之说。其二诗云："今晨天色休休问，卧看红光点屋梁。"作者由大自然太阳光线的变化，联想到曾、罗二人省榜得名，以及结为姻亲而彼此间的熟络等，喜悦之情溢于言表。

淳熙十六年(1189)四月，曾三聘被朝廷召为太常属官，负责掌管礼乐制度等事宜，于是杨氏又题写《送曾无逸入为掌故》诗[②]。首句"吉文江水走玉虹，我家水西君水东"，侧面印证赣江吉水段早在南宋时就有"文江"的别名，且交待了杨、曾两家的地理位置，印证曾三聘家族本是吉水县籍之说法。"也能枉辙几十里，来访江西道院僧"，该年杨万里因"高宗配享"事件被贬出朝廷，出任筠州知州，而曾三聘借回乡探亲之际，特意赴高安探望，内心自然是很高兴。"中间薄宦各分散，南飞驾鹅北飞雁"，因为曾三聘入仕后一直在赣州、湖南等地任职，杨氏该年由筠州知州而入杭州任秘书监一职，两人此前自然是别多聚少，于是有感而发。

绍熙二年(1191)七月，曾三聘向杨万里请教关于黄庭坚诗法方面的一些问题，杨氏为之题写《戏用禅语，答曾无逸问山谷语》作为答复，该诗跋语说："无逸云，见墨迹于张功父处，功父云屡问人不晓。"意思是说，曾三聘在张镃住处曾经见过黄庭坚对杜审言、庾信、白居易、杜甫、孟浩然等人关于诗法的相关论述，而张镃多次向友人请教"要如何理解"，众人都说不出一个所以然，于是曾三聘写诗向杨万里请教。杨氏则是以戏说的口吻，以题诗的形式作为答复，说："前说人间无漏仙，后说世上无限禅。衲子若全信佛语，生天定在灵运前。"[③]

三、曾三变

曾三变是曾敏行第四子。光绪《吉水兰溪曾氏族谱》中"三变"条载："三

① 《家刻本〈诚斋诗集〉校注》，第 42 页。
② 《家刻本〈诚斋诗集〉校注》，第 342 页。
③ 《家刻本〈诚斋诗集〉校注》，第 432 页。

变，敏行四子，初名三寿，字无己。”淳熙十五年(1188)二月底，杨万里曾为曾三变作《题曾无己所藏高丽疋纸蔡君谟、欧公笔迹》诗，说：“三韩玉叶展明蠲，诸老银钩卷碧鲜。幸自不逢文与可，一竿秋竹扫风烟。”细读此诗，可知曾三变那时收藏有一套蔡谟、欧阳修亲自书写的诗帖，杨氏看后觉得极为珍贵，于是为之题诗。

此外，杨万里好友、泰和县簿赵蕃为曾三变题写《寄答曾无己见贻诗卷》，因诗中有“吾舅风流名海内”之句，可知赵蕃与曾三变是舅甥关系。若从八都曾氏族谱的记载看，并未发现赵蕃与曾氏姻亲，应是曾氏妻子那边的姻亲。

四、曾三异

曾三异(1154—1239)，字无疑，号云巢，曾敏行第六子。杨万里与曾三异也有不少交游。绍熙三年(1192)七月，杨万里从朝廷辞官的回乡途中，曾为其书斋撰《题曾无疑云巢》诗。“兰芷溪头子曾子，日饭兰花饮溪水”，首句即点明曾氏家乡是八都兰溪村，因小溪两侧多有兰花而得名。“独携曾子登云巢，其上无天下无地”，该句是形容曾三异“云巢”书斋具有“高、奇、美”等特点。“归来作巢学云样，夜夜云来宿巢上”，末句是表达作者对曾氏书斋的赞美和羡慕。

庆元四年(1198)秋，杨万里题有《和曾无疑赠诗，语及欧阳公事》，此前曾三异因有赠诗给杨氏，诗中言及欧阳修相关生平事，于是杨氏和诗回赠。“三千里外还家后，七十二回看月生”，表明欧阳修晚年曾多次要求回家乡庐陵做官，最终未达成心愿，安葬在河南新郑。“与子两人长对酌，笑渠万古浪垂名”，表明作者与曾三异友情较好，内心希望能常在一起对酌闲游，且将功名浮利视为弃履。“醉翁若是真个醉，皂白何须镜样明”，杨氏那时已弃官多年，由自己内心所想而联想到欧阳修写《醉翁亭记》的心态，说欧公当时哪里真的醉了，只是因为政治理想无法实现，而被贬任滁州后，看见百姓享有安乐的生活，自己能与民同乐才说自己醉了，由此表示自己希望也能与欧公一样，摆脱宦海浮沉，追求旷达自放，从而获得内心的平衡。

另，《江西通志》卷76载：“按，杨长孺，诚斋长子，年七十余致仕家居，与云巢曾无疑友善，往来倡酬，时称其风味不减平国、诚斋二老。”[①]由此可推测曾无

① 《江西通志》卷76之《杨长孺传》末之按语。

异与杨万里长子杨长孺也有许多交游，且有不少唱和诗，可惜那些诗都已散佚。另据《鹤林玉露》载："诚斋冢嗣东山先生伯子，端平初累辞，召命以集英殿修撰致仕家居，年八十。云巢曾无疑，益公门人也，年尤高，尝携茶袖诗访伯子，其诗云：'褰衣不待履霜回，到得如今亦乐哉？泓影有时供戏剧，轩裳无用任尘埃。眉头犹自怀千恨，兴到何如酒一杯。知道华山方睡觉，打门聊伴茗奴来。'伯子和云：'雪舟不肯半途回，直到荒林意盛哉？篱菊苞时披宿雾，木犀香里绝纤埃。锦心绣口垂金薤，月露天浆贮玉杯。八十仙翁能许健，片云得得出巢来。'"①

五、曾三英

曾三英是曾敏行第七子，字无愧，号月窗，淳熙十六年(1189)中举人，《吉水兰溪曾氏族谱》中说他"先卜筑林塘，暮年自龙城徙居之"。林塘即在吉水七都，即当今双村镇连城村附近，龙城即在毛泽东祖籍原址地附近。曾三英将书斋取名"月窗"，后来以此作为自己的号。庆元元年(1195)春节后某日，杨万里为他作《题曾无愧月窗》诗。"作巢不用木，只架云为屋。作窗不用棂，只掇月为庭。"由此可推测曾三异的"云巢"书斋和曾三英的"月窗"书斋应是建在山高处，且拥有露天院子。"阿兄云向笔下生，阿弟月向诗中明"，可见作者对曾氏两兄弟的才学、撰文较为推崇。

另，宣统《吉水兰溪南华曾氏族谱·文献》卷6录有朱熹、周必大、杨万里为曾三英"勤礼斋"的题诗各一首。杨万里诗云："勤礼留题御墨香，秀溪还绕故山庄。龙蛇隐跃层霄见，鸾凤依稀万仞翔。紫极千年昭圣泽，苍穹半夜耀奎章。儿孙步武云程上，永用殊恩被草堂。"翻检杨氏《诚斋诗集》，该诗未被收录，应是他的一首珍贵佚诗。②

六、曾三复

曾敏行有5兄弟，他排行第五，长兄曾敏逊即是曾三复的父亲。曾三复，字无玷，乾道六年(1170)中进士，历官太府丞、池州知州、常州知州、监察御史、刑部侍郎等，《宋史·列传》卷174有传。绍熙元年(1190)十月二十五日，朝廷曾

① (南宋)罗大经：四库本《鹤林玉露》卷11。
② 《家刻本〈诚斋诗集〉校注》，第601页。

安排曾三复以贺正旦使身份出使金国，而去年十一月，杨氏也曾赴淮河接伴金国贺正旦使，由此可推想那时他俩应有唱和诗文，可惜未流传下来。

淳熙十三年(1186)，时任吏部郎中的杨氏即向宰相王淮上奏册子，向朝廷共举荐60名优秀人才。《淳熙荐士录》中所列的推荐者，首为朱熹，次为袁枢，曾三复排名第45位，说他是“以文策第，以廉禔身，作邑有声，尽罢横敛，梁榜”；曾三聘排名第46位，说他是“刻意文词，雅善论事，萧榜。选人前西外宗学教授”①，可见杨万里此前对曾三复较为了解，否则不会将他列入推荐名单，侧面印证杨氏能公而无私，举贤荐能。

《诚斋集》卷129录有《王舜辅墓志铭》，该文撰作于淳熙十三年(1186)三月，是杨氏应枫江镇花园村王子俊之邀，为其父王大临所写，其间杨氏也与曾三复有过间接接触。王大临是该年正月去世，之后王子俊请曾三复为其父题写行状，再以曾三复所写行状来请杨万里撰写墓志铭，文中交待说：“前期，子俊以朝奉郎、提辖行在文思院曾三复所状君之行来谒铭。子俊尝从予游，义不得辞，则敬诺而铭。”

七、曾克永

曾克永，字世夫，曾机次子，曾敏材之孙，曾敏行堂孙。曾克永将自己的书斋取名为“熙斋”。光绪《兰溪曾氏族谱》载：“克永，机幼子，字世夫，行七三，淳熙丙午(1186)举人，任道州宁远县丞。”嘉泰三年(1203)十一月，杨万里应邀撰有《题曾世夫颐斋》。“颐”是《周易》64卦中第27卦，认为研究颐养之道，在于自食其力，应溜出山中，万物萌发，这才是颐卦的卦象。那么，曾世夫为何要将书斋取名“颐斋”呢？杨氏诗中交待说：“食非足自养，朵颐非所求。”朵颐，本义是指鼓腮嚼食，引申为对美好事物的向往、羡馋。曾世夫将书斋取名“颐斋”，就是要告诫自己要常思生养之不易，时时谨言慎行，注重修身养性。

八、曾震

曾震(1136—1193)，字伯贡，是兰溪村曾敏恭长子，曾敏行堂侄。光绪《兰溪曾氏族谱》载：“震，敏恭长子，字伯贡，行六二，淳熙甲午(1174)乡荐，授德庆

① 四库本《诚斋集》卷114《淳熙荐士录》。

府端溪县主簿。”

关于曾震的家世，杨万里曾撰作《端溪主簿曾东老墓志铭》，该文对曾震的家世、生平、子嗣等均有详细叙述。曾震的祖父叫曾光远，补赠将仕郎；父亲叫曾敏恭，幼年时就发愤读书，有志于当世。曾敏恭的岳父是庐陵县人、节义丞相欧阳珣。1127 年，欧阳珣因出使金国需要而被封赠为丞相，与金国谈判时誓死抗金，最后被金兵执送燕京而被烧死。因欧阳珣无子，仅有一女，于是朝廷对其女婿曾敏恭予以封赠，官兴安知县等。①

《端溪主簿曾东老墓志铭》中对杨、曾二人相识的经过，以及曾震的外貌、名字、家世、籍贯等都有详细介绍。他俩结识于绍兴二十三年（1153），“予生二十七，因入州府谒友人郭克诚。郭于曾乎馆暄凉外道旧故未竟主人子出，年可十七八许，颀然玉立，眉目如画，即之似不能言与之语，泉并雷出，予惊喜自失，遂与定交。曾其姓，栝其名，禹任其字也，一字伯贡，后更名震，字东老”。

庆元六年（1200），曾震因病去世，杨万里又题写《曾伯贡主簿挽诗二首》，其一诗中有“艮老是先生”和“师与三冬学”，表明曾震也曾拜新喻人谢谔为师，时间达三年之久。其二诗首句“我壮君初冠，相逢便定交”，即是交待作者与曾震的结识时间和深厚情谊。

---

① 《诚斋集》卷 130《端溪主簿曾东老墓志铭》。

杨万里与谷村李氏的交游考略

吉水县盘谷镇谷村肇基于吴杨乾贞元年(927),至今近1100年历史。据宣统元年(1909)编修的《谷村仰承集》载,该村历代共有进士78名,举人127名,贡士96人;有著述者71人,著述150余部,至今尚存38部;被朝廷任以官衔者287人,其中五品以上46人,三品以上16人;创办书院12所,足见该村先贤灿若繁星,文化底蕴厚重。南宋大诗人杨万里与谷村李氏家族多有交游,他次子杨次公的媳妇李氏还是谷村人。下面,笔者就杨万里与谷村李氏的交游做简要考略。

一、李天麟

李元瑞,字天麟,号松溪,谷村月冈人。宣统《仰承集·衣冠表》卷5载:"元瑞,字天麟,宋乾道乙酉(1165)解试,辛卯(1171)再举,绍兴癸丑(1133)特奏名,授瑞州(高安)上高县尉。月冈用琳公曾孙。"①

乾道二年(1166)夏秋之交,已丁父忧期满、仍在家"待次"的杨万里收到李天麟的来信,于是他以《答李天麟秀才书》回信。因宋代尚无"举人"之称呼,通过解试、已取得解额者仍称为"秀才",故诗题中称作"李天麟秀才"。信开头说:

> 某辱书,甚慰。足下徒步走数千里诣太常,甚廑。以绝异之才而无遇于有司,甚屈。家贫,亲老、父子之心,各何如也?报罢而归,甚戚。细读来书,求三者之气象无一焉。今之士,谁不急于仕哉?不惟今也,古亦不免。

① 李荣钧、李淦、李浥涛等编:《仰承集》卷5之《衣冠表》,宣统元年(1909)。

而足下悠然不急其所急，乃急其所宜缓，某之所不晓也。①

作者在信中对李天麟不远千里，徒步诣太常之举甚为感动，又因他未获得官员赏识而感到惋惜，并告诉他，自古至今哪位读书人不想报效国家呢！何况自己也与李天麟一样，因为家贫需要自己去做官而养家糊口，“而足下悠然不急其所急，乃急其所宜缓”，对其淡泊高雅的品行表示由衷的赞美。

那年秋天，杨万里题写《和李天麟二首》，因为诗题中有“和”字，可见李天麟此前曾为杨氏赠诗。其一诗云：

学诗须透脱，信手自孤高。衣钵无千古，丘山只一毛。句中池有草，字外目俱蒿。可口端何似？霜螯略带糟。②

品读该诗，可知作者是谈论诗歌创新的相关看法。“透脱”是强调作诗要灵活而不拘于陈法。“丘山只一毛”是以佛门的衣钵传授来打比方，强调作诗不必死守章法，极力倡导创新精神。“蒿目”是主张诗歌要能关注社会现实，有思想深度和内在精神，但又不宜简单直接地表达。“霜螯”本是指秋天的螃蟹，作者以秋天饮酒吃蟹这种开心事来做类比，提出他对诗歌创作应达到的艺术标准。从写作手法来看，这两首诗是以禅寓诗、以禅论诗，且仍有“江西诗派”的旧痕，但它以“透脱”为出发点，以“信手”为准则，要求诗歌有时代特色，这确实是对“江西诗派”的一种扬弃。后来杨万里果然成为行稳致远的实践者，开创出别具一格的“诚斋体”。

乾道三年(1167)秋，在家乡“待次”的杨万里又题写《和李天麟〈秋怀五绝句〉》，这是5首感秋的唱和诗。“伤春悲秋”虽是中国古代文人一种带有颓废色彩的情结，但作者从感念节物、时序变化角度出发，借景抒怀，表达自己对生活的理解和对世事的感叹。第二年夏天，杨万里再次收到李天麟的来信，于是他以《再答李天麟秀才》作为回信，信的开头说：

---

① 四库本《诚斋集》卷64《书》之《答李天麟秀才书》。

② 《家刻本〈诚斋诗集〉校注》，江西人民出版社2021年版，第50页。

某之敬足下，如足下之好我也。情亲而不得亲，平陆之风涛实隔之尔。骑吏触热以书来，独犯吾所不敢，真勇者欤。敬审侍侧怡愉，尊候万福。①

那时作者仍在家“待次”，已是丁忧期满的第三年，内心也是一种极为复杂的矛盾心理，所以信中说：“此吾所以踽踽者，门寒而资怯，立之惮而助之鲜，故其履地也若履冰焉。”信结尾处说：“久不见，聊以奉恼足下之好怀也。须《论语解义序》篇，不敢辞，然吾之三守又为足下破其一，岂非命哉！岂非命哉！”

依据杨万里信中“须《论语解义序》篇，不敢辞”之句，可知 1168 年春夏之交杨氏撰有《习斋论语讲义序》，文中他提出了“读书必知味外之味，不知味外之味而曰‘我能读书’者，否也”的读书之法，有很强的现实意义。

二、李如圭

李如圭(1167—?)，字宝之，谷村鼓楼人，少年时有“神童”之称，于绍熙四年(1193)中进士，历官福州教授、桃源县簿，累历馆职、保庆知府、福建安抚使等，著有《集释古礼》17 卷。李如圭与朱熹也多有交游，朱氏有《答李如圭先生〈论注仪礼集释〉书》等。

乾道九年(1173)初，年仅 7 岁的李如圭随父来到临安，参加童子科考试并高中。光绪《吉水县志》载：“孝宗召见，诵《尚书・无逸》篇。上喜，赐宴。因父在，以珠帘隔之。宴罢，撤帘赐如圭。”②据《谷村仰承集》载，少年李如圭的才华名震京城，宋孝宗得知消息后，与部分大臣在选德殿召见他，问：“小童子有何本事?”李如圭答：“我会诵书。”于是孝宗指定他从《尚书》中自选篇章背诵，李如圭则很流利地背诵其中《无逸》篇。孝宗听后大喜，授予迪功郎之职。

李如圭中童子科后，拜会时任太常丞的杨万里。该年夏季某天，李如圭要回乡了，杨万里题写《送李童子西归》长诗相赠：

江西李家童子郎，腹载五车干玉皇。选德殿后春昼长，天子呼来傍御床。口角诵书如布谷，眼光骨法俱冰玉。紫绡轻衫发锦束，万人回头看不

---

① 四库本《诚斋集》卷 64《书》之《再答李天麟秀才书》。

② 光绪《吉水县志》卷 66《杂类志》之《轶事》。

足。莫言幼慧长不奇，杨文公与晏临淄。老翁笞儿也太痴，欲鞭辕下追霜蹄。六岁取官曲肱似，春风昼锦归吾里。生子当如李童子，至如吾儿豚犬耳。①

作者在诗中充分肯定李如圭的才学。“童子郎”是汉魏时对通晓儒经之年幼者的雅称，“腹载五车”则是比喻读书很多、学识极富，作者将这些称号统统送给李如圭，并将他与北宋“神童”杨亿、晏殊相类比，说他6岁被授官却犹如“曲肱似”的容易，并祝愿世人“生儿当如李童子”。

李如圭回乡后，将宋孝宗赠送的珠帘视如宝物，小心珍藏。他致仕回乡后又建凌云楼作为居所，并辟有专门房间作为展示此珠帘的场所。《江西通志》卷39载：“凌云楼，(《名胜志》)吉水谷村宋神童李如圭故居。如圭，七岁中童子科，随父宦京师，孝宗召见……乃于居第起凌云楼，悬珠帘，以彰君贶。”②

三、李概

李概(1133—1200)，字仲承，绍兴三十二年(1162)中解试，乾道四年(1168)再次参加解试并高中魁首，淳熙十四年(1187)为特奏名进士，官武冈县簿、赣县主簿等。杨万里撰有《赣县主簿李仲承墓志铭》，该墓志是庆元六年(1200)七月下旬，作为亲家的杨万里应李概长子李仁之请而作，细读这篇墓志铭，可知李概的生平、仕履、功德和子孙后人的情况。文中先是交待李仁来湴塘村求铭的缘由，“先君主簿幼辱先生与之游，又辱与之姻，今且纳石壤下，微先生孰与特书其迹？有迪功郎蕲州黄梅主簿罗君惟一所书之状在，惟先生则哀之”③，于是杨万里依据吉水县主簿、黄梅人罗惟一所写的《行状》撰作这篇墓志铭。

李概的曾祖父叫李兆，祖父叫李循，皆潜德未仕。其父叫李次鱼，字直卿，官长沙酒正、桃源县丞、金溪县丞等。李概童年时很聪颖，“见者敬之，称为秀子弟。力学自奋，为文抽轧气力”，绍兴三十二年(1162)中解试，后三次赴京参

---

① 《家刻本〈诚斋诗集〉校注》，第90页。

② 四库本雍正版《江西通志》卷39《古迹(二)》。

③ 四库本《诚斋集》卷132《赣县主簿李仲承墓志铭》。

加礼部会试，均落第而归。尽管如此，李概却是一位有真才实学的人，“酿郁六经，训释《论》《孟》，屡能发所未发”，与阜田镇熩下村罗价卿和罗宗卿、月桥村丁无竞、枫江镇花园村王才臣、黄桥镇螺陂村萧伯和等名士关系较好，均有唱和诗，并被他们推称为“乡先生”。李概“持身谨，处家俭。教授乡里，以淑诸人”，入仕后赴任湖南武冈县主簿，不久因母亲刘氏去世而回乡丁忧，之后转任赣县主簿。赣州知州黄艾、宪使俞徵等人都很敬重他，称呼他为“先生”，从不以下属小吏视之。李概致仕回乡后，吉水知县杨獬立即请他到县衙，教自己和别人的孩子读书，下朝后经常咨询政务及得失。

李概生有三子：李仁、李伋、李侨；生有三女，长女“适承务郎、监衡州安仁县税杨次公”。关于其长女，湴塘村《忠节杨氏总谱》则载：“次公，字仲甫，号梅皋……配李氏，系出谷平通直郎次鱼公孙女，赣州主簿仲承公女，慈孝温柔，翁姑称为佳妇。”[①]这里有必要做一点具体分析，杨万里共有4个儿子和5个女儿，胡铨为杨芾撰作《杨君文卿墓志铭》中说：“孙男三人，曰：寿仁、寿俊、寿佺。孙女二人，皆幼。”[②]此外，《忠节杨氏总谱·与朱晦庵书》又载：“昔某有第三男，年十九，喜读书，方能作举子文，一夕不疾而殒。卒于淳熙六年（1179）秋。”可见，杨寿佺出生于1161年，长女杨季蘩应是排行第四。又因杨长孺出生于绍兴二十七年（1157），由此可推算杨次公出生时间应是1159年，而娶谷村李氏应是淳熙六年（1179）之后的事。

关于杨万里与李概的父亲李次鱼的交游，因笔者撰有《杨万里佚文〈复斋记〉考辨》一文，且已收录于本书中，这里就不再赘述。

四、李彦从

李筹，字彦良，赐号处静居士，北宋儒生、孝子，谷村书院下人，《宋史》有传。李筹二岁丧母，十岁丧父，后来与弟弟李衡改葬母亲于匡山，其他史料中亦有“玉山”“杨山”的说法。他背土筑坟，于墓左建茅屋居住，并护墓多年，孝行事迹后来收录于《宋史》。据史料记载，李母墓“庐所产木一本两干，高丈许复合于一，至其末乃分两干五枝，乡人以为‘瑞’”。于是李氏画有《瑞木图》，杨万

① 《忠节杨氏总谱》，光绪二十五年（1899）编，谱藏湴塘村，下同。

② 《杨万里家族纪略》，江西人民出版社2017年版，第290页。

里的老师、庐陵县刘才卲曾题写《跋李彦良兄弟〈玉山母坟瑞木〉诗》。

李彦从是李筹的孙子。嘉泰四年(1204),杨万里应李彦从之邀撰有《跋李彦良〈瑞木〉》,文云:

董生孝慈,瑞见犬鸡。韩子诗云:“刺史不能荐,天子不闻名。”叹其不上闻,所以愧其不能荐者也。彦良,平国之孝友,幽能致瑞于天,而明不能上名于朝,当有蒙其愧者。今彦良之孙彦从,能传大父之学,用心如止水,恤族如葛藟,瑞木其庄荣,李氏其有与?嘉泰甲子孟陬晦,某书。①

此外,《谷村仰承集》卷9录有杨万里长子所撰作的《题〈孝顺木图〉,和诚斋公韵》两首诗,诗云:

孤根初作两枝荣,五朵终连独干明。看取松楸天瑞好,如何草木世人轻?春花秋叶垂千载,雁字鹡原了一生。孝友编中图画底,子孙忽自占清名。

仙李从来别有源,手提造化发生权。冰霜不到云间树,风日偏和雨外阡。四海几人传盛事,一家双美两月瞿仙。同生同死仍同纪,华萼犹应照九泉。②

但是,笔者查阅《诚斋诗集》,与杨长孺所作诗题、韵脚相对应的诗并未找到,不排除这两首诗已经佚失。不久后,李彦从又在家乡谌溪村兴建孝友堂。宣统《谷村仰承集·卷首》载:“孝友堂,孝子处静公孙彦从作于谌溪,杨诚斋题额。后移上谷,罗念庵题额。”嘉靖四十年(1561),谷村人李芳撰作《孝友堂记》说:

子文度公、文炳公善事其亲,孙汝弼、汝谐绍先烈,建堂于谌溪之上。其时,宰辅诚斋杨文节公以累世克孝,乃取“孝友”二字名之,为大书,且跋

① 四库本《诚斋集》卷101《杂著·题跋》之《跋李彦良〈瑞木〉》。

② 《江西旅游文献》之《名迹卷(下)》,江西人民出版社2018年版,第418页。

《瑞木图》，有云："居士之孙，彦从能传大父之学，瑞木其再荣。"①

据记文所载，"孝友堂"之匾额是由杨万里题写，杨氏父子俩对李彦从祖孙几代的孝行事迹均是持赞扬态度。

五、其他人

杨万里与谷村李时、李献可等人也有交谊。如《谷村仰承集·祥瑞》卷4载："宋光宗朝，孝子时公母病，思橘，非其时。公诚求以进母，病遂愈，遗核榻下，生树成实。杨诚斋为记其事。"②李氏族人后来还建瑞橘堂作为纪念。笔者认为，杨万里中年时就与李次鱼、李元瑞等人多有接触，后来又与李概结为儿女亲家，那么他与谷村李时、李献可以及李氏其他族人肯定也有不少交游，遗憾的是这些相关文献记载大多已经散佚。

---

① 《江西旅游文献》之《名迹卷(下)》，第401—402页。

② 《江西旅游文献》之《名迹卷(下)》，第194页。

论杨万里与赣州

杨万里是中国诗歌史上一位有关键意义的大诗人，以主张抗金、爱国忧民、清廉敢谏和开创“诚斋体”为世人所称道。赣州对杨万里来说，既是人生仕途第一站，也是归隐前实职任命地，此外他赴任提举广东常平茶盐时途经赣州，平时与赣州官宦也有不少交游，均留下许多诗文。这些诗文不仅被历代赣州人传诵，而且成为江南宋城文化的重要组成部分。

一、仕途中与赣州的情缘

(一)初仕赣州

杨万里步入仕途后，第一个职务是任赣州司户参军。《宋史》本传载：

> 杨万里，字廷秀，吉州吉水人。中绍兴二十四年进士第，为赣州司户，调永州零陵丞。①

绍兴二十五年(1155)，杨万里获任赣州户掾，依宋制得“守阙”后才能赴任，于第二年春携家眷正式到任，负责掌管户籍、赋税、仓库交纳以及婚姻案件所引发的诉讼等相关事务。任职还不到一个月，因不合流俗而厌恶官场，便想效仿老师王庭珪要弃官归隐。庆幸的是，其父杨芾听后大怒，“挞焉乃止”。在赣州司户参军任上，杨芾携他去拜见谪居南安的张九成和途经赣州的胡铨，这两位名臣的学问、节操和力主抗金的爱国精神对杨万里有着重要的影响。绍兴二十八年，因秩满杨氏返回老家吉水。

---

① 《宋史》卷433之《儒林(三)》，下同。

（二）途经赣州

淳熙七年（1180）底，杨万里从家乡湴塘出发，前去广州赴任，且携长子杨长孺、次子杨次公随行历练。因是逆赣江而上，行李相对较多，且是春节期间，兼顾拜会好友等，所以行程较慢。次年二月中旬，杨万里由万安县惶恐滩经皂口岭，正式进入赣州地界，路途中有不少题咏诗文，如《步过分水岭》诗曰：

路险劳人杀，侬须下轿行。石从何代落？蕨傍旧根生。古树无今态，幽泉有暗声。只言章贡近，犹自两三程。①

分水岭是赣州与吉州分界之山，“分水岭，在（赣州）府城北一百二十里，为赣县、万安之界”②。作者感叹于山高路窄，石多难行，又带着两个儿子，自然是苦恼不已。吟完此诗后，作者诗兴未阑，又题有《憩分水岭，望乡》两首诗：

岭头泉眼一涓流，南入虔州北吉州。只隔中间些子地，水声滴作两乡愁。

岭北泉流分外忙，一声一滴断人肠。浪愁出却庐陵界，未入梅山总故乡。（同上，下文不再标注）

虔州是赣州旧名，历史上曾有南康郡、南康国、百胜军、昭信军等曾用名，体现赣州厚重的文化底蕴。梅山，尽管会昌、宁都、大余等县也都有此山名，但依据作者行程，应仍是在赣县境内。杨万里以山泉由脊背向两边山麓流出这种自然现象入诗，然后将它人格化，比喻为行人离乡的泪水，从而表示自己的思乡之情。数天后，作者又题有《桂源铺》名诗：

万山不许一溪奔，拦得溪声日夜喧。到得前头山脚尽，堂堂溪水出前村。

---

① 《家刻本〈诚斋诗集〉校注》之《南海集》。本文中其他引用诗均录自该书，不再标注。

② 《江西通志·赣州府》卷13。

桂源是地名，因桂源水而得名，“桂源镇巡司，在赣县北一百二十里攸镇，接万安县界”[1]。该诗是一首极具“诚斋体”写作风格的哲理诗，作者以“小溪”设喻，认为时代潮流不可阻挡，只要像溪水一样具有不畏艰难险阻、不屈不挠、奋勇向前的精神，生活就会滚滚向前，所有违反历史潮流的行径只是徒增困扰而已。民国时胡适先生于1937年2月21日批注：“此诗可象征权威与自由的斗争。”1961年6月他又抄写该诗送给狱中的雷震先生，并写道：“南宋大诗人杨万里的《桂源铺》绝句，我最爱之诗。今写给儆寰老弟，祝他的六十五岁生日。适之。”此后杨万里题有《社日，南康道中》，诗曰：

东风试暖却成寒，春恰平分又欲残。淡着烟云轻着雨，近遮草树远遮山。人行柳色花光里，天接江西岭北间。管领社公须竹叶，在家在外匹如闲。

社日又称土地诞，是古代传统节日，分为春社和秋社，春社则是立春后第五个戊日，一般在农历二月初二前后，表明作者已出赣县地界，由南康赴信丰县的路途中。

(三)获任知州

绍熙三年(1192)八月，朝廷任命杨万里为赣州知州。《宋史》本传载：

朝议欲行铁钱于江南诸郡，万里疏其不便，不奉诏，忤宰相意，改知赣州，不赴，乞祠，除秘阁修撰，提举万寿宫，自是不复出矣。

那年初，朝廷打算在江南诸郡推行流通“铁钱会子”。会子是一种纸币，因避免铁铜等重要金属流入金国而发行，仅限于南宋临金国边境的地域使用，又因纸币发行量过多，致使老百姓财富存在缩水诸多问题。杨万里接到诏令后，立即上疏痛陈利害，还两次拒不奉诏。刚开始时，宋光宗对杨氏之举也甚为疑惑，后来才逐渐认识到此举之弊。不久后，朝廷下旨将他改任知赣州，旨曰：

---

① 《江西通志·古迹》卷254。

敕：中奉大夫、直龙图阁、江东运副杨万里，朕所以待士大夫之心一也，而于储僚之旧尤加意焉。伐木之情，谁能忘之？况尔万里，久从吾游。奇文高标，朕所加礼。召还自外，固将用之。至而不留，岂朕素望？江东近地，宜可少安。何嫌何疑？复有去志，得无使人谓朕疏而忘故欤？君臣之好，朕忍忘之！为尔相攸，赣土足乐。往其小憩，毋有遐心。可特授知赣州军州事。①

细读这篇敕文，光宗皇帝和朝臣都高度肯定杨氏才学，出于东宫旧人的考虑，且兼顾他思乡情绪浓等缘故，“特授知赣州军州事”。杨万里出于对朝廷时政的彻底失望，立即上表辞官，文曰：

谢病摧颓，尚赋珍台之饩；属文论撰，复超延阁之班。上无弃人，下则微福。臣某中谢。

伏念臣老不事事，才非奇奇。三圣旁招，早附鹭廷之数；初潜豫附，晚参鹤禁之僚。方众贤依乘风云之秋，乃微臣僵卧山林之日。把麾江海，此朝士之荣光，丽日崆峒，亦诗人之佳郡。彻席过家之宠，曾微待次之淹。夫何右臂之偏枯，虚辱左等之重寄。陈力就列，不能者止，投闲置散，乃分之宜。吁天以闻，伏地以俟。闵劳均佚，仁不遐遗。进律示褒，礼亦异数。

兹盖伏遇皇帝陛下，笃兹故旧，惠是罢癃，轸少原之遗簪，是将厚俗；存子方之老马，非取长途。而臣萧然卧痾，行矣归休。烛青藜而谈古，岂复与英俊游？立白茅而祝厘，尚能使圣人寿。②

谢表是古代官员给皇帝用以谢恩的一种专门文体，尤其是贬谪外任之类的谢表，作者可借机申述原因，借以引得皇帝的谅解和同情。“凡官员升迁除授、谪降贬官，至于生日受赐酒醴、封爵追赠等等，均有谢表。”③杨万里这篇谢表质

① 四库本《诚斋集》卷133《知赣州告词》，绍熙三年八月十一日，中书舍人黄裳行。

② 四库本《诚斋集》卷47《辞免赣州得祠进职谢表》。

③ 龚延明编著：《宋代官制辞典》，中华书局1997年版。

量较高，且被清代高步瀛选录于《唐宋文举要》，是杨氏数百篇骈文中唯一入选之文。高步瀛为它还写有按语："其精切如玉合子底，配玉合子盖，竟是鬼斧神工。"该文用词精致凝练，用典浑化无迹，音韵铿锵和谐，如文中"三圣旁招，早附鹭廷之数；初潜豫附，晚参鹤禁之僚"之联，可谓对仗工整，平仄精准，足以体现杨氏锤字炼句之功力。

杨万里以称疾表示不能赴任，不等朝廷批复，就毅然乘船返乡，并题诗曰："出笼病鹤孤飞后，回首金陵始欲愁"（《发赵屯得风宿杨林池是日行二百里》）、"浪言出却金陵界，入却庐陵界始休"（《入建平界》）。绍熙四年（1193）三月，朝廷又颁旨：

> 敕：中奉大夫、直龙图阁、知赣州军州事杨万里，朝廷之于贤者，用而尽其才，上也；用不尽而勇退，宠其归而尽其高，次也……朕不汝忘也。可特授秘阁修撰、提举隆兴府玉隆万寿宫。[①]

鉴于杨万里归隐心意坚决，朝廷只好将他改任奉祠官，直到庆元五年（1199），特授通议大夫、宝文阁待制致仕。

二、归隐后对赣州的关注

因晚年杨万里在江西士大夫中拥有崇高地位和重大影响，很多地方官对他都很仰慕和尊崇，交游中有不少酬唱诗文和信件来往。杨氏在撰文中总是表现为：对赣州的兴学重教事业极为关注，对当地修民德、正民风之举措尽力推崇，客观上对赣州的社会发展有着积极的推动作用。

（一）关注教育事业

应当说，唐宋以前的江西尤其是赣南仍是蛮荒之地，如颜真卿来吉州，苏东坡去惠州，那时都算是官员的"失意流放"。对被贬官员而言，也许是他们人生中一段痛苦经历，但对贬官任职地而言，对当地百姓的教化作用不容忽视。可以推想，南宋以前赣州的文教事业并不发达，如何多出人才，自然是地方官必须思考和解决的重要问题，而兴办学校，引导民众崇文重教，无疑是最佳途径。

① 四库本《诚斋集》卷133《秘阁修撰宫观告词》，绍熙四年三月二十三日，中书舍人楼钥行。

庆元二年(1196)十月,已归隐家乡的杨万里收到赣县知县黄文畧的来信,因为黄氏重建赣县官学,于是“走书来请予记其成”,向杨氏索要记文一篇。说到赣县知县黄文畧,先要说他的哥哥黄文昌。《赣县学记》开篇说:

> 赣县治之西南,祀孔子,故有庙,学则未闻也。后庙亦废,其地入祥符宫。皇祐二年(1050),县宰王君希即旧址作新庙,即庙庑为学舍。至绍兴庚午(1150),火于叛卒。后六年(1156),予为州户掾,武夷陈君鼐元器为宰,盱江黄文昌世永为主簿。一日,二君约予登览县学之址,则榛棘生之,瓦砾翳焉。二君慨然欲复之,未能也。①

该记文先是交代赣县县学的位置,即是在当今赣州市老城区厚德路东段北侧,与赣州文庙相邻,这一带自宋代以来就是赣州文化宗教重地,也是赣州城保存名胜古迹最集中的地域。作者回忆该官学在北宋时的创办情况和毁落过程,还谈及自己任赣州司户参军时,与赣县知县陈鼐、主簿黄文昌等同僚的遗憾,为该记文所需要表达的中心思想做铺垫。

黄文昌,字世永,黄元授之子,杨氏《江湖集》卷 3 有《梦亡友黄世永,梦中犹喜谈佛,既觉,感念不已,因和〈梦李白〉韵以记焉》诗 2 首,此外《诚斋集》卷 45 还有《黄世永哀辞》,文曰:

> 世永,名文昌,南丰人,自其祖至世永三世策进士第,而世永策第时年最少,盖生二十有一也。初主赣之赣县簿,予时为州户掾,予之来去后于世永者一年,而为寮者三年,一见即定交。

庆幸的是,42 年之后黄文昌的弟弟黄文畧出任知县。他既有履职尽责的使命担当,又有完成兄长任职遗愿的考虑,于是克服重重困难,千方百计筹资,重新修建县学。此中过程杨氏有较详细的叙述,如“乃斥其赢,为钱百万”,其规模较大,“缭以七十余区之房,讲习有堂,入直有庐,肄业有斋”等,重修时间

① 四库本《诚斋集》卷 76,下同。

是绍熙五年(1194)三月,于八月正式建成。

"赣县"之名,一说是因《山海经》中"南方有赣巨人"而得名,一说因章贡二水汇流为赣江而得名,当今则称为赣县区。建县时间始于西汉,自古是赣州郡府治所,直到20世纪60年代才迁出,原治地则设为县级赣州市,所以说该县学自古就是赣州郡府所在地的官学。赣州因山多田少,人口分布较稀,社会治安形势历来较为严峻,如北宋抗金名臣李纲说:"虔民赋性犷悍,喜于为盗,易为结集,动以千百为群,互相劫掠,凌逼州县,不畏刑法,不顾死亡,循习成风,不以为怪,异于诸路盗贼。"①以致明代中期王阳明巡抚南赣时,主要职责仍是负责"剿匪",但是,杨万里持有不同看法,《赣县学记》中说:

> 赣之为邦,其山耸而厉,其水湍以清。耸而厉,故其民果而挟气;湍而清,故其民激而喜争,独不可因之使激于节与名。若之何其不易!且百年之间,如阳行先,如孙介夫,如李先之,非赣人乎?非名义之君子乎?使崆峒为渊,章贡为山,曰赣之士不复有斯人也,其孰曰不可……异时有磊落光显于朝,以名义闻天下者,其必赣之士也夫?

杨氏重点谈了兴学重教的作用和意义,表明他对地方崇文风气较为关注,对地方贤士尊师重教之举甚为肯定,内心也希望以教化为手段,以德行而惠民生。后来庐陵乡贤、曾任赣州知州的文天祥竟然与杨万里的观点不谋而合,说:

> 赣去吉,一水三百里,而气候、风土、习俗,事事不同。未春已花,才晴即热,山川之绸缪、人物之伉健,大概去南渐近,得天地阳气之偏,看来反不可以刑威慑,而可以义理动。书生出其迂阔之说,尝试一二,观听之间,稍觉丕变。②

可以说,从南宋开始,赣州人受杨万里、文天祥等众多旅赣名宦的影响和陶

① (南宋)李纲:《梁溪集》卷107《申督府密院相度措置·州盗贼状》。

② (南宋)文天祥:《文山集》卷8《与吉州刘守汉传》。

治，不论士人农工均行节俱佳，如“元祐党禁”时赣州士人参与者多达 14 人，赣州知州王柟不但不打压，反而“遍谕耆老曰：汝州多正人，如此将百世称之，后生可不勉乎”。[①] 再后，文天祥率赣州人起兵抗元，知其不可为而为之，直是视死如归。另据《赣州地区志》载，唐代虔州进士仅 3 名，两宋时却有 292 名；元代仅 3 名，但明代有 76 名，清代有 137 名。这种文化状况的改变，官民齐心协力兴办学校、崇文重教是重要原因，所以说赣州的教育先是以苏轼撰《南安军学记》为标志，继之以王安石撰《虔州学记》为引领，再者以杨万里撰《赣县学记》为里程碑，表明南宋时赣州也是全国郡县治学的楷模，表现为郡县官员主动张罗，地方豪绅踊跃捐助，广大百姓积极参与。

（二）推崇政事简易

庆元五年（1199），张贵谟出任赣州知州。不到一年时间，该地吏治就焕然一新，杨万里得知消息后欣然作《题章贡道院》，诗曰：

> 江西道院赋金华，近日当途共两家。更着崆峒三道院，只销卧治醉莺花。

张贵谟是遂昌县人，古属金华，今隶丽水。道院，本意是指道士居住的地方，后常以政事简易、颇有治绩、官吏清闲比作道院，如黄庭坚撰有《江西道院赋序》，杨万里任筠州知州时所撰诗集称为《江西道院集》。诗中“两家”“三道院”之语，表明杨氏很认可张氏的治政能力。关于章贡道院，《江西通志》载：

> 章贡道院，杨万里记。庆元五年（1199），括苍张公贵谟来尹，不期年而民罔不信治以最闻，乃指其燕喜之堂曰：“此吾州之道院也。”遂易其匾曰“章贡道院”。[②]

该年十月，杨氏又作记说：

---

① （南宋）叶适：《水心集》卷 23《朝议大夫秘书少监王公墓志铭》。
② 雍正《江西通志》卷 42《古迹》之《赣州府》。

赣之为州，控江西之上流，而接南粤之北陲，故里颛一路之兵钤，而外提二境之戎昭，其地重矣。邑十而大，疆袤而阻，物伙而昌，其事丛矣。民毅而直，小诎必见于色，小伸即释，可以义激，亦可以气而慝，其俗古矣。地之重，事之丛，俗之古，故视邦选侯，比他郡惟难……公名贵谟，字子知，与予友善，今二十年云。①

成语“家传人诵”“以手加额”即是出自该记文。作者先是交待赣州的地理位置，民风彪悍难治等现状，接着褒扬张知州重教化、善训育之德政，以致赣州民风为之一变。试想，杨万里尊为老师的张九成谪居赣州时还撰文说：“天下之可耻者，莫大于为盗，而好讼其次焉。赣在江西为大郡，山泽细民，乃甘心于天下之可耻者独何欤……以无欲，以无讼，以求夫子之用心而诞布于四境，消见得好胜之风去忘义无礼之弊，其大矣哉。”②可以说杨氏之撰文，不仅是对张贵谟德政的褒扬，而且是对张九成等人所持忧虑的一份告慰。

（三）提倡尊贤使能

从北宋开始，不少知名文人官员曾在赣州任职或长时间待过，如苏轼、周敦颐、黄庭坚、辛弃疾、洪迈等，一方面他们尚德崇礼，写有不少缅怀先贤、流传青史的诗文，另一方面他们又以自身德行取信于民，亦成为后世人景仰的对象。杨万里《题赣州重建思贤阁》诗曰：

赵公遗爱虎头城，直到张公续此声。前赵后张俱有阁，赣民不用羡西京。

作者是应张贵谟知州之邀为赣州重建的思贤阁题诗，因周必大有《赣州张子智贵谟重修思贤阁，奉赵清献公》诗，可知该阁是为纪念铁面御史赵抃而建。赵抃(1008—1084)，字阅道，号知非子，浙江衢州人，景祐元年(1034)中进士，官至参知政事，谥号清献。赵抃在朝时敢于弹劾权贵，是北宋与包拯齐名的清

① 四库本《诚斋集》卷77《章贡道院记》。
② (南宋)张九成:《横浦集》卷17《记》之《重建赣州学记》。

官，平时以一琴一鹤自随，为政简易，长厚清修，日所为事，夜必衣冠露香以告于天。嘉祐六年（1061）十一月，赵抃因上书20余次弹劾枢密副使陈升之，终于使陈氏被罢免，但他本人也被贬官，出任虔州知州。

那时赣州算是“难治”之地。赵抃上任之前，还向皇帝呈谢表说：“惟兹赣川，控彼南粤，负贩常为群盗，不下一千余人。疆畛最远他邦，动经八九百里，刑无虚日，俗未向风。”[①]但是，赵氏为政严厉而不苛刻，将政令下达给各县令，层层监督，人自为治，各县令也都自觉尽力，监狱很快为之一空。又如，那时岭外官员去世后，因山高路远，遗骸多半无法归葬家乡，但赵知州造船百只，为死者家属提供船只和盘缠帮助，以致前来求助的人接踵而至，颇有治声。张贵谟从尊贤尚德角度考虑，为赵氏建思贤阁作为纪念。杨氏题诗中却说，赵氏和张氏均有恩于赣州，两人都可以此阁纪念，有了这样的好地方官，赣州百姓就不必羡慕京城之地了。

三、与赣州知州的交往

读《诚斋集》发现，归隐家乡后的杨万里与数任赣州知州颇为熟络且多有交游，其中缘由，一是他个人名气和影响力较大，二是朝廷曾任命他为赣州知州。

（一）知州黄艾

黄艾（1145—1206），字伯耆，福建莆田人，乾道八年（1172）中榜眼，终官于刑部侍郎。庆元三年（1197）初，黄氏出任赣州知州。那年夏秋季节，杨氏收到黄艾来信后回信说：

> 某自壬子（1192）之秋，谢病而归，已作终焉之计。近于六月之吉，上章引年，乞挂其冠，而诸公持之久不下。此正如垂死之人，亲戚环而守之，不放其瞑，爱之只以苦之耳。台座知我者，必怜我，辄摧谢，并及其私云……降拜珍感，山村不敢请委，仰乞台察。[②]

---

① （北宋）赵抃：《清献集》卷10《奏议》之《知虔州到任谢上表》。

② 四库本《诚斋集》卷105《答赣州黄侍郎》。

信中作者褒扬黄艾治理赣州之德政，说他“作镇帅藩，惠化滂被，三神锡羡”，又说他任职时间不长，却有“仁声义实”的效果。作者还重点叙述自己归隐后的所思所感，既有“幽屏山间，殆与世绝”的自谦，也有“近于六月之吉，上章引年”的交待，侧面印证杨氏于庆元三年夏季第4次上章奏请致仕，但宋宁宗仍是不允。

（二）知州彭演

彭演，字子山，福州人，乾道二年（1166）中进士，历官大理寺丞、大宗正丞等，于庆元四年（1198）任赣州知州，终至吏部尚书。庆元五年，杨万里收到赣州知州彭演来信后回复说：

> 贫居卧雪，安知梅柳之春？军将打门，踏作琼瑶之迹。乃谏议茶书之问讯，致拾遗柏酒之殷勤。恭惟某官，节莹饮冰，词清剪水。崆峒丽日，方布耕桑陇亩之和；观阁连天，又新戟纛戈兜之盛。即颁银印，信度玉墀。某似范一寒，如郑独冷。故人别我，尚蒙分乳酒于青云；闲官病身，自此寄谁家之大厦？①

彭知州这次来信的缘由是，庆元五年（1199）他又被改任广州知州，于是写信告知杨氏，并托带少许茶酒等礼物表示慰问。杨氏对彭演新任职务表示祝贺，诗中还言及广州官衙附近的连天观。信中“一寒”是形容贫困潦倒到极点，典故出自司马迁《史记·范雎蔡泽列传》，杨万里借用这则历史典故，既表达自己甘于清贫，淡泊处世的心态，也是对彭演未来清谨持身的一种劝慰。

（三）知州张贵谟

彭演调任广州知州后，继任者即是张贵谟。应当说，张氏与杨万里交游甚多。早在淳熙十二年（1185），杨万里向宰相王淮呈《淳熙荐士录》时曾推荐他：“张贵谟：上庠名士，有才有谋，可应时须。”②那时杨氏任吏部郎中，对张氏才学、能力和性情颇为认可，故诗中有“十年同社再寻盟”之句。张贵谟上任后不

---

① 《诚斋集》卷59《回赣守新除广帅彭子山郎中贺年送酒启》。

② 《诚斋集·淳熙荐士录》卷114。

久，杨氏就收到张知州寄来的赠诗和酒，于是又题《赣守张子智舍人寄诗送酒，和韵谢之》诗致谢：

谁言天上张公子，飞下崆峒看晚晴。为爱东坡题八景，却同严助厌承明。诗来风雨荒凉后，语带江山紫翠横。更遣麴生相暖热，十年同社再寻盟。

因张氏出任赣州知州之前，于庆元二年（1196）出使金国，而杨氏曾于淳熙十六年（1189）赴淮河接伴金使，两人更是惺惺相惜，《诚斋集》中涉及张贵谟的诗文近10篇（首），如卷111《答赣州张舍人》信中还叙及这样一件小事，说：

许为筑三径小亭，甚荣。第小圃逼仄，无地可顿；去大江二十余里，为取材运甓，劳人费财，切告赐免，此心乃小安耳。①

由这段文字可推想，张知州不仅赞同杨万里在南溪旁的东园修建三径亭，而且表示可从人力、物力和财力方面给予帮助，但是杨氏表示婉拒，足以体现他不侵民扰民、体谅百姓民力的为官准则，再次印证他慎微慎独的品德操守。嘉泰元年（1201），张贵谟改任静江知府，特意拐道来吉水湴塘村与杨万里话别，杨氏又题《送赣守张子智左史进直敷文阁移帅八桂》诗赠别。

（四）知州薛叔似

张贵谟离任后，接替者是薛叔似。嘉泰二年（1202）元宵节前夕，杨万里收到薛知州的来信后回复说：

某老病余生，犬马之齿今年七十有六矣。弃官于壬子（1192）之秋，乞骸于丙辰（1196）之春，圣恩特异，玉音宣谕京丞相云："杨某官簿之年未及。"章却复上，至己未（1199）之冬，乃得谢衣冠，长为农夫以没世矣……益公与野人同居一邦，信如谕弟，野麋山鹿，畏入州府……而州郡即招以公

① 四库本《诚斋集》卷111中有《答赣州张舍人》。

宴，继以台馈，是乐克从子敖、子舆无戒心也。因与益公相视而笑，一揖径归，虽却其礼而得免焉。①

薛叔似（1141—1221），字象先，浙江温州人，乾道八年（1172）中进士，官至兵部尚书。据乾隆版《赣州府志》载，薛叔似曾于绍熙年初（约1191）任赣州知州，不久后离职。适逢杨万里因“铁钱会子”而辞官，于是朝廷安排他出任，无奈他归隐心意坚定，并未赴任。嘉泰元年（1201）二月，薛叔似第二次出任赣州知州，于第二年七月转任广州知州。信中“己未之冬，闻益公新楼落成，即驾柴车，一往观焉”之句，是指杨氏曾于庆元五年（1199）十一月入吉州城祝贺周必大新楼落成，其《退休集》卷4有《益公新作三层百尺新楼，署曰“围山观”，贺以唐律二章》，周氏新建楼有3层，那时算是高大雄伟之楼，故诗中有“山川第一江西景”之句，但后人常以该诗句形容吉安青原山一带的美丽景色。

四、因地缘而有更多交游

与杨万里交游的友人中，部分人因曾在赣州任职而结缘，不仅生活中有更多的来往，而且诗文中也时常言及。作为一位长者，杨万里总是尽力勉励友人以及后学。

（一）邹惇礼

邹惇礼，字和仲，号北窗，今新干县人。绍兴二年（1132）中湖南漕试第一，初授宜春司法参军，著有《北窗集》，明隆庆《临江府志》卷12有传。邹惇礼去世后，外孙曾叔遇将他的诗文收集、整理并刻板传世。庆元六年（1200）六月，杨万里应邀为之作序，说：

北窗先生邹公和仲，绍兴丙子（1156）为章贡观察推官，予时为户曹掾，以乡邻故，相得欢甚，每见必论诗，未尝不移日也。公之诗祖山谷，记其诵所作……今其外孙曾叔遇，尽得公之诗文若干卷，将刻板以传于学者。岂惟学者之幸？抑亦予之幸！②

① 四库本《诚斋集》卷110有《答赣州薛侍郎》。

② 《诚斋集》卷84《北窗集序》。

由此可知，邹惇礼曾任赣州观察推官，级别虽不高，却是协助知州处理郡府政事，那时杨万里任赣州司户参军，两人算是同僚关系，由此结识且友情深厚。可惜《北窗集》已佚。

（二）曾三聘

曾三聘（1144—1220），字无逸，吉水县八都镇兰溪村人，乾道二年（1166）进士，入仕后第一个职务也是任赣州司户参军，后迁军器监主簿、郢州知州、郴州知州等，《宋史》卷 422 有传。因曾三聘是杨万里亦师亦友曾敏行的次子，后来又成为自己族叔杨辅世的女婿，两人任赣州司户参军的时间相差 8 年，所以两人一直感情深厚，多有唱和诗文，如曾氏中进士后，杨氏题有《得省榜，见罗仲谋、曾无逸并策名，夜归喜甚，通夕不寐，得二绝句》。其一诗曰：

淡墨高垂两客名，夜归到晓睡难成。却缘二喜添三喜，听得黄鹂第一声。

那年二月，杨氏得省榜消息，见妻子亲侄子罗全略以及族妹夫曾三聘策名，高兴得夜不能寐。诗中“二喜添三喜”句，即是指曾三聘娶族叔杨辅世之女为妻这件事，如宣统《吉水兰溪南华曾氏族谱・文献》卷 6 载：“（曾三聘）娶杨氏，知麻阳县杨辅世之女，杨诚斋之（族）妹。”①

（三）李概

李概（1133—1200），吉水县盘谷镇谷村人，字仲承，李次鱼长子，绍兴三十二年（1162）中解试，乾道四年（1168）再中解试魁首，淳熙十四年（1187）为特奏名进士，官赣县主簿等。杨万里曾为他撰作墓志铭，文中有描述他在赣州为官的情形：“再调赣州赣县主簿。赣守侍郎黄公艾、宪使大卿俞公徵咸敬重焉，发政论人物，皆取平于仲承，称为‘先生’，不以属吏视之。”②

（四）赵宽之

赵宽之，字排岸，浙江奉化人。庆元四年（1198）春夏季节，赵氏因赴官赣

---

① 宣统《吉水兰溪南华曾氏族谱》之《文献》卷 6。

② 《诚斋集》卷 132《赣县主簿李仲承墓志铭》，下同。

州,途中特意拐道来吉水湴塘村拜会杨万里,杨氏题《送赵宽之排岸之官章贡》赠别,诗曰:

监河曾赋《鹿鸣》篇,又奉潘舆上贡川。五子循环迎一母,十分酌玉祝千年。郁孤马祖饶行乐,柿栗来禽肥过拳。兰膳余闲翻故典,曲江早趁宴花边。

诗中“贡川”“郁孤”均为赣州胜景,如马祖岩处在贡水之滨,原名佛日峰,因唐代高僧马祖道一在此结庐传道而得名。关于赵宽之,南宋诗人陈造有《赠赵排岸,兼简汪尉》诗,其前序说:“奉化二奇士,得之闻见。赵君过我,得而友之。”由此可知,此人与《诚斋集·朝天集》卷3《题安成赵宽之慈顺堂》诗中主人公赵宽之仅是同名,本诗也特意将其字“排岸”予以标明,以示区别。

(五)周纶

周纶(1156—?),周必大独子,历官临川、赣州通判,筠州知州,终至工部侍郎。嘉泰二年(1202)夏季,周氏由临川通判转任赣州通判,回家途中特意拐道吉水湴塘村拜会杨万里,于是杨氏题《敬饯周彦敷府判直阁之官虎城》送别,诗曰:

碧落仙人出作州,青原诗伯左丞流。江山得助催新句,风月平分入胜游。清献濂溪两宾主,崆峒章贡再赓酬。旧时绿水红莲客,南望旗幢鬓已秋。

诗中“清献”即赵抃,前文已述。“濂溪”指周敦颐,曾任虔州道判,于嘉祐八年(1063)在官署内写有《爱莲说》名作。“赣据江右之上游,崆峒峙其前,三阳枕其后,章贡二水缭绕乎左右,而郁孤台屹立乎中,诚一方之壮观也”①。“崆峒”“三阳”为山名。该诗还附有后序:“仆五十年前为贡掾。”是指杨万里于绍兴二十六年(1156)曾任赣州司户参军之事。

① 嘉靖《赣州府志》卷1《形胜》。

第三辑　亲友研究

“知我近来头白尽，寒暄语外更情亲。”亲友关系，自古以来就是传统中国社会的重要组成部分，由此衍生为世俗中的血缘、亲缘和地缘等多层社会关系，成为中华传统文化中不可或缺的文化概念。

杨万里家族自唐末肇基以来，家风醇厚，名士辈出。因其人、其诗、其事、其物，引得无数亲朋好友争相题咏。物因人生，文因事作，这些宝贵的文化遗产昭示过去，引领未来，让世人为之肃然起敬，叹为观止！

杨邦乂名、字与谥号探考

杨邦乂（1085—1129），字希稷，南宋舍生取义的抗金名臣，吉水县黄桥镇杨家庄人。政和五年（1115）中进士，历官婺源县尉、蕲州学教授、溧阳知县、建康通判等。建炎三年（1129）十一月，金国完颜宗弼率军大举进攻南宋，两国于建康交战，杨邦乂兵败被俘。在敌营，金兵软硬兼施，反复劝降，杨邦乂誓死不降，且书襟“宁为赵氏鬼，不作他邦臣”以言志，最后被割舌剖腹取心，《宋史》卷447有传。明太祖朱元璋称赞他是“天地正气，古今一人”。①

关于杨邦乂生平事迹介绍，族孙杨万里于淳熙十二年（1185）正月二十四日撰有《宋故赠中大夫徽猷阁待制谥忠襄杨公行状》，作为其百年诞辰的祭献之礼。该文开篇即介绍他的世系，说：“曾祖亨，故，不仕。祖中谨，故，不仕。父同，故，潭州司户参军，赐宣义郎。公讳邦乂，字希稷，胄出汉太尉震。”②众所周知，古人的名、字、号是分开的，谥号则有严格的颁赐规定。下面，笔者不揣谫陋，就杨邦乂名、字与谥号做史料爬梳，并提出一些个人看法，以求教于大方之家。

一、其名

“邦乂”之名，从现有史料来看，他从生到死都是用这个名字。按常理来说，中国人取名、字与号是很讲究的，其父杨同还是进士身份，庐陵杨氏在当地又是名门望族、簪缨世家，对取名字之事应该更为重视。于是，人们会习惯地追问，他为什么会取这样一个名字？笔者依据湴塘村光绪二十五年（1899）编修

---

① 光绪二十五年编修的《忠节杨氏总谱》之《恩典·宸翰》。明太祖赞语：“天地正气，古今一人。死不屈降，铁石忠心。国家标准，振后光前。宜家汝封，庙食万年。”

② 四部丛刊本《诚斋集》卷118。

的《忠节杨氏总谱》中的相关记载,先来分析杨邦乂父辈之名。

杨邦乂的祖父叫杨中谨,生有四个儿子。长子杨“忱,行三十三,字子思,生三子”;次子杨“德祖,行三十五。《硃谱》字宗父,一作宗文。又字子肃,生四子”;三子杨“德兴,行三十七,字子声,元丰四年(1081)一举,元祐二年(1087)乡贡进士,生五子”;四子杨“同,行三十九,字子庄,元丰五年(1082)进士,官潭州司户参军,殁于元祐元年(1086)丙寅,安人陈氏,合葬六十二都南岭坤山艮向,生三子。”从杨中谨为四个儿子所取的名字来看,笔者似乎颇有一点费神,他为长子杨忱与四子杨同均是取单字之名,为二子杨德祖和三子杨德兴却是取双字之名,且以“德”字来串通。为此,笔者可做如下揣测:第一,长子和四子均是单字之名,按常理,次子和三子也应该有一个单字之名。第二,次子和三子均是双字之名,且以“德”字来串通,按常理,长子和四子也应该有“德×”之别名。只不过这两个单字之名和两个“德×”之别名未被经常使用,或者后世修谱者无法得知罢。第三,《硃谱》中说,次子杨德祖“字宗父,一作宗文”,“父”与“文”字之异,应是修谱者笔误造成,后世者无法确认而已;杨德祖另有“宗父”之字,应该是后面过继给其他支派才会出现。第四,杨中谨4个儿子的字则做了统一,是以“子”字来串通。诚然,古人的字一般是成年之后才有,有的是家里长辈取字,也有可能是他们自己取字。

杨同于北宋元丰五年(1082)中进士,官长沙司户参军,在古代时算是有功名之人,按理他为儿子们取名、取字也是极讲究的。但据光绪《忠节杨氏总谱》载,其长子叫杨谊直,次子叫杨伦,三子叫杨邦乂。谱载:

谊直,行九十八,字允道。笃于孝友,幼弟邦乂遗腹生,公以长以教,至于成立,后邦乂以身殉国,忠贯日月,皆公教诲之力也。平居名其室曰“花萼”,同郡郭孝友记之曰:“予嘉杨氏友其季而不伐,恭其兄而不忘,可以振颓俗。”一时名士赋而颂之者数百人……

伦,行百六一,名天叙,字彝道。公、兄、弟和睦,而享年不永。大观四年(1110),邦乂方以贡,而公即逝,邦乂闻讣痛绝……

邦乂,行百十,字希稷。以《周礼》登政和五年(1115)乙未进士,历官

婺源尉、南京宗子博士……[1]

细读族谱中这些文字，笔者发现不少问题。第一，族谱中说杨同去世于元祐元年(1086)，但杨万里为杨邦乂所撰《行状》中称，杨同"初命长沙民掾，未终更而卒。后五月公(邦乂)始生，未冠，妣陈氏即世，兄弟三人自相为命"[2]；族谱中介绍杨谊直时也说，"幼弟邦乂遗腹生"。这两种说法明显是自相矛盾。笔者依据多种史料做综合分析，认为杨同的去世时间应是元丰八年(1085)，并非元祐元年(1086)，应是族谱中此处记载有误。第二，既然杨邦乂是遗腹子，那么其名和字有可能是杨同事先已取好，但更有可能不是由杨同所取。因为杨同去世前是在湖南长沙，且是突然患病去世的，而孩子尚未出生，无法得知其性别，古时女孩绝大多数是没有名和字的。第三，杨同为长子和次子的取名，既有以单字取名，也有以双字取名，且没有以某字来串通，表明所取之名的外在形式方面没有做统一。第四，族谱中关于杨邦乂在家族男丁排序的"行百十"之句中漏写了一个数字，极有可能是"七、八、九"中的某字，因为长兄杨谊直在杨辂家族第九代男丁中排行第98，次兄杨伦排行是第161，而杨邦乂排行应是在他俩之后，不可能是第110位男丁。

下面，我们再来分析杨邦乂两位兄长所取名的含义。长兄杨谊直，"谊"是会意兼形声字，从言，从宜，宜亦声，本义是指合宜的道德、行为或道理，有时还同于"义"字，现代多是指交情；"直"是会意字，最早见于甲骨文，从目、从丨，会以目测量材料、使之不弯曲的意思，引申义是指正直、伸直之意；而"谊直"一词，即是指个人的品德修养要规范过硬，处事要坦率真诚。次兄杨伦，又叫杨天叙。"伦"是形声字，从人，仑声，《说文》中解释为"伦，辈也"，是指同类同族之人的条理或者顺序；"天叙"之名中的"天"是会意字，本义是人的头顶，引申为天空，与"地"相对；"叙"是形声字，从攴，余声，本义是指秩序、次序；而"天叙"一词，是指天然的次第或等级，与"伦"字相契合。由此可见，杨同为长子和次子取名，都是从自身道德的修养、与他人关系的构建角度来考虑，可推测他极为

① 光绪《忠节杨氏总谱》之《杨庄延规公派克弼幼子亨支系图》。

② 《杨万里家族纪略》，江西人民出版社2017年版，第285页。

重视社会伦理的实施，倡导家族内父慈子孝，兄悌弟恭，敬亲孝友等。

之后，我们再来分析一下“邦乂”之名的字意。“邦”是会意兼形声字，甲骨文从田，表示建立土界，可见“邦”的造字本义就是封界，后引申为国家、城镇，组词有“友邦、邦交、邦国”等，其字义相对较为简单。而“乂”字，据商务印书馆1984年出版的《辞源》载，它是一个多音字，甲骨文中即像原始的割除杂草之形，共有4种解释。读yì时，它有三种解释。第一是它的本义，即作为“刈”的本字，指割草之意；第二是它的衍义，即治理之意；第三是指才能出众、才德过人的人，如《广韵 · 废韵》载：“乂，才也。”组词如俊乂、英乂等。读ài时，它只有一种意思，即惩创之意，如组词“乂安”，即太平无事。[①] 通过以上分析，可知杨邦乂之名中的“乂”字，应该取意于第三种意思，即是指能够治国安邦的优秀人才。但需要说明的是，民间有少数人望文生义，凭空臆想，竟然说其名本是“邦义”，后来因为抗金被剖心（或说是因被砍头），所以“义”字才去掉上面这一点。此说法是典型的谬解和讹传。

众所周知，唐宋以后文化世家为子弟取名时，习惯于双字之名中有一个字相同，或者单字之名，则含有相同或近似的偏旁，这是每个世家大族的一种文化标识。例如，杨同的三哥杨德兴有5个儿子，分别取名为：杨尧文、杨尧忻、杨尧章、杨尧臣、杨尧叟；北宋欧阳修祖父欧阳偃的兄弟叫欧阳俊、欧阳伸、欧阳伾、欧阳信、欧阳仿等，明代解缙的哥哥名叫解纶、解纲一样。故笔者认为，杨同为长子取名“谊直”，为次子取名“天叙”，虽然没有用一个字来串通，但毕竟同属于社会伦理范畴内的用词，侧重于社会伦理关系的构建，仍具有一定的合理性；而杨谊直和杨邦乂极有可能与杨伦（天叙）一样，另外还有一个单字之名，且是从“亻”旁的。

的确，杨邦乂三兄弟确实是极为重视自身品德的修养和社会伦理关系的构建，这里可举两例说明。

邦乂少处郡学，目不视非礼，同舍欲隳其守，拉之出，托言故旧家，实娼馆也。邦乂初不疑，酒数行，娼女出，邦乂愕然，疾趋还舍，解其衣冠焚之，

① 《辞源（修订本）》，商务印书馆1984年版，第97页。

流涕自责。①

可见杨邦乂自幼就严格要求,从不放纵自己,更不去酒馆茶楼等场所寻欢作乐,经历此事件后,还时常悔恨自己交友不慎。又如,杨万里所撰《行状》中说,杨邦乂"天性孝友,视兄犹父"。大观三年(1109),他入太学读书,不久后次兄杨伦因病去世,得知消息后,"闻讣恸绝"。政和五年(1115),他考中进士后即动身回乡,一回到家中,立刻向杨伦牌位行礼祭拜。因感念次兄的训育和帮助,将"华鄂"堂名改称为"韡韡",此二词出自于《诗经·小雅》:"棠棣之华,鄂不韡韡。凡今之人,莫如兄弟。"比喻为兄弟友爱,当时被传为庐陵佳话。庐陵名士郭孝友当时为之作记:"予嘉杨氏,友其季而不伐,恭其兄而不忘,是可振颓俗矣。"随之吟赋作记者多达百人,引为盛事。

因"邦乂"之名是从治国安邦的远大志向角度去取名,与"谊直""天叙"之取名相差较大,也似乎看不出二者之间的关联。于是,笔者不妨又做揣测:杨邦乂尚未出生,父亲杨同就已去世,他年少时母亲陈氏也去世,两个哥哥供他去郡城读书,后因成绩优异被选入太学读书,其"邦乂"之名极有可能是他在吉州郡城或太学读书时,由老师或自己所更改。假如此设想成立的话,杨邦乂入仕前极可能还有另外一个双字名,应是从个人修养或社会伦理的角度而取名,且与"谊直""天叙"之名相匹配。后来,因杨邦乂抗金誓死不降,最后舍生取义,其爱国事迹极为感人,而读书时所改的"邦乂"之名与其事迹、形象十分契合,致使他原来的单字名和曾经使用过的双字名反而被舍弃。

二、其字

对杨邦乂的字,族谱和文献中均只记载为"字希稷"。但是,我们从他的两位亲兄长和堂兄弟的字一起做综合分析,就会发现存有疑问。据光绪《忠节杨氏总谱》载,其长兄杨谊直,字允道。据《说文解字》载:"允,信也。从儿,目声。"南唐文字训诂学家徐锴为它注释说:"儿,仁人也。故为信。"可见"允"字的本义是指信、实,引申义是指公平、得当;"道"是形声字,从辵,首声,本义是指供行走的道路,故《说文》载:"道,所行道也。"后来,"道"成为古代中国人认

① 《宋史·杨邦乂传》卷447。

识自然、为己所用的一个专用名词,代指万事万物的运行轨道,或者事物变化运动的规律,包括自然界和人生的规律。诚如老子《道德经》开篇时所说:“道可道,非常道;名可名,非常名。”次兄杨伦,字彝道。“彝”是会意字,最早见于甲骨文,本义是指屠杀俘虏作为牺牲而祭献祖宗,后转作为古代青铜祭器的通称。由此可见,他两位兄长中的“允”和“彝”字,仍是从为人准则的角度去选择用字。此外,杨同三哥杨德兴为杨尧文等5个儿子分别取字为:乐道、明道、遵道、智道和思道,均是从对待“道”的态度的角度去选择用字。可见杨谊直、杨伦的字,也是以“道”字来做串通,表明杨同家族有强烈的弘扬儒家正统思想的意愿,内心希望其子嗣能“道之以德”,践行孔子所倡导的“以德为先”的为人处世准则。

按照古代士大夫家族的取字习惯,杨邦乂的字必须与其兄长们保持一致性,即取字于“×道”,意思是说,其字中的第二个字必须是“道”,不可能会另起炉灶。但是,杨氏族谱中载明其字就只有“希稷”。那么“希稷”二字又是啥意思呢?“稷”是形声字,从禾,畟声,本义是指古代的一种粮食作物,即粟或黍属,表示它与农作物有关,后引申为庄稼和粮食的总称。古代以“稷”为百谷之长,封建帝王们常奉祀为谷神,于是后来就有引申义,常以“社稷”来代指国家。“希”是会意字,从巾,从爻,像做针线,又像针线交错,其本义是指刺绣,后常假借为“稀”,代指稀少,故又转作“盼望”。“希稷”一词,意思就是盼望国家强大、百姓富足。

下面,我们再从杨邦乂儿子、侄子的字的角度来做分析。杨谊直只有一个儿子,名叫杨思文,字文渊;杨伦也只有一个儿子,名叫杨孺文,字文成。杨邦乂先娶傅氏,生一女,嫁与新干县进士陈思范为妻;复娶曾氏,生五子。长子叫杨振文,字文发;次子叫杨郁文,字文昌;三子叫杨昭文,字文明;四子叫杨蔚文,字文黼;五子乳名叫月卿,因早夭,其名和其字族谱中未载。由此可见,杨邦乂儿子、侄子们其名第二个字是以“文”字结束,其字第一个字是以“文”字开头,足以体现杨谊直兄弟对子嗣们所表达的崇文好学、科举入仕的一种朴素意愿。此外,由杨邦乂第五子的“月卿”之名,可以反推杨振文等4兄弟极可能也曾有过乳名。

由此笔者内心也存有疑惑:杨邦乂作为一位很重要的历史人物,其字与两位亲兄长、其他堂兄竟然出现如此大的差异。于是,不妨又做如下揣测:宋代时文人官员改字的现象比较普遍,应当说,杨邦乂本来已有“×道”之字,后来在吉州郡城或太学读书时,可能渐渐有了自己的新想法,于是老师或者他自己改字为“希稷”,并开始在各种正式场合使用。意思是说,古代时有两个字甚至三、四个字的人不少,如南宋名相周必大,字子充,一字洪道,而其堂兄弟周必正字子中、周必达字子上、周必端字子友、周必强字子柔,就是此类情形。由此可见,杨邦乂在老家已有一个字,即“×道”,但后来老师或自己又取了“希稷”这个字。

三、谥号

笔者首先要说明的是,经反复翻检各种杨氏族谱和地方文献,均未发现杨邦乂其号的记载。按常理是有的,如吉安“五忠一节”“庐陵九贤”中其他人,均有自己的号。其原因仍有待今后再做挖掘。

建炎三年(1129),杨邦乂舍生取义后,其铁骨铮铮、以身殉国的事迹被朝廷知晓,南宋屈膝投降的朝纲为之一震。绍兴二年(1132),朝廷颁赐《赠直秘阁告词》云:

> 懦夫偷生,名不称于没世;烈士砥节,死有重于泰山。以尔禀质刚方,值时艰厄,介胄之士望风而速奔,城郭之臣蒙受耻以求活。尔能明事君之义,抗死职之忠,誓不屈于番酋。宁自甘于血刃,口不绝骂,言不忍闻。绰有张御史之风,无愧颜常山之节。①

朝廷还派户部尚书叶梦得在杨邦乂遇难处举行隆重的国葬,赐建褒忠祠和褒忠庙,叶梦得亲自撰写《褒忠庙记碑》②。

按照旧时惯例,文武大臣死后朝廷会根据他一生的功业事迹给予一种称号,称作谥号。大臣给谥,自唐至明按制必须是正三品以上官员,程序分为请谥、定谥、赐谥三个阶段,清代则是“非官至一品者不予谥”。杨邦乂生前仅任

---

① 《宋名臣言行录·续集》卷7。
② 《全宋文》卷3183之《叶梦得》第22节。

建康通判，按级别尚未达到正三品，但朝廷后来封赠他为徽猷阁待制，类似于如今的副部级官员，算是高官系列，于是赐谥问题自然摆上议事日程。

那么杨邦乂获谥的过程情况如何呢？清乾隆《文水南华杨氏族谱·恩典》共收录8份朝廷对杨邦乂封赠的诏诰，其中有大臣为杨邦乂请谥以及朝廷为其定谥和赐谥过程的详细介绍，这里就不做具体介绍。其中《宋高宗皇帝赐杨忠襄谥诰》载：

> 致命殒躯，为臣之太节，易名赐谥，有国之殊恩。显锡赞书，用风群辟。以尔顷遭虏难，方佐郡条，守既屈降，身犹支抗。巡先远后，尚毁誉之。有云：蔡死曹生，岂劝惩之无别？惟彼蛇豕，殄我人民，将不道而久强，是无天也。非有烈之共奋，其能国乎？载循尔忠，深恻予意。既厚以崇秩，又采之公言。临难执心，合其二美，尊名一惠，少慰久京，英魂尚存，服于休命。可谥曰“忠襄”，主者施行。①

另据《宋史·高宗(本纪)》载：

> (绍兴)二年(1132)春正月癸巳朔，帝在绍兴府……丙申，赐杨邦乂谥曰“忠襄”。②

由此可见，宋朝廷颁赐给杨邦乂的谥号是“忠襄”。说到古代的谥号，单谥“文”算是文官的最高谥号，如王安石和韩愈二人就曾获得。其后“文正”便是对大臣的最高谥号，如司马光、范仲淹等。再后即是“文忠”“文恭”之类。另一方面，古时谥号虽说存在排位的事实，但也要看哪个用词更适合于所评价人的作为和功德。如“文襄”谥号，一般多用于有武功的文臣，而在双方交争中遇难的大臣，才会有“壮”或“烈”之类的用词。

那么，杨邦乂获赐的“忠襄”谥号有什么含义呢？依据西晋五经博士孔晁

① 清乾隆十七年(1752)《文水南华杨氏族谱》之《恩典·宋高宗皇帝赐杨忠襄谥诰》。
② 《宋史·高宗(四)》卷27。

撰作的《逸周书》卷6载:“辟地有德,曰襄;甲胄有劳,曰襄。”唐开元年间学者张守节曾为司马迁的《史记》作注,其撰作的《史记正义·论例谥法解》中解释说,“辟地有德”是指“取之以义”;而“甲胄有劳”是指“亟征伐”,亦作“言成征伐”。古代时说到辟地,无非是指攻城略地、杀人盈野之类的军功,而杨邦乂是誓死抗金,以守城而献忠心,且被割舌剖腹取心,不可谓不忠。但他并非在交战中遇难,所以宋朝廷为他颁赐“忠襄”之美谥。

结语

杨邦乂与欧阳修、胡铨、族孙杨万里、周必大、文天祥并称为庐陵“五忠一节”,成为南宋以降吉安及江西乃至全国士人效法的榜样。“盖自欧阳永叔崛起斗牛间,节义文章揭日月而行之。杨希稷、杨廷秀相继死国,清风高节,转相慕尚。”①

应当说,杨邦乂名、字与谥号在学界无任何异议。但笔者依据光绪《忠节杨氏总谱》的相关记载,通过挖掘其父辈、子侄们的名和字,认为“邦乂”之名、“希稷”之字应是他后来在吉州郡城或太学读书时所改。此外,杨邦乂应该还有一个与“谊直”“天叙”相匹配、以体现自身修养或社会伦理的双字之名,甚至还有一个单字之名,其字原来应是“×道”。正因为他后来成为舍生取义的抗金名臣,所改的“邦乂”名和“希稷”字与其形象十分契合,于是被流传下来。反之,他年轻时曾用过的单字之名,或者与“谊直”“天叙”相匹配的双字之名,以及“×道”之字已被遗弃。至于当时改名、改字的缘由是什么,是什么时间、由谁所改,如今已无法得到答案。毕竟族谱是后面重修的,对此又未做记载,值得今后继续深入挖掘。

① 万历《吉安府志·吉水》卷11。

杨邦乂《政瑞祠堂记》探考

笔者作为杨邦乂 30 世族孙，一直关注其传世诗文。多年以来，仅从峡江县何君杨家收藏的乾隆版《文水南华杨氏族谱》中收集到《寄从弟鳣堂先生》诗两首[①]。鳣堂先生即是溢塘村族弟兼同窗、贵池县令杨杞，这两首诗又见于盘谷镇谷村李氏收藏的《仰承集》[②]，诗题却是《赠大博应中二绝（讳求）》，与李求亦为同窗。2023 年夏，笔者从黄桥镇螺陂村收藏的民国版《螺陂萧氏族谱》中寻得杨邦乂记文一篇。[③] 现将它抄录并标点如下：

政瑞祠堂记

居官而至将相、列爵而封侯王，显于当时扬于后世者，此大丈夫得志行乎中国，而道济天下之所为也，宋“江西三瑞”昭昭然。“三瑞”之所以得名，何也？仁宗皇帝尝题柱曰：“彭齐之文章、杨丕之清慎、萧定基之政事，此‘江西之三瑞’也。”

定基登宋天禧进士第，官至殿中侍御史，淮浙荆湖制置，爵广陵侯，又为“三瑞”之一也。居螺陂，字守一，为乾贞将仕郎，武宁长官之曾孙，工部侍郎良辅之子，唐相复之子详刑观察俭之后也。夫人毛氏，河阳县。君生五子，曰汝砺，太常博士；汝谐，都官员外郎；汝器，官至殿中丞；汝士，官至太子中舍，汝奭，官至通直郎。孙服，元丰进士，官至监察御史、吏部侍郎。其他仕者，文武贞节，不可具述。盖侯之“瑞”名，既与杨丕、彭齐等，而其

① 峡江县水边镇何君杨家收藏的《文水南华杨氏族谱》之《艺文 · 诗》，乾隆十七年（1752）编修。

② 盘谷镇谷村李氏收藏的《仰承集》卷 9《艺文 · 诗》，宣统元年（1909）编修。

③ 吉水县黄桥镇螺陂村收藏的《螺陂萧氏族谱》之《文献集 · 记》，民国八年（1919）第 13 次编修。

德业闻望贻于后世者，又非寻常可拟已，而辅相当时，莫非得志行道于天下也。然得志行道于天下者，公天下者也，非私天下也。

凡出正词、明大道、急先务、泽生民、立辟雍、封禅之仪，致风化声教之始于此，见责难陈善之，敬竭忠补过之，诚又皆自天降之大任。若是也，侯之盛德忠诚贯日，孝则动天，仪刑文武典章，百司抚安，广右蛮夷服恩，监铁不谬，洗冤无枉，奠正有方。天子感其功能，朝廷赖其纪纲，瑞拔江西，列封侯爵，皆公之政事所致，所以见公之德荣乎，天下后世岂一朝一夕之荣哉？煌煌圭衮，赫赫令誉，光被前人，业垂后裔。诗云："无忝尔祖，聿修厥德。"此之谓与？所以将相而富贵者，宜隆是爵。

盖古先帝王之封建诸侯，治其民而食其力，以利民也。食其力者有以异，封其爵者无不同，所以教化成而功赏行也。群臣异姓之封，谓之彻，侯有分土无分民，然汉之时有以宰相封侯者，自公孙弘封平津侯始。有以功封侯者，自霍去病封冠军侯始。有以地封侯者，自苏建封平陵侯始。其间有以裔封，有以妇人封者，有以宦官封者，若是者无定制。自后世有天下者，封赏各有制，事虽同年概举，而侯以宰相功名定封，皆侯积功累勋而致于斯，衣冠而华胄者延于后，将相而令望者传于今。

呜呼，当公之存也，侯于千载之下，宜其恪遵成宪，犹天之未丧斯文也。侯子孙绳绳未艾，而衣冠不乏者，宜典春秋于祠堂也。为其后者，十有四家，以奉祠祀，又从而为之歌，使其孙昂歌之以祀公。其词曰：

侯之生兮国祯祥，侯之屹兮立栋梁。侯之得君兮尧舜禹汤，侯之为臣兮夔龙殳斨。侯之爵兮比公与王，侯之德兮流传四方。奠安社稷兮崭然纲常，抚安夷蛮兮恩泽汪洋。敕书褒美兮五色焜煌，凯歌归奏兮至于帝乡。治监铁兮国赋无伤，秉忠概兮壹巨阙而干将。天呈瑞兮云欲黄，日有祥兮垂精光。拔杨丕之清操兮政事等，彭齐之文章才不时兮鸾与凰。寿不延兮摧高冈，春秋祭祀兮鼓钟铿锵。杂肴蔬兮进侯堂，侯垂灵兮喜且翔。歌我侯兮凤鸣朝，阳侯且昭兮永无疆。

靖康元年(1126)丙午，里姻、后学杨邦乂撰。

这篇记文共951字，字迹清晰，首尾完整，无一缺字。因杨邦乂《政瑞祠堂记》未被《全宋文》和其他文献刊载，且是已发现的第一篇记文，现笔者为之做简要探考。

一、关于政瑞祠堂

（一）“政瑞”堂名释义

走进杨万里故里，忠节总祠内有一副“江南三瑞第，关西五谥家”的楹联。翻开萧氏族谱，宗祠通用联有“三瑞御史，八叶相公”的楹联。迈入庐陵彭姓村庄，很多祠堂悬挂着“三瑞丕基”“三瑞堂”的匾额。为何吉安范围内杨氏、萧氏和彭氏祠堂都说到“三瑞”一词呢？

“瑞”是形声字，本义是指玉制作的符信，古代通常做凭证用，其引申义是指上天降下的祥瑞。这里的“三瑞”，却是指北宋时庐陵地区彭齐、杨丕和萧定基三人，如雍正《江西通志》载：“真宗尝大书殿柱云：彭齐之文章，杨丕之廉谨，萧定基之政事，可为‘江西三瑞’。”[①]这段话是北宋皇帝从自己的角度，认为上天给他安排这么好的三位大臣来辅佐，以致在宫廷殿柱上写下如此一段赞美的文字。

正因为北宋皇帝褒奖萧定基政务高效、吏治清明，且是“江西三瑞”之一，于是螺陂萧氏从“政事”和“三瑞”中各取一个有代表意义的字，取名“政瑞”祠堂。

（二）“江西三瑞”题写者到底是谁

雍正版《江西通志》中说在殿柱上题写“江西三瑞”者是宋真宗，光绪版《吉水县志》也说：“宋真宗书殿柱谓‘江西三瑞’，固皆吉产。”[②]但是，民国版《螺陂萧氏族谱》中说，景祐元年（1034），宋仁宗御题殿柱说，“萧定基之政事、杨丕之清谨、彭齐之文章，是为‘江西三瑞’”。杨万里为族叔祖杨杞所撰《鳣堂先生杨公文集序》中也说，殿柱上题写“杨丕之廉谨者，即屯田公也”[③]的人是宋仁宗，还有宋末元初文人编写的《氏族大全》也载“仁宗尝题殿柱云”[④]等。那么，殿柱上书写“江西三瑞”者到底是谁呢？

---

① 雍正《江西通志》卷75《人物·吉安府》。
② 光绪《吉水县志·人物志》卷32《名臣》之“卷首语”部分。
③ 《诚斋集》卷79《序》。
④ 宋末元初《氏族大全》卷6，作者不详。又见于明代彭大翼撰《山堂肆考》卷103。

为此，笔者翻检相关史料发现，明代吉水先贤解缙曾撰作《跋宋真宗赐杨丕手敕》，他依据翔实史料考证后得出结论说，题写“江西三瑞”者是宋真宗，并非宋仁宗。文曰：

按《吉水志》：杨丕，字大中，宋真宗祥符八年（1015）进士，为员外屯田郎，改知康州。据史书云，大中祥符五年十二月立德妃，妃聪明，排群议立之，令康州进贺。今此敕所云即其事也。当是公知康州日无疑，而州志所称登第之年与此不合，然必以史书与此敕为正。此敕字画甚佳，盖真宗极盛之时也，但不知与书“三瑞”之时孰前孰后耳？公之裔孙某出以相示为疏所闻宋制署某日及押敕，皆至尊亲笔，真宗与刘后坐阁中批答章奏，每至中夜，其勤盖如此。敕虽未知其何人书，但押敕盖真宗御笔无疑矣。杨氏子孙其宝之。①

解缙跋文中所说到的敕令，乾隆版《文水南华杨氏族谱》和民国版《螺陂萧氏族谱》均有收录。众所周知，宋真宗是宋太宗第三子，出生于开宝元年（968），因两位兄长相继去世，于至道三年（997）以太子继位，于乾兴元年（1022）去世。宋仁宗则是出生于大中祥符三年（1010），于天禧二年（1018）册封为太子，乾兴元年（1022）继位，那年才12岁。再依据杨丕等三人中进士、做官时间，以及在殿柱上书写褒奖文字所表现出来的和谐君臣关系，说是宋真宗的观点似乎更为可信。之后，解缙送别螺陂人萧观复时曾撰《送萧观复省兄安庆序》，说：“吾观《宋史郡乘》言：宋真宗皇帝尝大书其殿柱曰：彭齐之文章，杨丕之清谨，萧定基之政事，可为‘江西三瑞’。”②由此可见，南宋至明初时文人们都认为，在殿柱上题写“江西三瑞”者是宋仁宗，自从解缙撰作《跋宋真宗赐杨丕手敕》后，文人们才认定题写“江西三瑞”者是宋真宗。正因为殿柱书写者的认定不同，才造成各种史料的记载有所差异，而褒奖杨丕时出现的“廉谨”“清操”“清谨”的用词不同，也就成为必然。

---

① （明）解缙：《文毅集》卷16《题跋》之《跋宋真宗赐杨丕手敕》。
② 《文毅集》卷7《序》之《送萧观复省兄安庆序》。

(三)政瑞祠堂建于何处

据民国版《螺陂萧氏族谱》载:

> 文江郡志云:政瑞祠,在中鹄乡山原,乃诸萧子孙祀其祖广陵侯定基先贤之地也。祠内有三赋碑。①

文江是赣江吉水段的别称,有时特指吉水县,古代地方文献中还会写作"吉文"。中鹄乡是吉水古代五乡之一,以赣江为界,有上中鹄、下中鹄之分。山原村名至今仍在使用,今隶属黄桥镇管辖,与庙前村、螺陂村相邻。依据上文中"郡志"一词,查考吉水建置史,元代元贞元年(1295)吉水由县升为州,这是该县历史上的最高建置,由此可推测,这段话应是元代后期螺陂萧氏族谱编修者写进去的。再翻检清光绪版《吉水县志》卷 3 载:"同水乡,管七都。第五十六都……虎形下,政瑞萧氏。"卷 66《尚义录》又载:"虎形下萧政瑞堂,(捐)八百文。"②均可印证螺陂萧氏曾经建有政瑞祠堂。

笔者再翻阅螺陂萧氏近年编修的第十四修谱,得知政瑞祠堂始建于北宋靖康元年(1126),具体地点是在今黄桥镇庙前村西侧、山原村东侧。该处北面为山,外形似老虎,故称虎形山,南面地势较低且平坦,已辟为农田,选择山麓处建祠堂,于是取名为"虎形下"。为方便外地萧氏宗亲来祠堂祭祀,南宋嘉定九年(1216),萧定基直系后裔、螺陂 10 世萧龙炎从螺陂村迁出,选择虎形下开基。之后,虎形下萧氏又陆续建有广陵侯牌坊、贞节祠和寺庙等。明正德十一年(1516),位于螺陂村的庐陵萧氏总祠因年久失修而倒塌。嘉靖二十六年(1547),由云庄村 21 世孙、官至福建左政使萧晚牵头,将总祠迁建于虎形下,并改名为"萧氏文武忠孝祠",内挂"敦叙堂"匾额。自明代中期开始,山原村罗氏不断往东面新建房舍,虎形下萧氏认为风水已被罗氏侵占,于是不断往外迁徙,如今金滩镇上柘塘、文峰镇文水社区、盘谷镇小江村等都有虎形下村的外迁萧氏。1930 年,虎形下已无萧氏族人居住。1968 年,广陵侯牌坊和萧氏文武忠

① 吉水县黄桥镇螺陂村收藏的《螺陂萧氏族谱》之《文献集》,民国八年(1919)第 13 次编修。

② 光绪《吉水县志》卷 3《地理志》和光绪版《吉水县志》卷 66《杂类志・尚义录》。

孝祠被“文革”造反派拆毁。

二、“江西三瑞”其人

(一)彭齐

字舒孟,号醒庵,原居住地是在黄桥镇庙前村临河边方向不远处,后迁至今黄桥镇西岸村。大中祥符元年(1008)中进士,历官秘书省校书郎、零陵知县、建宁节度使推官、南丰知县等,后被北宋名儒杨亿赏识,迁为太常博士。

“彭齐之文章”的赞语是否属实呢?据西岸彭氏族谱载,彭齐自幼聪颖,七岁能赋山茶诗,景德四年(1007)曾高中江西解试第一名。又因他英年早逝,传世作品并不多。南宋理学家张栻曾为其画像题赞语说:“先生探赜钓玄,得四圣之妙奥,旁搜涉猎诸史之征芒。其学识也,闻见广博;其胸襟也,才调优长。早岁蜚声哗榜,一试英冠天壤,真宗喜其诗赋,题柱曰彭齐之文章。”[①]阜田镇下滩村彭氏收藏的族谱中录有一份关于彭齐升职的官诰,说他“或以文辞而升,或以经术而进,第其事业”,[②]可见彭齐的文章在当时确实负有盛名。

(二)杨丕

部分文献中又写作“杨伾”,字大中,吉水县黄桥镇杨家庄人,杨邦乂族曾祖父。大中祥符八年(1015)中进士,系庐陵杨氏第一位进士,历任国子博士、康州知州、终官工部员外郎。

“杨丕之清谨”的赞语是否属实呢?峡江县何君杨家收藏的乾隆版《文水南华杨氏族谱》中录有一份皇帝赐给杨丕的敕令,说:“汝蚤(通‘早’)负才谟,方隆寄任。庆中闱之正位,贡贺礼以陈诚。益仞恭虔,称深嘉叹。”[③]细读这篇敕令可知,皇帝因册封皇后,时任广东康州知州的杨丕按礼数呈送贺礼,而皇帝对其才干和礼数颇为认可,于是才有此敕文。水南镇华山村杨家是杨丕的直系后裔,该村祠堂门口悬挂着“清谨堂”匾额。

(三)萧定基

字守一,吉水县黄桥镇螺陂村人。天禧三年(1019)中进士,历任军事推

---

① (南宋)张栻:《南轩先生文集》卷34之《题跋》。

② 阜田镇下滩村彭氏收藏的《彭氏珍藏谱·艺文》,民国丁亥年续修,隐源山口老彭世庆堂公局编修。

③ 峡江县水边镇何君杨家收藏的《文水南华杨氏族谱》之《艺文·诗》,乾隆十七年(1752)编修。

官、监察御史、黎州和乾州知州、侍御史等职。关于萧定基的才干,《四川通志》卷7载:“萧定基,明道间知黎州,有善政。岁歉,赈活饥民甚众。初,黎州无举进士者,定基教育有方,文风丕振,逾年贡礼部,遂得数人。”①文字虽不多,但他赈灾、重教、仁政之事迹跃然纸上。《广西通志》卷65载:“萧定基,字守一,吉水人,累官侍御史。宜州蛮为寇,以定基为安抚使。定基驰至,问所以反?故遣兵万余守要害,戒诸将无妄击蛮,遂遁。仁宗曰:‘边臣好生事,定基乃能如是。’”②因他理政能力较强,朝廷很快召还,安排出任淮浙荆湖制置发运副使。

尽管萧定基比彭齐、杨丕年轻一些,但才干和政绩并不在他俩之下。北宋名相王安石曾为他撰作《萧公神道碑》,文中言及这样一件事。景祐三年(1036),刘太后的近亲、蕲州知州王蒙正滥用职权,草菅人命,其属下蕲水知县林宗言因看不惯王氏胡作非为,便向朝廷上奏一份诉状。不料被王蒙正截获,于是恼羞成怒,歪曲事实,罗列条文,诬陷林氏受贿,想将他判成死罪。朝廷派萧定基去核查,发现此案有很多疑点。随后萧定基告诉部下说:“王蒙正肯定会来找你贿赂,你就……”后来王氏果然为其部下送重金,萧氏等人将计就计,从而获得此案实情。之后他不顾多方压力,秉公断案,林知县得以昭雪,王蒙正则被治罪,并贬为洪州别驾,此举震惊朝野。③《续资治通鉴长编》卷116又载,某年“以大暑降天下囚罪一等,杖以下释之,诸路令转运使提点刑狱。开封府界遣殿中侍御史里行高若讷、萧定基疏决之。定基,庐陵人也。”④可见萧定基理政能力确实较强,且处事公正,深得皇帝器重。

(四)“江西三瑞”一词最早见于何处

笔者翻检名士文集、地方文献等相关史料发现,“江西三瑞”一词最早出现于南宋末期。时间最早的文献是文天祥《文山集》卷13,其中《送彭和父游学序》载:“彭,江西三瑞之一。和父,其孙也。家传读书,半世以教人为业,以两岁无所于馆,将游学以问于四方。”时间第二早的文献是宋末元初刘将孙《养吾

---

① 雍正《四川通志》卷7《名宦》之《萧定基》。

② 雍正《广西通志》卷65《名宦》之《萧定基》。

③ (北宋)王安石:《临川文集》卷89《淮南江浙荆湖南北等路制置兼都大发运副使赠尚书工部侍郎萧公神道碑》。

④ (南宋)李焘:《续资治通鉴长编》卷116之《仁宗》。

斋集》卷32,他为元初萧炎亨所作墓志铭中说:“吾庐陵衣冠世家,自唐至宋不绝者,惟吉文九江萧氏。侍御史定基,为江西三瑞之一,自台端持乡漕节发运使。孙服,复为名御史,近年以名春秋策,首擢第为湖南宪。”

读者也许会问,杨丕是杨万里五世族祖,胡铨曾为萧定基的孙子萧服撰作墓志铭,周必大和杨万里均曾为彭齐、萧服的文章写过跋语,为何他们文集中都未说到“江西三瑞”一词呢?笔者认为,主要缘由有二:一是“江西三瑞”的主人公均是北宋中期人,而记录皇帝言行的《起居注》《实录》等原始资料尚未被公开,以致南宋前期的文人都没有见过。二是南宋王朝的建立,是因为宋钦宗、宋徽宗被金国俘虏,康王赵构于商丘称帝才建立。宋室南渡后,北宋宫廷的文书档案仍被金国统治者所控制,南宋前期的文人无法看到。但是,笔者翻阅杨万里的《诚斋集》,其中仍有片言只语的表述。例如他应杨次山之邀,为其父杨杞文集撰作《鳣堂先生杨公文集序》中说:“仁宗皇帝尝题殿柱云‘杨丕之廉谨’者,即屯田公也。”[①]该文明确表述杨丕曾受到皇帝的褒奖,称赞杨丕“廉谨”之品行。

值得一提的是,彭齐、杨丕和萧定基都是当今吉水县黄桥镇人,这三个村庄之间正好呈等边三角形,相距约2公里。大家都知道,北宋管辖的地域要比南宋大得多,而皇帝所褒奖的三人竟然是同郡同乡且相距极近,这在古今历史上都少见。解缙撰作《送萧观复省兄安庆序》说:“江西三瑞,而皆在吾乡指顾之间,兹非大宛之渥洼,昆仑之元圃欤。”[②]先贤言语中的自豪之情,溢于言表。

三、杨邦乂作记的可能性分析

杨邦乂是杨家庄人,顾名思义,这是一个杨姓人氏聚居的村庄,该村当今则称为云庄。为何会被易名呢?今天的云庄村均为萧姓,为何已没有一户杨姓人家?要回答这两个问题,就要从它的历史渊源说起。

庐陵绝大多数杨氏均尊唐末五代的杨辂为始祖,陕西华阴人,官吴王杨氏政权下的虞部侍郎,因出任吉州刺史而来到庐陵。其长子杨锐,字云峦,自号山庄居士,一生以教书为生,隐居不仕。杨辂秩满后,因战乱尚未结束,道阻不能

① 《杨万里家族纪略》,江西人民出版社2017年版,第169页。

② 《文毅集》卷7之《序》之《送萧观复省兄安庆序》。

归，于是只好择新居开基。他们从郡城沿赣江而下，辗转来到吉水县六十二都鹧鸪山东南3公里处，该地域南面和西面平坦，均可开辟为农田，一条小溪由东北向西南蜿蜒而流，东面和北面则是群山环绕，森林茂密，实在是风景优雅之地，于是安排长子杨锐在此开基立业，取名杨家庄。

为何杨家庄后来有萧姓人氏呢？这与杨、萧二姓源远流长的姻亲关系分不开。庐陵绝大多数萧氏尊萧霁为始祖，据《螺陂总世系·萧霁》载：

> 乾贞二年戊子，广陵吴主杨行密之子溥以洪州钟传乱扰方息，武宁邑民未顺，思得勇决有谋之士以镇之。问朝臣“谁可任者”，侍郎杨辂奏曰：“臣有外甥萧霁，素有胆略，堪充任使。其人现在阙下。”吴主召见，因献文字十篇，皆经国策也。吴主见其风骨伟岸，大奇之。当日释褐，授洪州武宁令兼知镇事。到任数月，奸宄屏迹，治声赫然。未几，以疾卒于官。吏民怀之，为之立祠，今洪州武宁县有萧长官庙是也。归葬吉水墨潭山。①

依照萧氏族谱中的说法，乾贞二年（928），萧霁由吴主杨溥授予洪州武宁县令兼知镇事一官，实是由杨辂推荐和奏请才获得，由此可知萧霁与杨辂是甥舅关系，与杨家庄开基祖杨锐是姑表兄弟。其实，大诗人杨万里与螺陂萧氏也有多层姻亲关系，他的好友萧岳英之父萧昂曾“两娶杨氏”，先是娶杨邦乂的姐姐为妻，妻子病逝后，又娶湴塘村八世杨存的侄孙女为妻。杨万里一位堂姑又嫁给萧岳英独子萧特起为妻，所以杨万里《跋彭道原诗》中说：“吾族与萧氏，世姻也。”②

这里需要插叙一下。正因为庐陵杨、萧二姓有如此源远流长的姻亲关系，所以元末时杨家庄接纳了属于姻亲的萧姓支祖萧仪复。据《萧氏族谱——云庄房》载，杨家庄萧氏开基祖叫萧仪复，原是黄桥镇庙前村人，为萧霁17世孙。萧仪复的母亲是杨家庄女子，出嫁后没过几年，丈夫便因病去世。杨氏和幼子在庙前村生活十分艰难，还经常受到强邻欺负，她的娘家在杨家庄是大户人家，

---

① 民国《螺陂萧氏族谱》之《螺陂总世系》之《萧霁》。

② 《诚斋集》卷101之《跋彭道原诗》。

生活较宽裕，于是杨氏携幼子回娘家居住。又因特殊的生活经历，萧仪复自幼发愤苦读，后来也娶杨家庄一女子为妻。随着明朝的建立和科举考试的恢复，萧姓人氏陆续取得功名并外出做官，如正德年间萧晚考中进士，官至福建左布政使，其子萧轼于嘉靖年间考中进士，官仁和知县等，但他们的家业仍留在杨家庄。明、清两代，杨家庄的萧姓人氏繁衍明显加快，杨姓人氏繁衍却较慢，有不少杨姓人氏认为风水已被萧姓人侵占，再居住于此地，会造成子孙后代不发达，于是纷纷举家外迁。民国时期，杨姓仅剩八九户人家。随着杨姓人氏的迁出，萧姓人氏迅速繁衍，到新中国成立时，杨家庄仅有四五户杨姓孤寡人家。1958年“大跃进”时期，鉴于杨家庄已名存实亡，萧姓村民便将村名改称为云庄，杨家庄至此退出历史舞台。

下面，笔者再从《政瑞祠堂记》原文角度做简要分析。记文中“此大丈夫得志行乎中国，而道济天下之所为也，宋‘江西三瑞’昭昭然”之句，既是作者对先贤德行的推崇，又是自己忠心爱国、奉献为民的赤诚表达。记文中“见责难陈善之，敬竭忠补过之，诚又皆自天降之大任。若是也，侯之盛德忠诚贯日，孝则动天”之句，既是作者对天下治理、百姓教化的一些独到见解，又是自己要修身养德的愿望表达。记文中“侯于千载之下，宜其恪遵成宪，犹天之未丧斯文也”之句，既可视为作者弘扬正气、崇尚节义的内心呼唤，也可视为杨邦乂三年后能舍生取义的最好诠释。其他之处，不一一列举。鉴于萧定基曾经与作者的族曾祖父杨丕一起被皇帝褒奖，自家姐姐嫁与螺陂村萧昂为妻，杨邦乂应同邑姻亲之邀，为纪念乡土名士作记就有极大可能性。

此外，《文献》杂志1990年第3期曾刊登原吉安师专萧东海教授所撰的《新发现杨万里佚文〈五一堂记〉述考》，而《五一堂记》也是从民国版《螺陂萧氏族谱》中寻得，萧教授从两姓渊源、作记可能等角度进行深入分析后得出结论说，该记文应是杨万里一篇珍贵佚文。30多年来，学界对此结论一直持认同态度，如日本学习院大学东洋文化研究所王瑞来研究员2019年所撰《杨万里佚文〈桃林罗氏族谱序〉考实》文中就有明确表述。① 所以笔者认为，鉴于《政瑞祠

① 王瑞来：《杨万里佚文〈桃林罗氏族谱序〉考实》，《河北大学学报（哲学社会科学版）》2019年第3期。

堂记》真实可信地反映了杨邦乂的思想性格，该文的真实性不言而喻。

四、《政瑞祠堂记》跋文

民国版《螺陂萧氏族谱》中还录有湴塘村杨国琇所撰《跋》语，文曰：

是记成于先公忠襄之手，所以表扬先哲，令后之歌功颂德者，将崇祀于勿替也。公去侯之世未远，而地又甚近，凡记中所载，一皆信而有徵，独公与侯所遇，有幸有不幸焉。侯事仁宗皇帝，躬逢明圣，挥霍任意，故能福国而康民，安内而攘外，恩威及于遐迩，光裕见于前后，河山带砺之盟，永永无匮，猗欤休哉！

我公别驾建康，金人入寇，守臣皆降，公独守节不屈，剖心而死，虽屡蒙朝廷褒赠，而当其身被刀俎，可胜悲悼？语有之曰："为人臣者，愿为良，不愿为忠。"其信然矣。萧氏为文江右族，忠孝文武出于一门，历数朝而文献足徵。近因兵燹，简编断残，翻阅家谱得是记，而命余小子代录，重寿诸梓，用不揣固陋，敢顿首附识于后。

裔孙国琇拜书。①

依据杨国琇跋语，可知他是从废旧残缺家谱中搜得《政瑞祠堂记》文稿的，但没交待具体时间，也没有作自我介绍。那么，杨国琇又是何人呢？

笔者反复查阅光绪版《忠节杨氏总谱》，发现《湴塘延邦公派中奉后二十二世中书支系图》载："国琇，作贤公次子，行鹊四，字令仪，一字伯则，号莹公，由廪生授康熙十七年（1678）岁贡，而文宗（南明皇帝）称之曰：'此经学宿儒，盛朝遗珠也。'后奉铨选公，以年老辞。生于万历四十五年（1617）丁巳，至康熙二十一年（1682）壬戌，年六十六而殁。"杨国琇的父亲叫杨作贤，是明嘉靖年间重修庐陵杨氏忠节总祠的实际操办者杨必传的曾孙。杨氏族谱又载，杨作贤"号学鲁，邑廪生，敏而好学，邹南皋（元标）先生器重之，尝谓：'邑侯陈虚舟曰：此敝

① 吉水县黄桥镇螺陂村收藏的《螺陂萧氏族谱》之《文献集》，民国八年（1919）第13次编修。

邑盛德士也。'侯加敬礼"①。陈虚舟即陈与相,浙江海宁人,进士,万历七年(1579)出任吉水知县,曾倡建仁文书院,颇有惠政。由此可知,杨国琇是湴塘村杨氏27世,出生于书香官宦之家,生活于明末清初。

但笔者也认为,民国版《螺陂萧氏族谱》已是第13次修谱,不排除历代萧氏裔孙对《政瑞祠堂记》部分字句曾有过增删。如标题"政瑞祠堂记"中的"祠"字,古代文人应邀作记时很少会写入此字;又如该记文对萧氏世系部分的表述,甚详且冗长,这些应是后世萧氏族谱编修者擅自做过修改。

结语

今年,笔者从事庐陵文化研究正好20年,翻阅过不少地方文献,部分还曾拍照留存,但作者署名为"杨邦乂"之文,仅发现《政瑞祠堂记》一篇。明末清初时,湴塘村裔孙杨国琇从残旧族谱中搜得此文,结合杨、萧二姓源远流长的姻亲关系,且记文内容与杨邦乂思想性格相契合的实际,该记文的真实性不言而喻,更凸显它的弥足珍贵。

从记文落款来看,杨邦乂作记时间是他就义前三年。文中有不少句子表达了作者对国家前途、社会治理、人民生活的关心,这正是他崇尚气节、爱国忧民、恪守清廉的最好诠释,也是他三年后能舍生取义的动力源泉。庐陵有"五忠一节"等著名历史人物,杨邦乂则是承上启下的重要人物之一,正因为有他个体的展露,背后是该地域丰厚的文化积淀,为庐陵文化核心要义——"文章节义"的形成奠定了坚实的基础。

---

① 湴塘村《忠节杨氏总谱》之《湴塘延邦公派中奉后二十二世中书支系图》,光绪二十五年(1899)编修。

《诚斋集》所载岳父罗天文家族人物探考

杨万里一生交际广泛，其中因地缘和亲缘关系，与邑士乡宦、族人姻亲的交游最多，且甚为难考。《诚斋集》中所载罗姓人物不少，其中以岳父罗天文之族居多，这些姻亲中很多人曾获得功名，却又因官位低名气小，所以世人少有认知。笔者现依据嘉庆版《秀川罗氏族谱》、康熙版《庐陵县志》、雍正版《江西通志》等地方文献，对罗天文家族人物尤其是涉及科举入闱情况做简要考察，目的是为读者了解南宋中期庐陵士人科举提供一个视角，借以印证庐陵世家业儒之盛，彰显古代吉安"耕读传家，诗书继世"的厚重文化底蕴。

一、罗含

绍兴二十五年(1155)，杨万里娶妻罗氏，系庐陵县化龙乡折桂里勘村罗天文第五女。勘村今名称作熇下①，具体位置是在今吉水县阜田镇双山水库西北3公里处，距湴塘村约30公里。该村背山面水，坐南朝北，古代时是吉水前往安福、宜春、湖南的必经之路，村前则有一条小江，名叫秀川，村前小江中间又有一座小山，外形像一枚印章，所以古代文献中此村多称作"秀川"或"印冈"。1960年，吉水县修成双山水库后，因该水库控制流域面积49.8平方公里，总库容达2674万立方米，淹没耕地5427亩，移民2069人，所以常存在地界、灌溉和渔政等方面的纠纷，为有利于矛盾纠纷的解决，1985年由吉安行署出面，将熇下村由吉安县油田乡划归吉水县阜田镇管辖。

关于秀川罗氏的族源，杨万里《罗氏万卷楼记》开篇即说："罗氏，皆豫章别也，其在于晋，君章以文鸣降。及五季，则有江东公。今庐陵之罗，其后也……

---

① 《秀川罗氏族谱·谱首》，嘉庆十二年(1807)编修，谱藏阜田镇里塘村，下同。

由完塘西北五十里，而遥为印冈之罗。”[1]该记文是杨万里应吉水县桃林人罗敬夫之邀而撰，文中阐明了秀川罗氏的源流，将东晋湖南人罗含视为先祖。

但是，当今秀川罗氏均尊唐后期来自钱塘的罗荝为始祖，如《秀川罗氏族谱》载：“（一世）荝，居吉州庐陵县化龙乡折桂里戡村，生唐懿宗时，卒葬桥下大时冈西山艮向。”[2]吉水县盘谷镇桃林罗氏《重修族谱序》则载：“荝，字山斗，行十三，唐元宗开元二十年以身言书判等科，由钱塘任庐陵刺史，终于官，子孙遂家郡城西大巷口，后徙吉州水东熌下淘银塘。”[3]

笔者认为，杨万里之表述，当是依据他所掌握的资料，结合庐陵、吉水二县罗氏大众化的认同才如此说的。更为关键的，罗含是东晋名士，族源更远，罗荝是唐后期人氏，其先世至今尚无确切记载。依据杨万里当时的身份、地位、学识以及与罗氏的姻亲关系，其说法有一定的权威性，后世学者多有引用。

二、罗隐

杨万里《罗氏万卷楼记》中说：“及五季，则有江东公。”罗隐，浙江富阳人，地理方位上属江东，故号江东。据《咸淳临安志》载：“罗隐，字昭谏，郡之新城人，有能诗名。唐僖宗光启三年（887），吴越王钱氏（镠）表请为钱塘令。事具金部郎中沈崧所撰《罗隐墓志》。”[4]由此可知罗隐生活于唐末五代时。

但是，翻阅嘉庆版《秀川罗氏族谱》得知，罗隐并不是罗荝的直系后裔，也没有任何文献说他俩是直系祖孙，状元罗洪先《澄溪华山周桥罗氏族谱序》中也说：“吉，多罗姓。虽融塞不齐，大抵皆祖印冈荝矣。余家牒记，祖荝，仅识名耳，其业微劣无征，然他氏牒记稍异。”[5]此疑仍有待今后再做深入考证。

三、罗辩

嘉庆版《秀川罗氏族谱》中虽无“罗隐”之载，但在罗氏第六世又有“罗辩”。其文载：“葬龙池亥山巽向，配刘氏。卒五月十七日，葬扶山坤山甲向。四子：滋、仇、谏、绅。”此记载与《诚斋集》中的说法相一致，如杨万里《罗元亨墓

① 《诚斋集》卷76之《记》，杨万里撰，四库全书本，下同。

② 嘉庆《秀川罗氏族谱》之《世系总图》。

③ 宣统《罗氏秀川族谱》之《竹溪桃林重修族谱序》，谱藏盘谷镇桃林罗氏。

④ 《咸淳临安志》卷51之《秩官（九）》，宋潜说友撰，四库全书本。

⑤ 《念庵文集》卷12之《谱序》，罗洪先撰，四库全书本。

表》中载："曾祖耕，祖讳仇，皆不仕。"①其人名、世系均相符合。

罗耕之父叫罗遵，生四子，即罗元、罗耕、罗兴、罗轩。另据宣统版《罗氏秀川竹溪桃林重修族谱》载："耕，行三，唐昭宗大顺二年（891）任荆州刺史，弃官复居（庐陵）郡城，后徙印冈，葬龙池巽向。配曾氏。"

四、罗仇

罗仇，秀川罗氏7世。嘉庆版《秀川罗氏族谱》载："仇，（行）十三，卒政和四年（1114）甲午九月二十九日，葬桥下渔树园坤山甲向，配彭氏，卒二月七日，葬弇陂艮山丁向。继娶郭氏，卒政和四年甲午四月十八日，葬何家庄亥山丙向。"

另据杨万里所撰《罗元忠墓志铭》载："元忠，姓罗氏……曾祖耕，祖仇，父绋，字天文……罗氏自上世皆穑，于业变而儒，自天文始。"②这里就透露出一个信息，罗仇及其先祖均是以种田为业，尚无人走科举入仕的路子。罗仇生四子，长子罗弇，次子罗绋，三子罗忱，四子罗昱。

五、罗绋

罗绋（1076—1141），字天文，号印山，又号一经，秀川罗氏8世。绍熙元年（1190）六月杨万里为岳父罗天文《一经集》作序说：

> 建炎戊申（1128），其仲子上行始登第。绍兴丙戌，其长孙全略又登第。后几年，其孙维藩、维翰同年又登第，后几年其孙全材又登第，后几年其孙全德又登第，后几年其曾孙瀛又登第。至于荐名者：上达，先生之长子也；曰"维申"，曰"孚"，皆先生之孙也；曰"澥"，亦先生之曾孙也。维申以特奏名得官，上达之子，瀛之父也。自先生至瀛，荐名登第，皆以《诗》学，猗欤！盛哉！③

这段文字足以表明罗天文一家科举之盛。文中"绍兴丙戌"表达有误，丙戌实

① 《诚斋集》卷122之《墓表》，四库全书本。

② 《诚斋集》卷126之《墓志铭》，四库全书本。

③ 《诚斋集》卷81《罗氏〈一经集〉序》。

为乾道二年（1166），并非绍兴年号。绍熙四年十一月，周必大应邀为《一经集》作跋云：

> 今江西通经之士固多，而诗学尤盛于庐陵，印山罗氏又其渊薮，三岁举于乡，殆无虚榜。六十年间，父子兄弟登科第者七人，如川之方增也……他日采诗之官，出观风俗，考得失，使温柔忠厚之教，不在他邦，非大幸欤。予虽老，尚及见之。①

秀川罗氏科举之盛，其实是从罗天文开始的。早在政和六年（1116），他就中吉州解试第一名。光绪版《吉安府志》本传载："罗绋，字天文，庐陵人。自幼耽学，淹贯经史。崇宁舍法行有司，累第其文高等，不利春官，乃屏居印山，教授学者，皆称为印山先生。"②《江西通志》卷49也载："政和六年丙申解试……罗绋，庐陵人。"尽管宋代时尚无"举人"称号，但本文仍以此俗名来代称。

罗绋生有三子，长子罗上达，字元通；次子罗上行，字元亨；三子罗上义，字元忠。生有五女：长女适汉阳太守毛翰，次女适曹撰，三女适欧阳雱，四女适李中立，五女适杨万里。说到罗天文一家的科举，最早是次子罗上行中进士，接着其孙罗全略、罗全德、罗全材相继中进士，之后有罗维藩、罗维翰二孙中同科进士，再后是罗瀛中进士，誉称"一门七进士"。此外，罗孚中特科进士，罗维申为特奏名进士。仅《诚斋集》所载，岳父罗天文家是"一门九进士"，且另有四人中举人。

《诚斋集》卷101另有《跋罗天文墨迹》，系嘉泰元年（1201）十月作者为曾千里之孙曾绍收藏的罗天文墨宝作跋，文中既盛赞岳父文章字画之好，又对秀川罗氏科举之盛表示由衷赞美。

六、罗上达

罗上达（1096—1169），字元通，罗天文长子，秀川罗氏9世。罗上达是当地有名的大孝子，为人处事豁达，常以德报怨，颇有名声。他一生仅中举人，如

① 《文忠集》卷19《题印山罗氏〈一经集〉后》，周必大撰，四库全书本。

② 光绪《吉安府志》卷37之《罗绋传》。

《江西通志》卷 50 载:“绍兴二十三年(1153)癸酉解试……罗上达,庐陵人。”

杨万里《江湖集》卷 6 有《罗元通挽诗》,系乾道六年(1170)秋季作者所作,诗中“如何双桂子？枉着拜亲衫”之句,即是指他有两个儿子曾高中进士。罗元通原配是李氏,即儿子罗价卿的生母,不久后也去世,《江湖集》卷 6 另有《罗价卿母李氏挽诗》,诗中“百年得偕老,二子看同升”之句,也是指儿子罗维藩、罗维翰中同科进士之事。①

《诚斋集》卷 126 有《罗元通墓志铭》。作者认为,秀川罗氏先祖是五代十国时由南昌迁徙而来,科举功名则是从岳父罗天文开始的。“父绋,字天文,以儒学文行师表一州,尝贡上春官,不第。”罗元通以诗学名家,授徒有数百人之多,“庐陵五忠”之一的胡铨与他有交游。从科举角度而言,罗上达虽未中进士,但他这一支的裔孙科举势头更猛,三个儿子罗维藩、罗维申、罗维翰有两位进士、一位举人,四个孙子罗澥、罗瀛、罗浩、罗沂有两位中进士,后来罗维翰有两个孙子也中进士。罗元通墓志中也说:“绍兴癸酉(1153),元通年五十有八,始与子维藩同荐名。又三年,元通再荐名。又三年,其子维藩、维申、维翰俱荐名。又十年(1169),维藩、维翰同登进士第。”

七、罗上行

罗上行(1101—1161),字元亨。嘉庆版《秀川罗氏族谱》载:“上行,(字)元亨,(行)廿五。举进士,仕至安仁知县,以三子贵累赠中奉大夫。归葬荷塘寺侧亥山丙向,配周氏……四子:全略、全德、全材、绍(全功)。”罗上行是秀川罗氏第一位进士,如《江西通志》载:“靖康元年(1126)丙午解试……罗上行,庐陵人。”又载:“宋建炎二年(1128)戊申李易榜……罗上行,庐陵人。”②

《诚斋集》卷 122 有《罗元亨墓表》,说罗上行中进士后,初授湖南武冈县丞,时岳飞奉命镇压杨么起义,元亨奉命负责督办钱粮,政务极其得力。先后任广西荔浦知县、湖南东安知县,迁湖北德安教授,改宣教郎、饶州安仁知县,颇有政声,后卒于官。

---

① 《家刻本〈诚斋诗集〉校注》,江西人民出版社 2021 年版,第 83 页。

② 雍正《江西通志》卷 49、卷 50。

八、罗上义

罗上义(1107—1174),字元中,又作元忠。嘉庆版《秀川罗氏族谱》载:"上义,(字)元中,(行)廿六。年八十四卒。四子:才愈、才望、孚、来。"罗元忠虽未获得科举功名,却也曾入郡城学校求学。罗元中特别重视教育,"教子不遗余力,岁以家入之半,聘召名士为子弟师。才望与孚,皆以文,有隽声"。

《诚斋集》卷126《罗元忠墓志铭》中说:"(元忠)与武冈太守罗钦若、常德通判郭仲质、族子广西转运主管巨济为丘壑交,一觞一咏,容与事外,一时想见其风流。"①作者在文中还交待说,秀川罗氏先祖以前均是耕田谋业,但是"于业变而儒",则是从其岳父罗天文开始。另《诚斋集》卷102有《祭罗元忠文》,系作者代妻子罗氏所拟祭文,诗题后也有"代内"之标注。文中交待妻子是"三兄五妹,相依以生",表明八兄妹虽年龄相差较大,但长慈幼敬,相处融洽。

九、诚斋夫人

《诚斋集》中作者直接写到妻子罗氏的并不多,如诗集部分仅有二三首诗,如《荆溪集》卷2有《闻一二故人相继而逝,感叹书怀》,该诗中夫妇是首次对白,且15次用了"我"字,系淳熙五年(1178)六月作者为感怀数位亲友去世而作。另杨万里有《晒衣》诗:

> 亭午晒衣晡折衣,柳箱布襆自携归。妻孥相笑还相问:"赤脚苍头更阿谁?"②

"妻孥",犹言妻子和儿女,该诗以他回乡归隐后某日晾晒衣服和书物,傍晚收拾柳箱后回家作为素材,然后以戏谑的语言、细致的描写来表达"赤脚白发老头是谁"的现实场景,更显"诚斋体"的独特诙谐韵味。

罗大经《鹤林玉露》卷4"诚斋夫人"条则有详细介绍,前面第三段即是以日常生活中3件小事来反映她的可贵品德,如第一段载:

---

① 《诚斋集》卷126之《墓志铭》,四库全书本。

② 《家刻本〈诚斋诗集〉校注》,第554页。

杨诚斋夫人罗氏年七十余，每寒月黎明即起，诣厨躬作粥一釜，遍享奴婢，然后使之服役。其子东山先生启曰："天寒何自苦如此？"夫人曰："奴婢亦人子也。清晨寒冷，须使其腹中略有火气，乃堪服役耳。"东山曰："夫人老，且贱事，何倒行而逆施乎？"夫人怒曰："我自乐此，不知寒也。汝为此言，必不能如吾矣！"①

罗大经之撰文，在宣扬诚斋家风的同时，亦褒奖了秀川罗氏的优良家风。湴塘村光绪版《忠节杨氏总谱》中则载："硕人罗氏，系出庐陵秀川印冈罗天文公女，初封吉国夫人，改封福国夫人，追封秦国夫人，其懿范具详省郡邑志，年八十余卒。"②该族谱还录有三则诰封，即嘉泰四年（1204）封诚斋夫人为吉国夫人，嘉定十四年（1221）晋封为福国夫人，嘉定十四年（1221）追封为秦国夫人。

十、罗全略

罗全略（1128—1175），字仲谋，罗上行长子，秀川罗氏 10 世。嘉庆版《秀川罗氏族谱》载："全略，（字）仲谋，（行）廿八。举进士，仕至湖南帐管。生建炎戊申，卒淳熙乙未，葬本里土洲边重一小娘墓下左丑山未向。二子：方大（字必昌）、方正（字必举）。"

罗全略曾两次获得解额，如《江西通志》卷 50 载："绍兴二十年（1150）庚午解试……罗全略，庐陵人。""绍兴二十九年（1159）己卯解试……罗全略，庐陵人。"之后再考中进士，如《江西通志》卷 50 又载："乾道二年（1166）丙戌萧国梁榜……罗全略，庐陵人，永州司户参军。"

家刻本《江湖集》卷 3 有《得省榜，见罗仲谋、曾无逸并策名，夜归喜甚，通夕不寐，得二绝句》诗。那年二月，作者得到省榜消息，见妻侄罗全略、乡人曾三聘中同科进士。曾三聘既是作者亦师亦友曾敏行的次子，又是自己族叔杨辅世的女婿，内心自然是很高兴，于是为之题诗。

但是罗全略英年早逝，享年仅 48 岁。《诚斋集》卷 127 有《罗仲谋墓志铭》，文中曾叙说他任永州司户参军时赈灾救民发生的两件小事，如有一年永

---

① 《鹤林玉露》卷 4 之《诚斋夫人》，罗大经撰，四库全书本。

② 光绪二十五年（1899）编修的《忠节杨氏总谱》，谱藏黄桥镇湴塘村。

州发生旱灾，罗仲谋对老百姓实行“减其过半”政策，当时曾有不少同僚表示反对，仲谋据理力争，最后获得郡首同意，以致当地老百姓都说：“生我者父母，活我者户曹（指仲谋）也。”又如，永州下隶的东安县，因久无县令，政事荒废，下层官吏狼狈为奸，于是州官安排罗仲谋代摄，该县政事很快为之一新，不久后即获得大治。《江西通志》卷76有《罗全略传》。

十一、罗全德

罗全德，字仲谟，罗上行次子。嘉庆版《秀川罗氏族谱》载：“全德，（字）仲谟，（行）二三。举进士，为封州教授。配郭氏，户部监税景闻次女。三子：方平（字必端）、方懋（字必昭）、方泽（字必厚）。”

罗全德先是绍兴二十九年（1159）中解试，之后于淳熙元年（1174）八月与侄子罗澥又获得解额，如《江西通志》卷50载：“淳熙元年甲午解试……罗全德，庐陵人……罗澥，庐陵人。”淳熙八年（1181），罗全德高中进士。其岳母则是孔氏，杨万里老师王庭珪《卢溪文集》卷45有《故孔氏夫人墓志铭》，文载：“夫人孔氏，世居临江军之新淦……幼子伟，早夭。女二人，长适李扬，次适乡贡进士罗全德。”①

十二、罗全材

罗全材，字仲梁，又字仲宪，罗上行第三子。嘉庆版《秀川罗氏族谱》载：“全材，（字）仲梁，（行）三三，一字仲宪。举进士，仕至知普州军、直秘阁。□□年十月一日卒于官，以子方峙贵累赠中奉大夫，葬善果正觉寺后，配刘氏，封硕人，葬新兴观玉皇阁后坎山丙向。三子：方峙（字必重）、方骛（字必先）、方晖（字必扬）。”其长子罗方峙官至郁林知州。

罗全材也高中进士，如《江西通志》卷50载：“乾道元年（1165）乙酉解试……罗全材，庐陵人。”卷50又载：“乾道八年（1172）壬辰黄定榜……罗全材，庐陵人。”《诚斋集》卷81《罗氏〈一经集〉序》中说：“后几年，其孙全材又登第。”

家刻本《南海集》卷4有《罗仲宪送蕈菜，谢以长句》诗，系淳熙八年（1181）七月题诗。那年，杨万里正在广东为官，罗全材早已中进士，可以推想，罗全材

---

① 《卢溪文集》卷45之《故孔氏夫人墓志铭》，王庭珪撰，四库全书本。

当时因公或因私正在广东，途中曾拐道韶州，特意去看望姑父。

十三、罗全功

罗绍，谱名罗全功，字仲仁，罗元亨第四子。《罗元亨墓表》载："元亨，讳上行……子四人：全略、全德、全材，皆以文世其家。全功，未冠。"另嘉庆版《秀川罗氏族谱》载："绍，（字）仲仁，（行）三十八。举乡试……二子：子武（字必高）、嗣武（字必固）。"

家刻本《退休集》卷4有《送罗仲仁试艺南宫》，题诗时间是嘉泰元年（1201）十一月，且诗后序说："君之父（元）亨，为东安令。秩满，有俸钱千余缗未得，委之而去。"由此可知，那次作者是送罗全功赴京春试，因为罗上行本人和前面三个儿子均已是进士，罗全功也早已中得举人，于是诗中说："四子三个攀桂枝，不应一个独见遗。"如此之语，既是一份期许，又是一种赞美。

十四、罗孚

罗孚，字季周，罗上义第三子，秀川罗氏10世。嘉庆版《秀川罗氏族谱》载："孚，（字）季周，（行）廿七。举特科，为象州推官。三子：辟、淮、济。"乾道七年（1171）八月，罗孚乡试中举，如《江西通志》卷50载："乾道七年辛卯解试……罗孚，庐陵人。"特科，则是指常科之外选拔人才的考试，据民国版《吉安县志》卷25载，罗孚于庆元五年（1199）中特科进士，授象州军事推官。

家刻本《江湖集》卷3有《携酒夜觅罗季周》诗，该卷又有《庚寅正月，送罗季周游学禾川》诗。庚寅即乾道六年（1170），那年正月作者送妻侄罗季周赴永新县游学，尾联中"学文先要学忍饥，明年看子刺天飞"之句，即是对妻侄参加科举考试的一份期许。此外，《退休集》卷6有《送罗季周主簿之官八桂》诗，时嘉泰四年（1204）十二月，表明罗孚中特科进士后，已被朝廷授广西某县主簿之官，上任前夕特意来湴塘村看望姑父，于是杨氏为之赠诗。

十五、罗季高

罗季高，讳名不详，当是罗孚同辈之兄长。《江湖集》卷2有《赴调宿白沙渡，族叔文远携酒追送，走笔取别》，诗后序载："季高、仲觉同至。"诗题中的文远叔即杨涣，光绪《忠节杨氏总谱》："涣，行十九，字文远，与侄诚斋诗酒最契。"仲觉姓周，吉水南岭人。该诗是隆兴元年（1163）八月中秋节后，作者因赴调临安府学教授而离家,晚上宿金滩镇白沙渡,有感而题诗。

十六、罗维藩

罗维藩(1130—1181),字价卿,罗上达长子,秀川罗氏10世。《江西通志》卷50载:“绍兴二十三年(1153)癸酉解试……罗维藩,庐陵人。”卷50又载:“乾道五年(1169)己丑郑侨榜……罗维藩,庐陵人。”历官迪功郎、保昌县尉,荐升从政郎,调监行在省仓中界门,未赴而卒,享年52岁。

《诚斋集》卷128有《罗价卿墓志铭》,文中载:

> 予外舅罗公天文以诗学鸣……至价卿,其文方昌,其德方茂,其闻方焯。士友谓大天文之家在是矣。年五十有二,淳熙八年(1181)正月望,一疾而卒。天乎!痛哉!初,价卿父子同荐名,而价卿为《诗》学举首。再举,与兄弟六人同升。三举,擢进士第……价卿,讳维藩,庐陵人。曾祖仇。祖绋,字天文。父上达,字元通。母李氏。娶萧氏。男一人:澥,弱冠,与里选。女一人,适(乡)进士杨奎,予叔父、麻阳知县子也。①

外舅即岳父之意。杨万里作为墓主的姑父,叙说这么一段话,目的是充分表达自己对妻侄罗维藩这一支科举之盛的赞美。必须说明的是,罗维藩的女婿杨奎是作者族叔杨辅世的次子,且杨奎只是中乡进士,并未中进士。

《江西通志》卷76有《罗维藩传》,说他任保昌县尉秩满后“入京师,极论二广煮海改法之弊,又作《平边策》,谓‘当首甦民,瘼兴内治,以俟天时’”。另,南宋鄱阳县人、官至翰林院学士的洪迈撰文说:“罗维藩,字价卿,吉水人。乾道五年省试罢。梦其父告曰……”②虽是一则关于科举的怪闻之事,却将其籍贯表述有误,应是庐陵县人,现为之订误。

十七、罗维申

罗维申,罗上达第二子,罗瀛之父,官茶陵县丞等。康熙版《庐陵县志》卷14载:“绍兴二十九年己卯解试:罗全德……罗维藩、罗维翰、罗维申。”该科岳

---

① 《诚斋集》卷128之《墓志铭》,四库全书本。

② 《夷坚志(甲)》卷7,洪迈撰,四库全书本。

父家居然有 4 人中解试。

绍兴三十年(1160),罗维申为特奏名进士。特奏名是相对于“正奏名”而言,系宋代科举制度的一种特殊规定,指考进士多次不中者另外造册上奏,经许可附试,特赐本科出身。《罗氏〈一经集〉序》中又载:“至于荐名者:上达,先生之长子也;曰‘维申’,曰‘孚’,皆先生之孙也;曰‘澥’,亦先生之曾孙也。维申以特奏名得官,上达之子,瀛之父也。”①

十八、罗维翰

罗维翰,字宗卿,罗上达第三子。嘉庆版《秀川罗氏族谱》载:“维翰,(字)宗卿,(行)二十六。举进士,仕至高安丞。葬五十二都龙湖里陂辛山乙向。”

罗维翰与长兄罗维藩中乾道五年(1169)同科进士。《江西通志》卷 50 载:“绍兴二十九年(1159)己卯解试……罗维翰,庐陵人。”卷 50 又载:“乾道五年己丑郑侨榜……罗维藩,庐陵人,保昌尉。罗维翰,庐陵人。”《诚斋集》卷 76《静庵记》中说:“有同产兄弟而同年者,若吾州印冈之罗,曰维藩、曰维翰;(吉水)兰溪之曾,曰天若、曰天从是也。”

十九、罗宣卿

罗宣卿,讳名不详,秀川罗氏 10 世。《退休集》卷 3 有《送罗宣卿主簿之官巴陵》诗,巴陵即是今岳阳县旧名,系作者于庆元四年(1198)冬季送岳父罗天文的孙子罗宣卿赴任岳阳县主簿。诗中“印山三子十一孙,六人擢桂两特恩。惟君有子又擢桂,父子仇香仍一门”之句,虽说语言略显老套,却尽显其家族科举之盛。印山即印冈,诗中是代指作者岳父罗天文。

二十、罗惠卿

罗惠卿,讳名不详。《西归集》卷 2 有《纪罗、杨二子游南岭石人峰》长诗,且诗前序说:“吾弟廷弼与罗惠卿游石人峰,几为虎所得,尝为予道及其事,因作长句纪之。”廷弼即是杨万遇,作者亲叔杨芾的儿子。

周必大《跋杨廷秀石人峰长篇》载:“诚斋大篇短章,七步而成……吉水罗惠卿之子旦,示公《石人峰》长韵,读之如身履羊赠,耳闻班寅,心胆震悸,毛发

---

① 《诚斋集》卷 81《罗氏〈一经集〉序》,四库全书本。

森耸。”[①]罗惠卿，作者妻侄，其子罗旦后来迁居吉水，毕竟二县相邻。

二十一、罗必先

罗方骜，字必先，罗全材第二子，秀川罗氏11世。嘉庆版《秀川罗氏族谱》载：“方骜，(字)必徐，(行)十四，一字必先。以父荫仕至横州永淳令，葬洲湖，配赵宋郡主。”其妻是皇家亲王的女儿。杨万里《与罗必先省干》信中说：

> 某伏自先丈直阁过普州之后，久不得书。去岁十二月入城见益公，云仲宪十月一日不禄。闻问惊悼，涕泗交颐。不知到官几月，竟以何疾而终？天文丈人三子十一孙，惟先丈仕官。方将光显，而遽罹大故……千辛万苦，历尽艰险，可谓大孝。老怀忽闻来归，悲喜交至，叹重叹重……一二日间，当遣幼舆奔慰。先此奉唁，且致薄奠。[②]

普州即是今四川安岳县一带，依据嘉庆版《秀川罗氏族谱》所载，罗全材也确实是“仕至知普州军”。信中“幼舆”即是杨万里第四子，曾代父赴勘村参加罗全材的丧葬之礼。《答罗必先省干》信件末处又载：

> 仲谋、价卿、宗卿屡迁考妣，暴骨再三，以求富贵，反招短折之罚。老夫家中三世穷儒，并无风水，愿勿泥此。(同上)

通过文题中的“与”“答”二字，可知是杨万里先写信给罗必先，待罗必先回信后，又回信作为答复件。杨万里作为姑父，在信中对罗全略、罗维藩和罗维翰三位妻侄几次迁葬父母之坟表示反对，体现了作者的无神论思想。后来，朱熹弟子、宋末元初的陈栎撰《青可墓表》时，还特意援引胡铨和杨万里之言，来反对以迁葬祖坟而欲获得好风水的荒谬做法。

二十二、罗必高

罗子武，字必高，罗全功之子。嘉庆版《秀川罗氏族谱》载：“子武，(字)必

---

① 《文忠集》卷49《跋杨廷秀石人峰长篇》，周必大撰，四库全书本。

② 《诚斋集》卷111之《尺牍》，四库全书本。

高，(行)二十三。举乡试。葬新淦六十三都畤陂月江山小团洲，一名渝家洲，丑山未向。配王氏。”

家刻本《退休集》卷 3 有《送罗必高赴省》长诗。赴省，可指赴省供职，也可指赴京参加礼部试，该诗是庆元四年(1198)十二月，作者送妻侄孙罗必高赴京参加春试，所以诗中有“一门三世六七人，月中桂枝斫到根”和“普州衣钵付仇香，仇香衣钵付此郎”之语。

二十三、罗必隆

罗必隆，讳名不详，官某县主簿。《诚斋集》卷 61 有《罗氏定亲启》载：

> 恭惟宣卿知丞学士尊伯翁令侄必隆主簿学士亲家位长小娘子，稚而惠和，有外氏之内则，而万里长男具位长孺房下长孙子具位泰伯，学而勉强，乃公家之弥甥，十世可知，继好复从于今始，两端而竭，仪仍守于旧规。[1]

可见，罗必隆之女是嫁与杨长孺长子杨泰伯为妻，此间杨万里曾请罗宣卿牵线张罗此事。

二十四、罗瀛

罗瀛，罗维申之子，秀川罗氏 11 世。他于绍熙元年(1190)中进士，官至滕州知州。绍熙元年(1190)春季，杨万里被朝廷安排值考殿庐，也许是因为该科有两位姻亲参加文进士科举考试的缘故，于是朝廷安排他为武举殿试拟定策御题。该年科举，杨万里的第四女婿陈经也考中进士，如《江西通志》卷 50 载：“绍熙元年庚戌余复榜……罗瀛，庐陵人……陈经，新淦人。”

杨万里晚年时，曾多次向一些地方官推荐罗瀛，表明他内心也很看好他的才干，体现举贤不避亲，为朝廷积极推荐人才的原则。如《诚斋集》卷 105《与提举王郎中(南强)》，文中有“某进越有恳妻侄、分宁县主簿罗瀛，少有俊声，早而擢第，廉勤厥职，好修未已”之句。卷 105《答本路赵不迂运使》，其回信中有“妻侄、分宁主簿、迪功郎罗瀛，通经学古，文词俊发，早忝科第，吏事敏明”之句。

---

① 《诚斋集》卷 61 之《启》，四库全书本。

卷112《答赣州张舍人》回信中有“以妻侄孙、罗令瀛为门下荐，乞特辍今年上半年首章京削以为破白之举”之句。卷112《答赣州张右史移广西帅》回信中也有“某僭有至恳：妻侄孙、从政郎、灵川令罗瀛，既冠收科，能文能政，幸得仰事诗书之帅，敢乞先生长者特辍庆元七年上半年一京削为之破白以荐。一经拈出，诸司咸和”之句。庆元七年实为嘉泰元年(1201)，张贵谟由赣州知州改任静江知府，特意拐道来吉水湴塘村与杨万里话别，当时杨氏曾题《送赣守张子智左史进直敷文阁移帅八桂》诗赠别，待他上任后，又在信件中举荐罗氏。

关于罗瀛的才干，南宋卫泾《后乐集》卷12《列荐薛洽、赵崇模、罗瀛、赵伯骏、蔡师仲、赵彦饬，乞赐旌擢状》中则载：“宣教郎、知潭州醴陵县罗瀛：为学醇正，临事宽明，能于催科之中不废抚字之政，终日孜孜，主于爱人，考之行事，允有贤业。”可见当时官员对罗瀛的评价还是较高。

二十五、罗澥

罗澥，罗维藩之子，秀川罗氏11世。淳熙元年(1174)八月，妻侄罗全德、妻侄曾孙罗澥均中解试，如《江西通志》卷50载：“淳熙元年(1174)甲午解试……罗全德，庐陵人……罗澥，庐陵人。”但罗澥是2次获得解额，如《江西通志》卷50又载：“淳熙十三年(1186)丙午解试……罗澥，庐陵人。”

那年八月，杨万里的长子杨长孺也获得乡荐，即由州县荐举，赴京应试进士，如《诚斋集》卷109《与本路提彭郎中》载：“大儿南昌令长孺……自幼训以一卷之书，年十有八，尝忝乡荐。”

二十六、罗巨济

罗巨济，杨万里妻兄罗上达的同族侄子，秀川罗氏10世，官广西转运主管等。《诚斋集》卷126《罗元忠墓志铭》中说：“(元忠)与武冈太守罗钦若、常德通判郭仲质、族子广西转运主管巨济为丘壑交，一觞一咏，容与事外，一时想见其风流。”

《江湖集》卷3有《和罗巨济教授〈雪〉二首》，该诗集另有《题罗巨济教授蓬山堂》诗2首。《江湖集》卷4有《和罗巨济〈山居〉十咏》，如其八诗中“秀溪何处好？腊尾与春初”之句，即是赞美勘村之美景。南宋诗人朱翌题有《罗巨济辟学之西序为轩，以奉板舆之乐，余名之曰“难老轩”》和《送罗巨济北归》诗，王庭珪也题有《题罗巨济翠波亭》诗。

此外，罗天文的族人罗维岳于绍兴十七年（1147）中解试，罗维羔于绍兴二十九年（1159）中解试，罗维一于乾道四年（1168）中解试等。这些人的科举中榜，《诚斋集》中均未载。

二十七、罗敬夫之族

罗敬夫之族是吉水东西塘之罗，即桃林罗氏，今盘谷镇白竹坑村。《诚斋集》卷76《罗氏万卷楼记》载：

> 印冈西南三十里而近，为东西塘之罗，自长者长吉始，聘师友，辟斋房，训子弟，今垂五十年矣，而独未有闻焉。长吉之族德元，有孙敬夫。予闻其避俗入山，筑楼丛书，扁以“万卷”……敬夫与子叔父弟侄皆亲也，予以随牒倦游四方，晚乃识之。①

该记文是庆元二年（1196）九月，杨万里应罗敬夫之邀作记。《桃林罗氏族谱》中录有一篇作者署名为“杨万里”的《罗氏族谱序》，当代学者杨瑞和王瑞来教授均撰文说，该文当为杨万里的一篇珍贵佚文。

说到桃林罗氏，必须说到杨万里门人罗茂良（1165—1241），曾随杨长孺入闽做幕僚官，与曾三异等名士相唱和。据清宣统版《罗氏秀川竹溪桃林重修族谱》载：“茂良，字季温，行八十，生宋乾道乙酉，号竹谷老人，当时名儒。有《竹谷丛稿》行于世，所撰《畏说》一时流传。潜心理学者，咸以为不可易，文公先生谓其深有益于后学，盖其早登庆元诸老之门，故造就如此。始修族谱，喜延文学之士。”众所周知，《诚斋集》是嘉定元年（1208）由作者长子杨长孺编定，当时并未刻印，直到端平元年（1234），由门人罗茂良校正刻行，全部流传至今。

罗茂良长子罗大经（1196—约1252），字景纶，号儒林，又号鹤林，历官容州法曹、辰州判官、抚州推官等，著有《鹤林玉露》。宝庆二年（1226），罗大经与亲弟罗应雷中同科进士。《鹤林玉露》中有不少关于杨万里的记载，如卷10有一段话：“杨诚斋月下传杯诗云：‘老夫渴急月更急……酌酒更吞一团月。’余年十

---

① 《诚斋集》卷76之《记》，杨万里撰，四库全书本。

许岁时，侍家君竹谷老人谒诚斋，亲闻诚斋诵此诗，且曰：'老夫此作，自谓仿佛李太白。'"可以推想，当年仅十岁的罗大经跟着父亲罗茂良去见杨万里，恰好杨氏正在家里吟诵自己的诗作，见得罗家父子进来，于是拿给他们看，且很高兴地说，自己这首诗作中似乎有李白的影子，可知这段史料较为真实。

二十八、罗棐恭之族

罗棐恭之族是吉水完塘之罗，即今黄桥镇山原村。《诚斋集》卷76《罗氏万卷楼记》载：

> 出凝归门北东四十里，而近为完塘之罗，自武冈公以泓澄演迤之学，崭刻卓诡之词，第建炎进士，其族遂鼎盛。由完塘西北五十里而遥，为印冈之罗。①

罗棐恭，字钦若，罗日宣的曾孙，于建炎二年(1128)中进士，历官虔州司理参军，静江荔浦知县、石城知县，虔州通判，终左朝散大夫、知武冈军，授朝散大夫致仕。乡人解缙撰文云："棐恭，字钦若，以诗经学入汴京，为太学生，高宗建炎初李易榜者，事至朝散大夫、知武冈军政事，蔚有时望，其没也，文节杨公状其行，忠简胡公铭其墓，世称'不欺先生'，有文集行于世。"②《江湖集》卷3有《和罗武冈钦若〈酴醾〉长句》诗。《退休集》卷6有《送罗正夫主簿之官余干》诗，诗题之后有补注："山原人。"时开禧二年(1206)四月作者送乡人罗正夫赴余干县任主簿，因是罗棐恭族人，故诗中有"君家人物已数世，后有秘丞前给事。近来复见乡先生，武冈使君五经笥"之句。

另，《诚斋集》卷50有《代罗武冈得祠禄，谢蒋右相启》，卷133有《宋左朝散大夫知武冈军事罗公行状》，后来作者孙女杨氏嫁与罗棐恭孙子罗如春为妻。胡铨《澹庵文集》卷28则有《罗公墓志铭》。

二十九、其他

杨万里去世后，罗天文的裔孙又有不少人获得科举功名。如罗天觉

① 《诚斋集》卷76之《记》，杨万里撰，四库全书本。

② 《解学士全集》卷5之《吉水山原罗氏族谱序》，哈佛大学汉和图书馆珍藏本。

(1182—1262),字子开,号苍崖,罗维翰之孙,秀川罗氏12世,于淳祐元年(1241)中特科进士,官南安军主管学事,民国版《吉安县志》卷33有传。罗介,字幼廉,罗方骛第二子,于淳祐四年(1244)中特科进士,官容州文学教授等,民国版《吉安县志》卷25有载。罗芹,字幼思,号醉斋,罗方晖第二子,参加乡试还获得第一名,年六十而卒。

罗椅(1204—?),字子远,小名天骥,号涧谷,又号溪园,罗维翰之孙。嘉庆版《秀川罗氏族谱》载:"椅,字子远,(行)七二。小名天骥,号涧谷。四举进士及第,仕至京榷都提举,生嘉泰甲子十二月望寅时。"宝祐四年(1256),罗椅中进士第二甲第30名,官信丰知县,仕至朝请大夫、提辖榷货院,著有《涧谷集》。罗椅不仅与文天祥为同科进士,而且两人关系较好,且多有交游。他家道殷实,人称"罗半州",曾协助文丞相抗元,倾家报国,传为家风千古美谈。待元兵攻占江南后,罗椅归隐故乡,闭门授徒,潜心著述。清黄宗羲《宋元学案》卷85有《县令罗涧谷先生椅》。

结语

"团箕晒谷,教崽读书。"正是出于对崇文重教的坚守,历代吉安人均致力于发奋读书,诚如杨万里岳父罗天文一家,仅《诚斋集》所载,共有7人中进士,另有2名特奏名进士,誉为"一门九进士";此外,有4人中解试,这便是吉安地区浓厚读书氛围的一个缩影。罗天文家族本是庐陵县籍,1985年因双山水库水政管理的需要,改隶于吉水县阜田镇,客观上增添了吉水县科举文化的厚重底蕴。

诚然,吉安历史上历来崇文重教,文化兴盛,人才辈出,共有进士3000余人,还培育出欧阳修、杨万里、周必大、文天祥等文化巨擘,这些都足以印证宋代时吉州士人科举之盛。

杨诚斋诗的重要传播者刘涣考实

诚斋诗在杨万里去世前就有很大的名气，它能被当时文人熟悉和接受，离不开刻书者的有效传播，而潮州人刘涣是杨诚斋诗主要传播者之一。刘涣以祖荫入仕，一生未获取科举功名，又长期在梅州等外郡做官，致使《福建通志》《潮州府志》中少有关于他的记载。其实，刘涣做官颇有惠政，重视兴办学校，热心文化事业，尤其是不遗余力为老师杨万里刻印诗集，为诚斋诗的传播做出了重要贡献。

一、刘涣的生平仕履

（一）家世

刘涣（约1152—约1225），字明甫，入仕后改字伯顺，广东海阳县人，即今潮州市城东桃坑人。清康熙《程乡县志》、乾隆《嘉应州志》中写作“刘焕”，明正德《琼台志》中写作“刘汉”，均为误写。据桃坑村《刘氏族谱》载：“涣公，字明甫，妣沈氏，子二：松、枳。公官至朝散大夫，惠州知府。召对改秩，赐紫金鱼袋，食邑三百户。”

其祖父叫刘允（？—1125），字津人，号厚中，北宋绍圣四年（1097）进士，历官循州户曹、程乡知县，新州、循州、梅州、化州和桂州知州等，关心民瘼，体察民情，屡革弊政，注重减负，被誉为潮州八贤之一，著有《刘厚中文集》。其伯父叫刘昉，官至龙图阁学士、湖南安抚使。其父叫刘景，于靖康元年（1126）举贤良方正，历官台州和南雄知州等，封银青光禄大夫。《潮州志·封爵》载：“刘景，海阳人，赐爵开国男，食邑三百户。刘涣，景次子，荫官，食邑三百户。”

（二）仕履

刘涣大约是孝宗淳熙四年（1177）因父荫入仕，官梅州尉一职，时间长达9

年。周必大《梅州重修学记》中说他是“初仕即尉，此习知其风俗，周知其财用”①，这也为他后来两次出任梅州知州打下坚实的基础。淳熙十三年，因为老师杨万里的推荐才被破格提拔肇庆通判兼清远知县。

之后，刘涣的仕履大致为：宁宗庆元元年（1195）至庆元三年，任琼州通判。那时琼州缺配知州，依据绍兴二十六年（1156）宋朝廷所立规定：“二广容、贵、新、柳、南恩州、吉阳、万安军见阙守臣，令吏部权行差注一次。如一季无人就，即破格差初任通判人。”②于庆元二年代理琼州知州一年。庆元四年（1198）至嘉泰三年（1203），升任梅州知州。嘉泰四年（1204）至开禧二年（1206），出任惠州知州。开禧三年（1207）至嘉定二年（1209），第二次出任梅州知州。嘉定三年转任广州同知，3 年后致仕，大约于宝庆元年（1225）去世。此间 36 年，刘涣为官东起梅州，南达琼州，西至肇庆，北抵清远，中临惠州，曾 3 次 18 年任职于梅州。

另据清代《宋会要辑稿 · 职官》卷 73 和卷 74 记载，刘涣仕途并不平坦。绍熙元年（1190），肇庆知州林次龄被“放罢”，于是刘涣以通判“权府”，即代理知府，但第二年亦被“放罢”，缘由是：“以本路提刑方崧卿言：涣权府日，断李次昌等罪，不遵三尺。”意思是执法不公，曲解法律，判案有失公允。宁宗嘉泰四年（1204），他被提任惠州知州，但两年后“知惠州刘涣”又一次被“放罢”，其原因并未载明。

二、与杨万里的情谊

（一）第一次相识

淳熙八年（1181）三月，杨万里因转任广东提刑，由广州赴韶州。该年十月，沈师等匪盗作乱梅州，继而延及潮州一带，于是杨万里率师东征，于十二月班师。那时，刘涣任梅州尉，专管治安工作，是杨万里的直接下属，两人大概于该年冬至前后第一次见面。剿匪进程中，杨万里经常向刘涣询问途中险要和敌情，而刘涣不仅要率乡兵于沿路巡护，而且需组织当地民兵配合官军捕盗。正因为有刘涣这个好助手，且情报及时，配合给力，杨万里才得以深入梅州、潮州

① （南宋）周必大：《文忠集》卷 58。

② 张应斌：《刘涣的四大创举与〈百花洲谶〉》，《嘉应学院学报》2019 年第 2 期。

的大山深处，并很快完成平乱。①

在梅州境内的某天，杨万里夜宿房溪"野人"张珣家，得以品尝梅州民间土法酿制的桂叶鹿蹄酒，接着他率师往潮州行进，在刘涣的家乡海阳县住宿一夜，之后又拜谒潮州韩愈庙，题有《宿潮州海阳馆，独夜不寐》《谒昌黎伯庙》等诗为证。班师回韶州的途中，得以品尝刘涣家乡的海鲜，如车螯、蛎房、乌贼鱼等，题有《食蛤蜊米脯羹》《食银鱼干》等诗为证。这段时间刘涣在杨万里的直接指导下，不仅积累了领导经验，增长了为政才干，而且还向他学习诗文，拜他为师，结下深厚的师生情谊。

（二）杨氏的提携

南宋时，岭南地区仍是贫穷落后之地，中进士者普遍不愿去那里做县级官吏，致使缺官现象较严重。淳熙十二年（1185），两广地区共有 36 个县缺知县，个别县竟然 10 余年未配知县，于是朝廷先后两次出台官员任职优惠政策。如打破举荐时需六人的惯例，举主只需两人便可改合入官；三年任满后可转一官；减少两年的磨勘期等②。刘涣大约 25 岁入仕，任梅州尉已有三任七考的资历，才干较为突出，因此杨万里先后两次推荐他。尤其是第二次推荐时，他任尚书吏部员外郎，不久后还升为吏部郎中，故刘涣于淳熙十三年被破格提拔为肇庆通判。③

（三）刘涣的治功

杨刘二人的师生情，不仅影响刘涣的一生，而且影响到岭南地区的教育和文化事业。刘涣每到一地任职，都是大力兴办学校，推进文化建设，诸多惠政因被多位文人官员作记而流芳后世。

庆元元年（1195），刘涣出任琼州通判，不久后即着手创办小学，琼州都监庄芳为之撰《琼州通守刘公创小学记》。庄芳认为，他的功绩主要有：创办琼州小学，聘请老师施教，教学管理是"日有课程，旬有覆诵，月有会试"，且能"择优者勉之"；着力解决"有钱办学"的问题，"为民田募工垦耕，辟官闲之地为旁廊，悉收其租，岁入数百缗"，所有收益全部归小学，亦表明该小学含有公费资助的

① 《宋代大诗人杨万里与梅州（五）》，《梅州日报》，2018 年 10 月 7 日。

② （清）徐松：《宋会要辑稿·职官》卷 48。

③ 宋淳熙刻本《南海集·跋》，日本宫内厅书陵部藏。

性质；出台相关措施，为学子赴考筹备盘缠，以“足备科举用”；复修府学、孔庙像以及添购祭器等。海南人后来将此文镌石，立碑于小学门前。①

刘涣曾两次出任梅州知州，也是一以贯之地兴学重教。庆元六年（1200）初，他增修梅州学宫，筹资新造十哲像供奉于学宫。经杨万里牵线，刘涣得以认识已赋闲在家的老丞相、庐陵县人周必大。周氏撰《梅州重修学记》说：“广学田，增生员，别创小学四斋，弦诵之声日闻。”②梅州因贫穷落后，那时尚无自己的贡院，学子均需赴潮州参加选拔考试。该年六月，他着手创建梅州贡院，5个月后建成，且规模宏大，周必大撰《梅州贡院记》说：“梅之置州，适后他邦，在法士不满百，并试傍郡，贡院之不设，时也……今太守、朝散郎刘涣，节用储材，肇新试闱，亦时也。”③任职第三年又创办了小学，梅州学掾林淘为之撰《置小学记》。他还着手百花洲的开发，在洲上建佳致亭，修百花桥，创建梅州七贤堂，崇祀韩愈、程颐、朱熹等7位先贤，以致梅州后来有“百花洲谶”为载体的状元梦。出任惠州知州期间，又创办博罗县儒学等。

三、传播杨诚斋诗

（一）第一次求诗

淳熙十四年（1187），杨万里撰《西归集自序》说：“得诗仅二百首，题曰《西归集》，录以寄公（范成大），今复寄刘伯顺与钟仲山。”④依据该句中“复寄”二字，可知他此前曾经寄过《西归集》诗稿给刘涣。早在淳熙九年八月，杨氏因继母罗氏去世而辞官回乡丁忧，又因守“言不文”之礼，故两年多无诗文。待丁继母忧期满后，他即获任尚书吏部员外郎，于是离乡赴京，由此可以推论，杨万里为刘涣寄《西归集》，应是在他平定沈师之乱回到韶州之后。

那么，杨万里为何要第二次寄《西归集》给刘涣呢？笔者认为，不外乎两种可能。第一，他在广东任职时，《西归集》仍在整理编辑中，于是只寄给其中部分，并未全部寄完。第二，作者离任广东后，曾对该诗集做过修改或者重新编辑，于是再次寄赠，以备刘涣刊刻，此举在当时确实是难能可贵。

---

① 正德《琼台志·艺文志》卷17。
② 《文忠集》卷58。
③ 《文忠集》卷58。
④ 《诚斋集》卷81。

（二）第一次刻书

这里先要插叙一下南宋时闽粤地区的刻书水平。杨万里《南海集》卷2录有《谢建州茶使吴德章送东坡新集》，细读这首长诗，便可窥得端倪。建州即当今福建建瓯，吴德章即吴飞英，时任提举茶盐官，他因送新雕版印刷的《东坡诗集》给杨氏而被赠诗。该诗中有“富沙枣木新雕文，传刻疏瘦不失真。纸如雪茧出玉盆，字如霜雁点秋云……却寄此书来恼我，挑落青灯搔白发”[①]等句，由此可知南宋时木板书是写刻本，即事先找好书手写板，然后摹刻，故诗中说能做到“不失真”，比我们当今所看到的地方文献中的刻字板，更有作者书法之原貌，弥足珍贵。刻板所用的材质，是好且贵的枣木和梨树板。该诗集字迹清晰，美观大方，其所用的纸张、墨汁等也是最好的，足以表明南宋时闽粤地区雕版印刷技术的先进。

淳熙十三年(1186)，刘涣升任肇庆通判兼清远知县后，对老师的提携自然是感激不尽。出于报答师恩和圣恩之念，同时也为推动广东题咏诗的传播，于是他积极筹措资金，拟先刻印老师的《南海集》。该诗集始作于淳熙六年十二月底，止于淳熙九年八月，时间跨度为33个月。其间杨氏行迹遍布于岭南大地，共题诗394首，是客寓广东、题咏广东诗作最多者之一，也是他为广东人留下的一份珍贵文化遗产。刘涣刻印完这部诗集后，撰写了《诚斋先生〈南海集〉跋》做相关说明。该跋文未被《广东通志》及肇庆、潮州府志等地方文献收录，仅见于宋淳熙刻本《南海集》书中，算是广东宋人刘涣一篇珍贵佚文，现附录于此。文云：

诗人之作，类皆流于一偏，如乐天之俗、孟郊之寒、贾岛之穷苦，是岂不欲变而通之，去其偏而蹈于全？由其技之所局，不能改耳。至如韩昌黎，则无施而不可，其发谈笑助谐，叙人情，状物态，一寓于诗而曲尽其妙。初不见其诸子之偏，盖其所禀之高，所蕴之富，则形之吟咏者自然日光玉洁，周情孔思，千态万貌，岂一偏之所能囿哉！

侍读诚斋先生，乃今日之昌黎公也。为诗之多，至于一千八百余首，分

① 《诚斋集》卷16。

为五集，而其风雅之变，有三焉。世之论文者尝谓：自汉至魏四百余年，文体三变；史臣亦谓：唐有天下三百年，文体无虑三变。文之在天下，其变亦如此之艰，而先生自绍兴壬午以迄于今，方历二纪，抑何变云之易？常非胸中涵蓄者渊泫澄深，无以异于昌黎，则词源之溢，横流逆折，纡徐迅激，新奇百出。宜夫变之之亟，而非一体之可定也。先生之诗既与昌黎并驾，则知比诸刘梦得者，亦未为确论。涣幸出于先生之门，今得《南海》一集，总四百篇，不敢掩为家藏，刊而传之，以为骚人之规范。余四集，将继以请，则又当与学者共之。

淳熙丙午（1186）十二月朔，门生承事郎、新权通判肇庆军府、兼管内劝农事刘涣谨跋。①

那时杨万里因兼任太子侍读，故刘涣称老师为“侍读诚斋先生”。《跋》文中叙说了杨万里诗风的转变，肯定《南海集》在作者诗歌创作史中的地位，褒扬他是当今之韩愈，最后阐明自己尊师重道的意愿以及刻印《南海集》的文化影响，“不敢掩为家藏，刊而传之，以为骚人之规范”，足以印证他传播诚斋诗是不遗余力。

那么，刘涣刻印这部诗集用了多长时间呢？据杨万里《朝天集自序》说：“至丁未六月十三日，得故人刘伯顺书，送所刻《南海集》来，且索近诗，于是汇而次之，得诗四百首，名曰《朝天集》寄之云。”②杨氏是丙午（1186）六月十八日寄诗稿给刘涣，该年十二月初一就已基本完工，而校板、作跋、印书、寄书等又耗时近半年，杨氏是丁未年（1187）六月十三日收到刘涣刻印的新书，整个过程仅用360天，足见他刻书、印书之快。

（三）刻印其他诗集

刘涣后来是否刻印了杨万里其他诗集呢？答案是肯定的，理由有：第一，杨氏撰《南海集自序》说：“予诗自壬午（1162）至今，凡二千一百余首，曰《江湖集》，曰《荆溪集》，曰《西归集》，曰《南海集》，曰《朝天集》。余四集，伯顺尚欲

① 宋淳熙刻本《南海集》，日本宫内厅书陵部藏。

② 《诚斋集》卷81。

请之,他日当续寄也。”[①]表明他当时已收到刘涣的来信,请老师邮寄《江湖集》等4部诗集给他,亦准备刻印。第二,杨氏《西归集自序》中有“今复寄刘伯顺与钟仲山”之句,其中“复寄”二字亦是有力证据。第三,杨万里撰《朝天集自序》中说:“至丁未年(1187)六月十三日,得故人刘伯顺书,送所刻《南海集》来,且索近诗。于是汇而次之,得诗四百首,名曰《朝天集》,寄之云。”[②]那时杨氏在京城任秘书少监,已收到刘涣刻印的《南海集》,于是将《朝天集》寄给他,以供刊刻。第四,刘涣撰《诚斋先生〈南海集〉跋》中说:“余四集,将继以请,则又当与学者共之。”[③]表明刘涣内心也打算继续为老师刻印另外4部诗集。

但必须指出的是,刘涣后来为老师是全部刻印了这4部诗集,还是只刻印了其中一两部,或者说全部没有刻印?此疑问已无法得到答案,因为《诚斋集》中未载明,至今也未发现刘涣刻印的其他诗集刊本,但通过以上分析可知,潮州人刘涣是一位传播杨诚斋诗的有心人。

---

① 《诚斋集》卷81。

② 《诚斋集》卷81。

③ 宋淳熙刻本《南海集·跋》,日本宫内厅书陵部藏。

南宋抗金英雄杨再兴考实

杨再兴是家喻户晓的南宋抗金英雄，无论《说岳全传》等演义小说，还是《宋史·列传》等官方正史，他那艺高胆大、千军难挡、气吞山河的英雄气概总让人叹服不已。但是，南宋前期竟然有两个同名的“杨再兴”，抗金英雄杨再兴的籍贯又是哪里，他真的是杨邦乂之子吗？这些问题可谓众说纷纭，莫衷一是，为此笔者做简要考实。

一、两个同名的“杨再兴”

细读南宋名人文集和《宋史》，发现建炎至绍兴年间有两个同名的“杨再兴”，一位是湖南农民义军首领，卒于绍兴三十年(1160)前后，文献中多称作“猺贼”“徭人”“武兴蛮”；另一位是在岳飞名下任统制之职，抗金事迹极为感人，于绍兴十年(1140)战死在河南小商桥，被誉为南宋民族英雄。

(一)农民义军首领杨再兴

先看南宋前期文人熊克编纂的《中兴小纪》中的记载：

自建炎(1127—1130)中，湖南猺人杨再兴父子占夺民田，且招叛，添寨栅，意欲作过。先是委帅臣刘昉审度措置，遣属官谕以逆顺祸福之理，许令改过自新。再兴即散其徒，且还侵地，誓永不敢犯边，失业之人遂获安处……①

绍兴二十六年(1156)岁在丙子……时，鄂州都统制田师中已平湖南猺贼杨再兴，且招到其族杨通议等，乞各与补官事下。刑部以谓前无此例，

① 《中兴小纪》卷32。

欲令本军收充效用，日量给之。[①]

熊克（约1111—1189），字子复，福建建宁人，绍兴年间中进士，历官诸暨知县、起居郎、直学士、台州知州等。文中这位杨再兴“作乱”于建炎至绍兴年间，活动地域是湖南武冈军。武冈军始设于北宋崇宁五年（1106），改邵州武冈县而置，隶属于荆湖南路，管辖当今武冈、新宁、城步、绥宁等地域。

再看南宋史学家李心传《建炎以来系年要录》中的记载：

（绍兴二十四年三月）壬申，鄂州驻札御前诸军都统制田师中奏：武岗军猺人杨再兴已就擒，刘旦之帅潭也。再兴既还，建炎初所侵省地至是八年，犹抄掠不已，师中遣前军统制李道讨平之。上览奏曰：方国家闲暇之时，寇盗窃发擒之足以靖民，可如所请令槛赴行。在时，再兴已老，诸子惟正修聚人最多，颇奸猾，而正拱者最凶悍，于是再兴与正拱兄弟皆得正修继就擒。先是吉州盗胡邦宁攻劫衡、郴、桂阳三州之间，破安仁县，提刑司遣土兵射士捕之，为所败，未敢进。[②]

此外，《建炎以来系年要录》卷81、卷154、卷155和卷168都有义军首领杨再兴的相关记载。李心传（1166—1243），字微之，号秀岩，四川人，官至工部侍郎，南宋大臣、史学家。上文中“再兴已老，诸子惟（杨）正修聚人最多”之句，与抗金名将杨再兴的事迹格格不入，且那时他早已就义。

还可看元代编修的《宋史》卷31中的记载：

（绍兴）二十四年……三月壬申，杨再兴复寇边，前军统制李道讨平之，禽再兴及其子正修、正拱，槛送行在……（七月）乙卯，斮徭人杨正修、正拱于市。[③]

---

① 《中兴小纪》卷37。

② （南宋）李心传：《建炎以来系年要录》卷166之《绍兴二十四年》。

③ 《宋史》之《本纪》第31节之《高宗（八）》。

“槛送”是指以囚车押送。“脔”的本义是说切成小片肉，这里代指磔刑。综合以上几则史料，可知农民义军首领杨再兴是南宋初期湖南武冈人，因不堪忍受朝廷的横征暴敛，于建炎至绍兴年间与儿子杨正修、杨正拱等率九十团峒徭造反，活动范围是在武冈、全州、永州、邵州一带，于绍兴四年（1134）由湖南安抚使席益派遣统制吴锡所破，于绍兴十五年（1145）正式降宋。之后反复无常，深为朝廷边患，最后于绍兴二十四年（1154）三月，由朝廷安排前军统制李道讨平，擒获杨再兴及其二子。该年七月，杨正修、杨正拱兄弟被处以酷刑。

那么，义军首领杨再兴是否也被处以死刑呢？答案是否定的。据宋代王之望说：

> 某询访熟溪峒事者说，杨再兴已老，诸子惟正修聚人最多，颇奸滑，正拱最凶悍，今再兴与正拱兄弟皆得，惟正修并男杨小二、杨小三未擒，所宜必获。然计其人众，五分无一，自不须全军在，彼若就行分拨，权屯衡、郴二州，以御盗贼。其所带潭州戍兵，亦令发还兼溪峒中，无所用马，不若迁置平地，武冈山路漕运艰难，亦可少宽民力，委实利便，乞赐详酌施行。[①]

再据《宋史》卷494载：

> （绍兴）二十四年（1154），擒杨正修及其弟正拱，送理寺狱鞫治，斩之。初，正修侍其父再兴入觐，献还省民疆土，遂命以官。建炎后，与弟正拱率九十团峒徭人出武冈军，纵火杀掠民财为乱。绍兴间，潭州帅司尝招徕之，后复作乱，屡抗官军，至是伏诛。[②]

这两则史料均可印证，朝廷于绍兴二十四年就已彻底解决杨再兴父子“作乱”的问题，但义军首领杨再兴并未被执行死刑。依据清代湖南杨氏族谱记载，他是自然老死的，去世时间约在绍兴三十年（1160）前后。

---

① 《汉滨集》卷5《乞分戍奏札》。

② 《宋史》卷494《列传》第253节“蛮夷（二）·西南溪峒诸蛮（下）”。

（二）岳飞名下勇将杨再兴

抗金英雄杨再兴是何地人氏？《宋史》本传中并无记载，以致其故籍贯问题多有争议。即使在南宋时，不少文人内心也有怀疑。如李心传《建炎以来系年要录》卷53载：

> 官军既入关，贼兵散乱，第五将韩顺夫解鞍脱甲，以所掳妇人佐酒。贼党杨再兴率众直犯顺夫之营，官军退却，顺夫为再兴斫臂而死，飞怒，尽诛亲随兵，责其副将王某擒再兴以赎罪。会张宪与后军统制王经皆至，再兴屡战，又杀飞之弟翻。官军追击不已，成屡败，贼众死者万数，成率余兵屯桂岭县……丙午，是日神武副军都统制岳飞败曹成于桂岭县。成拔寨遁去，贼将杨再兴为追骑所及，跳入深涧中，军士欲就杀之，再兴曰：勿杀，当与我见岳飞。遂受缚，飞见之，解其缚曰：汝壮士，吾不杀汝，当以忠义报国家。再兴谢之，飞留以为将。（同上）

这段文字记载，与《宋史》本传中大同小异。作者李心传也没有交待杨再兴的籍贯是哪里，且对这个杨再兴表示怀疑，于是在文末处以小字标注："杨再兴，初见建炎二年（1128）六月，不知即是此人（指义军首领）否？"

尽管《中兴小纪》《建炎以来系年要录》和元代编修的《宋史》等权威文献均未标识抗金名将杨再兴的籍贯是哪里，但从其他文献仍可找到蛛丝马迹。说法主要有三种：

一是祖居地相州之说。如南宋史学家徐梦莘说："飞见再兴，解其缚曰：'我与汝是乡人，汝好汉也。吾不杀汝，当以忠义报国。'再兴谢之。"①因为岳飞是河南相州人，而文中有"我与汝是乡人"之句，表明杨再兴祖辈也是相州人。但是，宋元时期就有人去相州寻找相关证据，从未发现杨再兴祖辈的生活遗迹、家人亲友以及族谱相关记载等资料。

一是湖南人之说。因为杨再兴是在湖南加入曹成义军队伍，而明清时当地州志和县志常将两个同名的"杨再兴"混为一谈。如道光版《宝庆府志·杨再

---

① 《三朝北盟会编》卷151《炎兴下帙》。

兴传》载:“杨再兴,武冈之盆溪人,家世豪族。绍兴元年曹成扰湖南,分兵四掠,再兴为所掳……使再兴守莫邪关……再兴杀飞弟翻,走广西,宪骑追及,再兴跃入涧,宪欲杀之,再兴曰:‘愿执我见岳公’……再兴战死,后获其尸焚之,得箭镞二升。”[①]该府志即是持“湖南人”之说。至于湖南何地人氏?则又有武冈人、新宁人、邵阳人等多种说法,如今是“新宁县”之说占上风,杭州市岳飞亭旁杨再兴雕像的铭文即是据此而撰。

一是江西吉水人之说。笔者特意搜索当今网络,如“360 百科”中《杨再兴》第 4 栏“家族成员”载,“父亲:杨邦乂”;又如“百度百科”中《杨再兴墓》第 2 栏“人物介绍”载:“杨再兴为江西吉水人,祖居河南相州。”再如《民间传奇故事(A 卷)》2019 年第 12 期第 55 页《杨再兴真的是杨家将后人吗》载:“相传江西吉水人杨再兴,年幼时家境贫寒,和父亲一起以打鱼为生,18 岁时加入曹成义军,很快升为曹成部将。”均将抗金英雄杨再兴说成杨邦乂之子。这些网络平台都标注了出处,即是来源于元代名儒虞集所撰的《跋宋高宗亲札赐岳飞》一文。

(三)为何会将两个不同的“杨再兴”混淆

主要有三方面原因。一是历代文人们的讹传。湖南与广西的接壤处多是山岭之地,文人官员们去过的不多。当地老百姓绝大多数不识字,也很难看到官方正史的记载。又因年代久远,民间传说失真等因素影响,致使南宋时就有文人官员将此二人混为一谈。如南宋温州人薛季宣(1134—1173)为父亲所写行状中说:“君讳徽言,字德老,世为永嘉人……吴锡,号吴夜,义威名甚著。猺人杨再兴反攻围武冈军,出没八年,为锡所破,穷追数百里,焚其庐,落甚众,君录奏其事,皆功见……其破杨再兴事,见第八卷。”[②]薛季宣仅是依据父辈平时的一些传闻,便将这些情节写入其父的行状中,后人就会将这些记载作为史料来对待。又如明永乐年间,湖南新宁县人李敏出任两广总督时,出于当地人崇贤和教化的需要,曾倡议捐资、牵头重建新宁县杨再兴祠庙等。二是明清时州、县志的误接。除道光版《宝庆府志》卷 116《杨再兴传》存在误载外,光绪版《新

---

① 影印本道光版《宝庆府志》卷 116,岳麓书社,第 1703 页。

② (南宋)薛季宣:《浪语集》卷 33《先大夫行状》。

宁县志》中也有类似记载:“杨再兴,盆溪里人。家世豪族也。”接着介绍杨再兴的抗金事迹,比《宋史》要详细一些,尤其是他被岳飞招降情节记载得更为详细,大意是说,宋绍兴元年(1131),大盗曹成率部从北方攻入湖南,打到新宁,杨再兴奋起反抗。因寡不敌众,被曹军俘虏。曹见其身躯奇伟,武艺超群,即安排为头领。后来曹成率部攻入广西,占据道、贺二州,命令杨再兴把守莫邪关,之后又发生杨再兴杀死岳家军韩顺夫、岳翻,被张宪擒获之事。杨再兴被岳飞招降后,从此铁心追随岳飞南征北战,并成为抗金名将。至于杨再兴出生于新宁县哪个村?新宁县内也有多种说法。《新宁县志》中还载,杨再兴是“县之盆溪里人,今有统制祠祀”,此记载既无生卒,又无墓葬,只是依据义军首领杨再兴母亲墓冢,即县志中“统制之母……巍然大冢,碑碣可据”之句得出结论。三是新宁县杨氏的假托。明清以来,新宁县杨氏无论编修族谱,还是修葺祖坟,常将两个同名的“杨再兴”混为一谈。如新宁杨氏 1988 年为杨再兴之父杨发祥之墓立碑文说,杨发祥有三子,长子杨再兴,二子杨再齐,三子杨再考,且杨再兴又有三子。1993 年清明节,为杨再兴墓立新碑文说:“抗金英雄杨再兴,生于北宋元丰四年(1081)正月初一午时,卒于南宋绍兴十年(1140)七月,享年五十九岁,官至中军统制。再兴始随曹成……公元一九九三年四月五日清明立。”

笔者则认为,《宋史》本传中有“杨再兴,原是贼盗曹成的部将。绍兴二年(1132),岳飞击败曹成,进入莫邪关”之句,且此表述与南宋文人集中的记载相符,而曹成是从河南入湖南,再退守广西贺州。岳飞因“剿匪”才追到贺州,在莫邪关抓获曹成和杨再兴。莫邪关,别名为世睦关、镆铘关,当今称作谢沐关,关内有谢水和沐水,两条小河汇流于此地而得名,该关口自古就有较重要的战略地位,具体位置是在今广西富川县城以北 30 余公里的朝东镇小水村附近。于是可以得出结论,抗金英雄杨再兴与义军首领杨再兴一样,也是湖南人,其家乡当是在湖南省西南一带,具体地点则不详。至于其籍贯是新宁县之说,仍缺少强有力的证据。

二、虞集所撰跋文分析

为何抗金英雄杨再兴会与吉水人杨邦乂有关联呢?先来看看元代虞集所撰的《跋宋高宗亲札赐岳飞》,文曰:

大元故翰林承旨魏国公谥文敏赵公孟頫怀古之诗曰："南渡君臣轻社稷，中原父老望旌旗。"集承乏国史，尝读其诗而悲之，以为当时遗臣志士。区区海隅，犹不忘其君父，何敢有轻之之心也哉。今见思陵赐岳飞亲札，则其奏功郾城时，所被受者。观亲札，所谓"杨沂中、刘锜立功之事"，则绍兴十年(1140)七月也。是时，秦桧方定和议，而(岳)飞锐然以恢复自任所向有功。飞之裨将杨再兴，则邦乂之子也。单骑入阵，几殪乌珠，身被数十创，犹杀数十人而还，一时声势可知矣。是以郾城之役，恢复之业系焉。飞之师乘势薄朱仙与乌珠战，破汴在顷刻。而桧亟罢兵，诏飞赴行在。而沂中、刘光世锜皆以其兵南归，自是不复出师。明年(1142)十二月桧遂杀飞父子，而乌珠无复忧色。洪皓区区蜡书，虽至而中原无复余望矣。乃知文敏之诗其为斯时而发也欤！①

跋文中的"思陵"是指宋高宗赵构，于建炎元年(1127)建立南宋政权，卒后葬绍兴之永思陵，后人尊称为思陵。关于此跋文所言及内容的历史背景是，赵构即位后，大胆起用了一批主张抗金的将领，为巩固南宋政权起了重要作用。其中他对抗金将领岳飞，可谓既爱又敬且恨，仅亲笔写给岳飞的信札，就足够影印成一本厚书。此跋文中所言及的信札，是绍兴十年(1140)郾城之战过程中所写，该战是岳家军以少胜多的经典战役，有着特殊的纪念意义。跋文第一句所言及的《岳鄂王墓》诗，是赵孟頫在杭州瞻仰岳飞墓时所作。岳飞冤死后，于嘉泰四年(1204)追封为鄂王，而赵孟頫是浙江吴兴人，系宋太祖赵匡胤11世孙，官至翰林院学士承旨，元代著名书画家，谥号文敏。诗中赵孟頫表达了对岳飞屈死的沉痛哀悼，对所产生的恶果表示极大愤恨，对南宋君臣苟且偷安的政策予以严厉鞭挞。

细读此跋文，我们至少可明白这样一些信息。第一，信札是宋高宗在郾城之战期间写给岳飞的，那时岳飞在郾城之战中已取得节节胜利，而宋高宗连发12道金牌，命令岳飞停止进攻，收军回行。值得注意的是，那时杨再兴已经阵亡于河南小商桥。第二，跋文先是叙说赵孟頫文题写的《岳鄂王墓》诗，然后联

① (元)虞集：《道园学古录》卷40。

想到岳飞和裨将杨再兴的抗金事迹，再表达自己的悲愤之情。这些记载与其他史料中的记载并无差异。第三，跋文中最重要的内容是，作者虞集很肯定地说：“飞之裨将杨再兴，则邦乂之子也。”必须注意的是，该句是作者虞集假借宋高宗之口而说的，至于宋高宗赵构是否真的说过，是正式场合说还是私下场合说，是杨邦乂亲子还是义子，是他的族人还是从者，以及虞集撰文的依据是什么，均未表叙。遗憾的是，南宋时皇帝们的《实录》均未流传下来，致使此说法是真是假，已无从查考。

虞集(1272—1348)，字伯生，号道园，人称邵庵先生，抚州崇仁县人，累官至奎章阁侍书学士，元代著名学者，“元诗四家”之一。其五世祖即是南宋名相、于杨万里有知遇之恩的虞允文，虞氏曾于绍兴三十一年(1161)采石之战中大败金军。依据虞集的仕履经历和年谱可推定，该跋文是作者于元统元年(1333)十月因为眼疾而告老回到崇仁县后才写的。大家都知道，崇仁县距吉水杨家庄约150公里，虞集距杨邦乂去世约200年，此外他与杨邦乂6世孙杨拱辰也多有交游。如元至元二年(1336)九月，杨拱辰特意赴南京省墓，安福县进士刘性、吉水名士刘诜等均有赠诗送行。行至抚州时，又特意拐道崇仁县去拜访虞集，虞氏先后题作《送杨居所之金陵省忠襄公墓》《送杨拱辰序》等诗文。据湴塘村光绪《忠节杨氏总谱》载：“拱辰，行荣五，字居所，至元二年往金陵省忠襄公墓，(堂)外甥、进士刘粹中性作序，以送之。虞文靖、刘桂隐皆有诗送其行。”

笔者则认为，第一，因为《宋史·杨再兴传》既没写明传主的家世，也没交待其籍贯，表明宋元时期对杨再兴身世问题就有争议。正因为此问题不好定夺，致使元代史家编纂《宋史》本传时无法核实，最后放弃不写。第二，此篇跋文，虞集并非应友人之邀而撰作，似乎是为后来编纂《宋史·杨再兴传》的籍贯问题提出个人看法。又因为自己已告老返乡，朝廷曾几次征召入京为官而拒绝，碍于诸多因素考虑，不便再以官员身份来表达此看法，于是以跋文形式作为表达。试想，那时他已是全国饱学宿儒之一，跋文很快就会传知于世人。第三，宋高宗极有可能出于感恩义士、尊崇先烈、激励世人之目的，在平时闲聊时确实说过杨邦乂与杨再兴是父子关系。第四，在虞集看来，宋高宗所说的“杨再兴是杨邦乂之子”的真伪鉴定，假若是从学术角度而言，此类“戏说”肯定是不能当真的；但从民间角度而言，皇帝都是金口玉言，一开口就不能收回。既然宋高宗在非正式场合说过，老百姓出于对“天子”威严的尊重，内心都会认同此说法，更何况杨邦乂和杨再兴都是为保家卫国而献出生命呢！

三、杨再兴真是杨邦乂之子吗

杨再兴真是杨邦乂的儿子吗？答案自然是否定的。据湴塘村光绪版杨氏族谱载：“邦乂……硕人傅氏，葬南岭社官山。曾氏，附葬鹧鸪洞旷家塘祖茔。生五子，俱曾氏出：振文、郁文、昭文、蔚文、月卿。”①另据杨万里为杨邦乂所撰行状载：“（邦乂）享年四十有四。先娶傅氏，生女一人。后娶曾氏，生男五人：振文、郁文、昭文、蔚文、月卿，月卿早夭。时，振文才十岁。女后归新淦进士陈敦书。”②这两则史料对杨邦乂的子嗣情况都介绍得很清楚。其原配是傅氏，葬地在今枫江镇周家村附近，生一女，嫁与新干县进士陈思范为妻。续配是曾氏，生有五子，即振文（字文发）、郁文（字文昌）、昭文（字文明）、蔚文（字文黼）和月卿；月卿因为幼年时已夭折，所以族谱中无其谱名和字，其他四子的生卒年、仕宦、妻与子、葬地等都有明确记载。杨邦乂只有两个亲侄子，长兄杨谊直只有一个儿子，名叫杨思文（字文渊），次兄杨伦也只有一个儿子，名叫杨孺文（字文成），表明杨邦乂与两个同名的“杨再兴”均无任何牵连。

还需注意的是，杨万里《诚斋集》卷126录有《邹应可墓志铭》，文载：“应可，邹氏，讳定应，可其字也，豫章新吴人……属官时，溪蛮杨再兴寇武冈、全、永、卲数州，朝廷命统制李通讨之，潭帅檄应可馕师数月，再兴就擒。”杨万里的老师王庭珪《卢溪文集》卷30《答赵季成书》中说：“至武冈渐险远，荒阔而难治，昔年黄安俊叛，近时杨再兴叛，皆倚武冈之险，国家若不治郡于此，则两路皆失控扼。”这两则文献中的“杨再兴”均是指义军首领。试想，杨邦乂是杨万里的族叔祖，其诞辰100周年时杨万里还为他撰写行状。假如义军首领或者抗金名将杨再兴是杨邦乂之子，杨万里应称其为叔父，岂能称作“溪蛮”和“寇”？王庭珪与赵季成是同年进士，那时赵氏为武冈军最高长官，王氏与杨邦乂的儿子、孙子都有交游，撰有《与杨文明书》《与杨文黼书》《次韵杨文黼》《赠忠襄公二

① 光绪《忠节杨氏总谱》之《杨庄延规公派第三子克弼位下总系图》。

② 《诚斋集》卷118《宋故赠中大夫徽猷阁待制谥忠襄杨公行状》。

孙》等诗文,假如其中有一位"杨再兴"是杨邦乂之子,王庭珪岂会不知,由此印证,这两个同名的"杨再兴"都不是杨邦乂之子。

但是,早在元代名儒虞集跋文中提出"飞之裨将杨再兴,则邦乂之子也"的观点之前,就有这样的类似说法。如南宋文人薛季宣《浪语集》说:"猺人,或谓系忠襄杨邦乂子,均无确证。"可知薛季宣也曾听过杨再兴是杨邦乂儿子的说法,表明虞集撰文中的说法并非自己杜撰出来的,极有可能宋高宗真的说过,况且薛季宣那时已质疑杨再兴应是两个同名之人。明代王祖嫡所写《宋杨将军祠碑记》之附录三"部将附传"中也有"杨再兴,贼曹成将也,或曰忠襄杨邦乂子,传不明言"的说法,表明民间一直有杨再兴是杨邦乂之子的说法,于是当今河南地方志中常会说成杨再兴是吉水人杨邦乂之义子。之后,江西省内很多名人文集、地方志等均认同此说法。如明嘉靖年间吉水人王昂撰作《吉郡杨氏忠节总祠录序》中说:

> 杨氏忠节总祠成,六邑贤子孙各以其祖之美来祭……历二十九世曰虞部侍郎辂,出刺于吉,始家吉水之湴塘。其子孙散处六邑,在在为望族,族各有闻人,由大中(杨丕)至于文贞(杨士奇),英雄豪杰之士六七,作若忠襄、再兴之死难,正叟、文节之嫉邪,大中、贞靖、文惠之廉谨,皆宪宪焉。具体太尉,而有光于(杨)辂。①

王昂(1470—1541),字成德,吉水县枫江镇花园村人,正德八年(1513)参加江西乡试中第一名,为解元,官河南按察司佥事等。王氏撰文中将抗金英雄杨再兴与南宋时吉水杨氏名人杨邦乂、杨存、杨万里、杨丕、杨复、杨长孺相提并论。

此后,万历版《吉安府志》卷22载:"杨忠襄公邦乂,字晞稷,吉水人……又有杨再兴,痛主之死,誓必报仇,投充岳武穆帐下旗校,虏至,力战陷阵,死之,获其尸焚焉,得箭镞二升。朝廷于三人者亦皆以武阶官其一子,邦人肖其像从祀云。"②传文中"痛主之死"之语,似乎是将杨邦乂与杨再兴定位于主仆关系。雍正版《江西通志》则载:"杨邦乂,字晞稷,吉州吉水人……又有杨再兴痛主之

① 乾隆《文水南华杨氏族谱》之《艺文》,谱存峡江县何君杨家。

② 万历十三年(1585)编纂的《吉安府志·忠节传》卷22之《杨邦乂传》。

死，誓必报仇，投岳飞帐下，旗校敌至力战陷阵死，获其尸焚焉，得箭镞二升。朝廷闻之，皆官其一子，邦人肖其像从祀云。”[①]这里仍是将两人定位于主仆关系，且其传后还以两个小字标注：“《宋史》。”意思是说，杨邦乂与杨再兴的事迹及关系均出自《宋史》，但是《宋史·杨邦乂传》末处并没有他与杨再兴有关联的文字。再如，光绪《吉水县志》卷38载：“杨邦乂，字晞稷……又，从者杨再兴，誓必报仇，投岳武穆帐下，后陷阵，死之。焚其尸，得箭镞二升。诏官其子，郡人并以从祀。”[②]县志中则是将杨再兴说成杨邦乂“从者”，且从祀于吉安郡城的杨氏忠节祠。“从者”有两种解释，一是指随从人员，一是指仆从，这里应解释为随从关系才合理。此说法虽与万历府志、雍正省志中的“主仆”关系相近，但与虞集跋文中父子关系的表述仍有较大差异。

为何杨邦乂与杨再兴又会存在“父子”“从者”的差异呢？笔者认为，第一，南宋前期确实存在两个同名的“杨再兴”，且从南宋中后期就有文人官员将此两人混为一谈。作为抗金英雄杨再兴，假如其出身被贴上“猺贼”“山寇”的标签，可谓是既不敬又不雅。又鉴于抗金英雄杨再兴的家世和籍贯无法弄清，于是《宋史》本传中干脆不做交待。第二，宋高宗作为一代中兴国君，出于对杨邦乂和杨再兴舍生取义事迹的感动，平时私下闲聊时极有可能说过他俩是父子关系。第三，尽管抗金英雄杨再兴的家世和籍贯问题无法查实，但杨邦乂家世和子嗣是清晰明了。鉴于他俩确实不是父子关系，却因他俩都姓“杨”，保家卫国的抗金事迹都很感人，无论朝廷官员还是民间百姓，内心都愿意将他俩视为父子关系，即社会心理认同方面有一致性。第四，南宋时江西、湖南两地常合称为“江湖”，如杨万里第一部诗集就是因为那时常往返于湖南、江西而命名为《江湖集》。可以想象，那时朝廷内外均会认同他俩是同一个地方的人。尤其是隋唐以来，江南杨氏均尊“四知先生”杨震为先祖。北宋之后，绝大多数湖南杨氏尊唐末吉州刺史杨辂为始祖。从族源角度来看，他俩有共同的祖先；从血缘角度来说，两人虽非亲父子，但把他俩说成“主仆”或“从者”关系符合情理。

---

① 雍正《江西通志》卷75之《杨邦乂传》。

② 光绪《吉水县志·人物志》卷38之《杨邦乂传》。

《宋史翼·杨长孺传》辑补

杨长孺(1157—1236),字伯子,号东山,江西吉水人,大诗人杨万里长子。他在官40余年,从一县主簿到统管一方的安抚使,始终以清廉著称,政声赫然。然而,杨长孺在《宋史》中无传,杂史仅见于清人陆心源所编的《宋史翼》,篇幅不长,206字,传曰:

> 杨长孺,字子伯,别号东山潜夫,以荫补永州零陵主簿。嘉定四年守湖州,弹压豪贵,牧养小民,政声赫然,郡之士相与画像祠于学宫。除浙东提刑,累官至广东经略安抚使、知广州事。每对客曰:"士大夫清廉,便是七分人矣。"岭南群吏,独有长孺清白著于时。有诏奖谕谓其清似隐之,故长孺赋诗有"诏谓臣清似隐之,臣清原不畏人知"之句。改安抚福建。真德秀入对,宁宗问当今廉吏,德秀以长孺对。端平中,以忤权贵,劾去,加集英修撰致仕。绍定元年,起判江西宪台,寻以敷文阁直学士致仕,年七十九卒。郡人立像,与吴隐之合祠。①

《宋史翼》共40卷,系补《宋史》列传之阙而作,补传781人,附传64人,多为南宋时人。当今学界对杨长孺的研究不多,仅见江西师大黄长椿老教授所撰的《南宋廉吏杨长孺》②,其他文章多是以诚斋清廉家风传承的配角形式出现,致使他一直显得默默无闻。笔者现以《诚斋集》《鹤林玉露》《吉水县志》以及光绪《忠节杨氏总谱》等资料为基础,对《宋史翼·杨长孺传》予以辑补,亦可充

① (清)陆心源:《宋史翼》,中华书局1991年版,第237页。

② 黄长椿:《南宋廉吏杨长孺》,《江西师范大学学报(哲学社会科学版)》1991年第1期。

作其年谱，供学者研究时参考。

一、杨长孺简况考析

为更好地认知杨长孺，现将光绪《忠节杨氏总谱》中的小传附录如下：

> 长孺，行八二，一名寿仁，字伯子，号东山，晚号农圃老子。淳熙四年丁酉，以《书经》举于乡。世赏修职郎、永州零陵簿，累迁直秘阁，出为广东经略安抚使，官至敷文阁学士，加集英殿修撰、尚书、守中大夫、庐陵郡开国侯，食邑一千户。谥文惠。著《东山文集》八十八卷，《知止休官》《万花谷》等集行世。论者谓其才与父埒。生于绍兴二十七年丁丑，至理宗端平三年丙申十月二十六，享年八十而薨，葬本县南十五里葛山沿江口。①

将《宋史翼》本传与族谱小传相比对，有4个问题需做简要考析。

（一）关于其名与字。首先是其字“子伯”的订误。因周必大、陆游、姜夔、戴复古等众多名士对杨长孺均有赠诗，且都称作“杨伯子”，这与光绪《忠节杨氏总谱》的记载相一致，所以说《宋史翼》本传中的“子伯”实为笔误，此判断应无异议。其次是“长孺”之名“长”字的读音问题。中国人对取名历来比较讲究，杨万里作为南宋大诗人，庐陵杨氏又是当地名门望族，对取名之事自然较为重视。依据族谱记载，杨万里为大儿取名长孺，为次子取名次公，三子寿佺因为早逝，无谱名，为四子取名幼舆，由此可知，他是从人们所推崇的长幼有序的伦理关系来取名，“长”字应读 Zhǎng 音，并非 Cháng 音。再次是族谱中“一名寿仁”的问题。此名是杨长孺青少年时代的别名，杨次公别名为寿俊，三弟叫寿佺。《南海集》卷1有《得寿仁、寿俊二子中途家书》诗，《西归集》卷2有《病中感秋时，初丧寿佺子》诗，均是以“寿”字来串通，符合古人取名的习惯。

（二）杨长孺中解试的时间。按光绪《忠节杨氏总谱》所载，他是“淳熙四年（1177）丁酉，以《书经》举于乡”。但是，道光《吉水县志》本传载：“孝宗淳熙元

---

① 参见光绪二十五年（1899）编修的《忠节杨氏总谱·湴塘延宗公派总图》，现收藏于其故里湴塘村。

年(1174)甲子四月,诏举制科,寿仁以《书经》荐名。”①这两种说法孰对孰错呢？笔者认为,应是淳熙元年就已中解试。理由是:第一,《诚斋集》卷109《与本路提刑彭郎中》载:“大儿南昌令长孺……此儿自幼训以一卷之书,年十有八,尝添乡荐。”②杨长孺出生于绍兴二十七年(1157),古人绝大多数是以虚岁计算,“年十有八”正好是淳熙元年(1174),表明他于淳熙元年就“尝忝乡荐”。第二,南宋时,士子可多次参加解试并获得解额,诚如族谱中所载,淳熙四年杨长孺是第二次参加解试并获得解额,与《荆溪集》卷1《新柳》诗前序的记载相符,侧面印证第二年(1178)二月他与罗永年赴试南宫之事实。第三,光绪《吉水县志·选举志》亦载:“淳熙元年甲午解试,是科九人……杨寿仁,即长孺,有传。”③此类记载还有不少,均可作为旁证。

(三)杨长孺的享年问题。按《宋史翼》本传所载,他是“年七十九卒”。然而,道光《吉水县志》本传、光绪《忠节杨氏总谱》等均写作“享年八十”,这两种说法孰对孰错呢？因为光绪版族谱标有详细的生年和卒年,其卒年还具体到月份和日期,况且杨长孺是湴塘村名气较大的一位先祖,其记载必然是重点审查内容。此外,《宋史翼》的作者陆心源仅是晚清时浙江湖州人,应是族谱中的说法更为可信。

(四)封赠为“尚书”“庐陵开国侯”“守中大夫”之疑。依据光绪《忠节杨氏总谱》记载,杨长孺去世前曾被封赠“尚书”“庐陵郡开国侯”和“守中大夫”,但笔者翻检相关史料,从未发现有这方面的记载。光绪版族谱中“宸翰恩典”部分亦无此类敕文的收录。值得注意的是,其父杨万里于嘉泰四年(1204)正月敕封为庐陵郡开国侯,杨长孺晚年封侯,其中恩荫亦是重要因素,所以说族谱中“开国”二字应删去。关于“守中大夫”,古代并无此官名,道光《吉水县志》本传则载:“赠大中大夫。”此官名在唐宋时为文散官第八阶,又称太中大夫,官阶四品,此官名符合史实。此外,杨长孺被赠尚书之职,亦是一桩疑案,可信度不大。

① 参见道光《吉水县志》卷22之《杨长孺传》。

② 王琦珍:《杨万里诗文集》,江西人民出版社2005年版,第1713页。

③ 参见光绪《吉水县志》卷29《选举志》之《举人》。

二、杨长孺行迹履历

（一）入仕之前

因杨长孺诗文集并未流传，其入仕前的生活履迹，主要依据其父《诚斋集》部分诗文记载来辑补。

1. 乾道四年（1168）正月初六，因冬季时节发生雷电等异常天气，其父有所感叹，借机教育和引导杨长孺。《江湖集》卷5有《戊子正月六日雷雨，感叹示寿仁子》，诗中有“小儿在旁笑，笑我浪苦辛”“先生亦一莞，我不如儿真”①之句。该诗附有补注：“寿仁，讳长孺，号东山先生。”系清乾隆年末镌刻时编者所加。

2. 淳熙元年（1174）三月，诏举制科，以《书经》荐名。《诚斋集》卷109《与本路提刑彭郎中》载：“大儿南昌令长孺……此儿自幼训以一卷之书，年十有八，尝添乡荐。”

3. 淳熙四年（1177）三月，再次参加解试，且获得解额。光绪《忠节杨氏总谱》“杨长孺”条载：“淳熙四年丁酉，以《书经》举于乡。”

4. 淳熙五年（1178）二月，杨长孺与永丰人罗椿同试南宫，其间还同赴杭州西湖赏柳。《荆溪集》卷1有《新柳》诗，其前序载：“寿仁子与罗永年同试南宫，还郡，因谈西湖柳色已佳，而郡圃方芽。”

5. 淳熙六年（1179）岁末，与弟杨次公、父杨万里从家乡出发，同赴广州，随行历练。因时值春节期间，故行程较慢。《南海集》卷1有《庚子正月五日晓，过大皋渡》绝句2首，表明第二年正月初五，父子三人才行进到吉州城与永和镇之间的禾水渡。

6. 淳熙七年（1180）四月，与弟杨次公在回乡路途中写信给父亲。因兄弟俩拟参加吉州解试，到达广州后不久即还乡。该月中下旬，父亲收到儿子的来信，题作《得寿仁、寿俊二子中途家书》诗3首。

该年九月，与弟杨次公又写信给父亲，兄弟俩因病均未参加秋试，之后老父题有《得寿仁、寿俊二子书，皆以病不及就试，且报来期》诗2首。

7. 淳熙十一年（1184）十月一日，父亲丁继母忧期满，杨长孺主动找到老

---

① 《家刻本〈诚斋诗集〉校注》，江西人民出版社2021年版，第67页。

父,劝请他题诗。《〈朝天集〉自序》云:"淳熙壬寅七月,既婴戚还家,诗始废。至甲辰十月一日,禫之徙月也,大儿长孺请曰:'大人久不作诗,今可作矣乎?'"

8. 淳熙十三年(1186)夏季某日,与老乡罗时清一起在临安城蒲桥寻凉。《朝天集》卷4有《大儿长孺同罗时清寻凉蒲桥》诗,蒲桥系杨万里在京城临安的官寓地。

9. 淳熙十五年(1188)夏,收到父亲的来信。因"高宗配享"事件,老父打算辞官回乡,命长孺先回老家湴塘修葺祖屋。张镃《南湖集》卷4有《杨秘监补外赠送》,诗后序载:"秘监久欲求去。数月前,命伯子主簿归葺故庐。"①按,杨长孺那时尚未出仕,诗后序中"伯子主簿"之语,应是作者张镃后来的补叙。然而,文中"数月前"之语,侧面印证杨长孺于绍熙元年(1190)正月赴任零陵县主簿之事实。

该年九月,陪老父在家待次筠州知州。其间,收集老父《江湖集》诗作158首,交由父亲编入集内。《〈江湖集〉自序》云:"旧所存五百八十首,大儿长孺再得一百五十八首,于是并录而序之云……淳熙戊戌九月晦日序。"

10. 淳熙十六年(1189)秋冬时节,娶温州人吴氏为妻,系吴松年第五女,澧州推官吴璪之妹。《诚斋集》卷105《与福州安抚叶枢使》:"大儿长孺之妻兄、承直郎、澧州推官、永嘉吴璪……某假守高安之日,此郎为户掾,极赖其助,首以京削荐之。某再入道山,遂令长孺娶其女弟。"光绪《忠节杨氏总谱》载:"夫人吴氏,监丞吴公叔先生女,承直郎澧州推官吴璪之妹。"

该年岁末,读老父《渡扬子江》诗2首,且与其论诗,感叹父亲诗风又变。《〈朝天续集〉自序》云:"《渡扬子江》二诗,予大儿长孺举似于范石湖、尤梁溪二公间,皆以予诗又变,余亦不自知也……绍熙元年四月十九日序。"按,《渡扬子江》诗二首题作于该年十一月十二月之交,而杨长孺第二年正月已赴任零陵县主簿,所以当是该年岁末。

(二)入仕之后

1. 绍熙元年(1190)正月上旬,从京城临安出发,赴湖南零陵县任主簿,正式步入仕途。《朝天续集》卷2有《大儿长孺赴零陵簿,示以杂言》,诗题后标

① (南宋)张镃:《南湖集》,文渊阁四库全书本。

注:“长孺,旧名寿仁。”按,该诗之前第6个诗题是《庚戌正月三日,约同舍游西湖》绝句10首,表明杨万里为儿子题赠别诗是在正月初三之后,而初十前后老父又陪伴金使北归,远赴淮河,所以说杨长孺当是正月初八前后赴零陵县。

该年正月底之前,赴郡城永州,循例拜会州长官、丞相之子赵谧,遭“冷面”待客且公事公办,几乎让杨长孺抑郁成疾,后被老父开导,最终释然。《鹤林玉露》卷11载:“杨东山言:某初筮为永州零陵主簿,太守赵谧……一揖径入,更不延坐。某退而抑郁几成疾,以书白诚斋,欲弃官而归……某意犹未平,后涉历稍深,方知此公善教人。”

2. 绍熙二年(1191),题作一首长诗寄赠给大诗人陆游,不久就收到陆氏的和诗。《次韵,和杨伯子主簿见赠》诗中有“大篇一读我起立,喜君得法从家庭。鲲鹏自有天池著,谁谓太狂须束缚”①等赞语。

3. 绍熙三年(1192)六月,将自己所收辑的范成大填词编成《石湖词》集,交给乡人刘炳先刊印,并为《石湖词》作跋。文中回忆了淳熙二年(1175)自己随父在常州,范成大从四川归来,有幸聆听范氏谈词论文的情景。跋文末处载:“绍熙壬子六月二日,门下士、修职郎、永州零陵县主簿、权湖南安抚司准备差遣杨长孺跋。”②

4. 绍熙四年(1193)秋季之前,协助周必大校刊《朝野遗事》等书。南宋赵希弁《郡斋读书志》卷5载:“《朝野遗事》一卷:右,赵子崧伯山所著……淳熙中,周益公帅长沙,命项安世、丁朝佐、杨长孺雠校而刻之。”③

5. 绍熙五年(1194)八月,朱熹赴任潭州知州而路经临江军,杨长孺从吉水出发,专程前去问学,以门生之礼拜会朱子。朱熹授以“尊德性,道问学;致广大,尽精微;极高明,道中庸;温故,知新;敦厚,崇礼。只从此下功夫理会”。对其中意思和做法做详细解释和点拨,“长孺谢云:教诲亲切明白,后学便可下工夫”。事后,朱熹留请杨长孺吃饭,“置酒三行,燕语久之,饭罢辞去,退而记之”④。《宋元学案补遗》引《赵张诸儒学案》云:“吉人之士,若周纶、萧服、彭

---

① (南宋)陆游:《剑南诗稿》第21卷,文渊阁四库全书本。

② 曾枣庄、刘琳:《全宋文》第297册,上海辞书出版社2006年版,第57页。

③ (南宋)赵希弁:《郡斋读书志》卷五(上),文渊阁四库全书本。

④ (南宋)朱熹:《朱子语类》第118卷,文渊阁四库全书本。

醇、胡杓、杨长孺、曾三聘，皆程朱之门，杨、曾之为朱门亦无疑。”

6. 庆元二年(1196)前后，由零陵县主簿擢为县丞。杨长孺父子俩先后出任零陵县丞，后人传为佳话。

7. 庆元五年(1199)立春，以门生身份赴吉州城，拜会周必大。次日早晨，题作《玉盏银花》诗赠给周氏，有“才入平园便有声，唐昌观里久知名”之句。《文忠集》卷42则有《己未立春，留杨伯子长孺知县，夜闻窗竹有声，伯子以为雪，或曰风也，已而果雪。诘旦，敲门送诗，走笔戏和》①回赠诗。

该年冬季，收到杨邦乂之孙、族叔杨炎正的来信。因杨炎正欲求以假补外人不相识而以十科荐，其父杨万里并未应允，信中对杨长孺颇有怨语。《诚斋集》卷67《与材翁弟书》云：“济翁有书与长孺，其词甚怒，谓：‘公见庙堂，明纳阙札，何害？何必匿形藏迹，又非奸党，便至累幼舆也。’”

8. 庆元六年(1200)初夏，出任南昌知县，老父题作《官箴》赠行。“大儿长孺试邑南昌，辞行，问政于诚斋老人。告之曰：‘一曰廉，二曰恕，三曰公，四曰明，五曰勤。’因作《官箴》以遗之。”

该年六月，周必大题作《送杨伯子长孺知南昌县》赠行，诗中有“往年饯尊公，出宰新吴县”“君今治南昌，家学世其官”等赞语。

该年八月下旬，写信给家父，且应江西帅张孝伯之请，欲迎父母双亲就养于南昌官寺，老父不允。《诚斋集》卷67《与南昌长孺家书》载：“今月初五日，诚斋老人得大儿南昌令长孺家书，并送至大帅报书……今未可耳。九月七日，吾付长孺。”

9. 嘉泰元年(1201)至二年，在南昌任知县，颇有治绩。雍正《江西通志》卷59《名宦·南昌府》载：“杨长孺，淳熙间知南昌县。前宰多控制不下，长孺处之裕如也。常曰：‘畏事生于不更事，更事则不畏事矣。’三年之间，茧丝保障，各得其所。”②

10. 嘉泰二年(1202)十二月，收到户部侍郎王少愚的来信。上年六月，余端礼去世，王侍郎代为出面，向其父索要墓志铭，且请杨长孺催促其父“速为下

① (南宋)周必大:《文忠集》第42卷，文渊阁四库全书本。
② (清)尹继善:《江西通志》第598卷，文渊阁四库全书本。

笔”。《诚斋集》卷68《答户部王少愚侍郎书》云:“去秋,专遣便了走淮上,致奠于枢使……而台座赐大儿长孺书,乃有‘速为下笔’之语。”

11. 嘉泰三年(1203),升任权通判道州军州事,再次赴湖南永州任职。年内曾赴江华县巡事,题有《小飞来亭》诗2首。

12. 嘉泰四年(1204)二月,杨长孺官系升朝,获入朝廷奏事资格。《诚斋集》卷47有《谢以长男长孺官系升朝议,遇郊祀大礼封叙通奉大夫表》。

该年夏季,写信给老父,问候病情,劝其少饮茶,忌劳文字。《诚斋集》卷42有《去岁四月得淋疾,今又四月病犹未愈》诗。另《诚斋集》卷98有《武陵春·老夫茗饮小过,遂得气疾,终夕越吟,而长孺子有书至,答以〈武陵春〉,因呈子西》,词中云:“长铗归兮逾十暑……旧赐龙团新作祟,频啜得中寒。瘦骨如柴痛又酸,儿信问平安。”

该年六月中旬,回乡探望父母双亲,与老父共读《杜工部集》。《退休集》卷6有《与长孺共读杜诗》,有“一卷杜诗揉欲烂,两人齐读味初深”之句。该月二十四日,又与老父商议,待秋凉后一起游山,其父有《六月二十四日病起,喜雨闻莺,与大儿议秋凉一出游山》诗。

该年十月一日周必大去世,撰有《祭周益公文》。祭文中云:“年未弱冠,厚知于公。短簿踽踽,与枳为伍。公实擢之,置诸幕府。”署名为“承议郎、权通判道州军州事杨长孺”①。

13. 开禧元年(1205)六月,巡视江华县,在县令洪璞、县丞宗强、主簿符叙等人陪同下,留下一方碑刻:“开禧元年,岁在乙丑,夏六月九日,庐陵杨长孺伯子、严陵洪璞叙玉、金华宗强周卿、南丰符叙舜工,同来。”该石碑至今仍存。

该年岁末前,题诗赠给乡人胡榘,且将该诗寄赠给姜夔。姜氏有《次韵胡仲方,因杨伯子见寄》诗,且附后序曰:“仲方,得萍乡宰,伯子得营道倅。”②按,胡榘(1163—1244),字仲方,胡季永长子,胡铨之孙,于开禧元年(1205)出任萍乡知县,于嘉定元年(1208)升任赣州知府,故当是此时。

14. 开禧二年(1206)五月初八,因老父杨万里病故,由道州回籍,开始丁父

---

① (南宋)周必大:《文忠集》附录第14卷,文渊阁四库全书本。

② (南宋)姜夔:《白石道人诗集》卷下,文渊阁四库全书本。

忧。《诚斋杨公墓志》载："子男三人，长孺，承议郎、通判道州军州事……"①

该年十一月七日，葬父于湴塘村西莲花形。《诚斋杨公墓志》载："是岁十一月七日甲申，诸孤奉先君之柩葬于本里乌泥塘，距家八百步，从先君之志也。孤子长孺泣血谨志而纳诸圹。"

15. 开禧三年（1207）至嘉定元年，在家丁父忧，且开始筹备、编辑先父诗文，取名《诚斋集》，计 133 卷，由先父门生、乡人罗茂良校刊。

16. 嘉定元年（1208）春，会同二弟杨次公、四弟杨幼舆向朝廷呈《论先臣杨万里奏状》，乞将先父杨万里遗嘱亲笔宣付史馆。文曰："先臣杨万里，以忠义刚正受知孝宗皇帝，淳熙间御笔亲擢先臣为太子侍讲，凡先臣有所奏陈，嘉纳如流。先臣感激主知，未尝不喜极而继之以泣也。"②该年四月，三省同奉圣旨，令宣付史馆，仍与赐谥。

该年秋季之前，奉朝廷之旨、给札之礼，与家人一起重新抄写《诚斋易传》进呈朝廷。杨长孺撰《〈诚斋易传〉进书状》称："承议郎、前权通判道州军州兼管内劝农营田事杨长孺状申：准本州公文，备准省札……敬拜给札之恩，谨出遗编之帙。所有先父《易传》一部二十卷，约十五万字，家藏见在，乞缮写申发。"③

该年秋冬时节，丁父忧期满后起复，赴京城临安，出任宗正寺丞。真德秀时任秘书省正字兼检讨玉牒所，两人由此结交，谈学论文。《全宋文》卷 6764 有《谢除宗正寺簿启》，录自《永乐大典》卷 14607。《鹤林玉露》卷 4《文章邪正》亦载："东山先生杨伯子尝为余言：某昔为宗正丞，真西山以直院兼玉牒宫，尝至某位中，见案上有近时人诗文一编，西山一见掷之曰……某佩服其言，再三谢之。"④

17. 嘉定四年（1211），出任湖州知州，颇有治绩。其间，奉养母亲罗氏于治所，其母七十多岁，每日清晨下厨给下人煮粥，平时"郡圃种苎"，"躬纺缉以为衣"。湖州是京畿之地，有御赐秀王府第，且秀王恃势骄横不法，杨长孺不畏权贵，为民做主，深得士民爱戴。道光《吉水县志》卷 22 本传载："与秀邸相持，谮

① 《杨万里家族纪略》，江西人民出版社 2017 年版，第 297 页。
② 曾枣庄、刘琳：《全宋文》第 297 册，上海辞书出版社 2006 年版，第 54 页。
③ 曾枣庄、刘琳：《全宋文》第 297 册，上海辞书出版社 2006 年版，第 55 页。
④ （南宋）罗大经：《鹤林玉露》第 4 卷，文渊阁四库全书本。

之宁宗。问：'要钱否？'曰：'不要。'宁宗曰：'不要钱，是好官。'"《浙江通志》卷151《吴兴掌故》载"：嘉定间，守湖州，弹压豪贵，牧养小民，治声赫然。"《宋元学案》卷44载："郡之士相与肖像，祠于学宫。"

18. 嘉定五年（1212），转任浙东提举常平茶盐公事。离任前，有《题湖州画像》诗。《鹤林玉露》卷7载："会除浙东庾节，将行，辞先圣先师礼毕，与校官诸生坐于讲堂，命取所祠画像来，题诗其上云……遂卷藏而行。"庾节，宋代时是提举茶盐常平司公事的别称，又称仓节。《宋史翼》本传亦载："除浙东提刑。"

19. 嘉定八年（1215）夏季之前，出任赣州知州。嘉靖《赣州府志》卷8载："杨长孺，吉安吉水人，以荫补知湖州，寻改赣州。"雍正《江西通志》卷46《秩官（一）》载："……杨长孺，详吉州人物……俱知南安军事。"

该年七月，向朝廷呈报《乞许赣州守望臣提举汀州兵甲奏》，提出"欲乞将汀州兵甲照南雄州例，许本州守臣提举，添入'汀州'两字表系衔，仍札下福建路安抚、提刑司及汀州照应施行。庶几彼此相维，群盗可弭"。①

20. 嘉定十年（1217），出任广东经略安抚使兼广州知州。《广东通志》卷39载："杨长孺，字伯子，吉水人，万里之子。以荫补守湖州。累官广东经略安抚使、知广州事。"任职期间，将积攒的俸禄七千缗代下户小民输租，有《代民输租》诗。《鹤林玉露》卷4载："东山帅五羊，以俸钱七千缗，代下户输租。"《明一统志》卷79载："杨长孺，嘉定间知广州。在任蠲苛政之非法者，于是官知爱民，而一道肃然。及代去，有俸钱七千缗，尽以代下户输租。有诏奖谕。"《宋元学案》卷44载："擢经略广东，以己俸代下户输租。"

任内某日，与福建籍、浙江籍三位漕仓市舶同僚谈论各自家乡特产，杨长孺以欧阳修道德文章之盛名满天下而对。罗大经《鹤林玉露》卷11载："杨东山尝为余言……复问某乡里所产，某笑曰：'他无所产，但产一欧阳子耳。'三公笑且惭。"

21. 嘉定十二年（1219）底，题作《别石门》诗离任福州。诗中有"拟把片香投赠汝，这回欲带忘来休"之句，以东晋名士吴隐之投沉香于石门江之典故而

① 曾枣庄、刘琳：《全宋文》第297册，上海辞书出版社2006年版，第53页。

自喻。后来,广州百姓将吴隐之祠合祀吴隐之、苏轼、杨长孺三人。①

22. 嘉定十三年(1220),迁福建安抚使兼福州知州。当地强宗欠税且累拒不纳,杨长孺亲率兵役捉拿,写下判词曰:"尔为天子亲,我为天子臣。尔犯天予法,我行天子刑。"强宗低头服罪,全部交清欠租。《福建通志》卷29载:"嘉定间知福州,兼安抚使。理宗尝问廉吏,真德秀对曰:若杨长孺守闽,今廉吏也。"真德秀《西山文集》卷5《奏谢奖廉吏状》载:"杨长孺守长乐,罔侵公帑之圭铢,皆最为当世所推。"《宋元学案》卷44载:"迁福建安抚使,真西山入相,宁宗问当今廉吏,以先生对。"

该年内某日,杨长孺在福州天庆观,见壁间有一首白玉蟾五言诗,临摹后题跋诗曰:"诗豪仍酒圣,不粒且不饘。果蔬供糗粮,笔砚为原田。得句超象外,挥毫妙无前。龙蛇走屋壁,云烟起山川。姓名闻九重,文字流八埏。"②

23. 嘉定十五年(1222)十二月,收到友人白玉蟾在临川笔架山写的来信和附寄的草书作品。《全宋文》卷6764《与白玉蟾札》载:"长孺顷守三山,想莱采于老子之宫,识英豪于题壁之句。初以为仙侣,不以为今人也……读戊寅年(1218)笔架山中二十八咏,今五年矣……壬午(1222)十二月□日,朝散大夫、直华文阁、主管亳州明道宫杨长孺札子。"且附赠古风1首、绝句2篇。白玉蟾《与彭鹤林书》信中则称:"杨伯子正月五日专人赍札子,并绝句二、古风一,情文颇恭。"③

24. 嘉定十七年(1224)底,福州秩满,回乡前题作《贻罗竹谷》诗赠老乡幕僚罗茂良,有"我已诃泷吏,君谁诵子虚。同归灯火读,家里石渠书"之句。

25. 宝庆元年(1225)上半年,在家乡湴塘村待次。那时,福州人林半千任吉水知县,复建县学之魁星楼,邀杨长孺作记。《奎星楼记》载:"三山林侯半千为吉水宰之期年,县学成,未几楼成,侯之志、士之力也。昔陋而今于壮,故无而新于有,宏谋隽功,为江西诸邑甲……岂侯之所以望于邑士哉!遂书以为记。"④

① 黄长椿:《南宋廉吏杨长孺》,《江西师范大学学报(哲学社会科学版)》1991年第1期。
② 兰京荣:《朱熹、白玉蟾与李訦、杨长孺交游考》,《武夷学院学报》2015年第2期。
③ 兰京荣:《朱熹、白玉蟾与李訦、杨长孺交游考》,《武夷学院学报》2015年第2期。
④ 曾枣庄、刘琳:《全宋文》第297册,上海辞书出版社2006年版,第63页。

26. 宝庆元年(1225)八月,宋理宗下诏召见录用,但未成行。

该年八月二十五日,为先父的老师王庭珪亲笔信作跋。《跋王卢溪手简》载:“岁在乙酉,秋八月二十五日,大志彭君名靖字安国来访余,示以卢溪先生王公家书十纸。”跋文署名是“朝奉大夫、直华文阁杨长孺书”。[①]

(三)奉祠之后

嘉定十七年(1224)八月,宋理宗即位。之后,济王赵竑被权相所逼自尽。吉水老乡、大理寺评事胡梦昱因不平,于宝庆元年(1225)九月上书朝廷,后遭贬,且远徙象州。第二年春,杨长孺因赠诗胡梦昱遭连累,此后一直奉祠在乡,为朝奉大夫、直华文阁,主管亳州明道宫。

1. 宝庆二年(1226)三月,“杨长孺诗案”发生后,开始奉祠在家。《宋史》卷31 载:“梁成大奏寝杨长孺召命,徐瑄胡梦昱重议施行,初长孺饯胡梦昱诗有“吾乡小澹庵”之语,成大以拟非其伦,党和邪说,不宜立朝……于是并及之,寻予长孺祠。”[②]缘由是:杨长孺因题作《送胡季昭窜象郡》诗 2 首为胡梦昱赠行,其二诗中有“李庭男子真奇绝,便是吾乡小澹庵”之句,遭台谏梁成大弹劾。胡知柔编《象台首末》卷 1 亦载:

> 朝请大夫、直华文阁杨长孺,拘僻而济以暴,狂狠而咨于酒,向为守帅,凌蔑僚属,诬核寓公,间行怪政……臣谓长孺之所为,若使立朝,必党和邪说,簧鼓在列,或刀外任必复行,怪政贻害士民……臣欲望陛下特颁睿旨,收还长孺召命指挥,仍畀祠禄,勒令闲住。[③]

此后,杨长孺虽未致仕,且朝廷亦曾多次诏出,但他誓不出仕,直至去世。嘉靖《赣州府志》卷 8 载:“端平中,以理宗之立非正,累召不起。”《万姓统谱》卷 41 载:“理宗即位,诏除屯田郎官,不出。”

该年七月,吉州郡守赵汝愚于府学修成大成殿。之后,文学掾刘汉弼请于郡守赵希仁、赵汝愚复建藏书阁,且请杨长孺作记。《吉州州学藏书阁记》载:

---

① 曾枣庄、刘琳:《全宋文》第 297 册,上海辞书出版社 2006 年版,第 58 页。

② (元)脱脱等:《宋史》,中华书局 1977 年版,第 2144 页。

③ (宋)胡知柔:《象台首末》第 1 卷,文渊阁四库全书本。

"宝庆二年,会稽刘君汉弼为郡文学掾,偕诸生请于郡……经始于丙戌之冬,落成于丁亥之夏。装旧书悉丛于阁,贮以四庋,第以甲乙丙丁藏焉。阖郡咸喜,视宝庆犹庆历,视二赵侯犹李侯。然汉弼以书谂某曰:'子为我记之。'"①

2. 绍定元年(1228),诏令出任提点江西刑狱公事。光绪《广东通志》卷236《宦绩录·杨长孺》载:"绍定元年,起判江西宪台。"光绪《吉安府志》卷27《人物志·庶官》载:"绍定初,起判江西,增乡校养士田。"

该年内,获赠敷文阁直学士。《氏族大全》卷8之《留俸代租》载:"……绍定元年,以敷文阁直学士致仕。"按,时年72岁的杨长孺虽又上书朝廷,请求致仕,但朝廷不允。

3. 绍定三年(1230),为杨庄、湴塘村家族中9位高寿老人题作《赋杨氏九老诗》,收录于乾隆《文水南华杨氏族谱·艺文》,诗曰:"关西夫子泽无涯,世世相传玉绝瑕。璧水桥门鸾凤侣,青原白鹭两三家。偶然中外千山隔,未必团乐九老夸。且看南极为寿处,北辰相映也光华。"此外,《文水南华杨氏族谱》中还有《杨氏四老诗》等诗5首,均为杨长孺失收之佚诗。②

4. 绍定五年(1232),吉水和吉州均受灾,百姓发生饥荒,杨长孺力请吉州郡首史良叔开仓放粮,拯救灾民,乡人德之。光绪《吉安府志》卷27《人物志·庶官》载:"壬辰大饥,力请郡发廪赈荒。"

5. 绍定六年(1233)春季,接待吉州知州史良叔秩满前的来访。《鹤林玉露》卷4载:"入其门,升其堂,目之所见,无非可敬可仰、可师可法者,所得多矣,因命画工图之而去。"

该年内某日,为吉水兰溪人曾无疑题诗,诗中有"八十仙翁能许健,片云得得出巢来"之句。曾三异(1146—1236),字无疑,曾三聘之弟,曾建书斋称"云巢",后以此为号,其父杨万里有《题曾无疑云巢》诗。曾三异(1154—1239)是曾敏行第六子,据清光绪二十二年(1896)《吉水兰溪曾氏族谱》载:"生甲戌……年八十六而殁。"③

6. 端平元年(1234)六月一日,在吉州知州刘炜叔帮助下,主持镌刻《诚斋

① 曾枣庄、刘琳:《全宋文》第297册,上海辞书出版社2006年版,第62页。

② 参见乾隆《文水南华杨氏族谱·艺文》,现收藏于峡江县水边镇何君杨家。

③ 参见清光绪二十二年(1896)编修的《吉水兰溪曾氏族谱》,现收藏于吉水县八都镇兰溪村。

集》,于第二年六月十六日完工。刘炜叔《诚斋集原序》载:“东山先生曩帅广东,炜叔贰令海南,辱置门墙,益深敬慕……东山首从所请,且复手为完正,以卷计一百三十有三,以字计八十万七千有八,锓木于端平初元六月一日,毕工于次年乙未六月之既望……宋朝散大夫、知吉州军州事刘炜叔序。”

7. 端平二年(1235)十月之前,朝廷加集英殿修撰,以中奉大夫、敷文阁直学士之职致仕。《宋元学案》卷 44 载:“端平间,加集英殿修撰。”光绪《吉安府志》卷 27《人物志·庶官》载:“端平间(1234—1236),累召不起,以中奉大夫、敷文阁直学士加集英殿修撰致仕。”

该年十月,以集英殿大学士、赐金紫鱼袋身份,为本乡贤士肖端臣撰作墓志铭,撰文刊于《赤岭肖氏族谱》。

8. 端平三年(1236)春,朝廷封赠庐陵侯。《宋史翼》卷 22 载:“年八十封庐陵侯。”

该年夏秋时节,病中接待前来探望的静江知府赵师恕。见其家贫,竟无为殓,赵氏送绸绢几匹。《鹤林玉露》卷 4 载:“东山病且死,无衣裳,适广西帅赵季仁馈缬绢数端。东山曰:‘此贤者之赐也,衾材无忧矣。’”

该年十月二十六日,杨长孺去世。嘉靖《赣州府志》卷 8《名宦·杨长孺传》载:“卒年八十。”道光《吉水县志》卷 22 本传载:“卒年八十,赠大中大夫。”

三、两处商榷

笔者读黄长椿老教授所撰《南宋廉吏杨长孺》一文,发现有两处值得商榷。

1. 黄老先生撰文云:“光宗绍熙二年(1191),杨长孺年三十五岁才走上仕途,到湖南永州零陵县做主簿。”

笔者认为,该说法不正确。理由是:第一,淳熙十六年(1189)十一月,杨万里借焕章阁学士之职,出任接伴金国贺正旦使。家刻本《朝天续集》卷 1 中却有《与长孺共读东坡诗》,时该年十二月上旬,作者正在接伴金使的路途中,由此可推想,杨长孺极有可能是以使团随行人员的身份,与父亲同赴淮河,借机随行历练。第二,也许会有人提出,不排除该诗编辑于此处有误。但是,在四库本、四部丛刊本中,该诗之前 10 余首、之后 10 余首诗的排序均与家刻本中相同,由此可排除家刻本中该诗排序有误之疑。杨万里第一至第八部诗集,他生前就已编定。杨长孺也是本诗所载内容的当事人,嘉定年间正式编定《诚斋集》时,他必然会注意该诗排序于此正确与否。如果有误,杨长孺岂会放过。第三,杨长孺那时已33岁,尚未入仕。出使团又需要不少服务人员。杨万里因是宋光宗的老师,才有资格"借焕章阁学士"之职出行,于是他出面安排儿子以服务人员身份,同赴淮河随行历练的可能性极大。第四,《东南纪闻》卷3载:"杨东山云:绍兴庚戌,随侍先文节公接伴北使。使以赵州,浊梨两颗,私觌梨皮黄褐色,肉黑如墨质,如酥味甘而香,大如你膀,亦奇种也。"[①]文中"绍兴"年号应是误写,当为"绍熙";"庚戌"是绍熙元年(1190),有误,应是淳熙十六年(1189)才正确。该书虽是元代无名氏所编,但它已被《永乐大典》收录,所叙述史实的可信度还比较高。第二年初,杨长孺并未送金使北返,宋光宗让他恩荫出仕,赴零陵县任主簿,也是情理中的事。

2. 黄老先生撰文云:"绍定元年(1228),杨长孺应诏出任提点江西刑狱公事、知赣州军州事。"

黄老先生为这段文字的注释是:"光绪《广东通志》卷二三六《宦绩录·杨长孺》'绍定元年起判江西宪台。'嘉靖《赣州府志》卷七《秩官》'宋知军州事杨长孺。'"

笔者认为,该说法有误。理由是:第一,《赣州府志·秩官》中并未标注明确的时间,实是黄教授理解上的偏差。第二,因杨长孺向朝廷所呈《乞许赣州守望臣提举汀州兵甲奏》有明确的时间记载,即嘉定八年(1215)七月。第三,笔者查阅嘉靖《赣州府志》卷8《名宦》载:"……当今廉吏也。寻改赣州。端平中,以理宗之立非正……"宋宁宗称赞他为"当今廉吏也"即是在湖州知州任上,不久后转任赣州知州较为合理。然而,他被任命为提点江西刑狱公事时,一直在家奉祠,并未赴任。何况赣州是在江西最南部,并非南昌,此二职是无法兼职的,所以说此误较为明显。

① (元)佚名:《东南纪闻》第3卷,文渊阁四库全书本。

吾家英杰相间起

——杨万里家族科举业的成就、原因及家风传承

与西方社会相比较，中国人更注重亲情和血缘，社会结构的最大特色是以家庭、家族作为活动中心。科举家族是指世代聚族而居，从事科举业人数较多，至少有三代且连续多人取得功名，在地方拥有一定影响的家族。北宋以来，庐陵因地理位置的优越、经济社会的繁荣和文化的强盛，与之相伴生的则是新兴科举家族的兴起，如欧阳氏、胡氏、杨氏和文氏等。作为观照宋明时期地方社会发展与变迁的特殊视角，杨万里家族科举业的研究值得重视。

目前学界对杨万里思想、诗文、生平等研究颇为热门，但对其家族尤其是科举业的研究并不多。该家族的科举业发轫于北宋，鼎盛于南宋，延续至明代中期，从明代后期开始衰退，清代进士人数则急剧减少，仅有两名外迁族人中进士。分析该家族科举业的巨大成就、兴盛原因，可看出科举视野下其家风传承也颇具特色。

一、杨万里家族的科举成就

随着宋代科举取士范围的扩大，中举者几乎涵盖社会各个阶层，极大地刺激了寒门、富农、小地主子弟的勤奋苦读，激发了他们奔赴科场的积极性，毕竟科举是改变个人命运、提高家族政治地位的最直接手段。杨万里家族的进士人数比同时代兴起的如胡铨、周必大、曾三聘、文天祥等科举家族，中进士人数明显更胜一筹，[①]此外，因有杨万里、杨邦乂等名士更是声名鹊起，在江西乃至全国的科举家族中占有重要一席。

---

① 汪泰荣：《吉安登科考》，中华书局 2017 年版，第 424—455 页。

(一)发轫于北宋

湴塘村开基祖是唐末五代时的杨辂,籍贯陕西华阴县,因出任吉州刺史而肇基庐陵。长子杨锐是一位教书先生,开基于杨家庄,次子杨鋋曾任海昏县令,开基于湴塘,那时算是殷实之家。据广东《梅州杨氏族谱》记载,杨辂曾中进士,生有九子,随着中原文化的南移以及子孙的繁衍生息,其后裔慢慢地向东、南、西南三个方向迁徙,有“江南杨氏始祖”之誉。他的第五子叫杨耸,字云岫,也曾中进士,官至都御史、朝议大夫、潮阳刺史,徙居广东梅州,后尊为广东杨氏始祖,发展为名门望族。对梅州族谱中的说法,学界颇为怀疑,因为唐代录取进士的名额极少,进士与秀才还经常混淆使用,且湴塘村收藏的光绪《忠节杨氏总谱》并未言及杨辂曾中进士。

北宋大中祥符八年(1015),杨辂六世孙、杨家庄人杨丕中进士,系庐陵杨氏第一位进士。杨丕,又作杨伾,字大中,历官国子博士、康州知州,终至尚书屯田员外郎等,“宋真宗尝大书殿柱云:彭齐之文章,杨丕之廉谨,萧定基之政事,可为‘江西三瑞’”①,因其勤政、清廉和严谨而被皇帝称赞。在那个时代,因一人科举成功而带动家族数代人的连续登科,从而成为科举世家的现象并不鲜见,而杨丕的中举,无疑是杨万里家族科举业兴旺的起点。

皇祐元年(1049),杨丕的族孙杨纯师又考中进士。杨纯师又作杨淳师,字慎之,历官著作郎、永康太守,被一代文宗欧阳修称为“杨先辈”。其中缘由是,欧阳修第二位妻子的父亲叫杨大雅,也是东汉“四知先生”杨震之后,杨纯师的辈分比欧阳修妻子杨氏高,于是欧氏称呼比他年轻的杨纯师为先辈。杨纯师进入仕途后,与欧阳修同朝为官,两人又属庐陵老乡,故友情深厚。两人均擅长诗文,于是有不少交游诗,如欧氏题有《送杨先辈登第还家》《送杨君之任永康》《送杨员外》等。

随着杨丕、杨纯师科举和仕宦的成功,给家族后辈带来巨大的影响力,并交织着错综复杂的姻亲、同乡、同年、同僚和师生关系等,印证该家族先是借助科举之途而兴,后由族人仕宦的成功反促科举业的生生不息。北宋时,杨万里家族有 8 人中进士、16 人中解试。

---

① 四库本《文毅集》卷 7《送萧观复省兄安庆序》。

(二)鼎盛于南宋

随着科举业逐步变成族人的共同价值观后,该家族便开启以儒传家、读书不绝的家风。如此大环境下,年幼子弟以勤学苦读为趣,自强不息,积极向上,对学习经验、应试技巧的传授更是无缝对接,科考中脱颖而出的可能性明显更大。经过前几代人的积累铺垫,南宋时即进入鼎盛时期。因家族成员之间的相互激励和督促,于是多次出现"一门多进士"的盛况,如杨邦乂家是"一门五进士",杨辅世、杨万里是"叔侄同登科",杨炎正、杨孟信是"兄弟登同科",杨存、杨应廉是"爷孙两进士"等。庆元五年(1199)六月,杨万里《重修杨氏族谱序》中叙述家族科举之盛云:

> 自国朝以来,至于今,第进士者十有三人。杨家庄居其九:曰丕、曰纯师、曰安平、曰求、曰同、曰邦乂、曰迈、曰炎正、曰孟信。湴塘居其四:曰存、曰杞、曰辅世、曰万里……十三人者,公父子及其二孙,凡一家而四人焉。[①]

这13名进士中,杨邦乂与父亲杨同,两个孙子杨炎正、杨梦信,四人先后于元丰五年(1082)至庆元二年(1196)间中进士。此外,杨邦乂的曾孙、杨炎正之子杨仲癸于绍定二年(1229)中进士,故称"一门五进士"。

更值得关注的是,因杨邦乂舍生取义的抗金气节,杨万里爱国忧民的情怀、开创"诚斋体"的不朽功德,将家族文化推至全国闻名的地步,因此,南宋也是观察该家族科举业的最佳时期。杨万里撰作谱序时褒奖族叔祖杨邦乂表示:

> 谓天不报施善人,可欤?公之名,岂待族谱而后传?而族谱得公则益光荣也。其余或以节行,或以文名,或以吏能,皆不辱汉太尉者。(同上)

南宋时,杨万里家族共有8人中进士、17人中解试,以荫补方式进入仕途者近70人。此外,湴塘村杨端节等人已中特奏名进士等。

---

① 《杨万里家族纪略》,江西人民出版社2017年版,第5—6页。

表1　两宋时杨万里家族进士名单

科别及年份	姓名	名次	备注
真宗大中祥符八年(1015)	杨　丕	乙卯科蔡齐榜第二甲	“江西三瑞”
仁宗皇祐元年(1049)	杨纯师	己丑科冯京榜第五甲	又作杨淳师
神宗元丰二年(1079)	杨　桓	己未科时彦榜第三甲	又名杨安平
神宗元丰五年(1082)	杨　同	壬戌科黄裳榜第三甲	杨邦乂之父
神宗元丰八年(1085)	杨　存	乙丑科焦蹈榜第三甲	湴塘第一位进士
哲宗元祐六年(1091)	杨　求	辛未科马涓榜第四甲	
徽宗政和二年(1112)	杨　杞	壬辰科莫俦榜第四甲	杨存侄子
徽宗政和五年(1115)	杨邦乂	乙未科何栗榜第五甲	
高宗绍兴二年(1132)	杨　迈	壬子科张九成榜第四甲	杨邦乂侄子
高宗绍兴二十四年(1154)	杨辅世	甲戌科张孝祥榜第五甲	杨万里族叔
高宗绍兴二十四年(1154)	杨万里	甲戌科张孝祥榜第五甲	
孝宗淳熙十四年(1187)	杨　复	丁未科王容榜	杨万里族弟
宁宗庆元二年(1196)	杨炎正	丙辰科邹应龙榜第三甲	杨邦乂之孙
宁宗庆元二年(1196)	杨梦信	丙辰科邹应龙榜第四甲	杨邦乂之孙
理宗宝庆二年(1226)	杨应廉	丙戌科王会龙榜第三甲	杨存之孙
理宗绍定二年(1229)	杨仲癸	乙丑科黄朴榜第四甲	杨炎正之子

庆元六年(1200),杨万里应邀为清江县萧景伯的书房“静庵”作记,既感叹庐陵科举业之盛,又感叹江右文化家族的涌现,表示:

惟我大江之西,有一族而叔侄同年者,一时艳之,以为盛事,若予与故叔父麻阳令讳辅世是也。有一家从兄弟同年者,若予族叔祖忠襄公之二孙曰炎正、曰梦信是也。有同产兄弟而同年者,若吾州印冈之罗曰维藩、曰维翰，兰溪之曾曰天若、曰天从是也。[①]

（三）延续至明代中期

从元代至明代中期，仍是杨万里家族科举业的兴盛时期。元代科举业开试时间较晚，所录人数较少，江西仅有 290 人中进士，其中吉安籍有 43 名进士，吉水籍有 19 名进士，县级排名吉水县列全省第一。杨万里家族有杨撝于至顺元年（1330）中进士，另外泰和同宗杨氏 2 人中进士。明代中期之前，杨万里家族有 4 人中进士，即杨政于永乐十年（1412）中进士，杨瀎于永乐十三年（1415）中进士，杨必进于正德六年（1511）中进士，杨钟于崇祯十三年（1640）中进士。表明该家族自北宋以来一直致力科举业，延续到明代末期。另一方面，众多考取功名的子弟，以忠义为本，勤廉持身，促成他们仕宦的成功。如此家风相传，其外在表现是文风昌盛、士多才俊，与庐陵文化精髓"文章节义"之内涵相辅相成，明代前期吉水籍官员杨季琛说："吾杨氏自侍郎公始迁庐陵，子孙蕃衍，以诗礼为菑畲，以勤俭为耕获，以礼义为储廪，以清白为世业。"[②]

值得注意的是，杨万里家族的科举业衰落于明代晚期，清代进士数目急剧锐减，仅有乾隆朝杨振鳞中副榜进士，不算严格意义上的登科进士。当然，该家族科举业的衰退并不是孤立现象，整个庐陵乃至江西，绝大多数世家大族的科举业也是走下坡路。

二、科举业累世成功的原因

分析杨万里家族科举业成功的原因，既有地方经济社会发展的繁荣以及地理环境优越等因素，更有家族一直致力于科举业和家族成员的主观努力等多方面因素，可从五个方面探寻。

（一）地理优越，经济富庶

纵观中国古代史，经济发达的地区同时也是文化发达、科举兴盛之地，由此可知地方经济的繁荣一定是文化事业发展的基础。因为读书和科举是一项既耗时较长又耗钱财的工作，倘若家庭生活相对富裕，族中的适龄青年便可衣食

---

① 王琦珍：《杨万里诗文集》卷 76《静庵记》，江西人民出版社 2006 年版，第 1212 页。

② 《杨万里家族纪略》之《绪言》，江西人民出版社 2017 年版，第 2 页。

无忧，潜心钻研学问，有条件者还延请名师加以训育，甚至赴外地与名士探讨交流，借以提高科举应试的成功率。

对江南地区而言，宋室南渡后统治者逐渐融入南方经济的开发，反映到科举上南方中第者远远超过北方人。福州、苏州、吉安是名列中国前三名的进士之乡，杭州、绍兴、徽州等地也是闻名远近的进士之乡，假若从进士籍贯的地理分布来看，这些地方无不与经济富庶、交通便利有关。

吉水县位于江西中部，地理位置优越，既是江南鱼米之乡，又有赣江水道带来的交通便利，境内还有泷江、乌江、同江、住歧水等支流。即便是杨万里故里湴塘村，也可乘小筏子由南溪至柘水，再进入赣江，水系极为发达。可见，杨万里家族进士数量和质量呈现质的飞跃，离不开经济社会的繁荣、地理位置的优越。

（二）尊师重教，书院众多

科举业的兴盛，离不开教育的蓬勃发展，离不开尊师重教的社会氛围，同时也造就了书院文化的繁荣。关于吉水创办书院的时间，最早可追溯到唐贞观年间（627—649），那时吉州的治所设在濒临赣江的醪桥镇固州村，曾任吉州通判的重庆人刘庆霖卸职后，因故乡遥远且爱庐陵山水之美，于是选择固州西北角居住，并在竹林旁创建篁簝书院，这是全国创建时间最早的书院之一，在中国书院史上占有重要一席。吉水书院不仅创办时间早，而且数量众多，据《吉安书院志》载，该市有名可查的书院达 432 所，其中吉水有书院 80 所，还不包括南宋杨邦乂求学的云际书院。[①] 清人郭景昌编辑《吉州人文纪略》载："自唐宋以至明末，吉水有书院五十有三，居天下第二。"如此众多的书院，有效地促进地方文化的发展，带来浓郁的读书风气和生生不息的科考激情。

宋末元初时，杨万里家族又有远近闻名的南麓斋书院，创建人叫杨桂，字叔芳，号学睡，黄桥镇杨家庄人，后徙居于枫江镇杨园村。因是杨邦乂裔孙，年少聪颖，且身份特殊，才获机会赴太学求学，拜刘静春为师。南宋灭亡后，杨桂誓不出仕，在家乡隐居，庐陵老乡文天祥和邓光荐等人均有赠诗。于是，隐居乡间的杨桂创建该书院，成为元代时江西的知名书院，不少名士曾前来求学或问学。

---

① 汪泰荣编：《吉安书院志》，中华书局 2013 年版，第 1 页。

据明初解缙《南麓斋记》所载，吉安、宁都、樟树、新干、新余和临川等地学子均慕名而来，以致“四方学者，争造其门”，如“以经学授清江范德机，是为文白先生；以历法授习吉翁，而习以天文、数学授临川钟朗”。范德机即范梈，又称文白先生，樟树市人，入仕后与虞集、揭傒斯、杨载齐名，时称“元诗四大家”，由此书院名声大振，“南麓之学遂行天下”，可谓盛极一时。应当说，书院的鼎盛与教职人员的水平以及学子的应试水准有重要关联，该书院兴盛于元代和明初，衰落于明代中期。

（三）文化积累，家族传承

从欧阳修所作《吉州学记》可看出，北宋统治者出于避免世家大族专权的需要，希望通过科举考试来提升寒门士人的地位，由此大大激发农家学子的科举热情，地方大办官学的浪潮也很踊跃。吉水设立县学的时间，竟然早于吉安府学的设立，“儒学，在县治东北八十步。宋天圣四年（1026）丙寅，县令张浦建”[①]，足见各级地方官员对科举业的支持。

但是，县学和府学等官办学堂的兴起，明显晚于民间普遍设立的私学。一些退休家居的官绅以及富农地主开始筹办私学，且多是以“寺学并立”的形式出现。湴塘村收藏的光绪版族谱中“杨希开”条载：

> 字先之，住佃坑，葬云际寺侧，配罗氏，葬西塘头，生七子。公矢志振家声，每年延师教子弟，必请两先生，其一彭恕，字安行，以训年长者；其一曾□，轶其名字，以训年幼者，同族中奉公存、梧州推官文明皆贫，公为之代束修，赠衣食以玉成之。虽七子未有荐名，而其后诚斋、东山以文学名天下，子孙封荫屡世，公之食报，岂有爽哉！[②]

杨希开是杨万里的曾祖父，所创办的学堂既是私学性质，也是以“寺学并立”的形式出现，办学地点设在湴塘村西南的云际寺旁，时间大约在北宋嘉祐年间（1056—1063）。从文中所说到的杨希开对后来高中进士、封赠为中奉公的杨

① 光绪《吉水县志》卷20《学校志·学宫》。

② 光绪《忠节杨氏总谱》之《湴塘延宗公派总图》。

存，以及官至梧州推官的杨文明予以资助，可见家族内对贫困学子的扶持是常态，从而形成全家族共同兴学的合力。可以说，湴塘村从宋代所保留下来的浓厚宗族观念和淳朴的崇学家风，以及耕读传家、诗书继世的文化形态，堪称中国传统社会中的活化石，之后有多人中举应是情理之中。

又如，湴塘村杨存中进士后，其勤奋苦读求功名、取义不贪财的品德、惩恶扶弱的为官事迹等，为村里年轻学子树起榜样。一方面，他本人会悉心指导家族子弟的攻读，为科举考试做更充足的准备，包括考试的成功经验、失败教训传递给家族成员，做一些有针对性的强化训练；另一方面，家族士子会以杨存的功德而自豪，自觉树立看齐意识。亲侄子杨杞 18 岁就考中进士，杨存吟诗祝贺兄长杨布说："月中丹桂输先手，镜里朱颜正后生。"这是绍承家学的一种"马太效应"，其影响力不容忽视。

即使是落第回乡的举子，也能为家族或乡村提供较好的师资力量，建构起不同层次的教育体系，推动家族科举业的纵深发展。嘉泰元年（1201）十二月初，杨万里送族弟杨奎赴京参加春试，临行前赠诗云：

> 吾家词伯达斋翁，阿季文名有父风。笔阵千军能独扫，马蹄万古洗来空。叹予还笏归林下，看子乘船入月中。淡墨榜头先快睹，泥金帖子不须封。①

杨奎，字子西，杨辅世第二子，"女一人，适（乡）进士杨奎，予叔父麻阳县子也。"②表明杨奎是娶杨万里妻侄罗维藩之女为妻。他的父亲、岳父均曾中进士，自己也早已获得解额，此次赴京是参加进士试。虽然他终生未考中进士，但对家族科举业的带动效应不容小觑。

通过以上分析可知，江南地区有一大批毫无家世背景的平民家庭都是以"读书—科举—光大门第"的路径起家，继而发展成为"衣冠诗书"之望族。庐陵地区继北宋时有刘沆、欧阳修等世家大族外，南宋时则有胡铨、杨万里、周必

---

① 《家刻本〈诚斋诗集〉校注》，江西人民出版社 2022 年版，第 553 页。

② 四库本《诚斋集》卷 128 之《罗价卿墓志铭》。

大、文天祥、曾三聘等家族，他们受儒家文化的浸润，士多才俊，对整个吉州的文化积累与科举业传承具有风向标的作用。

（四）崇文好学，家风使然

一个家族科举业的累世成功，固然是由多方面因素所促成，除时代背景外，个人的主观努力无疑也是主因，此外注重藏书、劝学风气、女性训育等也很重要。

杨万里的父亲杨芾虽是一名穷教书先生，却是一个有才学、有眼光的人，他酷爱购书和藏书。尽管经济拮据，却经常忍饥挨饿，节衣缩食，这样积存十年，终于藏书千余卷，成为吉水县远近闻名的藏书家。杨芾十分重视对儿子的教育，常指着藏书对小杨万里说："圣贤之心具焉，汝盍懋之！"勉励儿子博览群书，努力钻研儒家经典。

依据杨存、杨邦乂等名士传记以及杨氏先人的墓表、行状、挽诗等，可知家族对子弟的教育不仅有父劝子、兄勉弟等众多督学事例，而且极为重视家庭教育中的母教作用。杨万里为亲叔父杨蔼的妻子所作祭文云：

> 恭惟叔母太孺人，女德柔惠，妇职孝敬，母道宣慈，生膺恩封。年享九龄，子孙盈庭。相传诗礼，复何憾焉！①

作者的婶母不仅高寿，活了 90 岁，而且祭文中极力宣扬女性在家庭中的重要地位，尤其是教育子女以及为族中晚辈树立榜样的角色意识，"相传诗礼"之句，足以印证杨万里作为儒家学派的卫道者，极其注重女性在辅助丈夫、教育儿子方面的作用。正因如此，家族中课子读书和劝人向学的场景，在杨万里的诗文中比比皆是，如《贺必远叔四月八日洗儿》诗云：

> 年年四月初八日，水沉汤浴黄金佛。今年大阮当此时，真珠水洗白玉儿。吾家英杰相间起，胄出关西老夫子。公家宣和中大夫，大江之西推名

① 四库本《诚斋集》卷 103《祭十三叔母文》。

儒。六十年来谁继渠，愿儿长成读祖书，再起门户光乡闾。①

该诗题作于淳熙十五年(1188)，作者正在遭贬官、回乡待次之时。尽管自己心情郁闷、情绪低落，却因族叔杨赓喜添儿子而题诗。诗中不仅将族叔比作魏晋时代的阮籍，而且满怀豪情地感叹家族多有英杰，希望后人能承继家学，光大门楣。

(五)仕宦联姻，强强联合

宋代时的门第观念仍然浓厚，结亲联姻很注重"门当户对"，与科举家族、仕宦人家缔结姻缘视为优先原则，表现为这些人家不仅为郎娶妻注重门第，在嫁女方面也很重视对方门第。杨万里为三个儿子选媳、为五个女儿择婿时，对科举中进士、中解试的家庭可谓情有独钟，使得家族内贤子佳婿之间实现强强联合，也促成家族中女性有较高的文化素养。

表2　杨万里家族有进士身份的部分姻亲

姓名	籍贯	姻亲关系
刘价	安福县	杨万里大女婿，即杨季蘩之夫
王澂	安福县	杨万里二女婿，即杨季蕴之夫、王庭珪长孙
陈经	新淦县	杨万里四女婿，即杨季苹之夫
王潜	安福县	杨万里五女婿，即杨季菽之夫、王庭珪曾孙
罗上行	庐陵县	杨万里妻兄；仅《诚斋集》所载，共有9人中进士，另妻兄罗上达等4人中解试
吴璪	温州人	杨长孺妻兄，其父吴松年中解试
李概	吉水谷村	杨次公岳父，特奏名进士；其父李次鱼、弟李渠均中解试
陈敦书	新淦县	杨邦乂之婿
曾三聘	吉水兰溪	杨辅世之婿，杨万里堂妹夫

杨万里的岳父罗天文即是吉州解试的第一名，其次子罗上行以及罗全略等6

① 《家刻本〈诚斋诗集〉校注》，第336页。

个孙子均中进士，长子罗上达等4人中解试，是典型的科举仕宦家族，待杨万里中得进士后，才将最小的女儿嫁与“穷小子”的他。关于罗天文家族中进士的情况，本人撰有《〈诚斋集〉所载岳父罗天文一家的科举盛况》，这里无须多言。

明代中期，湴塘村杨理撰《东冈公补〈文节公家训〉》言：

> 读书务要用心，功崇惟志，业广惟勤，努力向前，学问有成。但得学成，无虑功名。[①]

东冈公即杨理（1451—1505），族谱中说他“入齿能文，年十八廪邑庠，尝从安成大司成刘公戬治《易》”，其长子杨必进于正德六年（1511）中进士，且杨必进的舅舅曾直中弘治十五年（1502）进士，表妹曾氏之夫婿罗洪先中嘉靖八年（1529）状元。其他世代的女婿中，进士出身者不乏其人。通过家庭的教子课读、姻亲的抱团发展，致力科考已成为家族成员的共识，如此家风不仅对个体有益处，而且会形成群体效应。

三、科举视野下的家风传承

诚斋先生的家训诗文是宋代家风家训诗的重要组成部分，涉及家国情怀、科举仕宦、读书生活等各个方面。这里值得说明的是，《诚斋家训》并非杨万里所撰，是后世子孙依据他的《官箴》《大儿长孺赴零陵簿，示以杂言》《除夕送次公子入京受县》《送幼舆子之官澧浦慈利监税》等训子诗文，总结提炼杨万里“修齐治平”思想而编成，面世时间应是宋末元初，可谓历史悠久。分析该家族科举视野下的劝学事例及其表现，可折射宋明时期庐陵地区追崇科举的深厚土壤，印证科举家族对读书治学、“学而优则仕”的执着态度。

（一）劝学向上的家教

耕读传家是古人治生的一种传统思维，是民间社会的经典观念，其中劝学向上是核心内容之一。《诚斋诗集》中有很多描写作者与儿子共读书册的画面，课子成才、书香之气似乎扑面而来，如《初凉，与次公子共读书册》诗云：

---

① 《杨万里家族纪略》，第115页。

暑懒归投簟，凉醒打当书。罢吟唇欲裂，起坐膝难舒。汲古微澜动，悲秋小雨余。五言未针线，百过且阶除。①

这是作者与二儿子杨次公一起读书的情景。诗人写到天气炎热时，人也是疲懒的，待秋凉微雨时才最适合于钻研古籍。最后两句却是表明读书与写诗的态度，不管是研读还是创作，如果未加斟酌，即使读过百首诗或者创作百首诗，此般作品也不会有价值，旨在说明读书和作文要求甚解。因为是父子共读，作者为儿子讲解知识、引导思考的画面感跃然纸上。

又如《与长孺共读东坡诗》其一诗，“偶与儿曹翻故纸，共看诗句煮春蔬”之句，即是作者描写与长子共读书册的样子。其二诗中介绍读书之法时，有“急读何如徐读妙？共看更胜独看渠”之句，意思是说，慢读细品远胜于速读鲸吞。还有《与长孺共读杜诗》中“一卷杜诗揉欲烂，两人齐读味初深”之句，足见杨万里常与儿子一起读书，且体现诗书共读的收获。

即使大儿子科考失利，杨万里作为老父，仍是以开导和督促为己任，如《新柳》诗云：

辇路金丝半欲垂，外间玉爪未渠开。一林柳色休多忆，更趁春风看一回。②

该诗有前序说：“寿仁子与罗永年同试南宫，还郡，因谈西湖柳色已佳，而郡圃方芽。”表明淳熙五年(1178)二月，杨长孺和永丰县人罗椿曾同试南宫，但两人都是落第而归。因为作者是事后题诗，诗中既怀期望，更是劝慰。

说到劝学向上的家教风气，周必大《跋杨廷秀〈赠族人复字道卿〉诗》中说：

诚斋家吉水之湴塘，执诗坛之牛耳，始自家族，延及郡邑，孰非闯李、杜之门，希欧、苏之踪者。③

① 《家刻本〈诚斋诗集〉校注》，第431页。

② 《家刻本〈诚斋诗集〉校注》，第120页。

③ 四库本周必大《文忠集》卷48之《题跋》。

作者先是从杨万里个人的诗文成就说起，说其影响力最开始只是在家族之内，后来延续到郡县，进而辐射到整个文坛。假若从后世影响的角度看，周氏之言不虚。

（二）文学家族的赓续

宋代江西进士的地域分布，基本上与宋代江西文学家的地域分布相重合，表明宋代进士大多数是文学家。宋代江西科举的鼎盛，客观造就了文学的繁荣，与之相衍生的则是文学家族的兴起。① 四川人、考功郎官李道传为杨万里颁赠谥号时说：

> 国朝文章之士，特盛于江西，如欧阳文忠公、王文公、集贤殿学士刘公兄弟、中书舍人曾公兄弟、李公泰伯、刘公恕、黄公庭坚，其大者，古文经术足以名世；其余则博学多识，见于议论，溢于词章者，亦皆各自名家。求之他方，未有若是其众者。②

这段话既是阐述江西文化之盛，也是列举江西文学家族之多，如北宋有欧阳修、王安石、黄庭坚等7个家族，其后南宋的庐陵地区又有曾敏行、胡铨、周必大、杨万里、刘辰翁、罗大经、文天祥家族等，对推动宋代江西文学走上高峰功不可没，造就当今江西有“语文课本收割机”之盛誉，以致当今学生反复背诵的许多名句，或是江西之景物，或者作者是江西人。③

就杨万里家族而言，杨丕、杨纯师、杨存等进士都有个人诗文集，《诚斋集》卷78、卷79录有《鳣堂先生杨公文集序》《达斋先生文集序》，系作者为族祖父杨杞、族叔杨辅世的文集作序。又如族中小辈杨克己曾将自己的诗文集呈给杨万里浏览，却获赠《题〈山庄小集〉》诗，说：“莫笑《山林小集》休，篇篇字字爽于秋。”足以印证该家族有文学著作者众多，只可惜这些文集都已遗佚。又如，杨邦乂的长孙杨炎正即是辛派词人，所著词集《西樵语业》一书被后世《四库全

① 黎清：《宋代江西文学家族的构成及其分析》，《江西社会科学》2013年第3期。
② 四库本《诚斋集》卷133之《谥文节公告议》。
③ 《江西何以成为“语文课本收割机”》，《当代江西》2023年10月25日。

书》收录，表明他在中国文学史上拥有一定的地位。再如，元末诗人杨允孚作为元顺帝的近侍，多次参与两都巡幸活动，常将纸笔墨砚放置于马车之后，闲暇时将元顺帝由燕京巡事滦京的山川风景、沿途见闻以及皇帝皇宫的饮食起居等共写诗108首，对元代饮食有较为详细的记叙，可弥补史籍中许多未详之处，反映有关元上都的自然环境、宫廷生活、宫室建筑以及社会生活，被今人视《滦京杂咏》为研究元代历史，特别是元代两都巡幸制度以及民俗的重要史料。①

（三）忠义气节的表率

众所周知，科举并不仅仅是"鲤鱼跳龙门"，不只是改变个人命运，其实也是家族获得政治地位的最直接途径，然而，政治地位又是家族发展、家学传承的重要保障。杨万里家族由一个名不见经传者发展为拥有崇高声望的世家大族，除以科举业作为基本手段外，追崇忠义气节也是重要的组成部分。

早在杨邦乂抗金殉国前，该家族就有不少感人的忠义事迹，如杨丕被宋真宗称誉为"江西三瑞"之一。又如，湴塘村第一位进士杨存任仁和知县时，有一位老尼姑仗着与蔡京家族走得较为亲近，公然强抢豪夺，侵占寺旁大片田地，很多老百姓因此流离失所，老百姓多次诉讼到县衙。那时正是奸相蔡京把持朝政、官场极其黑暗腐败之时，前几任知县因畏惧蔡京权势，均不敢受理。杨存上任后大胆受理该案，并立即传唤老尼来县衙问话。老尼随后写信给蔡京，要他对杨存施压，蔡京通过杭州胡知府传话，赤裸裸地说："如果判老尼胜诉，他日必定给予关照，保你官运亨通。"杨存却不为所动，秉公判老尼败诉，责令她将田地归还给农户。②

再如，乾道五年（1169）八月，杨万里撰文称赞族祖父杨杞的忠义事迹时说：

> 吾族杨氏自国初至于今，以文学登甲乙者凡有十一人，前辈之闻者曰屯田公、中奉公……始，忠襄公入云际山寺读书，同学齐名者，其族弟鳣堂先生也。当二公同学时，每相励曰："爵禄不必力取，当力取名节耳。"③

① 史铁良：《再论杨允孚的〈滦京杂咏〉》，《株洲师范高等专科学校学报》2006年第4期。
② 《庐陵史事考述》，江西人民出版社2014年版，第137—138页。
③ 四库本《诚斋集》卷79《鳣堂先生杨公文集序》。

可见，该家族是以科举作为阶梯，待家族出现一两位名卿重臣以忠节事迹显后，族人和裔孙再以科举和仕宦来光耀门庭，从而保证名门望族的延续。

结语

科举中第，不仅能让寒门学子成名于天下，而且对世家大族维持地位有极为重要的作用。这种影响力，有时是催其生，有时是保其持续绵延。自北宋以来，杨万里家族与其他世家大族一样，在崛起和维系其地位的过程中，都是借助科举和仕宦之途而兴，这已是学界的共识。

杨万里家族科举业的研究是一个值得关注的话题。该家族因为科举业的成功，借以步入名门望族的轨道，且有杨邦乂家"一门五进士"，杨辅世、杨万里"叔侄同登科"，杨炎正、杨孟信"兄弟同科"，杨万里、杨长孺"父子齐封侯"等人文盛况，足以证明该家族不仅进士人数多，姻亲中女婿是进士者多，而且有文学功名的人多，好学向上者多。更关键的是，该家族通过科举入仕的士大夫均有较好的道德水准，能自觉以忠义、刚正、清廉等原则持身，为庐陵文化"文章节义"之内涵注入永不过时的人文价值。

新发现杨长孺诗六首考略

杨长孺(1157—1236),字伯子,号东山,大诗人杨万里长子。历官零陵县主簿、县丞,道州通判,湖州、赣州知州,广东、福建安抚使等,晚年封庐陵侯。著有《东山文集》《知止》《休官》等集,可惜均已散佚。

数年前,笔者赴峡江县水边镇何君杨家,翻阅清乾隆十七年(1752)编修的《文水南华杨氏族谱》,从其“艺文”部分中新发现杨长孺诗6首,是《全宋诗》、历版《吉水县志》、光绪版《忠节杨氏总谱》以及当今网络未收录之诗。笔者现辑录于后,并做简要考略,以飨诗林。

第一首《杨氏四老诗》云:

天教寿相总清坚,绿鬓朱颜便是仙。
四个老人三百岁,一宗庆事几千年。
看他杖履追随处,好把丹青久后传。
关报先凭诗作檄,端应同醉百花前。①

这是一首七言格律诗,押平水韵下平一“先”韵,对仗较为工整,语言简洁明了,颇有“诚斋体”诗之遗韵。首联中“寿相”是相术用语,指长寿的外部形象特征,“绿鬓朱颜”是形容年轻人的美好容颜。颔联“四个老人三百岁”之句,既怀一份个人喜悦,更是一种家族自豪,是那时名符其实的长寿村。颈联是从颂扬转到仍不服老的感叹。尾联则是以诗为檄,以“同醉百花前”作为结束语,表明他们那时正在宴饮,系即兴之作。

---

① 《文水南华杨氏族谱》,清乾隆十七年(1752)编,谱藏峡江县水边镇何君杨家,下同。

那么诗中“四老”是谁呢？该诗之后有4首五言绝句。其一《赞蓬莱老人·仲龄》诗云：

竹色深环堵，溪流静绕庐。地偏无俗物，人远似仙居。

其二《赞西园老人·子廉》诗云：

百亩烟霞屋，千葩锦绣园。间中不奈静，日日访花前。

其三《赞星湖老人·时彦》诗云：

家住古祠边，前山映后山。客星看野老，天上与人间。

其四《赞东山老人·伯子》诗云：

杖屦清风好，壶觞白日间。三人同我社，一老押宅班。（同上）

依据光绪《忠节杨氏总谱》的记载可知，这四位老人是杨延寿、杨清简、杨梦信和作者本人，那年他们共有301岁。除杨梦信居家于杨家庄外，其他三位均居家于湴塘村。之后，杨长孺又题有《绍定庚寅，赋杨氏九老诗》云：

关西夫子泽无涯，世世相传玉绝瑕。
璧水桥门鸾凤侣，青原白鹭两三家。
偶然中外千山隔，未必团乐九老夸。
且看南极为寿处，北辰相映也光华。（同上）

这也是一首七言格律诗，押平水韵下平六“麻”韵，诗中蕴含多则典故。首联是以“四知先生”杨震的清廉事迹入题，阐述宗族的木本水源之义，以及清白传家祖训的源远流长。颔联为承接之句，“璧水”指太学，也泛指读书讲学之处，古人常以“璧水”“桥门”入诗，表达家族以诗书继世、耕读传家之远，然后又以“青原白鹭两三家”来表达名门望族的自豪。颈联却将话题一转，先是回忆自己与杨梦信等人的宦海生涯，再表达叶落归根、乡老结社、时常宴乐的喜悦。尾联则以“南极”“北辰”一组相对立的词汇，来表达自己内心对众多寿星的由衷赞美。该诗虽是宴饮后的即席之作，但语言平实质朴，格调清新高雅。

那么，诗中所言及的“九老”又是谁呢？该诗附有前序云：“仲龄叔祖八十一、子廉叔七十三、材翁叔七十、子和叔六十七、叔夜叔六十七、长孺七十四、直翁叔六十七、时彦叔七十三、林子弟六十一。立庙者一人，居城者一人，居湴塘者七人。”查阅光绪《忠节杨氏总谱》可知，第一位是杨延寿，字仲龄，晚号蓬莱老人，作者族祖父，时年81岁；第二位是杨清简，字子廉，晚号西园老人，族叔，时年73岁；第三位是杨梦信，字材翁，族叔，庆元二年(1196)进士，时年70岁，其父杨蔚文是杨邦乂第四子；第四位是杨仁风，字子和，族叔，时年67岁；第五位是杨掖，字叔夜，族叔，时年67岁；第六位是作者，时年74岁；第七位是杨森，字直翁，族叔，时年67岁，杨梦信的亲兄弟；第八位是杨俊，字时彦，晚号星湖老人，族叔，时年73岁；第九位是杨林子，族弟，时年61岁。另外八位老人均是作者长辈。

依据诗题和诗意可推断，这6首诗的题作时间均为绍定三年(1230)，岁次庚寅。杨长孺出生于绍兴二十七年(1157)，古人均是以虚岁计算，那年他的确是74岁。杜甫诗云：“人生七十古来稀。”[1]古代的生活和医疗条件相对低下，七十高龄的老人并不多见，侧面反映作者家乡湴塘村那时是一个长寿村。

因为《东山文集》早已遗佚，于是读者心中不免仍存疑问：“这6首诗真的是杨长孺所作？”笔者认为，应是他所作，理由是：

第一，湴塘村杨氏自北宋进士杨存完成一修谱后，南宋杨万里曾牵头组织二修谱。元末至明代前期，杨义方、杨季琛、杨政先后续修族谱。更难得的是，嘉靖进士杨必进曾牵头庐陵杨氏编修《大同谱》，状元罗洪先应邀作序。之后于清光绪年间修成《忠节杨氏总谱》。规模大小之修谱，共有10余次之多，其完整性和连续性可信无疑。第二，《文水南华杨氏族谱·艺文》所录的其他诗，

① (南宋)郭知达编：四库本《九家集注杜诗》卷19。

如朱熹、文天祥、虞集、杨士奇等名士之诗，均能在他们的文集中找到，侧面印证这些诗作来源的可靠。第三，关于杨氏九老，有数人在杨万里《诚斋集》中均有言及，如《退休集》卷1有《十月四日同子文、克信、子潜、子直、材翁、子立诸弟，访三十二叔祖于小蓬莱，酌酒摘金橘小集，戏成长句》诗，题诗时间是绍熙三年(1192)，其中材翁即杨梦信，三十二叔祖是杨彦通，杨仲龄之父；卷4则有《访蓬莱老人》，时间是庆元六年(1200)十月，所题对象是杨仲龄[①]。第四，从题诗时间角度分析，绍定三年(1230)是杨长孺奉祠期间。他虽是端平二年(1235)十月正式致仕，但从宝庆元年(1225)上半年开始，就开始在家乡待次，第二年因“杨长孺诗案”发生，之后再未出仕。第五，光绪《忠节杨氏总谱》亦载：“延寿，彦通公次子，字仲龄，号蓬莱老人。公年最高，行尤端兴，东山(杨长孺)诸老结‘九老会’，又为‘四老社’，公居首，各有赞，皆东山公作其赞。”

由此可推想，杨长孺因奉祠而闲居湴塘期间，必然常徜徉于家乡山水。依据诗意可知，那时乡亲们安居乐业，村里有多位寿星，且都能老有所养，于是常聚集一块宴饮。醉后杨长孺题诗抒怀，自然不是稀奇之事。现代历史学家陈寅恪先生曾说：“华夏民族之文化，历数千载之演进，造极于赵宋之世。”[②]杨长孺这6首诗的意境以及作者的心境，可反映出南宋时庐陵地区经济的富庶、文化的繁荣，由此带来百姓生活的祥和，以及尊老爱幼民风的推崇，侧面印证陈老先生所言不虚。

中国历史的长河中，清官廉吏代不乏人，让后世人敬羡不已，但父子清官兼父子诗文大家者并不多，杨万里父子则是其中一对。品读杨长孺这6首诗，其诗词功力虽不及其父杨万里，却不失为佳作，表现为其诗法着意于揣摩，注重篇章的整体布局，擅长句法结构的变化，尤其是对乡间闲情逸致生活的刻画，非常讲究字眼的锤炼，能活用历史典故，颇有其父遗风。可以说，新发现的这6首诗，为杨万里父子思想文化宝库增添了珍品，弥足珍贵！

---

① 《家刻本〈诚斋诗集〉校注》，第486、541页。

② 《金明馆丛稿二编》，第245页。

浅探周必大与杨万里族人交谊

周必大(1126—1204),字子充,自号平园老叟,吉安县永和镇人,南宋著名政治家、文学家,是一位在诸多领域均有建树的全能型士大夫。他一生交游甚广,从公卿士族、政界要员到文人学者以及乡间耆老、道士僧人、民间隐士等都有涉及。元代庐陵文人刘将孙说:“东南百五十年来,庐陵文字为盛。胡澹庵,奇博如彝款鼎识;周益公,典裁如金科玉度;杨诚斋,清峭如冰松雪柏。二三大老,风流相望,大启迪于后人。”[①]在刘将孙看来,庐陵地域有胡铨、周必大和杨万里等名士的带动,他们与彼此族人间也多有交往,于是他们的生活交谊、诗文唱和、德行美誉便与庐陵文化紧密地联系在一起。

周必大与杨万里是南宋孝宗、光宗朝重要官员和文化名人,更是庐陵地区的优秀士大夫代表。他俩之间的交游问题,学界已有多位学者为之撰文,如南昌大学邹锦良撰有《杨万里与周必大交谊考论》和《心理认同与士人结群:南宋庐陵士人的日常交游——以周必大为中心考察》,浙江科技学院杨瑞撰有《周必大与杨万里交游考述》,汕头大学杨剑兵、郁玉英撰有《试论正气文化背景下的杨万里与周必大的交游》,南昌大学徐爱华、胡建次撰有《周必大与杨万里的交游及其影响下的诗歌创作论》等。但是,周必大与杨万里族人间的交谊,学界从未有人为之撰文,于是笔者不揣浅陋,通过挖掘周必大《文忠集》、杨万里《诚斋集》、罗大经《鹤林玉露》以及湴塘村光绪《忠节杨氏总谱》等资料,就周必大与杨万里族人间的交游予以考论,借以展示南宋时文人官员活动的一个侧面,印证地域势力在乡党间的崛起与强盛,引起人们对庐陵士人群体及地方社会问题的关注,故笔者缀为本文以探之。

---

① 《养吾斋集》卷10《曾御史文集序》。

一、与杨邦乂支系的交谊

杨邦乂是杨万里的族叔祖，比周必大早出生41年，其就义时周氏仅4岁。周必大深受庐陵文化“节义”精神的影响，对家乡仁人志士总是仰慕不已，常以他们的声望来倡导和弘扬忠孝精神。

（一）杨邦乂

杨邦乂（1085—1129），字希稷，吉水县黄桥镇杨家庄人，官至建康通判，南宋舍生取义的抗金名臣，谥号忠襄。绍熙元年（1190）十月一日，周必大读到杨邦乂与罗锷的两份唱和诗帖时，欣然为之作跋。

> 右忠襄杨公与友人罗锷士廉诗帖各二，罗之侄孙泌实藏之。予闻杨司业告诸生曰：“学者所以学，为忠与孝也。”方政和中，二公同游太学，每以是相勉。不幸士廉年才三十一死亲之丧，乡人推为孝子，名士胡份兼美实为之志铭。厥后，忠襄遂死于忠，国史书之，万世仰之。平生取友，如此真贤矣哉！①

纵览周氏《文忠集》，所撰写的题跋序记篇数颇多，为南宋最多者之一。细读其题跋序记，有的是为景仰前贤，有的是为宣扬美行，有的是为勉励后学，有的是为整理收藏。可以说，这些撰文既是他作为士大夫的职责所在，也是他对复杂多样社会生活的直接反映。罗锷，字士廉，今吉安县云楼镇人，其侄孙罗泌，精于诗文，一生不事科举。那年，罗泌将族祖父罗锷与杨邦乂的两幅唱和诗帖真迹呈给周必大看，并请他题写跋语。那时周必大65岁，已官拜左丞相，进封许国公，却能应诺为家乡普通士人撰文。从世俗的角度看，既有出于从敬慕名贤的成分考虑，有不得不写的缘故，也有出于从人情世故的成分考虑，有不能不写的缘故。这就表明，南宋时商品经济较为发达的吉州，地域社会中的人脉关系网络已成为不可忽视的主导势力之一。周必大从这两幅诗帖中也品读到杨邦乂“为忠与孝”之气，内心很乐意宣扬这些美行，而杨邦乂“国史书之，万世仰之”的事迹，得到周必大等文人官员们有效传播后，逐渐成为庐陵文化两大

---

① 文渊阁四库本周必大《文忠集》卷18《跋杨忠襄与乡人罗锷诗帖》。

亮色之一。

嘉泰四年(1204年)八月,79岁高龄的周必大与庐陵知县赵汝厦在县学内兴建“三忠堂”,且率县学生员祭拜欧阳修、杨邦乂和胡铨忠义先贤。之后,他应邀为“三忠堂”作记云:

> 文章,天下之公器,万世不可得而私也;节义,天下之大闲,万世不可得而逾也。吉为江西上郡,自皇朝逮今,二百余年,兼是二者,得三公焉……南渡抢攘,右相杜充,拥众北叛,金陵守陈邦光就降,惟通判杨邦乂戟手骂贼,视死如归,国势凛凛,士大夫翕然尊之,天子从而褒赠之,赐谥曰忠襄,则又莫不以为然。[①]

该记文应是周必大绝笔之作,足见他内心极为敬重杨邦乂等家乡先贤,并希望这种“文章节义”之气能在庐陵大地广泛传播。“尝建‘三忠堂’于乡,谓欧阳文忠修、杨忠襄邦乂、胡忠简铨,皆庐陵人,必大平生所敬慕,为文记之。”[②]他自己也终身奉守这种浩然之气,与他人交往也倡导它,共同构建后世闻名的庐陵正气,最后他也被列为庐陵“五忠一节”之一,泽被后世。

(二)杨振文

杨邦乂共有5个儿子,除第五子杨月卿早夭外,其他四子均长大成人。因周氏内心对杨邦乂一直持敬慕仰望的态度,故乐于与杨氏四个儿子相交游,且留下不少唱和诗文。杨振文(约1120—约1171),字文发,杨邦乂长子,其父抗金殉国时才9岁,后因父荫入仕,曾长年驻扎南京为父护墓,官终于朝请郎、提点坑冶铸钱司主管文字。乾道四年(1168)正月,周必大为杨振文题写《次韵杨文发承议》诗云:

> 才思春江下濑船,腹藏经史更便便。
> 坐观林谷升初日,吟到云山合暮烟。

① (南宋)周必大:《文忠集》卷60《庐陵县学三忠堂记》。

② 文渊阁四库本《宋史·周必大》卷391。

忆昨倾囊携过我，知君得句总堪传。

古来虚诞相如赋，枉使刘郎意欲仙。①

因为诗题中有“次韵”二字，可见杨振文此前曾赠诗给周必大。周氏诗中回忆他俩交往中的互助行为，充分肯定杨氏的才学，称颂其品德。数日之后，周必大与负责狱讼刑罚的乐顺之司理作唱和诗时，又以此韵题写《乐顺之司理用杨韵，赞予去岁江行游山之乐，再次韵》，可见周必大与杨邦乂儿子们的交往，多是以诗为载体，以唱和或问候的方式进行。

（三）杨蔚文

杨蔚文，字文黼，又作文甫，杨邦乂第四子，因父荫与三哥杨昭文同于绍兴三十一年（1161）入仕，官终于潭州沣陵县丞。杨蔚文的诗文颇有声名，今有《游老君洞》等诗留世，胡铨曾为其题写《次韵答杨郎蔚文〈双竹〉诗》，王庭珪为其撰有《次韵杨文黼》《与杨文黼书》等。乾道五年（1169）二月，周必大题写《杨文甫主簿顷惠佳篇〈今赴松溪〉，次韵送别》诗云：

投林倦翼久知还，尚客君家伯仲间。

入市每嫌妨杖屦，临岐那忍问河山。

家声好在金陵簿，人物争看玉笋班。

他日银黄夸里后，不妨徐伴野夫闲。②

因诗题中有“次韵送别”四字，可知周氏是为杨蔚文赴福建松溪县任职而题写唱和诗。众所周知，两宋时朝廷一方面是优礼文人，另一方面是推崇忠孝。“家声好在金陵簿，人物争看玉笋班”，作者在“金陵簿”句后附有标注：“谓杨于陵也。”可见周必大在褒扬杨蔚文家声的同时，希望庐陵人能将这种不苟且、重气节的浩然之气传承下去。正因为有杨邦乂、周必大等名士在日常生活中宣传和践行这种气节，最终使“文章节义”成为该地域的一张珍贵名片。

① 《文忠集》卷4。

② 《文忠集》卷4。

二、与杨芾支系的交谊

庆元元年(1195),周必大致仕回乡。此后他与杨万里及其族人有更多的交游,共同传承庐陵文化。吉水盘谷镇桃林村罗茂良是杨万里门生、《诚斋集》整理者,他曾几次携年幼的儿子罗大经到湴塘村做客。罗大经后来编写《鹤林玉露》时,将周、杨二人的交游编为"二老相访"条,说:"庆元间,周益公以宰相退休,杨诚斋以秘书监退休,实为吾邦二大老。益公尝访诚斋于南溪之上,留诗云……好事者绘以为图。"①周、杨二人对彼此后辈都曾有提携或训导,成为当时庐陵之美谈。

(一)杨芾

杨芾(1096—1164),字文卿,号南溪居士,杨万里之父,著有《鹤崖集》20卷。杨芾是一个很有才学的人,以教书为生,爱好购书和藏书,对《易经》也有较深的研究,诗文字画样样精通,《宋史·孝义传》中有其传,是吉州远近闻名的大孝子。周必大为杨芾诗卷题写赞语云:

> 吉水杨公,诗句典实,可以观学问之富;字画清壮,可以知气节之高。仕不于其身,必利其嗣人。今秘书监廷秀,其子也。辞章压缙绅,忠鲠重朝廷。零陵主簿长孺,其孙也。知花之正芳,如骥之方骧。诗云:"维其有之,是以似之。"绍兴三年(1133)腊月五日。②

细读该跋文可知,周必大和杨万里家族都受南宋政治社会环境的影响,把业儒和入仕作为人生的终极追求目标,积极营造崇文重教的家学氛围。跋文还引用《诗经·裳裳者华》中"维其有之,是以似之"之句来称赞杨芾一家三代,以其子杨万里、其孙杨长孺的文学成就和绍继作用,来推论杨芾的家学渊源,明确告诉读者:其一家三代的人品、诗文皆可称颂。

其实,周必大的诗文成就也负有盛名。清四库馆臣说:"必大以文章受知孝宗,其制命温雅,文体昌博,为南渡后台阁之冠。考据亦极精审,岿然负一代

---

① (南宋)罗大经:《鹤林玉露·乙编自序》卷5。

② 《文忠集》卷19《题杨文卿芾诗卷》。

重名。著作之富，自杨万里、陆游以外，未有能及之者。”[①]在四库馆臣看来，周氏的诗文成就仅次于杨万里和陆游，南宋前期诗文大家中可排名第三位。

需注意的是，该跋文“绍兴三年（1133）腊月五日”的时间落款有误，应是绍熙三年（1192）才合理。理由有：第一，杨长孺出生于绍兴二十七年（1157），杨芾去世于隆兴二年（1164）。细读此跋文，可推测作者撰文时杨芾已经去世。第二，杨长孺是淳熙十五年（1188）获任零陵县簿，正式赴任则是两年后，杨万里是淳熙十六年（1189）获任秘书监，跋文对他俩后来的任职竟然叙述得如此具体。第三，跋文中作者还提出“仕不于其身，必利其嗣人”的观点，周必大不可能有先知先觉的本领，故其误不辩自明，应是后人整理编辑周氏《文忠集》时笔误。

（二）杨长孺

杨长孺（1157—1236），字伯子，号东山，杨万里长子，官广东经略安抚使兼广州知州、福建安抚使兼福州知州等，晚年封庐陵侯，谥号文惠。周必大《文忠集》中有多则与杨长孺交谊的记载。诚然，杨万里对周氏之子周纶也很关爱，表明周、杨二人的友谊也延续到下一代，甚至下延第二、第三代。南宋文人罗大经《鹤林玉露》中录有周氏指导杨长孺作文的情景：

> 益公常举似谓杨伯子曰：“起头两句须要下四字。议论承贴四六，特拘对耳。其立意措词，贵浑融有味，与散文同。”[②]

足见周氏训导得极其认真负责。庆元五年（1199）立春日，在家待次南昌知县的杨长孺赴吉安郡城拜访周必大，周氏盛情留他住一晚。半夜，窗竹摇动有声，杨长孺说外面正在下雪，其他人则说是大风所致。第二天早上一看，果然是下雪。杨长孺敲门向周必大告辞时，还就此事写诗一首呈给周氏，周氏读罢后作诗戏和：

① 四库本周必大《文忠集·提要》。

② 《鹤林玉露》卷6。

莫讶衰翁笑口开，故人风度继欧梅。
堕蓰雪阵鱼丽远，蹋迹诗仙凤诏来。
酒似茅柴居膈上，句如桂子落天台。
新年春日常相逐，谁谓天公厌两回。①

可见那时两人关系极为亲近，甚至可以说是亦师亦友。第二年六月，杨长孺正式赴任南昌，周必大又题写《送杨伯子长孺知南昌县》送行诗云：

往年饯尊公，出宰新吴县。
仁爱驯桑雉，圣明遇禾绢。
君今治南昌，家学世其官。
密令行教化，明庭集孔鸾。
煌煌斗牛间，宝气先后应。
卓鲁聚一门，谁续职方乘。②

诗中既回忆两人往日交往的情景，又表达他对年轻人所寄予的殷切期望。嘉泰四年(1204)十月，周必大去世，时为承议郎、道州通判的杨长孺为之撰写祭文，篇末处明言自己曾受知于周氏，并以悲痛的口吻说：

受恩郢隆，年未弱冠，辱知于公。短簿踽踽，与枳为伍。公实握之，置诸幕府。著作之庭，不可阶升。需章上腾，虚名旁行。金闺之籍，弱水孔隔。吹嘘青宾，坦履咫尺。何以报之？念兹在兹。当公薨时，之官载驰。敛不带绖，堋不执绋。缄时讼愆，一哀永诀。③

(三)杨次公

周必大与杨次公之间并没有直接的唱和诗文，但有相交谊的事实。杨次公

① 《文忠集》卷42。
② 《文忠集》卷42。
③ 《文忠集·附录》卷14。

(1179—?),杨万里次子,字仲甫,号梅皋,终官于宣教郎、潭州湘阴县宰。读《诚斋诗集·退休集》可知,嘉泰二年(1202)农历十二月二十日前后,杨万里是该年第二次入吉州城,且是携杨次公一起去的,目的是拜会周必大和年后即将离任的吉州知州赵器之等故人。那天晚上,杨万里和杨次公入住于吉州城郊的张氏庄,并题有《与次公夜酌》诗,具体地点是在今吉州区长塘镇一带。此外,周必大刚致仕时几次来湴塘村,那时杨次公已十七八岁,尚未入仕,两人见面是必然之事。

(四)杨万遇

杨万遇,又名杨简修,字廷弼,号俞翁,是杨万里亲叔杨蔼的儿子,亦善诗。早在淳熙六年(1179)十二月,杨万遇与乡人罗惠卿同游于今枫江镇赣江畔的石人峰,差一点被老虎所害,于是杨万里为他俩题写《纪罗杨二子游南岭石人峰》诗以记之。庆元六年(1200)十一月,周必大为该诗题跋:

> 韩子苍赠赵伯鱼诗云:"学诗当如初学禅,未悟且遍参诸方,一朝悟罢正法眼,信手拈出皆成章。"盖欲以斯道淑诸人也。今时士子见诚斋大篇短章,七步而成,一字不改,皆扫千军,倒三峡,穿天心,透月胁之语,至于状物姿态,写人情意,则铺叙纤悉,曲尽其妙,遂谓天生辩才,得大自在,是固然矣。抑未知公由志学至从心,上规赓载之歌,刻意《风》《雅》《颂》之什,下逮《左氏》《庄》《骚》,秦、汉、魏、晋、南北朝、隋唐以及本朝,凡名人杰作,无不推求其词源,择用其句法。五六十年之间,岁锻月炼,朝思夕维,然后大悟大彻,笔端有口,句中有眼,夫岂一日之功哉。吉水罗惠卿之子且示公《石人峰》长韵,读之如身履羊赠,耳闻班寅,心胆震悸,毛发森耸,诗能动人,一至是耶?予惧夫不善学者,欲以三年刻楮叶之巧,而希秋花发杜鹃之神;望公将坛,竭蹷趋之,非但失步邯郸,且将下坠千仞;故历叙公真积力久,乃入悟门,证子苍之知言。庆元庚申十一月辛巳,平园老叟周某书于华隐楼。①

① 《文忠集》卷49。

跋文中,周氏写到“吉水罗惠卿之子且示公《石人峰》长韵”。周氏对杨万里“曲尽其妙”功力做高度评价的同时,也描述了杨万遇、罗惠卿遇虎时,“读之如身履羊赠,耳闻班寅,心胆震悸,毛发森耸”的心理过程。

三、与其他族人的交谊

(一)杨辅世

周必大与杨万里族人中相识最早者应是杨辅世,时间为绍兴二十年(1150)。那年,他与杨辅世、杨万里一起赴吉州城参加解试并获得解额。第二年,三人又一起赴临安参加省试。杨辅世(1121—1170),字昌英,号达斋,杨万里族叔兼好友,也是一位诗文爱好者,其诗渗透着一份淡雅与闲适,含有一种热爱生活的理趣,如其题写的《南溪》诗:

碧玉寒塘莹不流,红蕖影里立沙鸥。
便当不作南溪看,当得西湖十里秋。①

乾道四年(1168)十一月,周必大题写《昌英示〈性悦〉,次韵为谢》诗:

圣学榛芜欠扫除,诚斋刻意绍渊舆。
羊岐自昔迷多径,鸡瓮从今识广居。
西洛穷源谈近似,南宗投隙说真如。
早知大道容方轨,何用危涂转栈车。②

因为诗题中有“次韵为谢”四字,可见杨辅世此前曾为周氏赠《性悦》诗。“性悦”即心情舒畅愉快之意,而“西洛”是洛阳人程颢、程颐的学说,“南宗”指六祖慧能扬宗风于南方,可见该诗是从理学角度谈为人为学之态度。那年,周必大除权发遣南剑州,后改任提点福建刑狱,可见周氏是尚未赴闽前为杨氏赠诗。一个月后,杨辅世正式赴任湖南麻阳知县,周必大又题写《再次韵,送杨昌英赴

① 《诚斋集·诗话》卷115。
② 《文忠集》卷4。

麻阳宰》诗为其送行：

> 未结纶丝侍玉除，聊纡墨绶奉安舆。
> 诸君相尚耻为令，明府何妨大所居。
> 岁美莫忧君不足，日长当念民无如。
> 玉床箭镞何劳寄？只愿章交使者车。①

可见周氏与杨辅世不仅有文学上的相互切磋，生活中也是契谊颇深。面对复杂诡变的官场，他俩能相互劝勉，桴鼓相应。

（二）杨复

杨复，字道卿，晚号贫乐老人，吉水县枫江镇杨园村人，杨万里的族弟，淳熙十四年（1187）中进士，历官浏阳县尉、开封府教授、永州零陵丞等。杨复为官廉介清苦，致仕时曾自题诗曰："归来儿子搜行李，惟有去时旧袄绵。"他去世后，朝廷嘉奖其气节，赠太常少卿，谥号贞靖。湴塘村光绪《忠节杨氏总谱》中录有官至宰相、宁波人史弥远撰写的《赠正议大夫太常少卿谥贞靖先生杨公墓表》，该文未被《全宋文》收录，应是史弥远的一篇珍贵佚文。杨复与杨万里虽不同村，但性格情趣相似，又因是同族同辈，关系更显密切，故诗文中常以兄弟相称，且有多篇唱和诗文。

庆元四年（1198）六月，杨万里曾题写《题族弟道卿贫乐斋》，诗中赞扬他是"人言幼妇皆称绝，鬼笑家兄不姓方"。一个月后，杨复将该诗呈给周必大看，周氏为之题跋：

> 江西诗社，山谷实主夏盟，四方人材如林，今以数计，未为多也。诚斋家吉水之湴塘，执诗坛之牛耳。始自家族，延及郡邑，孰非闯李、杜之门，希欧、苏之踪者。粤无镈，燕无函，秦无庐，胡无弓车。夫人能为之，尚可以社名乎？家生执戟郎，又拔乎其萃者也。庆元戊午（1198）七月二日。②

---

① 《文忠集》卷4。

② 《文忠集》卷48《跋杨廷秀赠族人复字道卿诗》。

尽管周氏也是诗文大家，跋文中却将杨万里与江西诗派代表人物黄庭坚相提并论，并肯定杨氏在南宋诗坛的领袖地位。周必大对杨万里家族的诗学氛围给予了充分肯定，“家生执戟郎，又拔乎其萃者也”，追述其缘由时则说：“始自家族，延及郡邑。”以此来反衬其族弟杨复的诗文功底以及家学渊源。

四、与宗人杨谨仲的交谊

宋代士人历来重交游，他们多是以同年、同宗、亲友、世交、乡旧以及方外等各种社会关系作为依托，从而结成不同形态的交游网络。他们在交游的过程中，多是以诗文为纽带，以次韵或者赠答等方式来切磋诗艺，促进友谊。杨愿，字谨仲，新喻县人，绍兴二十一年(1151)中进士，官吉州教授等。杨谨仲“锐志于学，乡之后进多出其门。年四十方登第，官车辂院，上章乞归。人称寿冈先生。为文典雅，不尚艰深，所著有《寿冈集》八卷”①。

淳熙二年(1175)，杨万里题有《乙未，和杨谨仲教授〈春兴〉》，因为诗题中有“和”字，可见此前杨谨仲曾题写《春兴》诗赠给杨万里。杨谨仲与杨万里是同宗兼好友的关系。嘉泰二年(1202)五月，周必大应杨谨仲之孙杨光祖之邀撰写《杨光祖筠溪说》，文中说到杨谨仲与杨万里的关系：“华宗、待制(杨)廷秀既大书‘筠溪’，以贲攸居。”②

因为周必大与杨谨仲为同年进士，且都居住在吉州郡城等缘故，两人的交游可谓甚密，仅周氏《文忠集》卷5就有5首赠诗。乾道九年(1173)六月，周氏题写《同年杨谨仲教授生日》，其二诗曰：

伯起宜横讲殿经，若为临贺复庐陵。
朝来冠雀衔三鳣，敢贺先生自此升。③

该诗第二句之后附有小注：“尝为临贺教授。”可见杨谨仲由广西贺州教授转任吉州教授。杨谨仲致仕回乡后，周必大读到他给王伯刍的信后又题写跋文：

---

① 雍正《江西通志》卷73。
② 《文忠集》卷55。
③ 《文忠集》卷5。

> 同年杨谨仲，清江儒宗，尤工诗。仕虽不遇，而门人登高第历显官者相望也。年逾七十，自吉州教官奉祠而归。予顷在翰林得书……予亟恳当路以车辂院清曹招之，谨仲才拜命，即挂其冠，后数年乃卒。①

该跋文对杨氏有更详细的介绍，说他擅长写诗，注重教学，门人甚多，且不乏显赫者。庆元四年（1198）正月，周必大应邀为杨谨仲诗集作序说：

> 谨仲，讳愿，五十余方入官，一为县主簿，两为郡博士，朝廷尝以车辂院起之，即上书请老，转通直郎，家居累年，赐服绯鱼，寿七十有九，亦不可谓诗能穷人也。②

该诗序中叙述杨氏的仕履经历，褒扬他对仕与隐、进与退等均有较为清醒的态度，能从容淡然地面对功名富贵。

结语

南宋时，庐陵地区士人云集，日常交游尤为频繁。周必大作为南宋政治、文学、思想和学术等领域的全能型人才，与庐陵各界人士交游更密切，如王庭珪则称是“主庐陵文盟者六十年”，与胡铨是“郊居从游几十年”，与杨万里被誉为“庐陵二大老”，与青年才俊王子俊是“出入其门，三十三年”，他们之间有相同的心理认识，有共同的思想追求，于是在日常走访、集会同游、宴请赏花的过程中，常伴以诗词酬唱、书信往还、写序作跋等形式进行结群，使庐陵地域的崇文、尚义、尽忠、行孝等社会氛围更具地方特色。

周必大深受庐陵文化的影响，对欧阳修、杨邦乂等前辈总是仰慕不已，与胡铨、王庭珪等爱国名士可谓交往甚密。纵观周必大、杨万里与彼此族人之间的交谊，可以窥探出南宋时庐陵世家大族耕读传家、崇文重教以及向往科举、推崇入仕的事实。周必大应邀为庐陵人题诗、作序、撰跋、写记等，亦是屡屡念及庐陵“文章节义”精髓的继承和弘扬。南宋中期时，庐陵地区以周必大和杨万里

① 《文忠集》卷19《跋杨愿〈与王伯刍〉》。

② 《文忠集》卷52《杨谨仲诗集序》。

为中心，集结了一大批优秀学子士人，如胡季怀、杨长孺、周纶、胡梦昱等，他们以诗文为纽带，以节义为内核，教育和影响着下一代年轻子弟，如欧阳守道、文天祥、邓光荐、刘辰翁等人。

从周必大性格角度看，元代名士吴澄说："庐陵之士，俊伟卓荦之类多，谨重信厚之类少。昔人论汉山西诸将，独赵营平、苏属国似非山西人物。予亦尝言：益国周丞相虽家庐陵，而泯然俊伟卓荦之迹韬于谨重信厚之中，故其名位所到，事业所就，超出众人之上。"①从这段话可得知周必大是谨慎信厚类性格，反衬杨万里是刚正敢言类性格。周必大官至正宰相，杨万里族人的仕途功名虽然无法与之比肩，但是他们之间仍有诸多交谊，并写下如此多的文字，表明南宋时地域势力在乡党间的崛起与强盛。考察周必大、杨万里与彼此族人间的交谊，可以展示南宋时文人官员们活动的一个侧面，印证朝廷高级官员与乡间士人阶层间的良好互动。同时，也表现地域势力在乡间的兴起和强盛，它并不是单一势力，而是多种势力的综合，如宗族、官宦、胥吏、富民、乡绅等多种身份交织而成，从而形成庞大的人际关系网络。

① 《吴文正集》卷30《送庐陵解辰翁谒吏部选序》。

浅探曾敏行家族籍贯的争议

南宋前期文人、《独醒杂志》作者曾敏行是吉水县八都镇兰溪村人，与杨万里堂叔兼挚友杨辅世是儿女亲家，其籍贯说是吉水县，自古至今并无任何争议。按常理来说，他的儿子、侄子自然也是吉水县人。但是，清雍正《江西通志》中有说是峡江籍的，有说是新干籍的，还有说是樟树籍的，当然也有说是吉水籍的，同一部著作居然有 4 种说法。例如，《江西通志》卷 73 说曾敏行次子曾三聘是峡江县人，侄子曾三复是新干县人，且附有一句按语："以为吉水人者，皆讹。"[①]历代《峡江县志》中也说曾三聘七兄弟是峡江县人，而历代《吉安府志》和《吉水县志》中说曾三复、曾三聘等是吉水县人，这些说法孰对孰错呢？笔者依据《宋史》、雍正《江西通志》、万历《吉安府志》、同治《临江府志》以及光绪《吉水兰溪曾氏族谱》等文献的相关记载，就南宋曾敏行家族籍贯问题的争议做简要探考。

一、吉水兰溪曾氏

说到兰溪村曾氏，首先要说到江南曾氏始祖曾据。曾据，字恒仁，山东武城人，是曾点 19 世孙，世袭都乡侯，后因功封为关内侯。公元 5 年，王莽篡汉称帝，国号新莽。曾据对王莽篡权改朝的行为极为不满，以在新莽王朝做官为耻，于是率族人两千人从山东武城出发，不畏艰险，长途跋涉，南迁至豫章郡，最后定居于庐陵县吉阳乡，还写下彰显正气的《南迁记》。曾据去世后，安葬于今吉水县八都镇兰溪村西面 2 公里山谷处。班彪题作《曾据诗赞》云：

① 雍正《江西通志》卷 73《人物（八）》之《临江府》。

宠锡爵侯久就封，征袍何事被遽容。

知因篡汉奋神武，东郡与君锡地同。①

据光绪《吉水兰溪曾氏族谱》载，曾据16世孙曾丞生活于唐代，官司徒之职，掌管土地方面的事务。他有三个儿子，后来繁衍为三派，即长子曾珪为吉阳派，居住地是吉水县；次子曾旧从吉阳迁往今永丰、乐安县一带，为云盖派；曾略从吉阳县迁至抚州，为南丰派。但是，云盖派曾旧的孙子曾广因为乏嗣，于是将吉阳派裔孙曾国俊过继，后来他的一部分裔孙又迁回吉阳县。八都镇兰溪村的开基祖叫曾宗，是曾据24世孙，原来居住在赣江畔住歧村，后随儿子曾肃从住歧迁往兰溪村开基。又繁衍4代到曾君彦，生有二子，长子叫曾光远，即杨万里好友曾伯贡的爷爷；次子叫曾光庭，即曾敏行的父亲。曾光庭历官东安县主簿、零陵知县等，因儿孙众多，后来他从兰溪村迁出，选择村西南6公里处的南华村开基，村名另有兰华、兰花、南花等别称。②

明初时兰溪村曾氏续修族谱，曾光廷的裔孙大多数是续在云盖派下，少数人是续在吉阳派下，而曾光远的裔孙全部续在吉阳派下，这些变化致使当今兰溪、南华村曾氏支系相对较为复杂。清乾隆年间吉安府学教授、临川进士曾正本应邀撰序说："吾于吉水兰溪之谱有感焉，予与兰溪同宗也。吾祖都乡侯据公，自西汉末耻仕新莽，南徙庐陵吉阳乡……始祖宗公居住歧，子肃公由住歧迁兰溪……因旧次子广乏嗣，以珪四房晖之子国俊出继为广后。国俊，原珪之孙、晖之子……然既出为广之后，自当承旧为云盖，以不没为人后之义，而本生不得而有焉。"③

二、曾敏行家族籍贯的争议

（一）吉水人曾敏行为何会与峡江县籍有牵连

曾敏行（1118—1175），字达臣，自号浮云居士，又号独醒道人、归愚老人，因著有《独醒杂志》而闻名史册。曾敏行有5兄弟，他排行第五，长兄曾敏逊即

① 《庐陵史事考述》，江西人民出版社2014年版，第419页。

② 吉水县八都镇兰溪村于光绪二十二年（1896）编修的《吉水兰溪曾氏族谱》。

③ 《吉水兰溪曾氏族谱》中曾正本所撰作的《曾氏续修谱序》。

是曾三复的父亲。曾敏行从小聪明颖慧，才思敏捷，十余岁就开始攻读经史，经常与人评古论今。不幸的是，他 20 岁时与四哥曾敏学因为一场事故而失去右臂。按照古代惯例，身体残疾者，不能科举入仕，于是曾敏行以苏轼的“治生不求富，读书不求官”作为信条，放弃举子业，外出游学，立志做一名侠隐之士。后来他将漫游期间“凡所见闻，皆笔于册”，积累大量的笔记体资料。其去世后，儿子曾三聘编成《独醒杂志》一书。淳熙十二年(1185)十月，大诗人杨万里应邀为文集作序：“盖人物之淑慝，议论之与夺，事功之成败，具载之无谀笔也。下至谑浪之语，细琐之汇，可喜可笑、可骇可悲咸在焉。是皆近世贤士大夫之言，或州里故老之所传也，盖有予之所见闻者矣，亦有予之所不知者矣。”①

关于曾敏行的籍贯，他本人说：“江西之曾居庐陵，尤多散在诸邑，若太和，若安福，若何原，若松江，若睦陵，派别枝分，不可尽纪。予家在吉水，盖自为一族。”②明确表达自己是吉水县籍。清文渊阁《四库全书》亦载：“《独醒杂志》十卷，宋曾敏行撰。敏行，字达臣，自号浮云居士，又曰独醒道人，又曰归愚老人，吉水人。吉水属庐陵郡，故又自题曰庐陵。”③所以说他的籍贯是吉水县无疑。

那么，曾敏行七个儿子为何会与峡江县籍有牵连呢？笔者特意赴八都兰溪村、峡江玉笥山找老人们访谈。相传，因为曾敏行晚年信奉道教，而玉笥山被誉为“第十七大秀法乐洞天”“第九郁木福地”，所以他经常去玉笥山论道。笔者翻阅《独醒杂志》，它共有 10 卷 255 条，其中关于玉笥山的记载至少有 8 条，可见他对玉笥山确实是情有独钟。另据光绪《吉水兰溪曾氏族谱》中“敏行”条载：“公葬新淦玉笥乡十一都上盖狸坑。恭人葬七都湖山。元至大戊申冬，公坟左右有盗葬者，五世孙告官，断迁公。先购得龙城毛神童居址，遂迁居焉。”可见曾敏行去世后，初葬于峡江玉笥山下。他的次子曾三聘、四子曾三变、六子曾三异等均是朝廷命官，必须辞官回乡丁忧，于是兄弟们在玉笥山下的“馆市”建房护墓，购置地产做暂时生活场所。曾敏行的妻子谢氏仍是安葬在吉水七都。元至大元年(1308)，因为曾敏行墓旁存在盗葬行为，其五世孙报官并经裁定后，才迁回八都镇龙城改葬。“龙城毛神童”即是毛君卿(1043—1118)，字公

① 《诚斋集》卷 80 之《独醒杂志序》。

② (南宋)曾敏行：《独醒杂志》卷 7。

③ 清文渊阁《四库全书总目》卷 141《子部》之《小说家类(二)》。

弼，七岁中童子科，其居住地址是在今八都镇院背村黄铜坑西南1公里处，即毛泽东祖籍地原址附近。通过以上分析可知，曾敏行晚年因常去玉笥山论道，去世后也是初葬于玉笥山下，元代中期才迁葬于八都龙城。于是作为吉水人的曾敏行，他的7个儿子不可避免地与峡江县籍有了关联。

（二）曾三复为何会有新干县籍之说

曾三复是曾敏逊次子，是曾敏行亲侄子，字无玷，乾道五年（1169）中进士，曾以贺正旦使身份出使金国，历官太府丞、池州知州、常州知州、监察御史、刑部侍郎等。因他性格耿介，耻于拉关系，所以升官较慢，《宋史》本传中结尾句即是“故位不速进，在台余两年，持论正平，不随不激，其没也，士论惜之”①，可见世人对其才能被湮没多有惋惜。

关于曾三复的籍贯问题，南宋文人李流谦曾为其父曾敏逊撰作《德兴县尉曾修职墓志铭》，说：“公讳敏逊，积臣字也，其先金陵闻宋。五季乱，有辟地至吉之吉水者，家焉。”②按常理来说，父亲曾敏逊是吉水人，儿子曾三复的县籍自然是吉水，为何又有临江人的说法呢？据光绪《吉水兰溪曾氏族谱》中“三复”条载：“官至中奉大夫、清江开国男，食邑三百户，年六十二，赠少师，析居安溪，号石溪。”众所周知，古代封赠爵位有公、侯、伯、子、男等5种，如杨万里曾被朝廷封为庐陵郡开国侯。新淦县作为江西18个古县之一，肯定是早已被封赠，而临江军是北宋淳化三年（992）才设立，辖管清江（今樟树市）、新淦、新喻3县，元代时称临江路，明清时称临江府，峡江县是明嘉靖五年（1526）析新淦县而设立，自然是划归临江府管辖。既然曾三复被朝廷封赠为“清江开国男”，那么获封后必须迁到封地去，“析居安溪”那就是水到渠成之事，他和子孙的县籍自然要转变为临江籍，所以说元代时编纂《宋史》的官员持“曾三复是临江人”的观点是正确的。

吉水人曾三复为何会封爵位为“清江开国男”呢？笔者特意查阅《吉水兰溪曾氏族谱》，其父曾光庭“靖康中湖南帅郭三益檄所部勤王，以公知零陵县事，部兵诣南道总管司，未达，会高宗登极，命以兵还部”，可见他长期在外为

① 《宋史》卷415之《列传》第174节之《曾三复传》。
② （南宋）李流谦：《澹斋集》卷17之《志铭》。

官。曾光庭一生只娶了一位妻子，“夫人刘氏，以子贵受封赐冠帔，年九十三而殁，葬（吉水）四都西冈月形”[①]，周必大曾为刘氏撰作墓志铭。由此可知，那时是两宋之交，战事纷乱，刘氏是清江（今樟树市）大户人家，长子曾敏逊长期在外婆家生活，于是曾三复封赠此爵位就是情理中事。明万历三十九年（1611），总督河道右副都御史、抚州人周孔教应邀作谱序说：“今考其各裔乔迁之地址，若吉水之兰溪、南华，皆（曾）欢之后焉。而庐陵之锦源、新圩，乐安之大陇，临江新淦之润陂、午陂、荷莲塘、璜潭，清江之黄桶桥，又自兰溪徙也。”[②]可见曾三复的后裔在新淦、清江县繁衍较快。

此外，雍正《江西通志》对“曾三复是峡江人”的观点也是持否定态度的，如卷73中还附有一句按语：“按，曾三复，人物志以为峡江人者，讹。”这里需说明的是，笔者曾四处打听“安溪”和“石溪”到底是当今樟树市、新干县或峡江县的何镇何村，一直没有结果。依据雍正《江西通志》的相关记载，安溪应是在今新干县境内。所以笔者认为，曾三复是吉水人曾敏逊的儿子，他出生并成长于八都兰溪，且是以吉水县籍参加解试和省试的，说他是吉水县籍并无任何不妥；但他晚年被朝廷封赠为“清江开国男”，他和子孙均已徙居于安溪，说他是临江人也是合情合理的，且他的子孙只能说乡贯是吉水，而户籍当是新淦。诚然，不能因为其堂弟曾三聘有峡江县籍，便说曾三复也是峡江人。

（三）曾三聘为何会是峡江县人

曾三聘（1144—1220），字无逸，乾道二年（1166）中进士，曾敏行次子，历官赣州司户参军、郢州知州、郴州知州等，《宋史》卷422有传。关于曾三聘的籍贯问题，雍正《江西通志·选举志》卷50载：“曾三聘，吉水人，林志作峡江人。”但卷73《人物志》之后附有一段按语：“按，曾三聘，三复之弟，其为新淦人，史传甚明。《人文纪略·正气录》以为吉水人者，皆讹。人物志既以为吉水人，又以为峡江人，两处重见者，尤讹。”可见曾三聘的县籍问题，在清代初期时就有较大争议。即使是同一部地方文献，如雍正《江西通志》，其不同卷数中的说法也不相同。

① 《吉水兰溪曾氏族谱》之《世系总图》中“曾光庭”条。

② 《吉水兰溪曾氏族谱》中周孔教《曾氏旧公总谱原序》。

其实，因曾敏行初葬于玉笥山下，曾三聘出于丁忧和护墓的需要，确实与兄弟们一道在玉笥山下的馆市购置田产和建房。光绪《吉水兰溪曾氏族谱》中“三聘”条中也载：“公尝迁居新淦，号冈南牧夫，又号存存，故今临江亦祀乡贤。”居住地说是在新淦县冈南郊居。曾三聘去世后，安葬地点是选择峡江县境，“公葬新淦善政乡二都郎中冈海螺形”。清代的善政乡共管辖两个都，即今峡江县福民及水边沿河一带。明嘉靖五年(1526)设立峡江县后，曾三聘又由新干县籍变为峡江县籍。所以笔者认为，曾三聘是曾敏行次子，在吉水县出生并长大，说他是吉水县人并无任何不妥，历代《吉安府志》和《吉水县志》中均录有《曾三聘传》。但是，他中年时就已迁到玉笥山下居住，去世后安葬在新淦县水边镇，且其子孙仍在水边镇居住，《宋史》中说他是新淦人的观点也是正确的。雍正和光绪《江西通志·选举志》中均将他写作吉水人，侧面印证他极有可能是以吉水县籍参加进士考试的，因后来户籍变更，故光绪《江西通志·人物志》将他写作“临江新淦人”，后面还特意标注：“三聘仍入吉水为准。”此标注应是光绪《江西通志》编纂者对曾三聘籍贯争议问题的一种解读。明嘉靖年间设立峡江县后，他自然又有峡江县籍之说了。

(四)曾三异是峡江县籍吗

曾三异(1146—1236)，字无疑，号云巢，曾敏行第六子。雍正《江西通志》卷73中有《曾三异传》，但未标注他的县籍是哪里。但是，明隆庆《临江府志》卷12中将他列为临江新淦人，清代时历次编修《峡江县志》，均将他列为峡江县人。

笔者则认为，不能因为曾三聘有峡江县籍之说，就理所当然地说其弟曾三异也是峡江人。理由有：第一，光绪《吉水兰溪曾氏族谱》中“三异”条载：“公请祠别构南华，今桥头是也。年八十六而殁，葬大陇。”请祠，是指宋朝廷对年老或贬职官员任命的一种祠禄官，不理政事，仍会按每月俸禄一半的标准发放，以示优待。别构，即是另外开基或者另造新房之意。可见，曾三异年轻时是在八都南华村居住，中壮年时因丁忧曾在新淦县玉笥山下居住，年老致仕后又选择八都镇南华村重新建房居住，去世后葬于八都镇大陇。第二，雍正《江西通志》卷21载：“龙城书院，在吉水县七都，宋曾无疑建。无疑，名三异，尝与朱子论揲筮之数学者，称云巢先生。”[①]吉水七都，即是指今双村镇连城村至八都镇南华村一带。假如曾三异仍在峡江县馆市居住，他要建书院，地址必定是选择玉笥山下。反之，他在吉水县七都建龙城书院，表明他确实已迁回八都镇南华村。第三，迄今为止，笔者尚未发现有任何史料可佐证曾三异或其他六兄弟是以新淦县籍参加科举考试的，假如有，则可以说他们是新淦（或峡江）县籍。

（五）为何曾三英也有峡江县籍之说

曾三英是曾敏行第七子。关于其县籍，同治《临江府志》卷 26 中“曾三异传”后面也录有其传：“三英，字无愧，新淦人，三异之弟。尝考究三国六朝攻守事迹，著《南北筹边集》十八篇，又著《蒙史》，吕祖谦见而称之，命为约史，两贡于乡，不第。子：宏迪、宏用，俱进士。”[②]同治《峡江县志・文苑》中亦载：“曾三英，字无愧，种学绩文，与兄三异齐名。”另外，元代《文献通考》卷 200 中也说曾三英是临江人。雍正《江西通志》卷 73 中虽然录有曾三英的介绍，未交待曾三英的县籍是哪里。

但是，据光绪《吉水兰溪曾氏族谱》中“三英”条载：“号月窗，有《南北边筹及所编》《蒙史》。娶教授彭大年女，年七十一而殁，赠朝散大夫……公先卜筑林塘，暮年自龙城徙居之，卒葬九都都烦州。”那么“林塘”是当今哪里呢？据光绪《吉水县志》载：“第七都：连城（可继谢氏）……林塘（和乐宋氏、忠武高氏、霖楫傅氏）。”[③]可见林塘是在吉水县七都。而“九都”是在今八都镇兰溪和邓家村一带，由此可以推断，曾三英及其儿子还是希望安葬在祖居地附近，以满足古代文人官员叶落归根的思想情结。所以笔者认为，曾三英年轻时曾随兄长们在玉笥山下住过，但晚年时先是选择吉水七都林塘开基建房，接着从八都镇龙城迁至林塘正式居住，去世后还安葬于吉水九都，决不能因为他曾经在峡江居住过，或者其二哥曾三聘有峡江县籍之说，或者安排某一两个儿子仍居住于峡江县境，就说他也是峡江县人。

另，曾三英的长子曾宏迪，字幼说，嘉定十六年（1223）中进士，历官起居舍人、集英殿修撰、建宁知府、兵部侍郎等。雍正《江西通志》和万历《吉安府志》

---

① 《江西通志》卷 21《书院（一）》。

② 同治十年（1871）《临江府志》卷 26《忠义》。

③ 光绪《吉水县志》卷 3《地理志》之《坊乡》。

中均将他列为吉水人。但是,《临江府志》将他列为峡江县人,《新淦县志》中标识为“三复(从)孙”,《峡江县志》中标注为该县“馆市人”,这又是怎么一回事呢? 笔者后来从八都镇《吉水南华曾氏族谱》中“南华四十六世至五十世”条查得记载:“三英居(吉水)林塘,宏迪公居新淦秀溪。”秀溪在哪里呢?《江西通志》中说是“在新淦县东北二十里,达于江”①。可见曾三异晚年的确是迁回八都南华村“别构”定居,去世后葬于吉水大陇;而曾宏迪后来因为封赠因素,又迁回新淦县秀溪居住,于是才有曾三英是新淦县人之说。

结语

通过以上梳理可知,早在清初之前,曾敏行家族的籍贯问题就有较大争议。曾敏行、曾敏逊五兄弟全是吉水县籍,这在当今学界应无任何异议。曾敏逊次子曾三复尽管是吉水人,但因晚年被朝廷封赠为“清江开国男”,《临江府志》中说他是新淦人也符合历史真实,说他是峡江人则有不妥。曾敏行次子曾三聘尽管也是吉水人,但他后来迁居玉笥山下居住,去世后安葬在馆市附近,其子孙仍居住在峡江,说他是新淦或峡江县籍也符合史实。曾敏行四子曾三变、六子曾三异、七子曾三英等尽管年轻时都在玉笥山下住过,但晚年时均携部分子孙迁回吉水七都、八都建房居住,去世后均安葬于吉水,再说他们是新淦或峡江人则明显不妥。

---

① 《江西通志》卷9《山川》之《临江府(三)》。

浅探元代隐逸诗人杨允孚的家世

2005年6月某天，湖南工业大学史铁良老教授辗转找到笔者，说想去吉水县湴塘村查阅杨氏族谱，找一找元末明初隐逸诗人杨允孚的家谱资料。那时我是第一次听说“杨允孚”这个人，于是他详细地为我介绍了诗人的相关情况。他说，假如你要学习元代文学和历史，尤其是想要了解元朝的宫廷生活、皇家饮食、蒙古风光、百姓装饰以及日常习俗等，杨允孚的《滦京杂咏》诗集则是极重要的参考资料。于是，笔者连忙打电话给村里人，张罗着为史教授安排食宿，要村民准备好族谱。无奈因光绪《忠节杨氏总谱》内容太多，共有8大本，近4000页，而史教授仅能待一天时间，并没有找到杨允孚的家谱资料，只好拍摄族谱中部分关于杨万里、杨邦乂等相关内容的相片而去。

元末时湴塘之族居然有这么一位闻名的诗人，他的家世问题，学界600多年来却一直没有找到答案，这始终是萦绕笔者心头的一种痛。直到2017年7月，我无意中翻阅到族谱《湴塘延邦第二子瑛分居六十一都桐林洋边总图》中发现第2栏内有一位名叫“芷寿”的人，其旁侧有小字写道：“芷寿，一名允孚，字和吉，号西云，性豪迈，与揭文安、范德机诸名公友善，政和天历中往来两京，以布衣职供奉，每乘舆巡幸，则载笔从属车后，随所见而书之，名曰《滦京百咏》。明大学士金文靖及当时名公多有序载。”[①]笔者反复阅读这段文字后，才确定这正是杨允孚的家谱记载。

此后，笔者又四处向吉水杨氏打听“六十一都”“桐林”“洋边”等古地名的具体位置，一直没有结果。2019年元旦前夕，我才从盘谷镇谷村李国杰老人处打听到，该镇杨家边村的祖居地以前就是叫“洋边”。于是，笔者又驱车前往盘

① 光绪《忠节杨氏总谱》之《湴塘延邦第二子瑛分居六十一都桐林洋边总图》，第5页。

谷镇杨家边村，翻阅村里的杨氏族谱，找村里老人座谈，还赴实地察看洋边村遗址，才彻底弄清杨允孚的家世情况。现作简要考议如下，以期为今后学者研究杨允孚提供有益的参考。

一、杨允孚其人

杨允孚(约1316—约1374)，字和吉，号西云，元末明初隐逸诗人，出自吉水泷塘之族。元朝建立后，忽必烈将其藩府开平府升格为都城，定名为上都，又称作滦京，成为元朝廷的陪都(或称作夏都)，并开始两都巡幸制，即皇帝每年都会率诸王、妃嫔、公主、驸马以及百官，于春夏季节出发，秋冬季节返回，称为“清暑”。杨允孚作为元顺帝的近侍，曾多次参与两都巡幸活动。他常将纸笔墨砚放置于马车之后，闲暇时将元顺帝由燕京巡事滦京的山川风景、沿途见闻，以及皇帝皇宫的饮食起居、骄逸奢侈生活等共写成108首诗，后来编为《滦京杂咏》一书而传世。这些上京纪行诗从“存史言志”的角度来看，具有很高的文学价值和史学价值，是元诗和元史研究的重要原始资料。

二、杨允孚故里

笔者曾翻检学界的相关论文，发现研究杨允孚及其《滦京杂咏》的文学价值、史学价值的论文大约有20篇，但这些文章中都没有明确介绍杨允孚的家世。再翻检古代文献，仅杨士奇撰作的《杨和吉诗集附萧德舆故宫遗录》载：

> 余生十余岁，读刘云章先生《和杨和吉滦京百咏》诗，思见和吉之作不可得。今年，在北京康甥孟嘉馆授文明门得此诗，于其徒，又有和吉《西云小草》《野人杂录》《悟非小槁》，通为一集。而附萧德舆《故宫遗录》在后，皆胜国遗事，可以资览阅备鉴戒。和吉，名允孚，吾家泷塘之族，尝以布衣客燕都，往来两京。德舆，名询，亦吉水人。洪武初为工部主事，尝随中山武宁王，治元故宫为亲王府，故皆能悉之。①

文中的“胜国”是指被灭亡的国家，即代指元朝廷。杨士奇十余岁时就读过杨

① (明)杨士奇：四库本《东里续集》卷19《跋》之《杨和吉诗集附萧德舆故宫遗录》。

允孚的诗，却一直不了解作者的家世，而“和吉，名允孚，吾家湴塘之族”句亦为虚指，表明仅知其族源是湴塘村。此外，明代探花、泰和县罗璟于成化十三年(1477)作跋云：

> 《滦京杂咏》百首，元杨允孚所赋。读之，当时事宛然如见，亦可谓善赋者矣。杨文贞家有录本，璟常借录于表叔司务公，录时草草。此本则舍弟璋为予重录者。允孚，字和吉，出吉水湴塘，盖文贞公故族云。成化十三年(1477)丁酉春三月望，罗璟志。(同上)

细读杨士奇、罗璟所作跋文，他俩对《滦京杂咏》作者杨允孚家世的介绍，可以说是欲说还休。因为杨士奇只是笼统地说他是“湴塘之族”，罗璟则说他是出自湴塘，至于其故里到底是哪村？先祖世系如何？均没有做介绍。究其原因，极有可能是他俩没有掌握真实的情况吧，这也是笔者14年来一直将此事记挂在心的重要原因。

因杨允孚仕于元朝廷，且直接为元朝最后一个皇帝顺帝的膳食服务，元朝灭亡后，他只好回到家乡。明初时，他的生活极为低调，只与另一位隐士、阜田镇桂林村郭钰结为挚友，所以其生平事迹鲜为人知。清乾隆《四库全书》中也说：“允孚，字和吉，吉水人，其始末未详，惟集后罗大已跋称：杨君以布衣襆被，岁走万里，穷西北之胜，凡山川物产，典章风俗，无不以咏歌纪之。”

三、“洋边”村的变迁

宋元时期，吉水县同江与赣江交汇处有“三林”之说，即《鹤林玉露》的作者、南宋文人罗大经的家乡称为“桃林”，元代隐逸诗人杨允孚的家乡称为“桐林”，另外还有一处地方称为“竹林”。关于“桐林”的得名，一说是因为该地域处在同江之畔，而同江古代时又称为“桐江”，故名；一说是因为该地域的油桐树很多，它的树籽可以压榨出桐油，古代常用于船只、木板房、棺木、木水桶的外表防腐，故而得名。

说到洋边村，首先要说到该村的开基祖杨盛，他是庐陵杨氏11世，系湴塘村杨延邦之后，“字虞卿，由桐林坪徙居洋边”，是南宋大诗人杨万里的族弟。洋边村的遗址，就是在今天的岔路口村与郭家村的中间，地势偏高，北面临山，南面为空阔的田野，赣江在其东侧 1 公里处，同江则横亘于其南面 2 公里处。

为何该村取名为“洋边”呢？因为该地域是处于同江与赣江交汇处西北侧 1.5 公里的山脚下，东、南、西三面较为平整，地势偏低，面积近一万亩，今赣粤高速公路从中穿过后即进入峡江县境。正因此地是在两江交汇处，每年只要赣江、同江一涨水，此地域便是汪洋一片，犹如海洋，故取名为“洋边”。直到明代中后期，随着老同江河的改道、支流的疏浚以及河堤的加高，此地域才陆续被开辟为农田。又因为洋边村地势较高，村民出于生活饮用取水、农耕灌溉方便的考虑，便选择村西南 1.3 公里处开新基建住房。新村址的南侧因是李姓，故称为李家边，北侧是杨姓，故称为杨家边，今“李家边”村名仍存，但已无李姓村民。洋边村遗址现已开垦为农田，目前的地势仍比杨家边村高 35 米左右。

四、杨允孚为何能参与巡幸

读者也许会问，吉水人杨允孚为何能成为元顺帝的近侍，并有机会参与两都巡幸呢？笔者认为，原因大致有三。一是光绪《忠节杨氏总谱·芷寿》栏目中有这么一句话：“家乘旧谱云：(他)受屑彻于定王令旨，通鳞古文书。”这句话表明杨允孚不仅精通古文诗书，而且与定王关系密切。“令旨”一词，多是指皇太子的命令，有时也指皇帝的命令，但定王是否就是后来的元顺帝，这不得而知，至少表明杨允孚与皇家人多有接触。二是从杨允孚的家世来看，他的祖父叫杨龙，“字云升，中宋咸淳庚午(1270)乡进士”，乡进士是举人的别称，可见他是出生于官宦之家。他的父亲叫杨以文，“字文可，号壶隐处士，长春官金宝札付”。“札付”是指官府中上级给下级的公文，常代指手谕、谕示、命令之类，表明他的父亲长期在北方做官，是负责机要秘书方面的事务，与官方甚至朝廷常有接触。三是依据《滦京杂咏》中的诗可以推论，杨允孚是靠实干而入仕的，如《滦京杂咏》第 101 首诗说：

始我来京一布衣，故人曾见未生时。
等闲只作江南别，官有清名卷有诗。①

---

① 《滦京杂咏(及其他二种)》，中华书局 1985 年版，第 10 页。

从“布衣”“官有清名”等字眼，表明杨允孚曾入仕，只是所任职务的级别不高而已。后世有学者通过考析杨允孚的诗文，认为他是在元朝廷担任尚食局的典或掌之职，属于正八品或次七品之类的官，直接为元朝皇帝的膳食服务的。

五、其弟杨复吉

杨以文生有四个儿子，即云孙、添寿、允孚、存中。杨存中是杨以文的小儿子，是杨允孚的胞弟。光绪《忠节杨氏总谱》中载，杨“存中，字复吉，贡生，授辽东大宁路学正，有送公之任诗”。杨氏族谱中还录有元代诗人乃贤撰作的《送杨复吉任辽东学正》，诗云：

霜露梧门万古空，着鞭入向翼河东。
宿顿供羊脾部落，晨炊爨马通行踪。
伫看筑台招郭隗，岂教执戟老扬雄。
门生衣袂多狐裘，来听谈经绛帐中。①

再翻阅四库本《金台集》，元代诗人纳延也撰有《送杨复吉之辽阳学正》，诗曰：

八月松亭万木空，著鞭又向黑河东。
穹庐宿顿供羊胛，部落晨炊爨马通。
行看筑台招郭隗，岂教执戟老扬雄。
门生衣袂多狐貉，来听谭经绛帐中。②

将这两首诗相比对，发现共有 25 处用字或某字所处位置有所不同，且作者的名字也不相同。但依据诗题和诗意可知，作者是在元末时某年八月，送好友杨复吉赴任辽东学正而题诗。笔者认为，就该诗的两种版本而言，从用词以及内容的角度看，湴塘村光绪《忠节杨氏总谱》所录之诗，似乎表达得更为清晰完

① 光绪二十五年(1899)编修的《忠节杨氏总谱》，现收藏于其故里湴塘。
② (元)纳延：四库本《金台集》卷 1 之《送杨复吉之辽阳学正》。

整，这对学术界也有很重要的版本价值。

六、杨允孚的子孙

杨允孚生有二子，长子叫杨凤，次子叫杨植。杨凤，字鼎元，从小就爱好儒家典籍，娶谷村李氏为妻。因杨凤早逝，李氏20岁守寡，抚养孤子杨子恭。据族谱载，李氏"年二十守节，饮冰如荼，矢死靡他，纺织自给，择师教子，以成夫志。洪武二十三年(1390)诏旌表其门第，崇祀学前节孝祠，春秋飨祀不替，传详县志"。

杨凤生有一子，名叫杨敏。据《忠节杨氏总谱》载："敏，字子恭，号巅道，蜀、宁二殿称为南州高士，博学工诗善章，不乐仕进。永乐辛卯(1411)，四川聘为五经考官，蜀宁二殿各赐锦笺玉轴嘉其节，事详省郡邑志。"

另据光绪《吉安府志·隐逸》卷37载："杨子恭，名敏，以字行，吉水人。学有源委。永乐初，蜀王力聘为五经考官，多得人，赐以黄冠野服。后蜀王以贤荐，自残其眸，示不仕进，自号南州颠道。有诗集、张草行世。"①内阁首辅、吉水人解缙曾为他题写赠诗，内阁辅臣、峡江人金幼孜曾为他作挽诗2首和墓志铭，吉水籍官员李昌祺亦有《题杨子恭先生所藏画卷》诗2首，可见他在当时也是颇有文名之人。

① 光绪《吉安府志》卷37《隐逸》。

附录 诗联题咏

“亦问蜻蜓何处立？南溪桥畔最销魂。”出于念念不忘的乡土情深，笔者亦投身于“诗合为事而作”之途，借以遣怀人生，弘扬文教，激励后学，不失为一种人生修行。

100首拙诗和30副拙联，虽说仍为粗糙，却是敝帚自珍。或为咏物感怀，或为传情讴歌，或为追忆相思，只欲追求“言有尽而意无穷，言有穷而情不可终”。苟能如此，我愿足矣！

以诗言志

行吟

莫问俗尘何日休？今年岁末醉乡游。
是非颠倒几多事，时世迷离些许愁。
惟恐利名犹未去，不言身役便无求。
南溪好似能知我，却惹旁人翻白眸！

徽州印象

盛名不负悔来迟，疑是蓬莱仙境姿。
幽径曲栏新画意，白墙青瓦旧歌词。
徽商才略誉千里，皖派文章秀一枝。
我恰微醺回首望，半城烟火半城诗！

获誉百佳红色讲师

人老竟还清誉多，话牵英烈泪成河。
亦红亦古交相映，一贯殷殷君信么？

——甲辰七月，吉安市红色开发利用“三百”工程第一批入围名单出炉，予有幸获全市百佳“红色讲师”。另，《向毛主席学习搞调查——学习毛泽东同志在吉安开展五次农村调查》亦获百佳“红色课程”，诗以咏之。

过值夏，怀胡忠简

烟雨青原景最幽，泷江哽咽水空流。

可怜国士中兴恨，无奈英雄南海愁。
漠漠坟前谁吊古？昭昭像后又悲秋。
长淮望断书封事，读懂胡公已白头！

赴中井院，参赛

一路风尘意若何？人生易老事还多。
鳣堂竞技非吾愿，圣地崇贤愧尔歌。
策马江湖偏落寞，投身文史不蹉跎。
时光倘或能穿越，且伴红军夜枕戈！

——毛泽东主席130周年诞辰日，予应召上井冈山，参加中国井冈山干部学院组织的优秀现场教学课程比赛。湖南、江西、福建三地共报送近50门课程，经筛选，选19门课程参赛。作为唯一的男性选手，且年逾53岁，有幸获得第13名，咏怀。

岁末感怀

青山隐隐雁孤行，二水汇流边线明。
又是一年庸碌过，不堪酬唱《诉衷情》！

获省学会先进，有叹

何悔青丝染白霜？忽传盛誉衬诗香。
愧无德泽还偏占，赖有精忠亦不妨。
愁里吐槽非淡泊，字中凝血倚清狂。
诚斋家学说遗美，愿以丹心添寸长！

谒井冈山烈士陵园

秋雨凄凄似泪垂，每回拜谒每回悲。
杜鹃有恨未长伴，松柏无言暗已随。
昔日阵前酬报国，如今山上觅残碑。
红旗染血人争仰，星火燎原知为谁！

赴会南大，感怀

沉迷宋韵意悠然，近步前湖心亦虔。
衣锦相违何遣恨，饮冰自适岂需怜。
校园有梦劳三试，灯下无声又几年？
只怨时光催我老，空谈娲石补苍天！

——癸卯初冬，南昌大学举办“宋代江西·文献研究”学术论坛，予应邀与会，且游前湖校园，览校史陈列馆，有叹！

读先祖荷花诗

蜻蜓玉立落谁家？惹得诚斋弃早茶。
二百题诗还恨少，一生知己是荷花！

癸卯中秋，过南溪桥

落寞心情只自知，南溪招我笑归迟。
愁丝弃却三幽径，慧气贻留一小池。
溢出蜻蜓成旧句，塘浮玉兔著新诗。
吾乡四季皆风景，何况中秋对月时！

南京赴会，谒忠襄墓

金陵游学意何殊，残叶飘零泪湿须。
血溅荒台因与果，魂归故里有还无。
回思祖德冠天下，更叹家声盈五湖。
世事如花开又落，青碑不朽莫言孤！

——癸卯9月初，第22届科举制与科举学国际学术研讨会在南京科举博物馆举行。予应邀与会，并谒先祖杨邦乂墓。

赴保定途中

学海几千程？居贫亦苦耕。

虽知心力寡，再远不辞行！

赴会河大，有叹

游学京畿自抒怀，伤情感物泪轻揩。

千年大雅鲁齐胜，一曲悲歌燕赵佳。

盛会继前商宋史，初心依旧话诚斋。

余生挚爱缘何是？只为庐陵唱品牌！

——癸卯暑假，予以休年假之机，携妻和次女谒“三孔”、泰山，游历天津、北平，再赴保定，参加由河北大学承办的中国宋史研究会第20届年会。

长女出嫁，赠言

三生石下送清音，天赐良缘喜见临。

事业同心随月老，风霜作伴筑情深。

古今训子虽多诫，耕读传家第一箴。

吉日于归仍寄语：齐眉举案共长吟！

贺省诗词学会换届

喜看苑花长自春，青山湖畔聚骚人。

诗坛老将莫辞赞，笔阵新兵足可珍。

方叹海昏残梦客，又吟滕阁旧游宾。

吾今只恨才疏薄，既是谦虚更是真！

忝列省学会理事，有叹

以诗抒意使人迷，惟恐无才伤恨低。

俗务侵身三寸舌，浮名养德一丸泥。

何须得令方搜句，不待扬鞭自奋蹄。

愧对诚斋新树帜，如今只剩苦耕犁！

——癸卯仲春，江西省诗词学会第六次会员代表大会召开。予有幸与会，忝列省学会理事，戏以记之。

壬寅岁末，自嘲

人老却迷耕纸田，故乡招我访溪泉。
犹怜薄宦稀闲日，得似童心盼过年。
自笑纵然遭戏语，哪需聊以对高弦。
万千世事皆浮躁，何怨文章不值钱！

疫事感怀

抗疫三年总缓行，新规发布泪花莹。
相时乃放仍盯紧，乘势而为非躺平。
倦鸟迎风辞夜雨，寒梅斗雪换朝晴。
苍生本有回天力，不日清零忽自惊！

吉水这十年

百姓心中有秤量，十年勠力誉昭彰。
燕回阁下新城美，高铁站旁客路长。
四面青山尘不染，一江吉水景非常。
我虽白发同披甲，相伴霞光向远方！

修身吟

流年易逝有谁催？亦学先人醉似颓。
无奈聊充刀笔吏，每怜不是夜光杯。
欲销今日世尘事，偏爱旧朝文字堆。
何悔少时豪壮语，白霜侵鬓梦难回！

抚州参会，怀王荆公

抚河如镜碧泱泱，斯地古来文运长。
夹岸苍松遗爱在，半山绝句美名扬。
老臣无悔却噙泪，新法有功偏作殇。

我自兢兢倾慕久，低眉颔首拜门墙！

——壬寅孟秋，“两宋历史与王安石”学术研讨会暨中国宋史研究会第19届年会在抚州市召开。予应邀与会，且被吸收为中国宋史研究会会员，有叹。

忝入中华诗词学会，有叹

惠我平台复返初，从今不敢息耕锄。
石泉绿野时常探，烟火红尘次第书。
缕缕人情通市井，丝丝谑趣接樵渔。
闭门觅句非诗法，惟叹胸中半斗储。

——壬寅夏末，予有幸加入中华诗词学会，获得编号为“47195”之会员证。欣喜之余，更感觉一份沉甸甸的责任。先祖诚斋先生曾焚诗一千多首，只为跳出旧诗法的樊篱，对予即是警醒之训。

贺江西宋史研究会成立

赣鄱宋韵若江涵，俊采星驰天下谈。
一脉清流心逐北，千名国士泪图南。
人言此史每因羡，我道当朝何有惭。
章贡之滨趋盛会，生生不息竞相参。

辛丑疫事即兴

庐陵大义几曾经？恶疠来侵急暂停。
白甲捅喉身困苦，红衫穿巷语叮咛。
莫嫌静默似笼鸟，须信光明终霸屏。
与爱同行天不负，阴霾扫尽勒新铭！

喜获全省“书香家庭”

忽有枝头喜鹊啼，吾家盛誉靠贤妻。
且留灯影频邀月，还学荷花不染泥。
最是书香能致远，仍防铜臭渐催迷。

随贫随富淡然待，悦读幽居慢慢犁！

——辛丑仲夏,经市、县妇联等单位推荐,吾家荣获全省“书香家庭”荣誉。正是以实际行动践行《诚斋家训》,奉守“忠厚传家远,诗书继世长”之治家准则,仍任重道远。

题仁和店

一方绿韵最幽清，红药丛中宿鸟鸣。
寻店竟然来古巷，看花当是去新坪。
仁心立道终须有，和气生财莫苦争。
若赚黄金三百两，宁添吉水读书声！

油菜花节

有道桃林始露芽，不期众客正探花。
无垠沃野黄金甲，最美庐陵自足夸！

咏吉水人文

一江吉水自长流，郡县治同称固州。
进士状元斯地盛，翰林宰相昔年牛。
文章节义言难尽，胜迹鸿篇看不休。
若问当今惭愧否？东山云涌拔头筹。

辛丑除夕

爆竹声声脚步匆，寻耕诗苑慰幽衷。
世间爱恨何相似，笔下情愁却不同。
梦里未分真与假，杯中惟见满和空。
轻狂吟句学先祖，自得逍遥造化功！

湴塘新景

又去南溪兴愈真，云天林碧绝纤尘。

旅人醉赏花无缺，诗客清吟园有春。
青韭小炊香自远，浊醪细酌味犹醇。
却寻宸翰在何处？只见碑铭痕印新！

题中国进士文化园

古韵新姿二水饶，巍巍馆阁入云霄。
于斯为盛独何幸，惟吉有才谁敢超？
览物思贤怀旧日，忧时经世看今朝。
千年文脉说赓续，万里征程不觉遥！

谒公略县旧址

地灵当倍殊，名士满乡都。
血染山河笑，魂归岁月芜。
初心谋大业，壮志逐雄图。
奋楫春潮水，惨羞渔钓徒！

咏诚斋“活法”

跳出藩篱旧稿焚，精思活法著诗勋。
鸢飞鱼跃句中赋，兔起鸥回笔下耘。
月胁天心除俗气，物情人意衍清芬。
古来美景皆逃逸，处处山川怕见君！

乌江

江发乐安域，随山自一经。
瀑来真抑假，湍去整还零？
乌石浪中白，环壕野外青。
欲邀邹老语，不见意冥冥！

中秋望月

清景无垠喜欲颠，轻抛秋思笑声传。
嫦娥不悔偷灵药，换得月圆人亦圆！

九曲桥小立

卅载相离梦尚牵，一颦一笑似先前。
自怜历尽千般事，难得归来仍少年！

——初心易得，始终难守！辛丑八月，时值吉安师专毕业30周年，内心尤为怀念那段美好时光。暑假某日，小伫于九曲桥，题得七言。

龙华寺小坐

莫言疲惫乃幽寻，小憩佛庐因自箴。
世事已空千点泪，俗情如见万般心。
何惭云外悠然过，不羡他人得意斟。
寄语阳明传学客，翠微深处正高吟！

南溪行散

如今惭拙宦，心已慕归耕。
欲学诚斋老，东园日日行！

题"样式雷"模型建筑

雕琢紫檀真国色，匠心独运妙然姿。
西情东韵遣人叹，古貌今颜令我痴。
浊酒一杯三故事，孤舟万里几新诗。
唯君有德艺精湛，经典传延再骋驰！

文江暮立

闲暇立江边，似痴还似癫。
鹭声如昨日，人貌负从前。

临水热无减，得风凉自捐。
近时心绪乱，谁与我同怜？

庐陵文化之叹

文章节义话庐陵，独秀一枝谁并称？
白鹭书声千载赋，青螺墨气万人凝。
滩惟惶恐总垂泪，荷出小池皆服膺。
有幸我添三四纸，犹行山路战兢兢！

三生石

圣石藏帷幕，姻缘试至贞。
织牛迎七夕，梁祝慰三程。
肠断亦非假，泪收终是诚。
纸书前世诺，垂泪却无声！

览镜

剃须羞看镜，落寞不堪悲。
自叹丹心在，犹怜白发垂。
辛劳五斗米，辜负一门楣。
趁早南溪去，怡然闻子规。

湴塘晚步

问讯南溪景，重游泪雨挥。
宦尘仍未了，愁怅寄当归！

赠妻

犹记同窗桐水滨，娇容青涩后成姻。
我无建树何堪语，卿有齐家总不嗔。
霜染乌丝颜色改，纹侵杏脸印痕陈。

但期二女前程好，相约三生如敬宾！

状元阁北望

三面青山断，江洲与水平。

“吉”为天赐景，疑是凤凰城！

——本诗第三句出自雍正《江西通志》卷14：“江中有青湖洲，二水绕之状若‘吉’字，故滩曰吉阳，县曰吉水。”吉水县名由此而来。

瞻毛泽东《东塘调查》旧址

衷曲为谁鸣？思怀泪雨倾。

入村知世事，串户察民情。

赤胆谋家国，笃心探路程。

于何人不在？逝水自嗟惊！

题燕回阁

赣鄱文运宋时开，吉水衣冠如锦堆。

梁燕思归乡里去，离人知返梦中回。

诗坛一帜功名弃，宦海平生气节来。

无奈江湖谁与语？吟笺泪赋酒千杯！

吉州窑行散

春晚徒行一路花，痴求亦得邵平瓜。

舟车辐辏忙商旅，民物繁昌淘浪沙。

新阁倚江侵目远，旧窑对岭映曛斜。

何堪世事催人老，只剩枯吟叹梦华！

游进士文化园

吉阳文物地，名士古来多。

穷览励吾辈，蟾宫折桂歌！

重游滕王阁

翠叠江堤水笼烟，古来游者意纷然。
阁中盛宴谁家事？天下骈文第一篇。
见说落霞随日去，犹怜孤鹜隔山眠。
不期三十年前客，依旧凝眸帝子边！
——辛丑五一假间，予携妻、幼女赴南昌，雨中游滕王阁，有叹！

题东山云隐寺

古寺蔽林峦，重游兴未阑。
阶穿鸿影掠，杖响朔风寒。
信众多拘厄，木鱼总渡难。
去来皆率性，花落蕴悲欢。

一江吉水

恩赣奔流汇吉阳，文章节义美名扬。
诗书有味遗风凛，耕读无惭故事长。
商贾如云趋旺市，士人满座说欧乡。
扬帆远渡凭天阔，奋楫笃行新引航！

南溪畔荷花

红蕖袅袅开，艳比玉娥腮。
欲问诚斋老：蜻蜓复再来？

文峰山晚望

巽峰尖峭戳云天，旧迹新颜景万千。
二水悠悠依翠树，群楼耸耸映青烟。
南皋诗义兆文运，汪府传闻惊睡莲。
指点江山谁继起？锋芒后辈各争先！

贺江西2020年文代会

赣鄱俊乂聚青堂，才比西山万仞长。
老凤放歌追旧韵，幼雏作伴启新航。
浮名无念弃如屣，冷凳有缘当若床。
明日别离添锐气，再提椽笔著华章。

——庚子孟秋，江西省第9届文代会在南昌滨江宾馆召开，共有530名代表出席，题以七言，聊以贺之。

桃花岛感兴

文穆辟芳洲，平湖景致幽。
墨潭龙潜底，天狱鬼收头。
百卉林中隐，一桥云里浮。
可怜繁事绊，心绪却添愁！

——吉水桃花岛，古称锦鲤洲、芳洲，乃明初状元、内阁首辅胡广年少时携友游憩之地。胡文穆任首辅后，内阁成员胡俨、金幼孜、杨士奇先后赴洲上游历，均题有《胡学士山居八景》组诗，第一景即为“芳洲春草”。

脱贫攻坚有叹

黎瘼丝丝党亦忧，春风破雾固无由。
运筹帷幄纾民困，励志襟怀谱壮猷。
饱喜饥嗔千载愿，礽来贫去万家讴。
齐心合奏授渔曲，留住乡愁两不愁。

滏塘咏古·黄金台

昭王灵气泄何处？落石萧寥安可猜。
朝岭悠悠仍绿藓，方台郁郁已黄埃。
千金谋士岂容悔，一世功臣亦自哀。
今日咏怀休北望，青山白发不徘徊！

——道光《吉水县志·山川》卷5载:“朝元岭,在县西北五十里同水乡,有石方四尺,长六尺,高二尺,上有乱点,色如金,名黄金台,有杨仙师题诗其上。”

庚子立春感事

岁序移更却震惶，惊闻疠疫正欺狂。
巷街寞寞罕人迹，邑野凄凄剩鬼狼。
谁使白衣披甲去？可堪国士引歌吭。
心潮犹似赣江水，涕泪深思说共襄！

游石莲洞

村头云岫远，怪洞兀山旁。
古树多萧瑟，新庠却肃庄。
道僧侵扰久，学义递传香。
痴想借神笔，人文兆我乡！

恩江畔怀文忠公

画荻学书方少年，身居仕路岂松肩。
醉翁记里不辞饮，朋党论中浑似煎。
昔叹家山心事苦，今看泷水梦魂牵。
古来此地多元气，衣钵还须耕读传！

戏题

自叹民间土八路，无知无畏似狂徒。
妄言学术君休笑，竟列鸿庠充大儒！

——己亥岁末,予有幸应邀参加南昌大学谷霁光人文高等研究院“庐陵文化高峰论坛”并发言,戏作七言。

戊戌除夕

家家爆竹欲争先，春晚迎新皆废眠。

长女暗愁为省考，小丫高兴索新钱。
笔耕舌耨几千语，头白心疲又一年。
逃却浮名非说笑，诗书冷凳入闲田。

初心抒怀

小小红船何可论？锤镰共举救中原。
初心永矢岂言改，信念无殊愈记存。
毛著殷殷教庶众，赤旗猎猎定乾坤。
适逢国祚复兴际，一路开航辟纪元！

送长女赴岗

省闱春试毕，初筮勿迷疑。
夙夜惟勤勉，是非应鉴知。
离身冠帽谨，回首土民慈。
先祖官箴在，遥思乃克为。

——己亥7月，长女大学毕业后参加省考，录用在文峰镇政府。9月26日报到上班。前夜，予步诚斋先生《送次公子之官安仁监税》韵而作。

游鉴湖，怀解文毅

瑟瑟寒风薄布裘，恍然瞧见缙公游。
才情放逸非狂士，宦海沉浮似小舟。
节义千秋悲旧史，文章万古竞新流。
尘间俗态谁能状？笑看扰纷心自悠！

——己亥孟冬，解缙诞辰650周年学术研讨会在吉水县城召开。予奉命张罗活动的具体事务，且主编《文章节义话解缙》一书。题吟此诗，作为该书《后记》的结束语。

题父子侯第

祠前骋目绪无穷，父子清芬气乃同。

忠节一门传世远，祖孙三代问耕中。
南溪景美堪听雨，北岭林幽惯咏风。
谁道庐陵神妙处，蜻蜓小立唤斋翁！

自嘲

心疲愈觉似萍浮，岁月蹉跎百事休。
薄宦还因文字业，余生只为稻粱谋。
老来亦喜三三径，归去谁怜点点愁？
当学乐天知命法，倚风听雨度残秋。

谒始祖杨辂墓

西岳徙迁唐末间，千年踵继四知颜。
古松郁映金钗水，新草萋侵北鹧山。
路入烟霞遮又现，鸟攀枝蕾去而还。
墓前缅想皆追叹，酹酒三杯添泪斑！

邹公故里赏菜花

春晨亦访舟，烟气逆山流。
七里湾江碧，万丘油菜幽。
青童何得乐，黄蝶岂成愁？
好景须诗酒，重游兴未休！

七夕

鹊鸟匆匆不歇停，桥成俱喜几曾经？
人间乞巧魂交魄，醉里悲秋气胜形。
满眼欢情非旧句，无多别恨作新铭。
何须七夕方能聚，羡煞牵牛织女星。

固州怀古

畦径通幽独客游，故州荒废水空流。
繁华有迹逐尘土，府榭无痕化陇丘。
碎浪丝丝揉古渡，余晖缕缕怅烟洲。
篁寮书院今何在？野草闲花说亦愁！

燕京游学

金黄盈北国，修学在京轩。
受道唯求谨，咨疑不厌烦。
时光虽易逝，勋业自能存。
寄语庐陵客：古来多化鲲！

——戊戌季秋末，省文联在京举办文联干部履职能力提升专题研修班。予有幸在中国文联文艺研修院参训。

话勤廉

清风缕缕洗心魂，不怕三更鬼叩门。
暮夜却金知世味，晨朝逃宴剩诗痕。
闲看富贵何垂羡，静扫繁华莫倒跟。
捡点行囊思己过，岂能日后被人喷！

高中毕业30周年聚会

昔岁共窗同水滨，为逃农籍亦酸辛。
三年砥砺无邪剑，卅载江湖不染尘。
白发青丝何叹假，晨曦暮晚每因真。
百千往事莫追忆，一曲离歌泪满巾。

晚步古城墙

道是秋分无湛凉，偷闲聊复叹沧桑。
历朝兴废遗颓壁，今代规模出缭墙。

赣水千帆犹可忆，明灯万盏不须彰。
城头枯坐亦垂泪，岁月蹉跎暗自伤！

南溪桥小立

南溪引我行，荷立水无声。
在宦须勤瘁，贝囊如叶轻！

读史

今事离奇莫说颓，古来已演百千回。
王侯将相虽无种，富贵尊荣却有媒。
商女哪堪亡国恨？诤臣不忍旧朝摧。
江山万里寻陈迹，缘起缘消土一堆。

游云际寺，怀忠襄公

寺幽山静穆，就学始名惊。
节操非天降，光华似地生。
书襟酋首怯，赴义宋人旌。
忝作招魂墓，褒忠万古赓！

赴常熟，谒柳如是墓

亲商际会赴虞城，虽是初来似旧盟。
玉镜无垠南面卧，金波万里北边横。
当惊节义柳家女，却笑公卿钱姓兄。
一曲伤情多少泪，痴痴凭吊忘归程。

——柳如是，原名杨爱，虽为歌妓、“秦淮八艳”之一，但风骨气节与我族祖杨邦乂是一脉相承。

题岳麓书院

久慕院祠何可论？虔诚游学至黄昏。

迥然湘水逐千里，兼似诸师出一门。

惟楚有材堪北斗，于斯为盛始南轩。

如今更见东风势，名校交连雨润根。

——颈联中“南轩”，即张栻(1133—1180)，字敬夫，后世称南轩先生，是杨万里的老师张浚的大儿子，湖湘学派集大成者，著有《南轩集》。

上老街小立

翠涌文峰浮墨光，江开吉字韵悠扬。

鉴湖一解遗风远，魁阁三元故事长。

何念老街曾秀色，且看斯地始新妆。

无言桃李似知意，伴我痴痴醉夕阳！

竹山公手植柰树

西域嫩苗来，行移故土栽。

施肥繁似伞，刈草茂如槐。

异绩传千载，殊勋遍九垓。

得名仁厚里，宁耐四时培。

赣州偶得

千载宋城地，古今英彦多。

斋翁初仕此，小子亦来阿。

受业长年累，收功翌日何？

不辜民庶意，评判似清波！

题良都亭

寓意非常名自芳，乡间难隐韵悠长。

良时清景几多叹，都邑红尘姑且凉。

谁遣义山滋德政，只知禾水润文章。

无穷胜事君须记，犹似当年四美堂。

——乾道五年（1169）八月，先祖杨万里应永新县段廷瑞之邀，题作

《四美堂》赠诗。今受永新县籍、省公安厅段景来老厅长之托，题拙诗相赠。

题忠节总祠

肇基吉郡千年久，溪水东流紫气扬。
丹凤朝阳新户美，芳樟庇荫古祠光。
功名簪笏见真色，忠义文章添妙香。
清酒一盅来祭奠，旧碑有记耀家乡！

题周必大纪念堂

庐陵灵气似深泉，泄得峃川天下宣。
塑像无声魂魄在，遗碑有字泪痕连。
犹思先祖酬新句，又喜远孙谈旧缘。
聊与中情多感慨，理当仰止效前贤！
——纪念堂在温州市文成县峃川村。己亥仲秋，予应邀赠诗。

乡愁

痴痴年少别家门，从此难酬雨露恩。
我乃布衣藤恋树，谁同乡客叶归根？
纵然垂泪表心迹，终是误身留梦痕。
亦问蜻蜓何处立？南溪桥畔最销魂！

访龙城集团

水田自古出能人，闯荡江湖只为贫。
十载卧薪心不悔，三番破釜梦成真。
声名伴与高楼起，脚步仍随故里亲。
今日荣光皆说羡，回思往事亦酸辛！

题雷峰塔

黄妃若在亦心寒，讹作镇妖何忍看？

怎准许郎祈塔倒，枉谈白氏待湖干。
断桥未断千年叹，孤客非孤一梦残。
水漫金山知是假，历回重筑太无端！

大东山西望

或谓形名俗与同，仁山秀峙大江东。
朝看赣水千帆过，夜望庐陵万炬红。
且扫四尘参佛法，还开三径学陶翁。
如烟往事随风去，独坐凉台细雨中！

——大东山别名仁山。明代先贤解缙说："或谓以形似名，或谓吉水素多君子有淳厚之俗，而以为里仁人之表。"

游南溪，怀文节公

溪旁小伫望荷田，恍见斋翁写玉篇。
南宋诗坛开一帜，西江文社震群贤。
立朝谔谔岂韬晦？忧国殷殷总挂牵。
旧日东园今已复，三三花径为谁妍？

——戊戌年仲秋，中央政策研究室老主任滕文生一行人来到杨万里故里，由我讲解，同游南溪，感怀一代诗宗诚斋先生。晚上，吟诗感怀。

咏青湖洲

洲底藏神兽，县名缘此由。
有心观字水，无语对沙鸥！

读《诚斋家训》

尖尖荷角蕴深情，漫得家传有令名。
忠节千年当以继，勤廉二字亦须赓。
浮华易逝泪痕隐，耕读频催灯影横。
历久弥香多感叹：春风化雨润无声！

叹己

年少轻狂亦有求，如今百事竟成休。
浮名隐显丝丝叹，薄宦升沉点点愁。
老去游从文字业，归来醉忆鹦鹉洲。
余生独喜诚斋学，不怕南溪笑我羞！

读新拙，口占有感

只道羡官威，谁怜自采薇。
身轻时务绊，诺重此心违。
花谢香犹在，人仍貌已非。
问吾何所执？新拙似仙妃！

——丁酉孟冬望日，予调离县史志档案局，供职县委宣传部，且兼职文联。适逢《江西地方珍稀文献丛刊·吉水卷》一审稿寄来，自迷其中，口占五言。

题琵琶亭

浔阳别绪惹诗名，一曲琵琶天下惊。
红袖愁眉何不展，青衫涕泪有如倾。
亭新赋旧几多叹，暮去朝来谁与行？
独倚栏干酬绝唱，茫茫江水胜无声！

岁末有叹

世事如云岁又更，年终盘点意分明。
冯唐易老共谁咽？李广难封空自惊。
莫怨人生无捷径，须知平地隐深坑。
不才偏藉学先祖，权贵跟前敢大声！

以联咏物

1. 为贵州省独山县杨万八宗祠主柱拟联:

祠分吉水,宗功胄出弘农,笔架岭前思祖德;

派衍丰宁,世业基开洪武,抹旁河畔报家声。

2. 为贵州省独山县杨万八宗祠神龛拟嵌名联:

万水等闲,允昭世德;

八仙过海,佑启斯文。

3. 为吉水县黄桥镇湴塘村“世科第”主柱拟联:

三瑞人家,甲第宏开歌西岳;

四知门户,文风蔚起咏南溪。

4. 为湴塘村“世科第”次柱拟联:

冠西江,兄弟联报;

侯千户,父子同封。

5. 为湴塘村“世科第”次柱拟村景联:

云际寺旁千岭秀;

南溪水畔万花红。

6. 为湴塘村御书楼(又名杨文节公祠)拟联:

文章辉九域;

节义炳千秋。

7. 为杨万里纪念馆内半月亭拟嵌名联：

涖乎国士心千虑；

塘印莲花月半轮。

8. 为杨万里纪念馆内"诚斋故居"拟联：

不用千秋史笔；

仅凭一代诗宗。

9. 为吉水县盘谷镇杨家边村大礼堂主柱拟联：

杨门世业，肇基于宋缉衣冠，续千年祖脉；

边塞诗香，发轫在元传翰墨，扬万里宗风。

10. 为盘谷镇杨家边村大礼堂次柱拟嵌名联：

盘龙吐瑞，千峰云起日升，清风迎浩气；

谷雨催秧，万顷春华秋实，碧色映文光。

11. 为盘谷镇杨家边村大礼堂室内大厅拟联：

祖德乎，美酒同斟皆喜庆；

家声也，佳宾共聚总欢腾。

12. 为吉水县乌江镇栋头村祠堂大门口主柱拟嵌名联：

栋宇高擎、万里传芳，龙脉岭前开奕叶；

头魁秀出、四知垂训，凤祥溪畔振家声。

13. 为乌江镇栋头村祠堂室内第一对柱子拟联：

日悬宝华山兮，薰风资豹变；

泉汇大门塘也，晓雾拂龙吟。

14. 为乌江镇栋头村祠堂室内第二对柱子拟联：

诗书立派，弘农郡下无双派；

忠义传家，杨氏堂中第一家。

15. 为乌江镇栋头村祠堂室内第三对柱子拟联：

派出杨庄，云峦祖德昭千古；

基开嘉靖，福贵公恩荫万年。

16. 为乌江镇栋头村祠堂内神龛拟嵌名联：

奉先堂上栋；

敦族屋前头。

17. 为乌江镇栋头村始祖杨福贵拟祠堂宝壁联：

祖德流芳承福贵；

神恩遗惠报乾坤。

18. 为水南镇杨氏祠堂拟联：

世肇南唐，人物同奇三瑞第；

科登北阙，文章并灿五谥家。

19. 为浙江省文成县峃川村周必大后裔周氏祠堂拟联：

基开永和，派衍峃川，不愧平园业；

前对龙溪，后偎牛寨，何惭龄祖风。

20. 为吉水县醪桥镇固州村非遗小镇渡口旁门楼拟联：

仁山送耸无虚固；

字水催生第一州。

21. 为瞟桥镇固州非遗小镇南面村口长廊拟嵌名联：

吉地尤留客；

水乡好探春。

22. 为吉水县水南镇杨天义的农民剧院内舞台拟嵌名联：

水月镜花自在天，演绎人情世态；

南船北马无穷义，彰扬意气胸怀。

23. 为吉水县尚贤乡主簿塘村袁氏祠堂拟大门联：

汝南世泽长，无惭先哲；

主簿家声远，又尚贤朋。

24. 为吉水县“井府醉”酒业有限公司拟嵌名联：

井溢醇香，诚斋百盏曾倾月；

府开气象，美酒一坛可醉仙。

25. 为吉水二中拟校庆联：

春秋四秩，师以倾心教苑惟馨，常看蟾宫折桂；

寒暑三年，生凭追梦文峰而美，又传金榜题名。

26. 为螺田镇城陂村委会垇上自然村，谢、鞠夫妇兴建“十大元帅”纪念堂拟联：

垇上无尘，救世当知谢；

城陂有迹，崇贤此作鞠。

27. 为吉水县城“吉湖菜市场”大门拟嵌名联：

吉依字水，夙愿今成，民生共享似都市；

湖倚仁山，新功再建，县事同心如赛场。

28. 为吉水县供电局新楼拟联：

德政催春，万盏银灯添瑞气；

新猷焕彩，一城吉水送熏风。

29. 为黄桥镇黄桥村拟联：

黄榜衔祥，龙腾万里；

桥门报喜，荷誉千秋。

30. 癸卯年五一假，长女杨超、女婿邱文结婚，拟嵌名联：

奎星点斗兮，文昌吉水；

月老融情也，超迈东山。

跋

吉水县委宣传部副部长、文联主席杨巴金研究杨万里以及庐陵文化20余年,已出版专著《杨万里家族纪略》《家刻本〈诚斋诗集〉校注》《庐陵史事考述》《江西地方珍稀文献丛刊·吉水卷》,主编论文集《文章节义话解缙》。在繁忙的行政工作之余,还取得如此丰硕的成果,令人油然而生敬意。近来他又准备将十余年陆续写成的有关杨万里研究的论文结集出版,取名为《杨万里研究文集》,邀我作跋。信任山重,盛情难却。转念一想,正好也是学习的机会,便也答应下来。

大作文稿,先睹为快。通读之后,总结有以下四个特色:

一是以"考"为重点。全书绝大部分是考证类论文,论题中包含"考辨""考议""辨伪""考略""考论""订误""刍议""探考""考实"等字眼比比皆是。考证的内容包括文献考辨、亲友交游、家族考索、时地确证、事迹钩沉、史书纠谬、思想探微、经典新议等,牵涉面广,反映出对研究对象的熟稔程度。考证材料除了书本外,还广泛运用田野调查以及家谱的成果,从不同侧面和层次提供证据,完善论证,更有力地支持文中结论。有些材料如光绪版《忠节杨氏总谱》、光绪版《吉水兰溪曾氏族谱》、乾隆版《文水南华杨氏族谱》、吉水盘谷镇《谷村仰承集》等还较为珍稀,引用到论述中,可拓展研究视野,启迪研究者思路。我2017年应邀参加温岭市纪念戴复古诞辰850周年研讨会,撰有《戴复古杨长孺交游述论》一文,主要材料来源于《宋史翼·杨长孺传》《诚斋集》以及相关方志,现在读到书中《〈宋史翼·杨长孺传〉辑补》《新发现杨长孺诗六首考略》二文,欣喜发现当中有不少我没有接触过的材料,这让我对杨长孺研究有更加丰富的思考。

考证工作首先要有怀疑精神，证疑过程记录学问长进的轨迹，正如明代学者陈献章《与张廷实主事》所言："疑者，觉悟之机也。一番觉悟，一番长进。"继而要善于运用批判性思维，保持"双眼自将秋水洗，一生不受古人欺"（袁枚《随园诗话》）的警觉，在理性论证中接近事物真相。巴金同志勤于田野调查，发现至少九篇署名"杨万里"的佚文，对于新发现，他保持冷静的头脑，对其真伪下了细致功夫来甄别。如老吏断案，一切依据论据来说话，做到该怀疑时怀疑，该相信时相信。

研究过程中发现错误，即使是权威学者，巴金同志也敢于指出，文集中商榷类文章不少，便是明证，契合梁启超在《清代学术概论》中所言："盖无论何人之言，决不肯贸然置信，必求其所以然之故。"这种对待学问较真的态度，在今天学界显得尤其可爱和可贵。对于没有十分把握的，他也实事求是承认，如《杨万里佚文〈霜节堂记〉考辨》中这样说道："诚然，这只是笔者的推想而已，'清江二严'之疑，仍有待今后再做深入探考。"如此诚实的胸怀，让我对胡适题写于天目山庙宇的对联"有几分证据，说几分话；做一天和尚，撞一天钟"再次深致慨然。对于认定是伪作的，他自然是毫不客气指出，用火眼金睛将那些"强附贤达"的作品识别。

二是以"细"为基础。最扎实的研究是建立在对原作的细读之上，可是这项最基础的工作恰恰容易被忽视。细细品味原作，体贴前辈用心，杨万里为我们树立了榜样，且看《诚斋诗话》中如何细读苏轼诗：

> 东坡《煎茶》诗云："活水还将活火烹，自临钓石汲深清。"第二句七字而具五意：水清，一也；深处清，二也；石下之水，非有泥土，三也；石乃钓石，非寻常之石，四也；东坡自汲，非遣卒奴，五也。"大瓢贮月归春瓮，小杓分江入夜瓶。"其状水之清美，极矣。"分江"二字，此尤难下。"雪乳已翻煎处脚，松风仍作泻时声。"此倒语也，尤为诗家妙法，即少陵"红稻啄余鹦鹉粒，碧梧栖老凤凰枝"也。"枯肠未易禁三碗，卧听山城长短更。"又翻却卢仝公案。仝吃到七碗，坡不禁三碗。山城更漏无定，"长短"二字，有无穷之味。

杨万里是从鉴赏的角度，为读者提供了一个范例。巴金同志则践行杨万里《庸言》中提出的“学而不化，非学也”的思想，举一反三，在研究中加以运用。

他擅长通过细读原文后，排比罗列，在比较中得出观点和结论。著名历史学家顾颉刚先生曾说：“不做学问则已，如其要做学问，便应当从最小的地方做起。”（《〈古史辨〉第一册自序》）读懂诗句，再做归纳，延伸比较，功夫足时，水落石出，巴金同志就是这样由“最小”做到大的。如《天下人人读之 学者人人师之——试析杨万里诗文中的欧阳修论》中条分缕析，从“诗文取向、思想道义、杨廷秀者：今之欧阳公也”三大部分，归纳其相同点和相异处。借助四次为欧公祠堂题诗撰文、五次为欧公墨宝吟诗作跋、至少有八次撰文表示追慕的数据统计，来印证欧公对杨万里影响的巨深，结论当然能让人信服。《半山绝句当朝餐——杨万里与王安石的咏史诗比较》亦是为了做好比较，反复细读，对杨万里、王安石两人诗法、风格、独创性等做具体而微的梳理，重点对两人差异进行凸显归纳，并分析产生差异的原因。“尽小者大，慎微者著。”（董仲舒《举贤良对策》）下的是笨功夫，得出的是真结论，这种传统的治学方法当前尤须大力提倡。

他的考证类文章，长处也在于注意到别人眼中不起眼的交游人物、《诚斋集》中容易被人忽略的生活细节、各版本之间用字差异反映的问题等，步步为营，不断推进，以至于穷追猛打，将研究引入纵深，往往让人有“柳暗花明又一村”的欣喜。譬如《杨诚斋诗的重要传播者刘涣考实》一文，对刘涣交游尽力考实，又与《诚斋集》进行细致比对，确立时空坐标，从而对杨万里接受学研究打开一扇鲜为人知的大门，可谓是“于细微处见真章”。

三是以“今”为视角。或许是工作需要，或许是自身学术取向的价值关联，巴金同志的研究总是在关注永恒的现实，而不是为学问而学问。古人作诗大多强调“有为而作”，即便是杨万里那些充满闲适情趣的诗作，也不是如一些人认为的仅仅是风花雪月，它们其实是在以艺术为载体“议天下之善不善”以及“收天下之肆”（杨万里《诗论》）。杨万里旗帜鲜明地指出：“《诗》也者，矫天下之具也。”（《诗论》）追随杨万里的思想，巴金同志的研究正如意大利克罗齐所言“在响应着一种对当前的兴趣”（转引自何兆武等主编《西方史学理论》），充满着热烈的现实关切。他总是认为，研究要有意义，要能“引古筹今”（顾炎武《与人书八》),凸显古人精神对当今的活态价值。这样的价值诉求,读者朋友只要读读本书绪言,便能强烈感受到。

努力从古人中汲取营养,加以转化和运用,巴金同志念兹在兹。《左传·昭公二十九年》中说:“夫古者,谓之不逮今也。今者,谓之不及古也。古者不逮今,今者不及古,是以古为今用。”毛泽东同志1956年在同音乐工作者谈话中也曾形象明快地指出:“向古人学习是为了现在的活人。”在不少文章开头和结尾,巴金同志总要用特别的笔墨表明:古为今用不能忘。例如在《天下人人读之 学者人人师之——试析杨万里诗文中的欧阳修论》中强调:“作为当今新时代的吉安人,更有责任和义务讲好‘吉安故事’,走好学古融今、文旅融合的新路子。”在《杨万里画像及其像赞诗文考略》中阐明:“进一步深入研究杨万里身前身后的画像及其像赞诗文,可让一代代吉安人在先贤典范事迹的激励之下,见贤而思齐,自觉恪守以读书向上为本,以忠贞爱国为先,以诚信勤廉为基的社会准则,有利于推动庐陵文化的传承发展。”

杨万里在《曾子论》中说:“学道者必有以用道也。”巴金同志结合工作的研究就是“用道”的生动践行,继承的就是“道不虚谈,学贵实效”(李颙《体用全学》)的优良传统。

四是以“情”为动力。理性的学术研究,背后都有一台情怀发动机,正如王元化先生在《谈样板戏及其他》中所说:“感情是激发创造的动力,也往往成为导向理解的媒介。”巴金同志是江西省吉水县湴塘村人,是正宗的杨万里后裔,省级“非遗”杨万里故事传承人。唐代诗人李峤在《答李清河书》中有言:“情生于有情之地。”巴金同志一直视家乡湴塘是“灵魂安放的地方”,始终认为自己“没有走出故乡,没有去失本来的身份”,对于先贤杨万里以及故乡每时每刻都充满着温情与敬意。每每谈及,扬眉吐气,满满是自豪感。有年在吉水举办杨万里学术研讨会,他带领与会专家前往湴塘参观,一路上他非常流畅地讲述杨万里与家乡的故事,满车人听得津津有味,齐刷刷竖起大拇指夸他是“诚斋通”,到村里都不愿意下车。

一边肩负行政领导工作,一边还要挤出时间来做研究,这番忙碌带来的复杂心境真是如鱼饮水,冷暖自知。好在本书中附录有自作诗联,读者可从中一窥巴金同志“感慨系之”的人生况味。杨万里《行路难》中说:“老夫少时不信老，长笑老人恃年少。”时间最容易带来诗意，回首中谁都会情不自禁感喟，所以巴金同志诗歌中以“叹”为题的特别多，一唱三叹的情结于此可见一斑。“南溪好似能知我，却惹旁人翻白眸”（《行吟》）、“长淮望断书封事，读懂胡公已白头”（《过值夏，怀胡忠简》）、“溢出蜻蜓成旧句，塘浮玉兔著新诗”（《癸卯中秋，过南溪桥》）、“霜染乌丝颜色改，纹侵杏脸印痕陈”（《赠妻》）、“不才偏藉学先祖，权贵跟前敢大声”（《岁末有叹》）等诸多金句诗情浓郁，正如《后汉书·马援传》中所谓“开心见诚，无所隐伏”，读后总觉亲切有味。

《杨万里研究文集》可说是巴金同志敬献给先祖的一瓣心香，凝聚着厚重心血和虔敬之诚。笔短情长，言不尽意，唯盼它早日出版，嘉惠学林。

彭庭松

2025 年 3 月 9 日

（作者为浙江农林大学写作中心主任）